Brigitta Waldow-Schily   **Maria Hiszpańska-Neumann**

Brigitta Waldow-Schily

Maria Hiszpańska-Neumann

Leben und Werk 1917–1980

MAYER
INFO3

Diese Publikation wurde ermöglicht durch Unterstützung seitens der GLS Treuhand e.V., Bochum, sowie durch mehrere Privatspenden.

Bibliographische Information der Deutschen Nationalbibliothek

Die Deutsche Nationalbibliothek verzeichnet diese Publikation in der Deutschen Nationalbibliografie; detaillierte bibliografische Daten sind im Internet über http://dnb.ddb.de abrufbar.

ISBN 978-3-95779-005-7

© 2014 Info3-Verlagsges. Brüll & Heisterkamp KG, Frankfurt am Main

Einband nach einem Entwurf von Laurenz Theinert, Stuttgart
Typographie: Johannes Mayer, Stuttgart
Gesetzt in der Opus
Fotografien: Laurenz Theinert, Stuttgart
Satz und Reproduktionen: de·te·pe, Aalen
Druck und Bindung: Frick Kreativbüro & Onlinedruckerei e.K., Krumbach

INHALT

1   Selbstbildnis

Spurensuche – Wer war Maria Hiszpańska-Neumann?

»... wie soll man es machen, ein Mensch zu werden?«
(20. 1. 1978)

»Und du lobst den Vater aller Ewigkeiten für die Gnade, die
er dir erweist, für deine besondere, allerschönste Mission –
für das schwarze und weiße und silberne Lied, das du singst
in dem in dir wachsenden Tag.« (3. 2. 1944)

Trotz Ausstellungen zu ihren Lebzeiten im In- und Ausland, in
Bulgarien, Mexiko, Italien, Ägypten, Schweden, in der Schweiz,
in beiden deutschen Staaten, ist die gebürtige Warschauerin
Maria Hiszpańska-Neumann heute, vor allem außerhalb Polens,
so gut wie unbekannt. Sie hat zahllose Zeichnungen hinterlassen und über 70 Bücher illustriert, einige auch für Verlage der
ehemaligen DDR; die von ihr mit 20 Holzschnitt-Illustrationen
versehene Ausgabe von »Tristan und Isolde« hat einen Preis als
schönstes Buch des Jahres bekommen. Ihre Holzschnitte, teilweise auch ihre Gemälde, sind in verschiedene Länder verkauft
worden, doch zu einem großen Teil ist ihr Werk – vornehmlich
die Druckgrafik – noch in Familienbesitz, verteilt an Freunde
und Bekannte oder lagert in Magazinen einiger Museen in Polen und vereinzelt in Deutschland[1]. Mehr oder weniger zugäng-
lich sind die ca. 12 erhaltenen Wandarbeiten in Kirchen und Kapellen hauptsächlich in Polen, die in ihrer zweiten Schaffensperiode entstanden sind. Alles in allem ein kunstwissenschaftlich
kaum bearbeitetes künstlerisches Feld, und ein Mensch unter so
vielen anderen, die sich in ihrem Schicksal den Herausforderun-
gen des 20. Jahrhunderts stellen mussten. Und doch – arbeitet
man sich in ihr Leben und ihr Werk ein, wird deutlich, warum es
an der Zeit ist, sie als Mensch und als Künstlerin zu entdecken
und in einer eigenen Publikation zu würdigen. Wer war also
Maria Hiszpańska-Neumann?

In diesem Kapitel geht es um Wege der Annäherung, verschiedene erste Blicke. Wie in einer Skizze treten erst einmal die
Umrisse einer Persönlichkeit hervor; Umrisse, die im Folgenden

mit Details und »Farbe« angefüllt, zu einem lebendigen Bild werden. Dazu tragen auch – nicht nur in diesem Kapitel – immer
wieder Auszüge aus ihren Briefen an Freunde in Ost- und Westdeutschland bei, deren Muttersprache Maria Hiszpańska-Neumann erstaunlich gut und originell zu sprechen und zu schreiben verstand. Aus den Briefen, einzig in ihrer Art als kleine
Sprachkunstwerke einer Fremdsprachlerin, ist immer im Original zitiert. Es wurden bewusst keine Korrekturen und Veränderungen an der Orthographie und Grammatik vorgenommen, um die Originalität der Ausdrucksweise zu erhalten[2]. Versuchen wir nun eine erste Annäherung, in der die Künstlerin auf
wieder andere Weise spricht: mit einer Selbstbildnis-Zeichnung,
die wohl im Spätherbst 1972 entstand, als Maria Hiszpańska-
Neumann 55 Jahre alt war (Abb. 1).

Auf dem ca. 45 x 28 cm großen Blatt werden mit energi-
schen Bleistiftstrichen ein längliches, asketisches Gesicht und
eine große, kräftige Hand mit Unterarm umrissen. Mehrmals
fährt der Bleistift an den Konturen des Gesichtes entlang, hebt
Augenbrauen, ein kantiges Kinn und Schattenlinien an Schläfe
und Hals hervor und deutet mit fahrigem Strich das in die Stirn
fallende Haar an. Die Linien sind nicht in abwägender Ruhe,
sondern schnell, mit forschender Bestimmtheit gesetzt und verraten eine lebhafte, unruhige, aber doch sichere Hand. Ohne
viel abzusetzen schält die zeichnende Hand im mehrmaligen
Nachfahren die gesuchte Linie heraus, verstärkt und korrigiert;
an manchen Stellen drückt sich der kräftige, heftige Strich durch
das dünne Papier. Immer wieder kehrt der Stift zu den Augen

---

1   Druckgraphik, Zeichnungen und/oder Buchexemplare mit ihren
     Holzschnitt-Illustrationen besitzen z. B. in Warschau das Staatliche
     Museum (Muzeum Narodowy), das Stichekabinett der Universität
     Warschau und das Literaturmuseum Adam Mickiewicz; das Stiche-
     kabinett der Universität Krakau, das Nationalmuseum und das Os-
     solineum in Breslau, das Kunstmuseum in Lódź und das Wyczol-
     kowski-Museum in Bydgoszcz; in Deutschland die Kupferstichkabi-
     nette in Dresden und in Berlin.
2   Bei Briefzitaten steht das Datum in Klammern direkt dahinter.

zurück, bis die Linien sich in das Blatt eingraben und die Augen-partie sich zunehmend verdunkelt. Zu den Augen kehrt der Blick wie magisch angezogen immer wieder zurück. Man fühlt sich in beiderlei Sinn »durchschaut« von diesen Augen – sie treffen einen mit bohrender Intensität und schauen doch durch einen hindurch; sie saugen gleichsam den Blick des Betrach-ters in sich hinein und rütteln zugleich auf. Das ganze Gesicht strahlt Ernst und Intensität aus, es steht darin ein Wissen, aber vor allem ein stummes, aufwühlendes Fragen von der Eindring-lichkeit einer Prüfung: was ist wesentlich, was besteht? Ernst war tatsächlich ein hervorstechender Wesenszug Maria Hiszpańska-Neumanns, den vor allem ihre Erlebnisse im deutschen KZ in sie eingegraben hatten. Doch diese bohrende Trauer, die hier in den Augen liegt, ist auch einer konkreten biographischen Situa-tion geschuldet: Die Zeichnung entstand, so die Tochter der Künstlerin, in der Zeit nach dem Tod ihres Mannes Janusz Neu-mann im Herbst 1972, den sie nur schwer verwunden hat.

Doch da ist nicht nur das Gesicht: Genauso wichtig ist die Hand in der unteren Bildhälfte. Es ist die linke, ihre – wie sie sagt – »wichtigste Arbeitspfote«: die Künstlerin war Links-händerin. Die große, kräftige, fast knochige Hand verrät die »Handwerkerin«. Maria Hiszpańska-Neumann war einerseits Grafikerin von hohem handwerklichen Können, die ihre Arbei-ten nicht in einer Druckerei, sondern zuhause im eigenen Atelierzimmer ohne Presse mühsam von Hand abzog, was schwere körperliche Arbeit bedeutete. Andererseits arbeitete sie zeitweise »wie ein richtiger Maurer«, wenn sie Mosaik- und Sgraffitto-Werke an den Wänden der Kirchen schuf. Ihre Hände sähen »ganz arbeiterklassisch« aus, und seien »weder Frauen- noch Intelligenzlershände«, schreibt sie (17.3.) 1968 in einem Brief.

So legt das Selbstbildnis auch Zeugnis ab über die Arbeit des Auges und der Hand als den Hauptwerkzeugen der Künst-lerin. Im Auge, dem Spiegel der Seele, konzentriert sich die Macht des Sehens und der Verarbeitung des Gesehenen. Die Kunst liegt im Zusammenspiel von Auge bzw. Kopf und Hand; das wurde schon in den kunsttheoretischen Erörterungen seit der Renaissance diskutiert. Der Kopf liefert die Idee, den Ent-wurf, das Wissen (um Proportion und harmonische Form z.B.),

doch braucht es genauso die geschickte Umsetzung durch die Hand, das praktische Können. Beides – inhaltliche Tiefe und handwerkliche Meisterschaft – spielen bei Maria Hiszpańska-Neumann eine wichtige Rolle.

Das Geheimnis dieser Zeichnung besteht aber nun darin, dass Hand und Kopf nicht als zufällige, isolierte Einzelstudien auf das Blatt gesetzt sind, sondern so, dass man sie in Verbin-dung zueinander sieht. Der nicht sichtbare Mensch »dazwi-schen« wird mit gesehen, ohne dass er in einer einzigen Linie in die Sichtbarkeit tritt. Es ist, als ob der Kopf um die Hand wüsste und umgekehrt; die leicht geöffnete Hand ist bereit das auszu-drücken, was im Innern vorgeht. Das Gesicht zeigt sich in voller Offenheit und Frontalität, doch der Mund hat zu schweigen ge-lernt. »Reden« tun hier die Augen und die Hand. Es ist wie ein Gespräch von Auge und Hand über eine Leere, einen Abgrund hinweg. Gerade in die Öffnung zwischen Daumen und Zeige-finger senkt sich die dunkle Halslinie hinein; der Daumen und die lange, gerade Nase liegen auf einer Linie. Die leichte Nei-gung des Kopfes nimmt ihm die Starre, die die Frontalität erzeu-gen könnte, und die dynamische Diagonale des Unterarmes und der Hand mit den leicht geöffneten Fingern zeigt Hand-lungsbereitschaft, möglichen Zugriff, aber zugleich auch das In-nehalten in einer Bewegung, vielleicht auch Frage, Er-Wartung – Offenheit.

Immer wieder spürt man jedoch die eigenartige Präsenz der »abwesenden«, unsichtbaren Mitte. Gerade durch das Weg-lassen ist viel gewonnen und im »Nicht-Sagen« so vieles ausge-sprochen. In diesem stumm-beredten Bildnis zeigt sich ihr inne-res Ringen nach dem Tod ihres Mannes, das sie in einem Brief vom August 1974 in die Frage kleidete: »Werde ich es mal dazu bringen, ein inneres Schweigen, welches weder eine gedanken-lose Erstarrung, noch eine ohnmächtige Passivität, sondern ein demutsvolles Schweigen, und sich Öffnen ist, mir in mir zu erarbeiten?«

Die Mitte, der von den Betrachtenden innerlich zu ergän-zende Zwischenraum, gewinnt als gefüllte Leere an Intensität. Die Mitte ist die Instanz, die zwischen den Polaritäten liegt und sie ver«mittelt«. Die Suche nach Vermittlung und Ausgleich – auch das ist ein Grundzug ihres Lebens wie ihres Werkes.

2   Maria Hiszpańska-Neumann, Foto von 1964

Schwarz und Weiß, hell und dunkel, denken und handeln sind zusammenzubringen.

Fotos bestätigen die ausdrucksvollen, empfindsamen länglichen Gesichtszüge (Abb. 2), auch das schwer zu bändigende Haar, sogar die unregelmäßigen (hier spiegelverkehrt gesehenen) Augenbrauen. In der Zeichnung ist die Längung des Gesichts noch übersteigert, genau wie bei den Figuren ihrer späteren Holzschnitte und Malereien. Die Intensität, der Ernst, das Asketische, das Fragen, Zweifeln und Suchen, aber auch die Kraft und Zähigkeit, die Offenheit und Empfänglichkeit, die in dieser Zeichnung zum Ausdruck kommen, gehören ganz eminent zum Wesen der Künstlerin. Doch damit ist sie noch lange nicht erschöpfend erfasst. Versuchen wir in einer weiteren Annäherung, einige der wesentlichen Facetten ihres Lebens mit groben Strichen zu umreißen.

Jeder Mensch steht im Wirkungsfeld des Zeitgeschehens, die einen mehr, die anderen weniger. Maria Hiszpańska-Neumann hat die Höhen und Tiefen ihrer Zeit intensiv erlebt und durchlitten, sie ist so recht ein Kind des 20. Jahrhunderts: geboren mitten in den Tagen der russischen Oktoberrevolution, in einer Stadt, die wie keine andere den Geist und Ungeist Mitteleuropas erfahren hat. Im alten Warschau ist sie geboren und aufgewachsen, in der zerstörten und wieder aufgebauten Stadt hat sie gelebt bis zu ihrem Tod, unterbrochen nur durch ihre Jahre im deutschen KZ. Maria hat das dramatische Zeitenschicksal des 20. Jahrhunderts wie einen viel zu großen, viel zu schweren Mantel getragen – so wie ihre Frauengestalten in der Druckgraphik – ihn ausgefüllt mit ihrer Liebesfähigkeit und Mitleidskraft und mit einer Portion Humor und innerer Zähigkeit, die man einer so zierlichen kleinen Person wie ihr kaum zugetraut hätte. Maria Hiszpańska-Neumann ist Polin, geprägt vom Stolz dieses Volkes, und sie ist ein geistig ringender Mensch, alle Nationalismen sprengend.

Ihr Leben und ihr Werk, beide bis in den Alltag hinein untrennbar verbunden, kreisen um »das Menschliche«. »Der Mensch war und ist der Zentralpunkt meiner Interessen« bekennt sie schon 1959 (Brief vom 25.9.1959). Bis an ihr Lebensende hat sie »ein immer waches, lebendiges Interesse für alles

Menschliche« (Johanni 1978) und ist durchdrungen von einer tiefen Humanität: »Mögen die Menschen überall menschlicher werden, die einen den anderen gegenüber. Wir alle denken ja dasselbe – die ganze, über die ganze Welt hin zerstreute Menschenfamilie denkt und wünscht dasselbe. Eine Welt ohne Krieg, ohne Verfolgung, ohne Unterjochung, ohne Hass, ohne Verlogenheit ... Sind es für ewig nur schöne Utopien?« schreibt sie im Rückblick auf das Jahr 1968 anlässlich der Geschehnisse des »Prager Frühlings«.

Maria Hiszpańska-Neumann ist ein Mensch von tiefer Religiosität. Es interessiert sie der Mensch zwischen Himmel und Erde, zwischen göttlich-geistiger Welt und irdischer Gebundenheit. In ihrem Werk stellt sie die Grundfragen der menschlichen Existenz, Fragen nach dem Leid, der Not und Angst, aber auch nach Hoffnung, menschlichen Beziehungen und Liebe. Immer wieder zeigt sie den vom Schicksal geprüften Menschen, oder den Menschen in Schwellensituationen. Gerade auf dem Hintergrund ihrer Biographie gewinnen diese Fragen an Aussagekraft, denn sie selber war ein schwer vom Schicksal geprüfter Mensch: Als junge Frau durchlitt sie vier Jahre lang die Hölle deutscher Konzentrationslager und Gefangenschaft. Diese Jahre prägten sie tief.

Auch das Leben im kommunistischen Nachkriegspolen mit all den Einengungen und Einschränkungen des Alltags in der Mangelwirtschaft forderte seinen Tribut und verlangte seinen Teil an Humor, Gelassenheit und Durchhaltevermögen. Andererseits, nach einer der Reisen in den »reichen zivilisierten Westen« ist sie nur froh, »dass wir in unserem armen, zurückbleibenden Lande leben, wo das Menschliche, wenn auch neben manchem Unmenschlichen, doch üblicher und öfter als dadrüben zum Vorschein kommt.« (2.11.1967). Einen Raum nur für sich, ein Atelier, in das sie sich ganz ungestört hätte zurückziehen können, hat sie nie besessen. Das Zimmer, in dem sie arbeitete, diente ebenso als Wohn- und Schlafzimmer, und wenn Gäste kamen, auch als Gästezimmer. Wurde der Lebensalltag turbulent, kompliziert, war an künstlerische Arbeit nur schwer zu denken.

Beruflich hatte sie sich für die finanziell ungesicherte, aber künstlerisch unabhängige Existenz einer freischaffend Tätigen entschieden. »Ich kann nicht und will nicht irgendeiner Propa-

ganda dienen« (25.9.1959). Mit dieser Haltung machte sie sich unter den Kulturoffiziellen keine Freunde, doch dies galt es auszuhalten, wandte sie sich doch mehr und mehr der Kirche als Auftraggeberin zu. »Wäre ich nicht, mit Gottes und guter Schutzgeister Hilfe, inzwischen ganz zu einer Kirchenmaus geworden, so hätten wir schon seit vielen Monaten nichts zu essen.« (20.4.1967). Es gehörte zu ihrem Alltag, mit mannigfaltigen äußeren aber auch mit inneren Widerständen umzugehen. Den Widerstreit zwischen heilend-aufbauenden Kräften und Rohheit, Dunkelheit und Angst kleidete sie in ihren Briefen in eine Metapher: nämlich den Kampf des Lichtes gegen die Finsternis. Ihre Briefe legen Zeugnis davon ab, wie existentiell sie diesen Kampf erlebte, aber auch ihr Werk ist davon geprägt bis in die Wahl eines ihrer wichtigsten künstlerischen Ausdrucksmittel – der Grafik, die mit dem Kontrast von Schwarz und Weiß arbeitet. Schon in einem erschütternden Zeugnis aus der Zeit im Konzentrationslager spricht sie von ihrer Aufgabe, ihrer Mission als Mensch und als Künstlerin unter den und gegen die Bedingungen der Finsternis: »Und du lobst den Vater aller Ewigkeiten für die Gnade, die er dir erweist, für deine besondere, allerschönste Mission – für das schwarze und weiße und silberne Lied, das du singst in dem in dir wachsenden Tag.« (3.2.1944, in deutscher Übersetzung). Sie wurde in ihrem weiteren Leben nicht müde, dieses Lied zu singen – später als Malerin auch in Rot- und Violetttönen – und das Licht, den in ihr wachsenden Tag, zu suchen.

In dem »Schwarz und Weiß« sieht sie einmal etwas typisch Polnisches: »Weißt Du, was es für eine unberechenbare, voller Widersprüche, unausgeglichene Seele ist, die polnische Volksseele? [...] alles Widerspruchsvollste, die größte Amplitude zwischen der hohen, heldenhaften Geistigkeit und einer schlauen, gewissenlosen Kleinlichkeit usw. ist hier möglich. [...] Einmal fliegt diese Volksseele in den Himmel empor, fast bis zur Sonne, fast bis zum Gott; ein anderes Mal liegt sie im Schlamme, quitschvergnügt«. (20.3.1968)

Dies ist allerdings nicht nur eine Eigenschaft der polnischen Volksseele, sondern gehört zum »Menschlichen«, zur Conditio humana: Das Erleben der tiefsten Tiefen, des Unmenschlichen auf der einen Seite und auf der anderen das Streben nach einem geläuterten, höheren Menschsein, nahe beim Licht, bei Sonne und Gott. Schon der Zyklus der »Unklassischen Mythen« von 1959 wuchs aus dem schmerzlichen Erleben dieser »Doppelheit menschlicher Natur« (6.1.1960) hervor. Denn Mensch ist man noch nicht, sondern muss es noch werden. Insofern ist das »Menschliche« bei ihr immer auch »das Christliche«, wie sie es nennt. Prüfungen und Grenzerfahrungen des Menschseins gerinnen ins biblische Bild. Mehr noch – das zu erringende Licht ist eigentlich identisch mit Christus. Dieser ist sowohl Ziel als auch Quelle der menschlichen Entwicklung. So hat sie es auch in ihrer Wandarbeit an den kargen Betonwänden einer Kapelle bei Limburg an der Lahn künstlerisch formuliert. (s. S. 245) Maria Hiszpańska-Neumann ist Polin, Katholikin, aber auch Anthroposophin in einer ihr ganz eigenen Art.

Im Grunde ist ihr Werk ein »hohes Lied der Liebe« (das »Hohe Lied« aus dem Alten Testament war tatsächlich eines der Themen, mit denen sie sich in ihren letzten beiden Lebensjahren beschäftigte). Ihre Kunst will nicht zweckfrei sein, sondern fügt sich in den Willen zu heilen, zu helfen und zu wirken. Vor allem die Werke in den Kirchen stehen in diesem Zusammenhang. Als Kind wollte sie Ärztin werden, und bis an ihr Lebensende fragte sie sich zuweilen, ob sie als Ärztin nicht noch mehr hätte für die Menschen tun und noch unmittelbarer helfen können. So gibt sie den Menschen mit ihrer Kunst ein Bild ihres Schicksals – wie es auch schon Max Beckmann formuliert hat: »Dass wir den Menschen ein Bild ihres Schicksals geben, und das kann man nur, wenn man sie liebt«[3] – ein Bild, an dem die Betrachtenden sich erkennen und daran wachsen mögen, aber auch ein Bild, mit dem sie die »Menschen beunruhigen, wachrütteln, aufregen, zum Nachdenken bringen« will (2.6.1975). Denn so sehr sie den Strebenden liebt, so sehr verabscheut sie »gewisse menschliche Charakterzüge« wie »Denklosigkeit, Stumpfheit, tierisch-automatenhaftes Gehorsam, dumme Selbstzufriedenheit usw. usw.« (6.9.1959).

Ihre Kunst floss immer aus dem eigenen inneren Erleben. Ihre Grafik, schreibt sie 1960, sei »in Wirklichkeit immer Beichte«. Sie könne »nimmer was Graphisches »für mich« im Holze kratze[n], wenn es sich nicht aus einer inneren Notwendigkeit, aus einem Imperativ, herausdrängt.« Was sie gestaltet, sei nie »ausgeklügelt, erdacht, ausspekuliert«, sondern »alles aus dem Inneren heraus« (13.10.1960). Doch gleichzeitig strebte sie nach dem Überpersönlich-Gültigen, nach Abstand von sich selber. Goethe, der »alles so leidenschaftlich-persönlich zu erleben wusste, ohne in irgendwelche Egozentrik zu verfallen«, ist ihr da ein großes Vorbild. »Was für eine schwere Aufgabe, sich über das Persönliche zu erheben, ohne trocken und kalt zu werden. Es ist eine der Aufgaben, die ich mir immer wieder zu stellen versuche und an der ich immer wieder scheitere. [...] Hoffentlich kann man doch zu einem Überpersönlich-Persönlichen hin gelingen, ohne dass man ein Genie ist, ohne dass man von Geburt aus mit einer tief in der Seele steckenden Selbstsicherheit bewaffnet – oder gepanzert ist. [...] So alt ich bin, mit der Selbstsicherheit ist es bei mir ganz schlecht.« (4.7.1962)

Eine andere Facette ihres Wesens scheint hier auf: ihre große Bescheidenheit. Freunde und Bekannte schildern, dass man zuweilen den Eindruck gewinnen konnte, als hätte man den wandelnden Minderwertigkeitskomplex vor sich. Sie drängte sich nie in den Vordergrund, freute sich aber immer, wenn Menschen jenseits eines oberflächlichen »Gefallens« Tieferes in ihren Werken entdeckten oder spontan und nicht intellektuell darauf reagierten, auch Kinder. Sie strahlte große Wahrhaftigkeit aus: das was sie sagte und dachte, *war* sie. Auch ihre anthroposophische Weltanschauung war nie eine Theorie, sondern wie ihre Frömmigkeit, gelebt.

Menschen, die sie noch kannten, schildern Maria Hiszpańska-Neumann als ungemein intensiv, sprühend, ein kleines konzentriertes Bündel, ein Feuergeist, leidenschaftlich und zärtlich zugleich, mit großem Ernst aber auch gefühlvoll und überschwänglich, in ihrer Jugend von einer geradezu überbordenden, sprühenden Phantasie. Klein, beweglich und von eher zarter Statur glich sie tatsächlich ein wenig der Maus (polnisch Mysz), die den Weg in ihre Werke als Teil ihrer Signatur fand, doch war sie eben auch zäh, wenn sie wie ein Maurer auf den Gerüsten an den Wänden der Kirchen arbeitete. Und sie liebte die Musik und vor allem die Literatur – mit ihrem großen Sprachtalent las sie z. B. Dostojewski ohne Mühe auf Russisch, Christi-

---

3   Aus: Max Beckmann, Bekenntnis 1918. Drei Briefe an eine Malerin, hrsg. von Hans Voss, Berlin 1966, S. 4.

an Morgenstern, Hermann Hesse, Thomas Mann, Heinrich Böll und Goethe (um nur einige Favoriten zu nennen) auf Deutsch, die Briefe Van Goghs auf Französisch.

Das Interesse für alles Menschliche zeigte sich in ihrer Person als warmherzige Liebesfülle; sie begegnete auch fremden Menschen mit einer erstaunlichen Offenheit, Herzlichkeit und einem großen Vertrauensvorschuss. Sie, die guten Grund hätte zu Vorbehalten und Ressentiments Deutschen gegenüber, kannte schon lange keinen Hass mehr. Sie hatte ein erstaunlich weit gespanntes Netz an Bekannten in verschiedenen deutschen Städten; mehr noch, es verbanden sie viele und enge Freundschaften gerade mit Menschen aus beiden Teilen Deutschlands und ihre spontane Herzlichkeit und ihre Offenheit bezog auch Menschen aus der »Tätergeneration« mit ein. »Ihre geistige Reichweite übertraf bei weitem alles, was ihr an schmerzlicher Einengung vom Schicksal zugemutet wurde«, so urteilt Dorothea Rapp, die der Künstlerin in den späten 70er Jahren mehrfach begegnete und verschiedene Artikel über sie veröffentlichte.[4] Der »Einengung« begegnete sie mit Humor – und einem kauzig- humorigen Ton: »Es ist weder leicht noch lustig, obwohl auch in mancher Hinsicht interessant, das Leben. Es kann auch einen mal zermahlen, oder zermürben, oder so gründlich plattbügeln, dass Löcher entstehen. Und eine plattgebügelte Maus mit Löchern dran ist kein geschicktes Schreibtier« (13.3.1978) – so entschuldigt sie ihr langes Schweigen einem Brieffreund gegenüber – auch hatte sie einen ausgesprochenen Sinn für das Skurrile, das surrealistisch Komische oder mittelalterlich Groteske.

Vertieft man sich in ihr Leben und Werk, so gewinnt man zweierlei: Man lernt einen künstlerischen, vielschichtigen Menschen kennen mit einer ganz individuellen Rolle im »Mysteriendrama« des Lebens, und man durchlebt gleichzeitig ein Stück Zeitgeschichte, wobei die apokalyptischen Züge des 20. Jahrhunderts in Mitteleuropa ein individuelles Gesicht bekommen. Selten sieht man einen Menschen, der so mit seinem Schicksal verbunden war, es so aktiv angenommen und ergriffen hat, mit all seinen Höhen aber vor allem auch mit seinen Tiefen. Die Blicke auf das Zeitgeschichtliche und das Individuelle verschränken sich, das eine wird im anderen sichtbar und lässt sich nicht vom anderen trennen, sowenig wie sich ihre künstlerische Arbeit von ihrem Leben trennen lässt.

Die Art, wie Maria Hiszpańska-Neumann die Leiden und den Hass der KZ-Zeit überwand, wie sie bescheiden, unaufdringlich aber beharrlich an der Aufgabe des »Mensch-Werdens« arbeitete, kann auch für Menschen, die wieder in anderen Zeiten leben, Zeichen und Inspiration sein.

Und es ist Zeit, auch ihr Werk, »das schwarze und weiße und silberne Lied«, eingehend zu würdigen. In der von Strömungen und Richtungen so reichen Kunst des 20. Jahrhunderts mit den sich überlagernden lauten und leisen Stimmen spricht sie mit einer ganz eigenen Stimme, die lange überhört worden ist.

Es gibt also mehrere Gründe, ihr ein Buch zu widmen und sie in das »rechte Licht« zu rücken. Ein Teil ihrer selbst hätte sich aus Bescheidenheit vielleicht als nicht würdig oder wichtig genug für ein solches Unterfangen empfunden, doch gleichzeitig hätte sie sich darüber gefreut, dass ihre Kunst *weiter* wirken kann: sowohl zeitlich über ihren Tod hinaus, aber auch örtlich, über Polen hinaus, gerade auch in Deutschland, einem Land, mit dem sie auf so schreckliche wie auch herzliche und fruchtbare Weise verbunden war.

Zuletzt sei noch eine Annäherung in eigener Sache angefügt, eine Annäherung, die sich in der Entstehung dieses Buches ausdrückt. Denn in der lange Jahre währenden Spurensuche zeigte sich etwas, was Maria Hiszpańska-Neumann in ihren Briefen verschiedentlich formulierte: »Es gibt doch, wie wir alle wohl wissen, eine übersinnliche Logik der menschlichen Zusammenkünfte.« (21.9.1968) In diesem Sinne verdankt dieses Buch sein Zustandekommen oftmals den »Zufällen« und der »übersinnlichen Logik« von Begegnungen und Ereignissen. In all den Jahren der Spurensuche wurde mir die ja schon 1980 verstorbene Künstlerin wie zu einer Vertrauten, als hätte sie die Recherche und das Schreiben begleitet. Deshalb ist dieses Buch auch nicht in erster Linie aus einem wissenschaftlich-kunsthistorischen

4   Dorothea Rapp, Maria Hiszpańska-Neumann, Artikel in den »Mitteilungen aus der anthroposophischen Arbeit in Deutschland«, Johanni 1980, S. 143. Schon 1978 hatte D. Rapp einen Artikel über die Künstlerin in der Monatszeitschrift »Die Drei« veröffentlicht.

Blickwinkel heraus geschrieben, sondern mehr aus einem menschlichen Interesse und der persönlichen Verbundenheit mit einer Frau, die, zunächst mir völlig unbekannt, im Laufe der Zeit immer plastischer und lebendiger hervortrat.

Alles begann Anfang der 90er Jahre im Wohnzimmer einer Freundin. Dort hingen einige Blätter aus dem grafischen Zyklus zu den »Geschichten Jaakobs« (vgl. S. 162 ff.). Die Mutter dieser Freundin war der Künstlerin in deren letzten Lebensjahren noch persönlich begegnet und hatte die Holzschnitte von ihr selber per Hand abgezogen bekommen. Nach dem Tod der Mutter überließ die Freundin mir den Teil des Nachlasses, der mit Maria Hiszpańska-Neumann zu tun hatte. Mir waren nun anvertraut einige wenige Briefe der Künstlerin in deutscher Sprache, ein Konvolut unbezeichneter Kopien von Graphiken in sehr verschiedenen Stilen und Techniken und von den Artikeln Dorothea Rapps. Nun begann die eigentliche Suche, doch die erwies sich als schwierig. In den einschlägigen (Kunst)Bibliotheken vor Ort war nichts über die Künstlerin zu finden. Das Internet, damals mit deutlich weniger Einträgen als heute (2014), erbrachte zumindest Hinweise auf von ihr illustrierte Bücher, die antiquarisch angeboten wurden. Da ebnete einer der ersten »Zufälle« den Weg zu Dorothea Rapp. Durch die Hilfe verschiedener Menschen gelang es, ein Gespräch mit der noch von einem Schlaganfall gezeichneten Autorin zu führen, bei dem die Gestalt und die Persönlichkeit Marias schon viel deutlicher hervortraten.

Es folgten Recherchen in der Mahn- und Gedenkstätte Ravensbrück, dem KZ, in dem Maria Hiszpańska-Neumann einige Jahre ihres jungen Erwachsenenlebens verbringen musste. Das düsterste Kapitel ihres Lebens wurde aufgeschlagen. Die Mitarbeiterinnen der Gedenkstätte zeigten sich sehr hilfsbereit, und mit vielen kopierten Seiten aus Berichten von zumeist polnischen Lagergenossinnen kehrte ich zurück. Auf der Suche nach einer Person, die in der Lage war, einige dieser Berichte aus dem Polnischen ins Deutsche zu übersetzen, trat nun der größte »Zufall« auf den Plan: Meine Mutter wies mich auf eine ihrer ehemaligen Schulkameradinnen hin, die im selben Ort nur ein paar hundert Meter entfernt wohnt. Aus Berichten in der noch lange gepflegten »Abiturzeitung« ihres Jahrgangs war ihr in Erinnerung, dass diese Bekannte Polnisch könne. Ich zögerte. Meine

Mutter drängte, sie hätte der Bekannten doch gesagt, ich würde mich melden, ich könnte doch wenigstens anrufen. Kurz darauf, am 7. November 2003, tat ich das. Anne Kleinfeld, so hieß die Bekannte, war auch zögerlich. Sie wisse nicht, ob sie mir helfen könne, denn sie hätte schon lange kein Polnisch mehr gesprochen. Sie hätte eine Freundin in Polen gehabt, aber die sei schon vor vielen Jahren gestorben, und seitdem wäre sie mit dieser Sprache nicht mehr umgegangen. Ich erzählte trotzdem, worum es ging. Als ich den Namen der Künstlerin nannte, herrschte knisternde Stille am Telefon. In die hinein sagte Anne Kleinfeld: »Aber das *gibt* es doch nicht, das *ist* doch meine Freundin!«

Die Früchte einer fast 15jährigen engen Freundschaft, die sich in einem regen Briefwechsel und in (gegenseitigen) Besuchen ausgedrückt hatten, standen nun freigiebig zur Verfügung. Lebendige Schilderungen der Wohn-, Lebens- und Arbeitssituation in Warschau und das gemeinsame Lesen der Briefe schufen eine so dichte und intensive Atmosphäre, als wäre »Mysz«, die Maus, selber anwesend[5]. Das Polnisch wurde wieder aufpoliert bei den vielen Übersetzungen von Artikeln, Berichten und der 1963 in Polen erschienenen Monographie von Jan Białostocki über Maria Hiszpańska-Neumann. Doch vor allem wurden durch diese Bekanntschaft wieder neue wichtige Wege eröffnet, vor allem der nach Warschau zur Tochter der Künstlerin, zu Bogna Neumann, die bis heute noch in der alten Atelierwohnung lebt und darin einen (Waldorf)Kindergarten betreibt, und zu dem Kunsthistoriker Elmar Jansen aus Berlin, den eine herzliche Freundschaft mit der Künstlerin verband und der eine umfangreiche Sammlung ihrer Werke besitzt und wohl als erster in Deutschland durch einen kleinen Aufsatz auf die Bedeutung der Künstlerin hinwies (vgl. Literaturverzeichnis). Immer größer wurde das Netz der Menschen, die Maria noch kannten und helfen konnten, das Bild der Künstlerin zu vervollständigen und zu erweitern. Es mögen noch lange nicht alle sein, doch schienen mir die Spuren nun dicht genug, um daraus ein erstes Bild von Leben und Werk Maria Hiszpańska-Neumanns nachzuzeich-

5 Eine erste intensive Beschäftigung mündete 2004 in die Veröffentlichung eines Artikels über einen Weihnachtsholzschnitt von Maria Hiszpańska-Neumann in der Dezember-Ausgabe der Zeitschrift »Die Christengemeinschaft«.

nen. Als eine Einseitigkeit bleibt bestehen, dass sich dieses Bild vornehmlich auf die »deutsche« Seite der Künstlerin stützt, auf ihre Korrespondenz in einer Fremdsprache, eben in Deutsch, und ihre Beziehungen und Freundschaften mit größtenteils deutschen Menschen. Diese gehörten jedoch, so Bogna Neumann, zu den tiefsten und intensivsten (Brief)Freundschaften, die die Künstlerin überhaupt hatte.

Maria Hiszpańska-Neumann war eine Wort-Malerin; sie kleidete Gedanken, Vorstellungen in Bilder: Wenn sie schrieb, malte sie Bilder mit Worten – ihre Sprache ist ungemein bildhaft-plastisch. Unerwartete Ereignisse, »Schicksalsschläge« z.B. erschüttern nicht, sondern es fällt etwas wie ein Ziegelstein oder ein Balken vom klaren Himmel auf den Kopf herunter. In ihrer Kunst wiederum schafft sie Sinn-Bilder, Ur-Bilder, bringt sie Ideen, Gedanken in ein Bild. Ein Großteil ihres graphischen Schaffens ist der Buch-Illustrationen gewidmet, wo das Bild in einem Textzusammenhang steht. Dieser Nähe von Bild und Wort möchte auch das Buch gerecht werden.

In einem ersten Teil soll ihr Leben »nachgezeichnet« werden, soll ein Lebensbild entstehen, soweit es die bisher erworbenen Informationen möglich machen. In einem zweiten Teil möchte ich ihr Werk sprechen lassen und einige Bilder einzeln betrachten und ihre Wirkung in Worte zu fassen suchen. Im Anhang zeigen Auszüge aus den Briefen ihre »Brief-Kunst« im Wort und in der Zeichnung. Drei Briefe sind im Faksimile abgedruckt, nicht nur, um das Charakteristische der Handschrift sprechen zu lassen, sondern besonders auch um der spontanen Zeichnungen willen, mit denen sie dort ihre Worte unterlegt und humorvoll verstärkt hat und in denen wiederum eine andere Facette der Verbindung von Schrift und Bild erscheint.

Der biographische Teil stützt sich auf verschiedene Quellen: insbesondere auf die Schilderungen der Tochter der Künstlerin, aber auch auf Gespräche mit verschiedenen Freunden und Bekannten Marias in Ost- und Westdeutschland und auf eine Vielzahl von Briefen an verschiedene Menschen. Was die Kindheit betrifft, kommt ein aus dem Polnischen übersetzter Aufsatz von Stanisław Hiszpański, dem Bruder Marias, hinzu, den er 1973 im Andenken an Urgroßvater, Großvater und Vater schrieb. Dennoch sind die Informationen über Kindheit und Ju-

gend Maria Hiszpańska-Neumanns sehr spärlich; während die Schilderungen des Bruders z.B. ein lebendiges Bild des Vaters vermitteln, bleibt das der Mutter recht blass. Zur Verfügung standen mir weiterhin die Rohübersetzung des Buches von Jan Białostocki, der bisher einzigen Monographie über die Künstlerin, des weiteren ein vorläufiger Werkkatalog von Kasimierz Świć erstellt 1990 im Rahmen einer Magisterarbeit an der Katholischen Universität Lublin, Texte aus Ausstellungskatalogen und Berichte von Lagerkameradinnen (siehe auch Literaturverzeichnis). Eine Dissertation über Maria Hiszpańska-Neumann von dem polnischen Geistlichen und Kunsthistoriker Paweł Maciąg wird in Kürze erscheinen.

Die Bildbeschreibungen und Untersuchungen im zweiten Teil beruhen auf längeren Betrachtungen von Originalen. Reisen führten in diesem Zusammenhang in verschiedene Städte Polens, vor allem in die alte Atelierwohnung in Warschau, aber auch nach Hübingen und Frankfurt. Einige Gemälde wie z.B. die »Gralsritter« blieben trotz intensiver Nachforschungen leider verschollen. Doch zu einem Ende kommt man beim Recherchieren nie. Ein zukünftiges wünschenswertes Projekt ist auch die wissenschaftliche Aufarbeitung des Werkes von Maria Hiszpańska-Neumann.

Den Menschen und die Künstlerin zu würdigen – damit sei in diesem Buch der Anfang gemacht.

Dass dieses Buch geschrieben werden konnte, ist allen beteiligten Menschen zu verdanken. Ob sie Informationen lieferten, Korrekturen gaben, vom Polnischen ins Deutsche oder vom Deutschen ins Polnische übersetzten, Kontakte knüpften, Refugien zum Schreiben anboten, mir »freie« Zeit zum Schreiben ermöglichten oder Fotografien herstellten – ihnen allen möchte ich an dieser Stelle ganz herzlich danken, denn ohne sie wäre das Buch nie zustande gekommen. Ebenso gilt mein Dank den Menschen, die bei der Realisierung des Buchprojekts mithalfen durch kleinere und auch größere finanzielle Zuwendungen – insbesondere der Anthroposophischen Gesellschaft in Deutschland –, Johannes M. Mayer für die Gestaltung des Buches und dem Info3-Verlag, dass dieses Buch nach langer Wartezeit nun in Druck gehen konnte.

Leben

»Was für ein Mysterien-Drama des Menschen Schicksal, eines jeden Menschen Schicksal ist« (13. 1. 1978)

»Da ich überhaupt an keine Zufälle glaube [...] Es werden auf verschiedenste Weisen Menschen zusammengeführt, welche zusammenkommen sollen.« (13. 10. 1965)

»... es geschehen kleine Wunder im Leben, kleine Wunder die doch ihrem Inhalte nach grosse Wunder sind. Man soll nur den Sinn für das Wunderbare nicht verlieren, sonst wird das Leben zu einem Protokoll.« (16. 10. 1970)

3   Die fast Fünfjährige im Kreis ihrer Familie und Freunde: Eugeniusz Klemczyński, Stanisław Hiszpański (Vater), Großmutter, General Syrovy, davor Maria, Zofia Hiszpańska (Mutter), Zdzisław, Stanisław (Brüder) (von links nach rechts). Foto vom 12. 10. 1922

Kindheit und Jugend im alten Warschau

»Ich fühle mich auch immer und immer ganz unsäglich dankbar, geistigen Wesenheiten und so vielen Menschen gegenüber. Auch so manchen Menschen, welchen ich keine Dankbarkeit zu erweisen wusste, oder vermochte, als ich in ihrer Nähe noch war: manchen Lehrern, meinen Eltern, vielen Leuten, welche so unendlich viel für mich taten, als ich noch jung und igelhaft stachelig war«
(4. 1. 1969)

Stanisław Hiszpański, Spross einer angesehenen und in Warschau alteingesessenen Schusterfamilie, macht sich gegen Ende des 19. Jahrhunderts auf und beginnt seine Wanderjahre als Geselle, nach alter Tradition zu Fuß. Wandernd und arbeitend kommt er durch Tschechien, Deutschland und die Schweiz und gelangt schließlich nach Frankreich. Ziel seiner Reise ist Paris, die pulsierende »Hauptstadt der Welt«, nicht nur um sich dort im Gerberhandwerk weiterzubilden, sondern hauptsächlich um an der Sorbonne sein Jurastudium zu beenden. Wie schon sein Vater, wird er ein »gelehrter Schuster« mit Universitätsabschluss und knüpft als geselliger und geistreicher Mann Kontakte auch zu den vielen in Paris lebenden Polen. Darunter ist auch Marie Curie, geborene Maria Skłodowska, damals schon angesehene Wissenschaftlerin. Die beiden Warschauer Familien Skłodowski und Hiszpański sind gut miteinander bekannt. Als der Vater stirbt, kehrt der Sohn nach Warschau zurück, um das elterliche Schuhgeschäft in der dritten Generation zu übernehmen. Die Verbindung nach Paris wird aufrechterhalten – ja die Curies laden Stanisław sogar einmal extra aus Warschau zu einem folgenschweren sonntäglichen Mittagessen nach Paris ein, um ihn mit Zofia Kraków, einer guten Freundin Marie Curies, bekannt zu machen: so lernt er seine zukünftige Frau kennen.

Zofias Eltern haben ein Exilanten-Schicksal. In der wechselhaften Geschichte Polens spielt Paris als Zentrum des polnischen Exils schon seit den 30-er Jahren des 19. Jahrhunderts eine wichtige Rolle. Die benachbarten Großmächte Österreich, Preußen und Russland hatten das Land mehrfach unter sich auf-

4   Maria mit ihrer Mutter im Sommer 1918

geteilt, so dass Polen über mehr als 100 Jahre von der Landkarte verschwand. Immer wieder erhoben sich die Polen gegen das zaristische Russland, das seit dem Wiener Kongress 1815 den größten Teil des Landes beherrschte. Auch der Aufstand im Januar 1863 scheiterte und hatte harte Vergeltungsmaßnahmen zur Folge – die polnische Sprache wurde verboten und viele Polen wurden enteignet, hingerichtet oder deportiert. Zu den nach Sibirien Verbannten gehörten auch Zofias Eltern. Nach der Verbannung gingen sie ins Exil nach Paris, wo ihre Tochter geboren wurde. Zofia wuchs jedoch bei einer Pflegefamilie in einem kleinen Dorf in der Bretagne auf, erst mit sieben Jahren holten die Eltern das »Bauernkind« in die Stadt. Nach dem Tod des Vaters, als sie ungefähr 12 Jahre alt war, musste sie zum Lebensunterhalt beitragen und wurde zu einer Modistin und Hutmacherin nach Südfrankreich geschickt. Die Familie hatte sich schon lange vom Katholizismus gelöst und so wuchs auch Zofia atheistisch auf.

Ein Jahr lang werden nun fast täglich Briefe gewechselt, bis Stanisław Zofia schließlich ein großes Paket Veilchen (ihre Lieblingsblumen) und einen Verlobungsring schickt. Als seine zukünftige Ehefrau reist sie ihm nach in das ihr unbekannte Polen. Sie bekommen zwei Söhne, Zdzisław im November 1900 und Stanisław im Januar 1904. Viele Jahre später – Zofia ist schon 39, die Söhne sind fast 17 und 14 Jahre alt – wird noch ein Mädchen geboren: am 28.10.1917 um 10 Uhr morgens – mitten in den Tagen der Oktoberrevolution und begleitet vom Glockengeläut zum Namenstag des polnischen Nationalhelden Tadeusz Kościuszko. Das Mädchen hat längere Zeit keinen Namen, schließlich nennt man sie Zofia (nach der Mutter) Janina (nach der Großmutter). Erst bei ihrer Firmung, mit 14 Jahren, bekommt sie den Namen Maria. Genannt wird sie aber seit langem schon »Myszka«, das Mäuschen, was gut zu ihrem lebhaften Wesen und ihrer zierlichen Statur passt. Sie selber unterschreibt später ihre Briefe an Freunde mit diesem Namen und die kleine gezeichnete Maus findet ihren festen Platz als Teil ihrer Signatur auf ihren Werken und wird so etwas wie ihr Markenzeichen.

Das alte Warschau, die Zeitumstände und die Atmosphäre des Elternhauses bilden den vielschichtigen Boden für Marias Entwicklung. Folgt man den Schilderungen ihres Bruders, wächst Maria in einem Kreis origineller, vielseitiger, phantasievoller, gebildeter und engagierter Persönlichkeiten auf; vieles wird von ihr aufgenommen aber auch anverwandelt. Als »Familieneigenschaften«, die man auch bei Maria entdecken kann, werden genannt z.B. Großzügigkeit, ein anderen Menschen schnell geschenktes Vertrauen, ein Gefühl für die eigene Würde bei bescheidener Lebensführung, aber auch Zivilcourage und

5   Die Schülerin, um 1927

absolute Kompromisslosigkeit in den grundsätzlichen ethischen Fragen, ohne puritanisch-tugendhaft zu sein[6].

Da ist aber auch die Freiheitsliebe, der Patriotismus in ihrem Elternhaus und im ganzen Land, der sie wie die Luft zum Atmen von Anfang an umgibt. Bis zur Gründung der polnischen Republik im November 1918 – nur kurz nach Marias erstem Geburtstag – waren der Vater und teilweise auch die Brüder aktiv im polnischen Widerstand gegen die russische Okkupation. Von früh an hörten die Kinder patriotische Lieder, mit der Kunst des Lesens lernten sie das geklopfte Gefängnisalphabet, denn Hausdurchsuchungen durch die zaristische Polizei waren keine Seltenheit. Das etwas außerhalb, in Kijów, gelegene Haus der Hiszpańskis wurde zum Treffpunkt allerlei konspirativer Vorgänge, selbst illustre Persönlichkeiten wie Józef Piłsudski (eine Hauptfigur im Widerstand und in der Republik) oder Rosa Luxemburg sah man dort. Der Vater besaß außerdem ein ca. zwei Hektar großes Anwesen im Kiefernwald außerhalb Warschaus. Um die Zeit des ersten Weltkriegs herum bewaffneten sich Verbände der Pfadfinder und des Turnvereins »Die Falken«, deren Mitbegründer Stanisław Hiszpański war, und hielten auf dem Gelände

6   Informationen über die Familie, insbesondere über die Geschichte des Vaters und des Schuhgeschäftes sind entnommen der Rohübersetzung des 1973 verfassten Aufsatzes »Drei Stanisław Hiszpańskis, Warschauer Schuster« von Stanisław Hiszpański, dem Bruder Marias, abgedruckt in: Stanisław Hiszpański, malarz osobliwy, Warszawa 2000, S. 142–161.

seines Anwesens ihre Übungen ab. Dies alles erlebt Maria zwar noch nicht mit, aber sie lernt es als etwas Selbstverständliches kennen, sich gegen Unterdrückung aufzulehnen und die Unabhängigkeit als hohes Gut zu betrachten, für das es sich zu kämpfen lohnt. Später wird man Maria wie so viele (junge) Polen in der Widerstandsbewegung finden, sobald die Truppen der deutschen Wehrmacht polnischen Boden betreten und damit den zweiten Weltkrieg entfesselt haben.

Der Vater wird jedoch nicht nur als Patriot, sondern auch als Weltbürger beschrieben, dem (wie auch Maria) die Sprachbegabung mit in die Wiege gelegt worden ist. Während seiner Wanderjahre lernte er »im Vorbeigehen« Tschechisch, Deutsch und Französisch und beherrschte dazu noch Englisch und natürlich Russisch. In der Familie lebten weit gespannte Interessen: für soziale Fragen, für Wissenschaft und Literatur. Und natürlich lebte dort auch die Liebe zu solidem Handwerk, zu gut und

6   Undatiertes Foto

schön verarbeiteten Dingen. In der Hiszpańskischen Schusterwerkstatt wurde das Handwerk in alter Weise noch als Kunst betrieben. Die individuell nach Maß angefertigten »Schuhe von Hiszpański« waren ein Markenzeichen, für ihre Solidität und Qualität sogar über Polen hinaus bekannt. Maria wird das ein oder andere Mal auch den Schuhladen mit den großen Schaufenstern im Zentrum der Stadt aufgesucht haben und durch die Tür geschritten sein, über der das Schild mit dem Bären hing, der einen Stiefel in der Pranke hielt. Sie wird den Ledergeruch eingeatmet und in den verglasten Regalen und Schränken so manch einen kunstvoll gearbeiteten Schuh bewundert haben, vielleicht hat sie auch eines der in Ehren gehaltenen alten Werkzeuge in Händen gehalten, auf denen noch der Spruch »Ein guter Katholik nimmt kein fremdes Eigentum« geschrieben stand. Laden und Werkstatt mit ihrer Verpflichtung zum traditionellen Handwerk waren Teil des »alten Warschau«; sie alle sollten in den Feuerstürmen des zweiten Weltkriegs und des Warschauer Aufstands untergehen. Die Nähe zum Hand-Werk jedoch lebt verwandelt in Marias Kunst weiter, wählte sie doch mit der Druckgraphik und den Sgraffitto-Arbeiten stark handwerklich betonte künstlerische Ausdrucksmittel.

Maria war noch keine drei Jahre alt, als die Familie in den Warschauer Stadtteil Mokotów zog, in ein neu errichtetes Haus mit angegliederter Schusterwerkstatt für die mehr als ein Dutzend Gesellen und mit einem Garten, in dem auch ein Stall für das Pferd des Vaters Platz fand. Mit diesem Pferd sind Geschichten verbunden, die die Originalität des Vaters unterstreichen: Dieser pflegte mit dem Pferd, einem ehemaligen Kutschpferd, ausgedehnte Erkundungsreisen durch das ganze Land zu machen. Auf Feldwegen kam er »inkognito« zu Bauern und Gutsbesitzern, die in der stattlichen Gestalt des geistreichen, redegewandten Gastes eher einen Adligen oder einen Oberst vermuteten und die Stanisław Hiszpański erst bei seinem Abschied mit der Wahrheit, dass er Schuster sei, zu schockieren beliebte. So lernte er Land und Leute kennen und brachte noch so manch altes Liedgut mit nach Hause.

Eine der ersten Erinnerungen der Künstlerin geht in die früheste Kindheit zurück, als sie ungefähr 10 Monate alt war: der Blick auf die Brust der Mutter beim Stillen. Noch Jahre später hatte sie verschiedene Details wie ein Bild vor sich. So verwundert es nicht, dass das Motiv der Stillenden, der Mutterschaft, in ihrem Werk eine wichtige Rolle spielen wird. Das Verhältnis zur strengen, ordnungsliebenden Mutter war sonst nicht ganz ungetrübt, denn diese wünschte sich ein süßes, braves, blondes Mädchen und Myszka mit den dunklen Locken litt darunter, dieser Vorstellung wenig zu entsprechen, war sie doch anscheinend manchmal recht wild und »igelhaft stachelig«[7]. Als Maria zweidreiviertel Jahre alt war, geschah etwas, das symptomatisch für ihr Leben erscheinen mag: Am 15. August 1920 wurde im polnisch-sowjetischen Krieg der Vormarsch der Roten Armee in die 1918 proklamierte polnische Republik nahe Warschau an der Weichsel durch die polnischen Truppen gestoppt, die Russen kehrten um. Dieses Ereignis ging als »Wunder an der Weichsel« in die Geschichtsbücher ein. Als Vater und Söhne im Krieg waren, wollten die Mutter und Großmutter das Ihre beitragen und rissen aus Bett- und Leintüchern schmale Streifen, die als Verbände für die Verwundeten genutzt werden sollten, und wickelten sie auf. Die kleine Myszka ließ sich vom patriotischen Eifer der Großen anstecken und verwandelte das in ihr Spiel: Sie legte nun ihrem Teddy (den liebte sie mehr als die Puppen) abwechselnd Verbände an, wickelte sie wieder ab und rollte sie zusammen. Lange stand ihr erster Berufswunsch fest: »Als junges, ganz junges Mädchen – bis zum 15. Lebensjahr – wollte ich Medizin studieren und Arzt werden« (25.9.1959).

Maria besuchte verschiedene Schulen. Es wird berichtet, dass sie anfangs ein bekanntes Mädchen-Pensionat besuchte, aus dem sie die Eltern allerdings nach einem Jahr heraus nah-

7   Die Pfadfinderin

men, weil sie sich, trotzig und widerspenstig, nicht in das gute Pensionat einfügte[8]. Als sie ca. neun Jahre alt war, verbrachte sie wegen einer Krankheit ihres Vaters ein knappes Jahr in einem Internat, in dem sie viele schwere Erfahrungen machte. Sie wollte gerne der Krankenschwester helfen und diese ließ sie Badewannen säubern, in denen Syphiliskranke behandelt wurden. Als sie dann noch selber durch eine in den Fuß eingetretene und nicht herausgeholte Glasscherbe erkrankte, holte sie die Mutter kurzerhand wieder nach Hause.

Während der Schulzeit schloss Maria sich wie so viele den Pfadfindern an. Sie liebte das Skilaufen, Fahrradfahren und die Gymnastik, vor allem aber – und das ihr Leben lang – das Wandern. Reizvoll war auch das Fliegen: Ihr Bruder Stanisław hatte einen Pilotenschein und durfte auch privat fliegen. Und so konnte man so manches Mal die kleine Schwester sehen, wie sie nach der Schule zum Flughafen des Studentenclubs ging, um mit ihrem Bruder in der kleinen Sportmaschine ein paar Runden zu drehen. Nach dem Abitur an einem humanistischen Mädchengymnasium im Jahre 1935 unternahm sie mit ihrer Pfadfin-

---

7   In der Familie Hiszpański (»die Spanischen«) geht die Legende, ein früher Vorfahr hätte einmal eine Spanierin als Frau nach Polen heimgeführt, wodurch die Familie zu ihrem Namen gekommen sei. Diese Legende würde natürlich zu Marias auffallend dunklem, südländischem Aussehen passen. Eine schöne Legende, die sich aber kaum halten lässt – bricht doch diese Hiszpański-Linie mit dem Urgroßvater, der die Schuhwerkstatt 1838 gegründet hatte, ab. Dieser bietet allerdings wieder Stoff für andere Legenden: Seine Herkunft, seine Eltern, das genaue Geburtsdatum sind unbekannt. Gerüchte wollen, dass er adliger Herkunft sei; genauer: ein uneheliches Kind eines Romanow, Zarensohn und Vizekönig von Kongresspolen …

8   Text zur Biographie der Künstlerin verfasst von Bogna und Michał Neumann, abgedruckt im Heft zu einer Ausstellung von Abdrucken ihrer Werke in Breslau im Oktober 2008

der-Gruppe, zu der auch ihre Schwägerin gehörte, eine Kajak-Wanderung auf dem Fluss Prut in Rumänien, was ihr viel Freude machte. Mit ihrem Talent für Sprachen wurde sie bald die »Übersetzerin« ins Rumänische und machte Einkäufe und Besorgungen.

Von Kindheit an hat Maria gerne und viel gezeichnet. Auch bei ihrem Bruder Stanisław zeigte sich eine künstlerische Neigung, der er nach dem Willen des Vaters jedoch beruflich nicht nachgehen durfte. Über Marias künstlerische Vorlieben als junges Mädchen wissen wir ein wenig durch einen Brief vom März 1955 an mexikanische Künstler-Kollegen, der im Katalog ihrer Grafik-Ausstellung in Mexiko 1956 abgedruckt wurde. Dieser Brief (in spanischer Sprache), in dem sie auch ihre bisherige Biographie kurz zusammenfasst, enthält einige der seltenen Aussagen über ihre eigene Jugend: Sie habe vor allem ab dem 12. Lebensjahr viel gezeichnet, oft waren das fantastische Kompositionen. Schon mit 15 Jahren sei sie eine »romantische Sozialistin« gewesen, ein junges Mädchen, das wie so viele in ihrem Alter sensibel war für soziale Ungerechtigkeit, gegen die sie nach der Art Don Quijotes kämpfen wollte. Sie fühlte sich hingezogen zu Themen der menschlichen Not und zu der Tragikomödie, die sie im Alltagsleben der einfachen Leute, der Bauern und Dorfkrämer, fand[9]. Damit ist ein Thema angeschlagen, das sich durch viele Jahre ihrer künstlerischen Biographie wie ein Leitfaden hindurch zieht und auch ihre folgende Zeit an der Warschauer Akademie der Schönen Künste prägt. Denn nachdem die Schulzeit beendet war und nun die Wahl einer Ausbildung anstand, entschied sie sich nicht für das Studium der Medizin, sondern der Kunst; es »erwies sich meine graphische Interesse und Begabung als die stärkere« (25.9.1959). Noch im Jahr ihres Abiturs, 1935, nahm sie das Kunststudium auf. Diesmal hatte der Vater keine Einwände.

Die Zeit an der Kunstakademie war für Maria reich und erfüllt. Neben dem Studium der Malerei und Graphik bei den Professoren Tichy, Kotarbiński, Czerwiński, Waśkowski und Ostoja-Chrostowski pflegte sie auch ein reges soziales Leben. Sie hatte unter den Kommilitonen viele Freunde, mit denen sie gemeinsame Wanderungen durch die polnischen Mittelgebirge (die Beskiden) unternahm und begegnete an der Hochschule Menschen verschiedener Herkunft und Lebensanschauungen. Als sie das Studium begann, war sie mit ihren 18 Jahren dort die Jüngste und wurde manchmal damit geneckt. In dieser Zeit begann sie zu rauchen (das macht erwachsener ...) und eine starke Raucherin blieb sie bis zu ihrem Tode.

Von ihrem zweiten Jahr an konzentrierte sie sich mehr auf das Studium der Graphik, einer der lebendigsten Bereiche der polnischen Vorkriegskunst (1918–1939). Einer ihrer wichtigsten Lehrer war der in Polen bekannte Holzschnitt-Meister Stanisław Ostoja-Chrostowski. Chrostowski, der die handwerkliche Seite der Graphik mit großer Virtuosität beherrschte, wurde ihr Leh-

8   Die Abiturientin

9   »Maria Hiszpańska. Artista de la nueva Polonia« der »Frente Nacional de Artes plasticas«, Casa Ramirez, Editores, 1956, S. V

9   Bettler am Wegkreuz

chenbehandlung anschaulich (Abb. 13): Auf einem ärmlichen, kopfsteingepflasterten Hof spielen drei Musikanten Ziehharmonika, Geige und Gitarre. Doch ihr Publikum ist klein: nur drei Kinder, ganz klein am unteren linken Bildrand, hören und schauen ihnen gebannt zu. Im Hintergrund erscheinen schemenhaft vor einer Hausfassade eine Frau vor einem dunklem Hauseingang und eine weitere Person. Sie betrachten die Szene von ferne durch eine Art Torgerüst. Aber ob die Musiker von ihnen einen kleinen Obulus für ihr Spiel erwarten können? Das kleine Bild besticht aber nicht nur als Milieustudie, sondern auch durch die Licht- und Schattenbehandlung. Grelles Licht fällt von links oben auf die Szene und erzeugt als diagonaler Strahl die Bildtiefe. Das Licht lässt die Hausfassade hinten in schimmerndem Dunst verschwinden und löst Konturen auf, doch vorne taucht

rer vor allem im Bereich der Technik. Inhaltlich fühlte sie sich dem Werk eines anderen Graphikers näher: bei Tadeusz Kulisiewicz fand sie das Interesse am volkstümlichen Leben, gerade auch dessen düstere Seiten, die Entbehrung und die Not. Von ihren Werken aus diesen frühen Jahren sind einige wenige erhalten (Abb. 9), und Titel wie »Bettler«, »Arbeiterelend«, »Hunger«, »Obdachlose – Verbannte«, »Elend in der Bergarbeitersiedlung« verraten ihre Anteilnahme am Leben der Armen und Unterprivilegierten. Darin wie auch in der Wahl der Graphik als künstlerischem Ausdrucksmittel berühren sich die Wege von Maria Hiszpańska und Käthe Kollwitz, ohne dass aber eine bewusste Anlehnung an die deutsche Künstlerin vorlag. Später, im KZ in Ravensbrück, als Maria Hiszpańska durch das Medium der Zeichnung das Lagerleben festhielt und verarbeitete, wurde sie von einer Deutschen einmal als »polnische Käthe Kollwitz« bezeichnet.

Ein kleiner Holzschnitt aus der Studienzeit mit dem Titel »Musikanten« (17,3 x 11,2 cm, 1937), macht ihr Interesse an Milieuschilderung, Licht- und Dunkeleffekten und reicher Oberflä-

10   Maria vor 1945

11 Angler auf der Weichsel

12 Dorf und Felder

13 Musikanten

14   Herdfeuer

es den Hof in gleißende Helle, nur unterbrochen von den starken Schlagschatten der Musiker, deren Gesichter im Gegenlicht
nur undeutlich zu erkennen sind. Es hebt einzelne Partien hell
heraus und lässt andere im Dunkel verschwinden. Auch die Kinder erscheinen im Gegenlicht, so dass die Beine des vordersten
Mädchens sich noch unter dem Kleid abzeichnen und das Haar
an den Rändern weiß aufleuchtet. Zwischen weiß und schwarz
zeigt das Bild eine reiche Skala von Grauwerten, die durch eine
unglaublich feine Strichführung erreicht werden – durch feinste
Schraffuren, Striche und Punkte.

Im Frühling 1939 schloss sie ihr Studium ab, doch bevor
sie ihr Diplom erlangen konnte, marschierte die deutsche Wehrmacht in Polen ein und entfesselte den zweiten Weltkrieg, und
Marias künstlerischer Werdegang, kaum begonnen, wurde jäh
unterbrochen.

15   Die Studentin

Sturz in die Hölle der deutschen Lager

»Es kamen darnach vier Jahre, welche mich in die tiefsten und grausamsten Abgründe des menschlichen Leidens, der Entwürdigung, Entmenschlichung, der Hässlichkeit [...] hineinschauen ließen.« (13. 10. 1965)

»Manche Freunde dachten, ich würde so was nicht vertragen können, ich würde dahinsterben. [...] Ich habe aber vier Jahre in durchaus unmenschlichen Umständen ausgehalten. Wenn die Geistwelt mit einem noch etwas vorhat, gibt sie ihm unwahrscheinliche Kräfte, unglaubliche Ausdauersmöglichkeiten. Das habe ich erprobt und erfahren.« (5. 4. 1970)

Gleich in den ersten Kriegstagen, am 25. September 1939, kam Stanisław Hiszpański, Marias Vater, bei einem Bombenangriff auf Warschau ums Leben. Seit die Stadt unter Beschuss lag, die Straßenbahnen nicht mehr fuhren, wurde der Weg vom Wohnhaus in das Geschäft im Zentrum zu gefährlich und deshalb war Stanisław Hiszpański auf das Drängen seiner Familie in das Haus seiner Schwester gezogen, das sich in der Nähe des Schuhgeschäfts befand. Am Morgen des 25. heulten die Sirenen, die Familie der Schwester eilte in den Keller. Der Vater, unbeeindruckt, wollte nur noch in Ruhe seinen Tee austrinken und ihnen dann folgen, da zerriss eine Bombe das Haus und es wurde vollständig zerstört. Nur die im Keller Ausharrenden überlebten.

Dieses Ereignis mag auch noch dazu beigetragen haben, dass Maria sich zu einem Leben voller Unsicherheit, Gefahr und Angst vor Verrat entschloss: Zusammen mit einigen Kunststudenten und Freunden, vor allem mit der Tochter eines Professors, Halina Siemieńska, suchte sie Kontakt zur Widerstandsbewegung und schloss sich, bald 22jährig, dem »ZWZ« an (Związek Walki Zbrojnej, zu deutsch: Verband für den bewaffneten Kampf, ein Hauptzweig des polnischen Untergrunds, aus dem die Armia Krajowa, die Polnische Heimatarmee, hervorgehen sollte), nahm an konspirativen Aktionen teil und verteilte Flugblätter gegen die Nazis. Nach gut eineinhalb Jahren, am 19.

Juni 1941, wurde sie jedoch zufällig verhaftet: Nach einer Flugblatt-Aktion ging sie mit noch einem übrigen Flugblatt in der Tasche Halina besuchen, deren Vater für einen anderen Zweig des Widerstands tätig war. Halina war nicht zu Hause, doch bevor Maria das Haus wieder verließ, kam die Gestapo, Halinas Vater zu verhaften. Alle Anwesenden wurden verhört, man fand bei Maria das Flugblatt als belastendes Material und nahm sie zusammen mit der Familie Professor Siemieńskis fest. Maria hatte keine Verbindung zu den konspirativen Aktivitäten Professor Siemieńskis – eine Grundregel der Konspiration lautete, so wenig wie möglich von der Identität und den Aufgaben anderer Widerständler zu wissen – und kam deshalb nicht in die gefürchtet Lage, im Verhör zur Verräterin werden zu können. Dies war eine berechtigte Furcht: Berichte von weiblichen politischen Häftlingen der Gestapo in Lublin und Warschau zeugen davon, dass man mit brutalen Verhören und Folterungen versuchte, aus den Gefangenen Informationen über die Widerstandsbewegung zu pressen[10]. Einzig in dem Brief an die mexikanischen Künstler erwähnt Maria kurz, dass sie von der Gestapo einem »ziemlich harten Verhör« (»una requisitoria bastante dura«) unterzogen worden sei, aber glücklicherweise keinen ihrer Gefährten verraten habe[11]. Sie konnte bis zum Schluss an ihrer Version festhalten, dass ihr das Flugblatt auf der Straße von einer fremden Person in die Hand gedrückt worden sei.

Dies genügte jedoch als Haftgrund. Fast ein Jahr verbrachte sie in Gefängnissen der Gestapo in Radom und Pińczów; am 10. April 1942 wurde sie schließlich mit einem Gefangenentransport in das Frauenkonzentrationslager Ravensbrück gebracht, um weitere drei Jahre das menschenunwürdige Leben als Nummer zu verbringen: In Ravensbrück war sie Häftling Nummer

10 Vgl. die Berichte der »Kaninchen« (Ravensbrücker Häftlinge, an denen Versuchsoperationen durchgeführt wurden) in Loretta Walz, »Und dann kommst du dahin an einem schönen Sommertag«. Die Frauen von Ravensbrück, München 2005, S. 270 ff.
11 Katalog der Ausstellung Maria Hiszpańska-Neumanns in Mexiko 1956, S. V

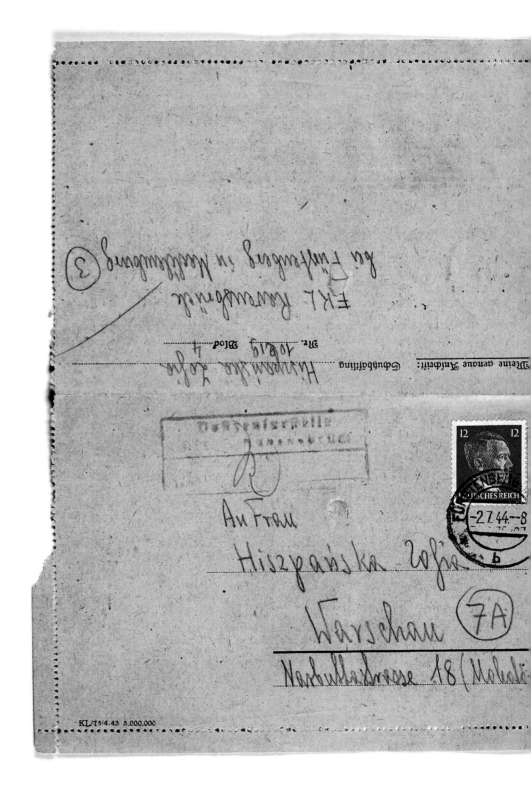

Juni 1944

Der Tag der Entlassung kann jetzt noch nicht angegeben werden. Besuche im Lager sind verboten. Anfragen sind zwecklos.

Auszug aus der Lagerordnung:

Jeder Häftling darf im Monat 2 Briefe oder Postkarten empfangen und absenden. Eingehende Briefe dürfen nicht mehr als 4 Seiten à 15 Zeilen enthalten und müssen übersichtlich und gut lesbar sein. Geldsendungen sind nur durch Postanweisung zulässig, deren Abschnitt nur Vor-, Zuname, Geburtstag, Häftlingsnummer trägt, jedoch keinerlei Mitteilungen. Geld, Fotos und Bildeinlagen in Briefen sind verboten. Die Annahme von Postsendungen, die den gestellten Anforderungen nicht entsprechen, wird verweigert. Unübersichtliche, schlecht lesbare Briefe werden vernichtet. Im Lager kann alles gekauft werden. Nationalsozialistische Zeitungen sind zugelassen, müssen aber vom Häftling selbst im Konzentrationslager bestellt werden. Lebensmittelpakete dürfen zu jeder Zeit und in jeder Menge empfangen werden.

Der Lagerkommandant

Meine Allerliebste, danke für Deine Karte vom 17. Mai. Danke auch danke u. grüsse Sie herzlich. Seit Anfang des Aprils habe ... Pakete bekommen. Wenn Du kannst ... sende mir ein farbiges Kopftuch, Schürze ohne Ärmel, meine alte Pantoffeln (Leder oder Holz) ... alter Küche, ... Spiegel, Haarklammern. Immer Salz in den Säckchen, so wie Zucker, und irgendwas ... Ein paar Taschentücher, Toilettenpapier wenn das möglich ist. Ich bin halt ... gesund ... leider nicht mehr. Mein Sehnsucht ist so gross und wird immer grösser, der Frühling vergrössert die Traurigkeit, aber ich halte mich trotz allem sehr tapfer und gut. Wenn der liebe Gott wird das mir erlauben, ich werde noch eine wirkliche erste Zeichnerin, ich träume immer und immer daran u. immer treue der Kunst bleibe. Meine allerbeste Gedanken sind immer bei Dir und Euch allen. Ich erwarte jedes Wort von Dir, ich bin unruhig u. liebe Euch so heiss so sehr so lieb! Gott behüte Dir! M

16 Brief vom Juni 1944 an die Mutter auf dem offiziellen Lagervordruck

10219. Im Juli des darauffolgenden Jahres überstellte man sie in eines der vielen Außenlager von Ravensbrück, in den Rüstungsbetrieb »Mechanische Werkstätten Neubrandenburg GmbH«, wo sie bis zur Evakuierung Ende April 1945 blieb.

Als Maria im April 1942 in Ravensbrück ankam, bestand das größte Lager auf reichsdeutschem Gebiet, das offiziell als so genanntes Schutzhaftlager für Frauen errichtet war, schon über drei Jahre. Im Laufe des Frühjahrs 1939 waren die ersten 12 Baracken durch männliche Häftlinge aus dem KZ Sachsenhausen gebaut und im Mai von knapp 1000 weiblichen Häftlingen bezogen worden. Bald darauf war das Lager schon zu klein, und so wurde es in den folgenden Jahren ständig erweitert und entwickelte sich zu einem umfangreichen »Lagerkomplex«, der unter anderem aus 32 Unterkunftsbaracken, den SS-eigenen Textilbetrieben, den Baracken des Krankenreviers, dem »Zellenbau« oder »Bunker« (Lagergefängnis) und zahlreichen Außenlagern bestand. Seit April 1941 gab es innerhalb des Frauen-KZ ein gesondertes, abgetrenntes und kleineres Männerlager, weil man für den ständigen Ausbau des ganzen Lagerkomplexes nicht nur auf die Frauen, sondern auch auf männliche Häftlinge zurückgreifen wollte. Zum Stammlager gehörte auch das »Jugendschutzlager« Uckermark (ein Jugend-KZ), das ab Ende 1944 geräumt und in ein Selektions- und Sterbelager, in die »Todeszone Uckermark«, umfunktioniert wurde. Mindestens 4000 der meist als arbeitsunfähig eingelieferten Frauen kamen dort in diesen letzten Monaten vor Kriegsende um. Ab Anfang 1945 verfügte das Stammlager Ravensbrück auch über eine provisorische Gaskammer. Die Anzahl der Häftlinge verzehnfachte sich im Jahre 1942, wie auch an Marias Häftlingsnummer (10219) ersichtlich, und erhöhte sich gegen Ende zu noch dramatisch – allein 1944 sind über 70 000 Einlieferungen verzeichnet. Die Zahl der Frauen, die über den gesamten Zeitraum seines Bestehens in Ravensbrück eingeliefert wurden, wird von der neueren Forschung auf ca. 123 000 geschätzt[12]; die ca. 40 000 Polinnen machen dabei die größte Häftlingsgruppe aus.

Versucht man zu rekonstruieren, was Maria in den vier langen Jahren der Haft für eine Hölle erlebt haben muss, ist man vor allem auf Zeugnisse und Berichte von Mithäftlingen und auf die Forschung angewiesen, denn Maria selbst hat kaum über

diese Zeit gesprochen. Es sind einige wenige Briefe Marias an ihre Mutter aus der späteren Lagerzeit erhalten – illegale, aus dem Lager geschmuggelte auf polnisch und zwei auf »offiziellen« Lagervordrucken auf deutsch[13] – doch diese Briefe verraten, wie wir sehen werden, mehr über ihr Inneres, wenig über das konkrete Lagerleben[14].

Vertieft man sich in die Schilderungen ehemaliger Lagerkameradinnen und in die neuere Forschung, so lässt sich Marias Aufenthalt in Ravensbrück und Neubrandenburg in Ansätzen umreißen. Das Bild, das sich dabei ergibt, ist jedoch nicht einheitlich und konstant. Es erlebten nicht nur verschiedene Häftlingsgruppen das Lager unterschiedlich, sondern es lassen sich

12 Vgl. Bernhard Strebel: Das KZ Ravensbrück. Geschichte eines Lagerkomplexes, Paderborn 2003, S. 179f.

13 Offiziell mussten Briefe aus Zensur-Gründen ausschließlich auf Deutsch empfangen und versandt werden; d.h., dass Häftlinge, die des Deutschen unkundig waren, sich jeweils jemanden suchen mussten, die das zu Schreibende ins Deutsche übersetzte. Dieses schrieb man in eigener Handschrift buchstabengetreu ab, damit die Adressaten an der Handschrift erkennen konnten, dass die Betreffende noch lebte. Die in polnischer Sprache geschriebenen Briefe hat Maria Hiszpańska offensichtlich aus dem Lager schmuggeln können. Wenn im Folgenden aus diesen Briefen zitiert wird, dann handelt es sich dabei immer um eine Übertragung ins Deutsche.

14 Grundlagen der folgenden Schilderungen des Lagerlebens bilden Berichte und Bücher von ehemaligen (polnischen) KZ-Mithäftlingen wie Wanda Kiedrzyńska, Urszula Wińska und anderen: Wanda Kiedrzyńska, Ravensbrück. Kobiecy obóz koncentracyjny (Frauenkonzentrationslager Ravensbrück), Warschau 1961 und 1965, in der deutschen Übersetzung der Mahn- und Gedenkstätte Ravensbrück; dieselbe: Wspomnienie o Marii Hiszpańskiej-Neumann (Erinnerung an Maria Hiszpańska-Neumann), in WTK Nr. 30 – 1981, S. 6, (deutsche Arbeitsübersetzung durch A. Kleinfeld); Urszula Wińska Hrsg., Zwyciężyły wartości. Wspomenia z Ravensbrück (Die Werte siegten. Erinnerungen an Ravensbrück), Danzig 1985, in der deutschen Arbeitsübersetzung der Mahn- und Gedenkstätte Ravensbrück; Janina Jaworska, Nie wszystek umrę (Nicht alle starben), Warschau 1975, deutsche Arbeitsübersetzung durch A. Kleinfeld. Einen authentischen Bericht über das Leben in Ravensbrück findet man auch in Margarete Buber-Neumann, Milena, Kafkas Freundin, Frankfurt/M. 1992³, und: Als Gefangene bei Stalin und Hitler, Herford 1985; auch bei den von Loretta Walz aufgezeichneten Biographien und Gesprächen mit Überlebenden (s.o.). In weiten Teilen stützt sich dieses Kapitel auf die grundlegenden Forschungen von Bernhard Strebel (s. Anm. 12).

17   In der Baracke

auch die Existenzbedingungen der Anfangsperiode kaum mit
dem Chaos und dem Ausmaß an Vernichtung in dem restlos
überfüllten Lager in den letzten Monaten vergleichen. Die
schon von Anfang an menschenunwürdigen Verhältnisse wurden im Lauf der Zeit immer noch schlimmer.

1942, im Jahr von Marias Einlieferung, begann die Durchführung der ersten Mordaktionen in Ravensbrück: im Rahmen des
»Euthanasie-Programms« der Nationalsozialisten waren ungefähr 1600 Frauen selektiert und ab Februar 1942 mit unbekann-
tem Ziel in Lastwagen abtransportiert worden – die Transporte
endeten in der Gaskammer der »Heil- und Pflegeanstalt« Bern-
burg/Saale. In dieser unter dem Aktenzeichen »14 f 13« geführten Mordaktion (»Sonderbehandlung« im nationalsozialisti-
schen Sprachgebrauch) gingen die Selektionskriterien allerdings
über das des »lebensunwerten Lebens« von geistig und körperlich Behinderten weit hinaus; rund die Hälfte der Ermordeten
waren Jüdinnen[15]. Die langjährig in Ravensbrück inhaftierte Margarete Buber-Neumann schreibt gerade über diese Zeit: »Die
ersten anderthalb Jahre in Ravensbrück konnte man, verglichen

15   Siehe Strebel, S. 332f.
16   Margarete Buber-Neumann, Milena, Kafkas Freundin, Frankfurt
     1992, S. 261

mit den Schrecken, die nun über uns hereinbrachen, nahezu als
Idylle bezeichnen.«[16]

Bei ihrer Ankunft in Ravensbrück hatte Maria fast ein Jahr
Haft und einen wahrscheinlich zermürbenden Transport hinter
sich. Als erstes machte sie wohl wie alle Häftlinge die entwürdi-
gende Einlieferungsprozedur durch: Sie mussten all ihre persönlichen Sachen abgeben und gegen die blau-grau gestreifte Häftlingskleidung tauschen, um sich für die nun folgende medizinische Untersuchung wieder völlig zu entkleiden. Bei Läusebefall
(was nach Gefängnisaufenthalten nicht selten war) wurde man
kahl geschoren; das Scheren der Haare war auch noch während
des Aufenthaltes im Lager ein Bestrafungsritual. Die erste Zeit
kamen die Frauen in einen der Zugangsblöcke in Quarantäne,
bevor sie auf die »normalen« Unterkunftsbaracken, die »Blöcke«,
verteilt wurden. Es gab Blöcke, in denen überwiegend Zeugin-
nen Jehovas, politische Gefangene (meist getrennt nach Nationalitäten), so genannte »Asoziale« (die unterste Stufe der Häft-
lingshierarchie), Jüdinnen etc. untergebracht waren. Die Blöcke

18   Arbeit IV, 1945

hatten jeweils zwei Räume mit insgesamt ca. 100 bis 150 doppel-
stöckigen Pritschen, später waren es dreistöckige Bettgestelle.
Für den gesamten Block bestimmten die SS-Aufseher eine
»Blockälteste«, für die Schlafräume zwei »Stubenälteste« unter
den Häftlingen, die für den reibungslosen Ablauf des Alltags
und für Ordnung und Disziplin zu sorgen hatten. Von diesen
»Funktionshäftlingen«, die es auch im Krankenrevier, im Lagerbüro u.a. gab, von ihrer Gesinnung, ihrem Mut und ihrer Erfahrung hing das Leben in den Blocks zu einem großen Teil ab. Maria kam als erstes in einen deutschen Block, in dem vorwiegend
als »asozial« stigmatisierte Häftlinge untergebracht waren, bevor
sie in einen polnischen Block umsiedeln konnte. Hier erfuhr sie
als erstes den »normalen« Lageralltag.

Dieser war, sowohl was die Arbeits- als auch die Lebens-
bedingungen betrifft, darauf hin angelegt, die Frauen körperlich
und seelisch-geistig zu brechen. Nicht nur die »Ernährung« war
völlig unzureichend und führte zu chronischer Unterernährung
und Entkräftung, auch die »hygienischen« Verhältnisse spotten
jeder Beschreibung. In einem Brief, den die Polin Zofia Po-
ciłowska im Frühjahr 1943 aus dem Lager schmuggeln konnte,
beschreibt sie die Situation: »Die Wohnbedingungen sind
schwer – es ist sehr eng (in einer Baracke mit 250 Plätzen wohnen fast 500 Personen) und im Zusammenhang damit laut,
schmutzig, es gibt Läuse und keine Möglichkeit, die elementars-
ten Hygienevorschriften einzuhalten. Die Lage wird verschlim-
mert durch den Mangel an Bett- und Leibwäsche. (Die Leibwäsche bekommen wir nur alle drei Monate gewechselt). Der-
artige Hygienebedingungen vermehren Krankheiten. Ärztliche
Betreuung für Kranke ist absolut unzureichend. [...] Wenn wir
noch unsere Angst vor dem ›Revier‹ hinzurechnen (im Falle
schwerer oder ansteckender Krankheit wird der Patient erle-
digt), wird dieses Bild abgerundet.«[17]

Die dünne Häftlingskleidung hielt Regen und winterlicher
Kälte kaum stand; es wird von einer Anordnung berichtet,
wonach die Frauen ab 1942 vom Frühjahr bis in den Herbst
barfuß zu laufen hätten[18]. Doch Schuhe zu haben, die die Füße
schützten, war mitunter überlebenswichtig, denn mit kaputten
Füßen ließ sich besonders im Freien schlecht arbeiten, und
»Arbeitsunfähigkeit« konnte schnell ein Todesurteil sein.

Zu den zahlreichen Schikanen des Lageralltags gehörte das
zweimal tägliche, oft stundenlange »Appellstehen«, bei dem die
Frauen gezählt wurden: Manchmal zerriss die Lagersirene die
nächtliche Stille schon morgens früh um 4 Uhr und rief die Frau-
en zum Appell, der bis 6.30 Uhr dauern konnte, und abends
auch noch einmal, egal ob es regnete, schneite, scharfer Frost
biss oder die Sonne vom Himmel brannte, egal wie entkräftet
oder krank die Frauen waren. Die Atmosphäre des Lageralltags
war geprägt von einer »unberechenbaren Vielfalt gezielter, aber
auch willkürlicher Schikanen und Misshandlungen sowie un-
zumutbarer Vorschriften, bei deren Übertretung schwerste Strafen drohten«[19]. Ein »Zusammenwirken von Eintönigkeit und Bedrohung« nennt Buber-Neumann das. »Über Leben und Tod entschied die SS, und jeder Tag konnte der letzte sein«[20]. Schrecken
verbreiteten nicht nur die Launen der SS-Aufseherinnen und
-Kommandanten, sondern auch die scharf abgerichteten Wach-
hunde. »Ja, Angst, Entsetzen, Prügel und bissige Hunde waren
unsere treuen Begleiter bei der Arbeit. Einmal packte solch eine
dressierte Bestie auch bei mir zu. Und was für Bestien hatten
diese Bestien von Menschen aus gutmütigen Tieren gemacht!
[...] Nie im Leben habe ich Angst gehabt vor Tieren, hier aber
war sie berechtigt, und alle Häftlinge zitterten vor diesen
Doggen und Schäferhunden, deren unheimliches Geheule uns
jeden frühen Morgen während der Zählappelle die grausige
Lagermusik bot.«[21]

In den ersten Jahren stand auch der »Arbeitseinsatz« – so
der NS-Sprachgebrauch, schwere körperliche Arbeit über 10
Stunden täglich – im Zeichen der »Umerziehung«, sprich Terror
und Schikane und der »Vernichtung durch Arbeit«. Reine Schikane war z.B. das berüchtigte sinnlose Hin- und Herschaufeln von
Sand – in schnellem Tempo Sand in Schubkarren schaufeln und
ohne bestimmten Zweck von einem Ort zum anderen bringen,
um die Frauen zu zermürben. Dies war auch die erste Arbeit
von Maria. Dann gehörte sie für das zweite Halbjahr 1942 zu

17 Zitiert in Strebel, S. 186
18 Strebel, S. 189f.
19 Ebenda, S. 269
20 Buber-Neumann, Milena, S. 243
21 Aussage von Nanda Herbermann; zitiert in Strebel, S. 85

einem der »Außenkommandos«, die in der Landwirtschaft arbeiteten (landwirtschaftliche Höfe in der Umgebung konnten sich bei der SS, den Betreibern der Konzentrationslager, Zwangsarbeiterinnen gegen eine geringe Gebühr »ausleihen«). All dies war mit schwerer körperlicher Arbeit verbunden, die oft über Marias Kräfte ging. Danach arbeitete sie in den 1940 innerhalb des Lagers errichteten textilverarbeitenden SS-Betrieben, der »Texled« (Gesellschaft für Textil- und Lederverarbeitung mbH), vor allem in der Kürschnerei, in der hauptsächlich Winterbekleidung für die Waffen-SS hergestellt wurde. In diesen Betrieben mussten die Frauen in zwei 11-stündigen Schichten Zwangsarbeit verrichten. Die Nachtschicht, zu der auch Maria gehörte, war die stärker gefürchtete, weil der Lageralltag mit Appellstehen, Essensausgabe etc. wie auch sonst weiterlief und keinerlei Rücksicht auf die Arbeitszeiten genommen wurde. So kam Maria nach eigenem Bekunden[22] oft zu nicht mehr als zwei Stunden Schlaf am Tag. Im Frühjahr 1943 arbeitete sie vorübergehend im »Kunstgewerbe«, einer Abteilung der Strohschuhflechterei, in der hauptsächlich polnische Häftlinge arbeiteten. Dort flocht sie Strohzöpfe. Urszula Wińska, Polonistin und Professorin der Philosophie, schildert, wie die polnische Lagergemeinschaft die vergleichsweise leichtere und schönere Arbeit im »Kunstgewerbe« zu Hilfsaktionen für Geschwächte und Gefährdete nutzte[23].

Die schwerste Arbeit erwartete Maria wohl im Außenlager in Neubrandenburg. Ab 1942 erlangten die Konzentrationslager zunehmend an Bedeutung als Zwangsarbeiter-Reservoir für die Kriegsindustrie, denn Arbeitskräfte waren in Kriegszeiten rar. Schon früh hatte der Konzern Siemens & Halske die Zeichen der Zeit erkannt und begann ab Sommer 1942, direkt angrenzend an das Lager in Ravensbrück eigene Werkshallen zu errichten, in denen die weiblichen Häftlinge Zwangsarbeit leisten mussten. Die in der Folgezeit entstehenden zahlreichen Außenlager von Ravensbrück zeichneten sich durch eine ähnliche »erprobte Zusammenarbeit« von Industrie und KZ aus. Zu den 10 größeren Außenlagern gehörten die »Mechanischen Werkstätten Neubrandenburg«, deren Errichtung 1934 auf die Initiative des Reichsluftfahrtministeriums zurückging[24]. Von März 1943 bis Mai 1945 wurde der Betrieb komplett auf KZ-Häftlinge umge-

19   Nachtarbeit in der Fabrik

stellt. Maria war eine der ungefähr 7000 (weiblichen und männlichen) Häftlinge, die dort eingesetzt wurden. Die Organisation der Produktion war ähnlich wie bei Siemens in Ravensbrück: die Arbeit selber wurde kontrolliert von zivilen Meistern und Vorarbeitern, die disziplinarische Kontrolle im Betrieb wie in den angeschlossenen Lagerbaracken oblag dem SS-Bewachungspersonal. Durch Druck und harte Strafen presste man den ausgemergelten, ungelernten Häftlingen ein Arbeitspensum ab, das an das von angelernten, gut ernährten Angestellten durchaus heranreichte[25]. Waren einzelne Häftlinge nicht mehr produktiv genug, schickte man sie in das Stammlager zurück und holte sich »Ersatz«.

22   zitiert bei Janina Jaworska, Nie wszystek umrę (Nicht alle starben), Warschau 1975, S. 75
23   Urszula Wińska Hrsg., Zwyciężyły wartości. Wspomenia z Ravensbrück (Die Werte siegten. Erinnerungen an Ravensbrück), Danzig 1985, in der deutschen Arbeitsübersetzung der Mahn- und Gedenkstätte Ravensbrück S. 254f.
24   Zu Siemens in Ravensbrück und zu den Außenlagern s. besonders Strebel, Kapitel IX und X
25   Bei Siemens seien in Ravensbrück zeitweise »etwa die gleichen Durchschnittsstundenleistungen bei elfstündiger Arbeitszeit wie die Akkordarbeiterinnen in Berlin bei achtstündiger Arbeitszeit« erreicht worden. (Strebel, S. 408) Ein Häftling berichtet: »Einmal kam

In Neubrandenburg wurden hauptsächlich Bombenabwurf-geräte für Flugzeuge produziert. Den Häftlingen war diese Arbeit in einem Rüstungsbetrieb besonders zuwider, wurden sie doch »in den Dienst tückischen Todes« (3.2.1944, vgl. S. 44), der auch das eigene Land treffen konnte, gezwungen. Im Juli 1945, nach der Befreiung, erinnert sie sich an »das Getöse der Maschinen, denen du, deine Brüder und Schwestern gedient haben – uns gegenseitig hassend – und die Waffen schmiedend gegen all das, was noch heilig war und geliebt wurde«. (20.7.1945, vgl. Anhang S. 256 f.) Maria wurde der »Malerei« d.h. der Lackiererei der Fabrik zugeteilt. In Nachtschichten mussten die Häftlinge Flugzeugteile mit Nitrofarbe besprühen, ohne jeden Schutz vor den giftigen Dämpfen. »Es stinkt dort grauenvoll. Die Frauen sind schon blass wie Papier von der ständigen Vergiftung«[26]. Maria war so schwach, dass sie bei der Arbeit ohnmächtig wurde. Eine Lagerkameradin berichtet, dass ihr Meister sie wegen ihrer Unbeholfenheit schikanierte und mit Schlägen traktierte[27]. Dabei war der Gesundheitszustand der Künstlerin schon vorher prekär. Von Natur aus eher zart, führten die unzureichende Ernährung und die daraus resultierenden Mangelerscheinungen bei ihr zu Geschwüren am ganzen Körper, die sie schon in Ravensbrück kaum arbeitsfähig machten. Und Krankheit bedeutete immer Gefahr, denn alle Schwachen und Kranken mussten ja damit rechnen, nicht zu überleben oder umgebracht zu werden. In Neubrandenburg entschloss sie sich zu einer Radikalkur, indem sie ihre von Geschwüren bedeckten Beine in einen Bottich mit Nitrofarbe steckte. Es schmerzte schrecklich, erwies sich aber als wirkungsvoll – so erzählte sie es später mit Humor ihrer Tochter als Beispiel für den Sieg des Geistes über die Materie.

Dies scheint eines der Schlüsselerlebnisse der Künstlerin gewesen zu sein: diesen auf völlige Vernichtung des Menschen hin angelegten Verhältnissen zu widerstehen durch den »Sieg des Geistes«. Es bleibt für die, die solche Zeiten nicht durchmachen mussten, immer ein Rätsel, wie man unter diesen unmenschlichen Bedingungen überleben, vor allem, wie man *mit Menschlichkeit* überleben kann. Ersteres, so Primo Levi, Überlebender in Auschwitz, sei Glück, nicht eigener Verdienst: »Denn es handelt sich nicht um Kraft, sondern um Glück; ein Lager kann man nicht mit eigenen Kräften besiegen«[28]. Doch im Lager sich

seine Menschlichkeit zu bewahren, ist wohl der größte Sieg des Geistes.

Primo Levi schreibt in seinem Erfahrungsbericht über seine Zeit in Auschwitz von dem »erbarmungslosen, natürlichen Selektionsprozeß«[29] im Lager, bei dem die meisten Häftlinge ihre Menschlichkeit, ja ihr Leben verloren. »Sie, [...] die Verlorenen, sind der Nerv des Lagers: sie, die anonyme, die stets erneuerte und immer identische Masse schweigend marschierender und sich abschuftender Nichtmenschen, in denen der göttliche Funke erloschen ist, und die schon zu ausgehöhlt sind, um wirklich zu leiden. Man zögert, sie als Lebende zu bezeichnen; man zögert, ihren Tod, vor dem sie nicht erschrecken, als Tod zu bezeichnen, weil sie zu müde sind, ihn zu fassen.«[30] »Unterliegen ist am leichtesten: Dazu braucht man nur alles auszuführen, was befohlen wird, nichts zu essen als die Ration und die Arbeits- und Lagerdisziplin zu befolgen. Die Erfahrung hat gezeigt, dass man solcherart nur in Ausnahmefällen länger als drei Monate durchhalten kann.«[31]

Für die meisten bedeutete »Durchhalten« ein aufreibender Kampf des einzelnen gegen die anderen unter dem Einsatz von Lüge, Diebstahl oder Verrat. »Im Block war Chaos. Sie schlugen sich um ein Stück Brot, sie konnten in dieser Hölle nicht Mensch bleiben. Ich habe keine Freundschaft oder Solidarität erlebt« berichtet Rosi Forsberg, auch Häftling in Ravensbrück[32]. Bei Maria heißt es: »unter den ständigen Fehlschlägen und Enttäuschungen mime ich [...] immer wieder den alten Diogenes, der am helllichten Tag mit einer Laterne herumlief und einen Menschen suchte ... – Manchmal trifft man Menschen, echte Menschen, al-

eine Kommission aus Berlin – unter ihnen der Generaldirektor von Siemens –, um das Lager zu besichtigen. Da sagte der Generaldirektor wortwörtlich (ich war im Büro): ›Ich kann mich nur wundern, dass diese Menschen unter diesen Bedingungen solch gute Arbeit leisten‹.« (Strebel, S. 408f.)

26 Wińska, S. 281
27 Kiedrzyńska, WTK Nr. 30 – 1981
28 Primo Levi, »Ich suche nach einer Lösung, aber ich finde sie nicht.« Primo Levi im Gespräch mit Ferdinando Camon, München 1993, S.73
29 Primo Levi, Ist das ein Mensch? München, Wien 1992, S. 107
30 Ebenda, S. 108
31 Ebenda, S. 107

20   Kampf ums Essen

lerdings sehr selten!« (undatierter Brief, wohl 1. Hälfte 1945) Bu-ber-Neumann beobachtete dazu: »Das gefährlichste Stadium, in das fast jeder Häftling kommt, ist das der Resignation, das Sich-abfinden mit dem Schicksal. In diesem Zustand wird das Mitge-fühl schwächer oder geht ganz verloren; der innere Widerstand gegen die Zwangsmaßnahmen lässt nach, man verliert nach und nach seine Würde gegenüber der SS und unterwirft sich schließlich. Manche identifizierten sich sogar mit der SS und wurden zu Helfershelfern unserer Peiniger. Die Lust am Aus-üben von Macht gehört zu den düstersten Seiten des KZ-Da-seins. Frauen, die einen Lagerposten bekamen, verwandelten sich im Laufe von Tagen in andere Menschen; aus bedrückten duldenden Häftlingen wurden sie zu selbstbewussten, komman-dierenden, anmaßenden Herrscherinnen. Ein solcher Mensch machte den anderen das Leben zur Qual.«[33]

Doch gibt es auch andere Schilderungen, die von der Wah-rung der Selbstachtung und Menschenwürde zeugen. Maria Hiszpańska erzählte später von einem ihr wesentlichen Erlebnis noch aus der Zeit im Gefängnis in Polen, das auch in diesen Zu-sammenhang gehört: Während sie darauf wartete, gleich zu ei-nem Verhör geführt zu werden, war sie sich plötzlich tief im Innern klar: »Du bist frei, nicht der Gestapomensch, der dich

gleich abholen kommt – sei froh darum!« Dieses Bewusstsein der inneren Freiheit wurde im Lager jedoch auf noch härtere Proben gestellt. Es gehört zur Logik der Konzentrationslager, dass jede Ausübung von religiöser, kultureller und politischer Betätigung verboten war. Gerade dadurch sollte die Kraft der Initiative, der innere Freiraum genommen werden. Insofern war geistiges Leben – als religiöse oder humanistische Überzeu-gung, als politische Betätigung, als Ausübung von Kultur und Kunst und sei es in noch so bescheidenem Maß – eine Form des Widerstands, das die psychische und auch die physische Wider-standskraft stärkte. Dies belegen Zeugnisse von Lagerinsassin-nen immer wieder – erschütternde Schilderungen, die zeigen, wie *trotz* Hunger, Verschmutzung, Entkräftung und Todesbedro-hung der Geist nicht völlig gebrochen werden kann. Wie wich-tig war es im Lagerelend, dass im Geheimen Romane erzählt, Gedichte rezitiert, Vorträge gehalten wurden, dass ein Krippen-spiel mit selbstgebastelten Marionetten einstudiert und aufge-führt wurde! Dieses denkwürdige Krippenspiel entstand in Neu-brandenburg, Maria war daran beteiligt. Man hungerte nach Schönem. Wanda Kiedrzyńska berichtet, dass sie Maria noch in Ravensbrück nach vielen Ermunterungen dazu brachte, ihre an-geborene Schüchternheit zu überwinden und in kleinem Kreis einen Vortrag über Kunst zu halten. »Es waren dies schöne Mo-mente: freimütige Bekenntnisse der Künstlerin darüber, was ihr die Kunst bedeutet und was sie jedem Menschen bedeuten soll-te. Wir lauschten verzaubert. [...] Sie war bis zu Tränen bewegt. Sie fühlte, dass sie gebraucht wurde.«[34]

Für Maria selber, so geht aus ihren Briefen hervor, war die wichtigste Kraftquelle ihr Glaube: »Moralische Kraft schöpfe ich aus dem Glauben an Gott und Seine Barmherzigkeit« (22.12. 1944). »Nur der Glaube, Gebet und riesige, riesige Liebe hält mich, trotz Verbitterung.« (undatierter Brief, wohl 1. Hälfte 1945)

32   Ravensbrückerinnen, hrsg. von Sigrid Jacobeit, Stiftung Branden-burgische Gedenkstätten, Berlin 1995, S. 20
33   Buber-Neumann, Milena, S. 254f.
34   Kiedrzyńska, WTK Nr. 30 – 1981. Die Professorin Urszula Wińska und andere polnische Lehrerinnen bauten sogar einen illegalen und improvisierten (Schul)Unterricht für die andere Häftlinge und später auch Kinder auf. S. Strebel, S. 550f.

21 Bleistiftskizzen, Vorder- und Rückseite

Doch wie schwer diese Quelle zu schützen ist, wird in den Briefen ebenso deutlich: »Meine Liebe, ich schreibe Dir in den Arbeitsstunden – im Kopf ganze Bände ungeschriebener Briefe. Über dem leblosen, matten Weiß der bemalten Scheiben ein schmaler Streifen des Himmels – ein sommerlicher Himmel, mein Gott! – der vierte Sommer, verstehst Du, die ganze Jugend – alle nicht gedachten Gedanken, nicht gezeichneten Zeichnungen, nicht gelesenen Bücher – und Nächte, schreckliche Nächte, oder schlechte und dunkle, rauschende Alpträume oder taube, tierische, in Eile durchgeschlafene, Du verstehst doch, immerhin ist man ein Mensch und alles ist in mir noch nicht erloschen – das ist gegen die Naturgesetze, so geht das wirklich nicht. Aber denke nicht, dass ich vollkommen zerfließe. Mich hält der Glaube – ich versuche immer zu beten. Ich glaube, dass die kommenden Tage besser werden – dass sich doch alles ändern muss – nur möge uns der Barmherzige Gott nicht verlassen!« (5.7.1944) Im Juli 1945, auf dem Weg nach Warschau, schreibt sie rückblickend: »[...] Alptraum der Gefangenschaft – jeder Tag wie ein Klumpen nassen Lehms, mit einem Gewicht, das über die Kraft des Menschen geht, klebte er an deinen Füssen – du schlepptest auf den Schultern eine mit jeder Stunde

wachsende Last – misshandelt, geschmäht, beraubt der Reste, die du bis zum Ende um jeden Preis zu schützen trachtetest: die Menschlichkeit. Strebtest danach am Tage und bei Nacht, trotz übermenschlicher Mühsal, trotz Hunger und Kälte, tierisch erschöpft, ewig machtlos rebellierend, schwach und ratlos, und doch durch die Macht deines Glaubens so stark« (20.7.1945, deutsche Übersetzung).

Als ebenso überlebens-notwendig werden menschliche Beziehungen und Freundschaften erlebt. In ihren vier Jahren Haft lernt Maria nicht nur Polinnen, sondern auch Tschechinnen, Russinnen, Deutsche und Französinnen kennen und mit ihrem Sprachtalent lernt sie Russisch, auch etwas Tschechisch. Vor allem eine Freundschaft wird sich als wesentlich für ihr weiteres Leben erweisen: die mit der Polin Ragna Neumann, der Schwester ihres zukünftigen Mannes. Im Konzentrationslager werden Freundschaftsdienste zu Mutfragen – kleine und große menschliche Gesten müssen dem Lageralltag, der die Menschen auf das reine physisch-egoistische Sein reduzieren will, abgetrotzt werden. »In dieser tödlichen Atmosphäre gehörte das Gefühl, einem anderen Menschen nötig zu sein, zum größten Glück, machte das Leben lebenswert und verlieh die Kraft zum Überleben.«[35] Dass einige Inhaftierte den Mut fanden, ihre Mithäftlinge zu schützen, indem sie Krankenakten fälschten, Brotrationen abzweigten und ähnliches, hat Maria auch erlebt. Sie erzählte später, dass Margarete Buber-Neumann ihr einmal das Leben gerettet hätte. Buber-Neumann schreibt in ihrer Biographie über Milena Jesenská, »Kafkas Freundin«, die in Ravensbrück starb: »An einen der zahlreichen Schützlinge Milenas erinnere ich mich besonders lebhaft, weil sie in meine Obhut gegeben wurde, an Mischka Hispanska, eine junge Polin und hochbegabte Malerin. Wir kannten ihre künstlerischen Fähigkeiten aus einigen Zeichnungen. Für Mischka, ein schüchternes, zartes Mädchen, bedeutete jeder Tag in Außenarbeit, mit Steineschleppen und Sandschippen, eine Gefahr. Milenas Hilfsaktion entsprang in diesem Fall ihrer Hochachtung vor künstlerischer Begabung. Sie wollte Mischka ermöglichen, ungestört zu zeichnen. So stahl sie Papier und Bleistift aus dem Krankenrevier, fälschte eine Innendienstkarte, damit sie nicht zur Arbeit gehen musste, und meine Aufgabe war es, Mischka im Bibelforscherblock in einer Ecke hinten am Fenster zu verbergen. Dort saß sie dann, der Lagerwirklichkeit entrückt, und schuf ihre Werke, großartige, bitter realistische Zeichnungen über den Alltag in Ravensbrück und viele Portraits von Mithäftlingen.«[36]

Maria Hiszpańska fühlte in der ganzen Zeit ihrer Haft das starke Bedürfnis zu *zeichnen* – zeichnend alle Tiefen und Hoffnungslosigkeiten des Lagerlebens zu erfassen, zu dokumentieren und damit zu verarbeiten. Das Zeichnen war ein Akt des Widerstehens und bot gleichzeitig die Möglichkeit, Zeugnis abzulegen, der Nachwelt zu berichten. Wanda Kiedrzyńska erzählt, Maria hätte das Zeichnen als eine Pflicht, eine Art Berufung, empfunden[37]. Maria selber sagte später: »Diese Zeichnungen sollten Dokument sein, Registrierung alles dessen, was dort geschah. Ich wollte mit ihnen zeigen, was man aus dem Menschen machen konnte, zutage fördern konnte, was tief in ihm sitzt, ich dürstete danach, mich in die schrecklichen Dinge zu vertiefen«[38]. Auf der anderen Seite brachte ihr gerade das Zeichnen Erleuchtung und Befreiung (s. Brief S. 37). Schon im Gestapo-Gefängnis in Pińczów hatte sie sich durch eine polnische Wärterin Papier und Bleistift besorgen können, und im Lager war es nicht anders. Sobald sich nur die kleinste Gelegenheit ergab, sie

22   »Strickerinnen«

Stift, Kohle, sogar manchmal Tusche und Papier in die Hände bekam, zeichnete sie: auf ausgerissenen Zetteln, Zeitungspapieren, auf Pappen, auf der Rückseite von Flugblättern (»Der Feind hört mit!«), egal wie erschöpft sie war und ungeachtet der Gefahren, die ihr dadurch drohten. Sie zeichnete, immer auf der Hut vor den SS-Aufseherinnen, oft auch nachts. Mithäftlinge erinnern sich an ihre »Besessenheit« zu zeichnen. Kameradinnen verschiedener Nationalitäten halfen ihr, sich zu verstecken oder besorgten ihr Papier, das sie aus den Lagerbüros stahlen[39]. Das einfühlsame Interesse für die Welt der Armen und Leidenden, das Maria Hiszpańska schon während ihres Studiums gezeigt hatte, erfuhr im Lagerleben eine neue Dimension und Steigerung, gehörte sie ja nun unmittelbar dazu und erlebte alles mit. Sie zeichnet, was andere Mithäftlinge mit Worten beschreiben: »Die Reste der Abfälle wanderten auf den Müll, aus dem sie

35   Buber-Neumann, Milena, S. 244
36   Ebenda, S. 252
37   Wanda Kiedrzyńska, Ravensbrück. Kobiecy obóz koncentracyjny (Frauenkonzentrationslager Ravensbrück), Warschau 1961 und 1965, in der deutschen Übersetzung der Mahn- und Gedenkstätte Ravensbrück, S. 263
38   Janina Jaworska, S. 75
39   Maria Hiszpańska erwähnt dies in ihrem Brief an die mexikanischen Künstler. Katalog der Ausstellung in Mexiko 1956, S. VI

23   Essen suchen im Müll

später von den schon länger im Lager Gefangenen eilends herausgeklaubt und dann gegessen wurden. Niemals vergesse ich diese erschütternden Eindrücke, als ich zum ersten Mal beobachtete, wie halbtote Frauen kamen, die mit vor Hunger schon fast toten Augen nach Essen suchten in den vor dem Block stehenden Kesseln. Mit zitternden, zum Skelett abgemagerten Händen klaubten sie verfaulte, abscheulich stinkende, schon Tage alte Kartoffelschalen heraus und aßen sie. Und ihre Augen wühlten fortwährend im Müll und suchten weiter.«[40]

Nur wenige der rund 400 Zeichnungen, die in Ravensbrück entstanden, konnten gerettet werden. Teilweise verschenkte sie Zeichnungen an Mitgefangene, einige konnten nach draußen geschmuggelt werden. Eine Gruppe von ca. 250 Zeichnungen wurde in Blechdosen mit anderen Dokumenten von einer »Außendienst-Kolonne« im Wald vergraben, doch später nie wieder gefunden. Die noch erhaltenen, schnell hingeworfenen oder auch stärker durchgearbeiteten Zeichnungen zeigen die tödliche Maschinerie des Alltags im Lager und in der Fabrik, die Anstrengungen, die den Frauen zugemutet wurden bei der schweren Arbeit (wie z.B. beim Ziegelsteine-Schleppen für den Bau der Häuser der SS-Offiziere). Sie zeigen den Kampf um das Essen, aber auch Stehende, Ruhende, Essende. Und es ent-

stehen viele eindrucksvolle Portraits von Mithäftlingen. Manche hat Maria Hiszpańska später auf Pappe geklebt und mit Namen bezeichnet (wie z.B. »Romana« auf Abb. 27), manche an die Portraitierten verschenkt. Betrachtet man diese Gesichter, so liegt in ihrem weiten Blick in die Ferne doch auch alles in der Nähe miterlebte Leid. Dieser Ausdruck, das Leid zu sehen und zu tragen, verleiht ihnen eine große Würde. »Sie suchte die Menschen, die verloren waren in ihrem Schmerz, in ihrer Ratlosigkeit und Erniedrigung und verlieh ihnen Züge von Universalität, Überzeitlichkeit. Sie suchte in ihren Werken den Sinn des Leidens.« So beschreibt es die Lagerkameradin Wanda Kiedrzyńska[41].

Für Maria Hiszpańska war das Zeichnen Berufung und Überlebenshilfe. Im Rückblick formuliert sie sogar einen künstlerischen Anspruch an die Werke, die doch unter so unsäglichen Bedingungen geschaffen wurden: sie hätte davon geträumt, schreibt sie 1955 den mexikanischen Kollegen, ein »Goya der Konzentrationslager« zu werden in ihrem Versuch, den Alptraum der alltäglichen Realität zu dokumentieren – ein Alptraum, der den grauenhaften Visionen von Goyas »Schrecken des Krieges« gleichkäme – doch das sei ihr nicht möglich gewesen[42]. Aus einem undatierten Brief an ihre Mutter geht hervor, was für eine bedeutende Rolle das Zeichnen für sie spielte. Über nichts anderes berichtet sie so ausführlich; (nicht) Zeichnen zu können wird zum Seismograph für ihre körperliche und seelische Verfassung: auf der einen Seite freut sie sich, sogar unter den abnormen Bedingungen zeichnerische Fortschritte gemacht zu haben, auf der anderen Seite leidet sie unter einer völligen psychischen Lähmung. Hier ein Auszug in deutscher Übersetzung:

»Liebes, liebstes, mein einzig liebes Mütterchen! Ich erhielt Deinen ersten richtigen Brief und die warmen Sachen genau am Silvesterabend. Das war eine unerhörte Erschütterung, ein star-

40   Zitiert nach Janina Jaworska, S. 75. Die meisten der bei Jaworska abgebildeten Zeichnungen waren im Besitz des »Club Ravensbrück«, einer losen Vereinigung von polnischen ehemaligen Gefangenen, die heute nicht mehr existiert. Über den Verbleib der Zeichnungen ist bisher nichts bekannt.
41   WTK Nr. 30 – 1981
42   Katalog der Ausstellung in Mexiko 1956, S. VI

24   Hunger

im Vergleich damit, wie es hätte sein sollen ... Im letzten halben Jahr hat sich ziemlich viel von diesen Skizzen angesammelt – trotz der Arbeit in der Werkstatt – danach kam plötzlich die Katastrophe, die Abreise, der Sturz in den dunklen Abgrund. Jetzt kann ich nicht zeichnen, seit August mache ich nichts – denn es ist für mich so schmerzhaft, so schrecklich, das Leben ist ohne Inhalt und Sinn, nur ewige Unruhe und Schreien zu Gott – dass er mich wieder herstellen möge, dass er sich erbarmen möge, erbarmen!! Die zweite schmerzhafte Wunde, die zweite würgende Unruhe und das Gebet, die unaufhörliche Bettelei – das bist Du. Ich <u>muss</u> Dich gesund antreffen, verstehst Du, ich muss, vielleicht ist das Egoismus, aber ich würde nicht leben können ohne Dich. Du bist der Konzentrationspunkt meiner ganzen Liebe und Sehnsucht – und, weißt Du, so will ich Dir noch viel Freude geben, will bei Dir sein, zeichnen, mich entwickeln, vorwärts gehen – ja, damit Du das verfolgen kannst und es mit mir zusam-

kes Erlebnis und auf einzigartige Weise ganz und gar betäubend. Ich weinte nicht einmal – nur in der Kehle würgte es und würgt nun schon seit Tagen fortwährend. Wie gut ist Gott, dass er uns manchmal wirklich selbstlos gute, kollegiale und gleichzeitig lebenskluge Menschen über den Weg schickt! Ich dachte schon oft, dass nur im Austausch für verschiedene materielle Leistungen Frauen fähig sind, sich gegenseitig so etwas wie Wohlwollen entgegenzubringen. Vielleicht ist es nicht so. Unser Leben ist so schwer, so verdummend, es frisst so an des Menschen Hoffnung, Phantasie, Energie und Intelligenz. Es ist unmöglich, Gedanken in Worte zu fassen, und es ist so viel, so viel zu schreiben. Schon lang zeichne ich nicht mehr, nicht einmal am Sonntag, der Kopf ist wie von einem eisernen Reifen zusammengedrückt, eine totale psychische Lähmung. Auf dem vorigen Posten hatte ich bedeutend mehr Zeit für mich, obwohl die Bedingungen auch nicht zu den angenehmsten gehörten – aber irgendwie gelang es mir immer, mich so einzurichten, dass ich zeichnen konnte, ich zeichnete viel, stets nach der Natur – und machte neuerdings Fortschritte, besonders beim schnellen Skizzieren ganz gut, es war [... einige Worte unleserlich] Bewegung, Erleuchtung, Ausdruck. Viel Schwung befreite sich – Schwung, der bis dahin immer von inneren Hemmungen erstickt wurde – Gott, wie träumte ich von großen Bögen Papier, von breiten Kohle- oder Kreideflächen – Gott, man verglich mich mit Käthe Kollwitz, und ich glühte vor Scham, denn das war sehr schwach

25   Putzen im Block

26   Kopf einer Frau

Romana.   NBr. I.45

27   Romana

men erleben kannst und Dich meiner schwierigen Freude erfreuen kannst, um die ich so heiß bete ...«

Man kann nur vermuten, dass die »Katastrophe, die Abreise«, von der sie hier spricht, sich auf die plötzliche, unangekündigte Verlegung nach Neubrandenburg im Juli 1943 bezieht. Es mögen viele Faktoren dazu beigetragen haben, dass Maria sich nicht mehr in der Lage fühlte zu zeichnen: das grausame Herausreißen aus der gewohnten menschlichen Umgebung, die schwere, gesundheitsschädigende, verhasste Arbeit in einem Rüstungsbetrieb, die Schikanen am Arbeitsplatz, die Geschwüre. Wanda Kiedrzyńska berichtet außerdem, es wäre Maria in Neubrandenburg noch schwerer gemacht worden zu zeichnen, da die Lagerbehörden sie besonders beobachteten bzw. überwachten[43]. Dennoch entstanden in Neubrandenburg noch einmal an die 200 Zeichnungen.

Während die Zeichnungen ganz konkrete Ereignisse und Szenen aus dem Lagerleben wiedergeben, verraten die Briefe so gut wie nichts über die äußeren Verhältnisse, vielleicht wollte Maria ihre Mutter damit nicht belasten. Sie schreibt mehr über das, was in ihr lebt – die Verzweiflung, die innere Not, aber auch die Hoffnung. Hoffnung auf ein Wiedersehen mit ihren Lieben nährt ebenso den Überlebenswillen wie der Blick auf das ersehnte Leben »danach«, voller Entwicklungsmöglichkeiten auch für ihre Kunst. »Schließlich wird irgendwann der Tag kommen, an dem wir alle wieder zusammen sind, an dem die ewige Angst vergeht, diese ewige unaufhörliche tierische Furcht, an dem, statt der entsetzlichen Hässlichkeit wieder Schönheit und Sonne uns umgeben werden ... ich glaube ganz fest daran. Es wird dieser Tag kommen in unserem Leben! [...] Und wir werden wieder aufbauen, was der Krieg zerstörte.« (22.12.1944) »Mein altes Mütterchen, schreibe mir etwas mehr, etwas Näheres über Natka *[Natalia Eichhorn-Hiszpańska, die Ehefrau von Stanisław, zu Tode gequält im KZ Auschwitz]*. Habe einen langen, sehr lieben Brief von Stachu *[Stanisław]* bekommen, der mir jedoch kein Wort über sie schreibt – nur über seine Projekte für die Zukunft, über die Mal- und Zeichenarbeit und über unsere Zusammenarbeit auf dem Gebiet – mein Gott, dass wäre so wunder-

bar – heute bin ich psychisch und nervlich sehr geschwächt, aber ich fühle, dass im dem Augenblick, wenn sich die Bedingungen zum Besseren verändern, alles in mir aufs Neue entflammen würde, was heute unter einer grauen Schicht des Todes und der Asche kaum schwelt – dann würde in mir das Feuer wieder brennen, und die ganze Welt in vielen Farben erblühen.« (5.7.1944).

Maria Hiszpańska empfand die Zeichnungen als Teil ihrer selbst und hütete sie gut. Von denen, die nicht im Wald vergraben worden waren, wollte sie sich nicht trennen. Deshalb verbarg sie sie nachts in ihrem Strohsack und befestigte sie tags mit einer Schnur am Körper unter ihrem Hemd. Eines Tages jedoch, es war wohl Anfang 1945, stand sie wie jeden Tag mit den anderen Häftlingen beim Appell auf der Lagerstraße. Da wurde die SS-Aufseherin auf das sich ausbeulende Kleidungs-

28   Mittagessen

43   Kiedrzyńska, Ravensbrück, S. 264

29 Zwei Häftlingsfrauen

30 Gottesmutter mit Kind

fängerinnen in hohen Ehren gehalten wurden. Als einmal eine Französin ihr für das Geschenk ein Stück Brot geben wollte, brach sie in Tränen aus und nahm das Brot nicht an.

stück aufmerksam, stieß mit dem Finger hinein und schrie die Künstlerin an, was sie dort verstecke. Als sie die Zeichnungen erblickte, schlug sie ihr ins Gesicht und warf die Zeichnungen ins Feuer. Verbrannt war die Arbeit von Jahren. Für Maria war das ein so schwerer Schlag, dass sie sich nur langsam davon erholte. In dem späteren undatierten Brief geht sie in verschlüsselter Weise auf dieses Ereignis ein: »Der kleine Miś *[Teddy; bedeutet Mysz, sie selber]* wohnt weiterhin bei dem Onkel, er arbeitet in dem alten Betrieb von Ciapcia, nur mit Ciapcia hat er sich schrecklich zerstritten und das für lange. Der Onkel hat Krebs, quält die ganze Familie, ist schrecklich und es ist nicht klar, was ihm in den Kopf schießt. *[Onkel = Nazi-Scherge, AufseherIn]* Miś hat, nach langer Pause, wieder mit Malen angefangen, trotz 12 Stunden Arbeit, – er hat natürlich auf Kosten des Schlafes gemalt. Der Onkel, der solche ›süßen Landschaften‹ nicht mag, nahm ihm alle Bilder weg und warf sie in den Ofen.« (Undatierter Brief)

Nach diesem Ereignis zeichnete sie weniger und verwandelte ihre »Besessenheit«, indem sie nun mehr auch für andere zeichnete. Sie beschaffte sich Hartgummiplatten und malte mit Nitro-Farben kleine Heiligenbilder, Franz von Assisi oder Maria mit dem Kind, um sie anderen Mitgefangenen zu schenken. So entstanden nochmals ca. 100 solcher Bilder, die von den Emp-

Ganz am Anfang ihrer Zeit in Ravensbrück hatten ihr ihre Zeichnungen auch einmal einen Vorteil verschafft: Als sie noch im deutschen Block war, entdeckte die Block- oder Stubenälteste Maria Fischer ihre Zeichnungen und war begeistert. Von dieser Maria Fischer ist der Ausspruch überliefert, Maria Hiszpańska sei ja die polnische Käthe Kollwitz. Sie wollte der Künstlerin einen Gefallen tun und so bat Maria, in einen polnischen Block verlegt zu werden. Dies gelang dann auch[44].

Von Maria Hiszpańska selber gibt es nur wenige Zeugnisse über ihre Zeit im KZ; sie hat auch später zu guten Freunden so gut wie nie darüber gesprochen. »Was mich betrifft, so grüble ich nicht gerne in den ravensbrückschen Erinnerungen, nicht deswegen, da ich sie zu schrecklich, zu bedrückend fände, sondern weil ich kein Politiker und kein Historiker bin, und da ich weiss, dass ich keine positive Arbeit auf diesem Felde zu verrichten imstande wäre; die zwecklose, fruchtlose Grübelei einiger Lagerkameradinnen, die so gerne manche, nicht zu sehr

44 Erzählt bei Janina Jaworska, S. 75

wesentliche, Erinnerungen aus der Kriegszeit erzählen, ist mir zuwider. Das Ganze ist doch zu grausam, zu ungeheuer gewesen, um in den Erzählungen der Kleinigkeiten des alltäglichen Lebens ein entsprechendes Abbild dieses Lebens finden zu können. So schweige man lieber, wenn man kein Historiker und kein Schriftsteller ist. So ist meine persönliche Meinung, die aber natürlich für keinen anderen Menschen verpflichtend sein will.« (25. 9. 1959)

In einem Brief an eine Freundin hat sie das Wesentliche ihrer Erfahrungen im Lager einmal so zusammengefasst: »Mit 23 Jahren [...] wurde ich durch die Gestapo verhaftet. Es kamen darnach vier Jahre, welche mich in die tiefsten und grausamsten Abgründe des menschlichen Leidens, der Entwürdigung, Entmenschlichung, der Hässlichkeit usw. usw. usw. hineinschauen liessen. Es waren Jahre, in welchen man seine eigene Schwäche, seine tierische Natur, das Untermenschliche in sich in den unmenschlichen Umständen kennen lernte – wenn auch nicht nach Aussen ausgelebt, so doch potentiell innerlich vorhanden. Man lernte Angst, Furcht, Hass, Verachtung, Hunger, Lebensgier usw. usw. kennen, also die ganze Unternatur des Menschen, an verschiedenen Anderen wie auch in seiner eigenen Seele. Es gab Menschen, die in jenen Verhältnissen zu Heiligen wurden. Es gab Menschen, welchen ihr ehemaliger christlicher Glaube auf immer verloren gegangen ist. Es gab solche, welche – Christen oder Kommunisten – ihre menschliche Würde und ihr menschliches Gewissen, ihre Idee nicht verloren haben. Welche – möchte man sagen – sich sauber und aufrecht hinübergerettet haben. Es gab eine ganze Menge Leute, welche zu Tieren, zu Viehen, zu Unmenschen geworden sind. – Das habe ich alles zwischen meinem 23 und 27 Lebensjahr mitgesehen, mitempfunden, miterlebt.« (13. 10. 1965)

Keine Schuldzuweisung, kein Hass spricht aus diesen Zeilen, sondern die Erkenntnis des Bösen im Menschen, auch in sich selbst. Dafür hatte sie eine hohe Sensibilität: Maria erzählte später einmal ihrer Tochter, dass sie von einer im Lagerbüro beschäftigten Mitgefangenen einige Zeit nach ihrer Ankunft in Ravensbrück erfuhr, in ihren Papieren stünde der Vermerk »SB« für »Sonderbehandlung«, was in der Sprache der Nationalsozialisten einem Todesurteil gleichkam. Maria wusste das. Wenn die

31 Stara Antonikowa

Aufseher kamen, um jemanden abzuholen, verspürte sie immer Erleichterung, dass es sie diesmal nicht getroffen hat und gleichzeitig tiefe Scham, dass sie so denkt und fühlt. Diese Schilderung könnte im Zusammenhang mit der Praxis der Hinrichtung von (polnischen) politischen Gefangenen stehen, die durch ein Standgericht zum Tode verurteilt worden waren und schon mit Todesurteil in den Papieren im Lager ankamen, oft ohne davon Kenntnis zu haben. Dies betraf vor allem junge polnische Gefangene zwischen 20 und 30 Jahren, die wegen ihrer Tätigkeit im Widerstand verhaftet worden waren (beides trifft auf Maria zu) und die 1941 und 1942 mit bestimmten Spezialtransporten nach Ravensbrück gebracht wurden (der April-Transport 1942, mit dem Maria kam, wird dabei jedoch nicht genannt). Die Hinrichtungen (durch Erschießen) wurden vor allem in den Jahren 1942/43 durchgeführt[45]. Nach einem Bericht von M. Jarosz wusste von den Eingelieferten niemand, wie lange sie im Lager und am Leben bleiben würden, denn zunächst mussten alle noch arbeiten. Von Zeit zu Zeit wurden bei Appellen bestimmte Namen aufgerufen oder Häftlinge aus den Blocks herausgeholt und dann war klar, wer erschossen werden sollte, an wem das Todesurteil nun vollstreckt wurde[46]. Doch da sich in Ravensbrück durch die umfangreichen Vernichtungsaktionen von Ak-

32   Portrait Helena Solecka

33   Portrait einer Mitgefangenen

ten und Unterlagen durch die SS kurz vor Kriegsende keine Papiere mehr befinden, die den Lageraufenthalt Maria Hiszpańskas von dieser Seite belegen, muss offen bleiben, ob der von Maria genannte Vermerk im Zusammenhang mit einem solchen Todesurteil stand[47].

Maria Hiszpańska beschreibt in dem oben zitierten Brief vom Oktober 1965 eine für ihre Lebenshaltung grundlegende Erfahrung: das hohe Gut der *Menschlichkeit*, die sich gerade in der Zeit solcher extremen Prüfungen zeigt und die völlig unabhängig von Weltanschauung und Nationalität ist.

Doch diese Briefe sind geschrieben aus der Sicherheit des Abstands, sie zeugen von innerer Verarbeitung und Verwandlung. Ganz anders klingt ein weiterer Brief aus der Zeit in Neubrandenburg, ein erschütternder Text von expressiver Dichte, aus dem eine Seele spricht, die die ganze Wucht der Verzweiflung erlebt bis hin zu zarter Hoffnung und fiebernder Glaubenssehnsucht. »Aus der Tiefe rufe ich, Herr, zu Dir« (aus Psalm 130) – der Aufschrei des Psalmisten ertönt laut auch im 20. Jahrhundert. Mit der deutschen Übersetzung dieses Textes vom Februar 1944 sei dieses Kapitel beschlossen.

45   Siehe die Schilderungen bei Wanda Kiedrzyńska, Ravensbrück, S. 150 ff., auf die sich auch Strebel (S. 283ff.) hauptsächlich stützt.

46   Bericht von M. Jarosz in Loretta Walz, S. 91. Nach Kiedrzyńska wurden die entsprechenden Häftlinge nicht bei den Appellen herausgeholt, sondern die Vorbereitung zur Hinrichtung verlief so, dass ein Lagerbote dem Block die Namen der Häftlinge, die sich in der Kanzlei der Oberaufseherin einzufinden hatten, übergab, und die Blockälteste für die Zuführung zu sorgen hatte. Die Verurteilten mussten nun in einer Zelle des »Bunkers« (Lagergefängnis)

warten, bis sie abends in einem geschlossenen Auto, einer sogenannten »Minna«, zur Hinrichtungsstätte abtransportiert wurden. (Kiedrzyńska, Ravensbrück, S. 152f.)

47   In der 1965 herausgegebenen (polnischen) Ausgabe des Buches von Wanda Kiedrzyńska sind im Anhang namentliche Aufstellungen von verschiedenen Transporten nach Ravensbrück. In der Liste des Transportes vom 10. April 1942 aus Radom, Kielce und Częstochowa ist unter Nr. 125 »Zofia Hiszpańska«, Häftling Nr. 10219, verzeichnet. Kiedrzyńska 1965, S. 386.

»3. II. 44 Neubr.

In den Stunden des wachsenden Grauens, wenn jede Nacht als schwarzer und anschwellender Tod hereinbricht, und jeder Tag seine erhobenen, blutverklebten krummen Eisenkrallen über dir schüttelt –

wenn man dich, herausgerissen aus dem Leib, auch der Seele zu berauben versucht, indem deine kraftlosen Hände in den Dienst tückischen Todes eingespannt werden –

wenn dich schrecklich bedrohen die dir vor Augen geführten Bilder der abscheulichsten Dinge unter der Sonne und sprechen: sieh, das ist deine Zukunft –

dann beginnst du plötzlich das junge Frühlingsgrün zu sehen auf diesem weiten verbrannten Brachland,

und plötzlich beginnen dir Gänseblümchen unter den Fußsohlen zu blühen inmitten von schwarzem Schutt und Brache, worauf du schreitest ...

Und deinen Lippen entschlüpft mit einem Male ein Loblied, ein Lied über die Güte und Weisheit und grenzenlose Barmherzigkeit dessen, der nur ein schrecklicher Richter zu sein scheint – in dem aber deine ausgehungerten Augen bereits die unermessliche väterliche Barmherzigkeit empfangen ...

Und wie jener Prophet beginnst du in der Dunkelheit zu tanzen, zu tanzen im Rausch aufkommender Freude, die aus der Ferne heranschwimmt.

Und du singst in der Nacht das Magnifikat – ein flammendes Magnifikat der aus satanischer Gefangenschaft befreiten Millionen.

Du Rasende, du hast gefesselte Hände, deine Hände schaffen und nähren schrecklichen, hassenswerten Tod – und du fühlst an deinen Schultern schon das schmerzhafte Wachsen von Flügeln,

von Flügeln, auf denen du in die Sonne fliegst, mit denen du an die Sterne schlagen wirst...

Du Rasende, jede einfallende Dämmerung schreit, dass du nicht zurückkehren wirst, und du siehst inmitten der Nacht farbig rauschende Felder und hörst, wie die Sonne über den Wäldern in Tropfen auf die Erde fließt, und wie sie singend durch die Frühlingsdämmerung rinnt, in der Krone der Monde und Lampen, deine geliebte Stadt ... Und heute schon lobst du Gott und beginnst ihm zu danken für deine und unser aller glückliche Rückkehr.

Du Rasende, deine Augen sind längst erblindet und deine Hände können weder das Licht noch die Dämmerung, noch die Bewegung, noch den Ausdruck, weder die Form noch die Farbe auf die weiße Fläche des Papiers zaubern. Und du fühlst dich heute schon als Baumeister herankommender Tage

und verspürst hier, hier in dir die bittere und allerherrlichste Freude der Mühe, des Ringens und Schaffens. Und du lobst den Vater aller Ewigkeiten für die Gnade, die er dir erwiesen, für deine besondere, allerschönste Mission – für das schwarze und weiße und silberne Lied, das du singst dem in dir wachsenden Tag.«

Aufbau eines neuen Lebens in der zerstörten Stadt

»Es gibt ja keine göttliche Amnestie, welche dir das Werden ersparen kann« (5.12.1967)[48]

»... er hat den Menschen in mir gerettet« (13.10.1965)

Am 24. April 1945, der Krieg ging seinem Ende zu, erfolgte überstürzt die Auflösung des Nebenlagers Neubrandenburg. Da es sich um einen Rüstungsbetrieb handelte, trieb man besonders zur Eile an und jagte die Gefangenen gen Westen. Immer mehr Räumungsmärsche setzten sich in den Folgetagen auch von Ravensbrück aus in Bewegung, und die Straßen füllten sich zusätzlich mit versprengten Wehrmachtseinheiten und Flüchtlingstrecks. Im allgemeinen Durcheinander konnte sich Maria Hiszpańska mit zwei, drei anderen Gefangenen aus den Fünfer-Kolonnen stehlen – die Flucht gelang. Erst verbargen sie sich in den Wäldern der Umgebung, das Ende der Nazi-Herrschaft erwartend. Am 27. Mai 1945 schrieb sie ihrer Mutter in einem kurzen Brief: »Ich bin gesund und seit vier Wochen frei!!! Frei – verstehst Du?!« Sie würden sich »irgendwo auf dem Dorf« ausruhen, hätten reichlich zu essen und kämen langsam wieder zu Kräften. Sie erwähnt, dass der schlechte Gesundheitszustand einiger Gefährtinnen die Gruppe zögern ließ, sich auf den langen Weg zu Fuß nach Hause zu machen; sie sei die Gesündeste, doch wollten sie sich jetzt nicht trennen, weil sie so »viel Übles und ein wenig Gutes« gemeinsam durchlebt hätten. In einer langen Odyssee zogen sie schließlich ostwärts. Auf ihrem Weg trafen sie eine Gruppe polnischer Offiziere, Kameraden von Marias Bruder, die auf dem Weg nach Westen waren, doch Maria entschloss sich nach kurzem Zögern, weiter zurück nach Osten zu gehen. Nach ca. vier Monaten, im August 1945, erreichte sie schließlich Warschau.

Die Stadt, die sie vor gut vier Jahren verlassen musste, liegt in Schutt und Asche, überall nur Trümmer und Brandstätten. Warschau ist eine der am stärksten im Krieg zerstörten Städte. Nach der Niederschlagung des »Warschauer Aufstands« gegen die deutschen Besatzungstruppen Ende September, Anfang Oktober 1944 wurde die Stadt fast dem Erdboden gleich gemacht. Am 1. August 1944 hatte sich die Armia Krajowa (Polnische Heimatarmee) gegen die deutschen Truppen im besetzten Warschau erhoben. Nach 63 Tagen erbitterten und oft ungleichen Kampfes um einzelne Stadtviertel, Straßen und Gebäude in der eingeschlossenen Stadt wurde der Aufstand jedoch niedergeschlagen. 60 000 Warschauer wurden in verschiedene KZ deportiert – ca. 12 000 Frauen allein nach Ravensbrück – und noch einmal 90 000 – 100 000 als Zwangsarbeiter in das deutsche Reich verschleppt[49]. Auch nach Niederschlagung des Aufstandes zerstörten deutsche Truppen durch Sprengung und Brandlegung die Stadt weiter. Als die Rote Armee, die zu diesem Zeitpunkt schon das andere Ufer der Weichsel erreicht hatte aber nicht eingriff, Warschau schließlich eroberte, war die Stadt schon zum größten Teil unbewohnbar gemacht. Marias Elternhaus in Mokotów hatte eines der deutschen Brandkommandos zerstört: ein gebellter Befehl: »Alles raus! In fünf Minuten brennt das Haus!« – und so geschah es. Nur der Pferdestall steht noch. In ihm wohnt Maria eine zeitlang mit ihrer Mutter, bis sie erst zu Verwandten an das andere Ufer der Weichsel und dann in eine kleine Wohnung im Stadtteil Żoliborz ziehen. Maria ist eine junge Frau in ihrem 28. Lebensjahr, doch die Jahre als junge Erwachsene sind ihr gestohlen worden.

---

48 Maria Hiszpańska-Neumann zitiert hier Saint Exupéry. Die gesamte Briefstelle lautet: »Es ist keine dumme Koketterie, sondern es ist im Grunde so, wie es St Exupéry in seiner »Citadelle« sagte: es gibt ja keine göttliche Amnestie...«

49 Vor allem die SS-Verbände in den deutschen Truppen, die sich aus Wehrmacht, Polizei und SS zusammensetzten, begingen während und nach den Kämpfen Massaker und Massenmorde an der Warschauer Zivilbevölkerung. Heinrich Himmler, Reichsführer SS, hatte angeordnet, alle Warschauer, ohne Rücksicht auf Alter und Geschlecht, zu ermorden und die Stadt dem Erdboden gleich zu machen. Vgl. Strebel, S.142ff, wikipedia zum Warschauer Aufstand.

34   Passfoto aus der Nachkriegszeit

Das Einleben in die wiedergewonnene Freiheit wurde ihr nicht leicht gemacht, denn kurz nach ihrer Ankunft in Warschau wird sie, noch schwach und vom Lagerleben gezeichnet, von einem Lastwagen überfahren, der Fahrer war ein angetrunkener sowjetischer Soldat. Mit gebrochenen Rippen und einer Kopfverletzung kommt sie ins Krankenhaus. Von diesem Unfall behält sie leicht unregelmäßige Augenbrauen und eine Narbe am Kopf, die bei herannahendem Regen immer zu jucken beginnt – später heißt es dann: »die Maus kratzt sich – es gibt Regen!«

Aus dem Krankenhaus entlassen, versucht sie ihre künstlerische Tätigkeit wieder aufzunehmen und Aufträge zu bekommen, um ihren Lebensunterhalt zu verdienen. So macht sie Entwürfe für Lebensmittelkarten und Stadtwappen. Daneben aber zeichnet sie sich nächtelang die Zeit im Lager aus dem Leib. »Ich musste das tun«, zitiert Janina Jaworska sie, »sonst wäre ich erstickt, es war wie seelisches Erbrechen.«[50] Auch von diesen Werken ist nicht viel erhalten; Zeichnungen auf festem Papier gearbeitet mit Tusche, Feder und Bleistift zeigen wieder den Kampf ums Essen (Abb. 20); ein Blatt ist auf der Rückseite beschriftet (wohl in der Schrift der Mutter): »vor Hunger verschlingen sie gestohlene zerquetschte Kartoffeln auf dem Abort« (Abb. 24). 1947 mündet dies in einen Zyklus von 4 (Kaltnadel-)Radierungen »Frauen in Ravensbrück«, in denen sie wieder Szenen aus dem

Lagerleben festhält: die verzweifelte Suche nach Essbarem im Müll (Abb. 23), eine stillere Szene auf den dreistöckigen Pritschen in der Baracke (Abb. 17) und zwei Versionen des Ziegelstein-Schleppens (s. S. 107 in den Werkbetrachtungen). Danach rührt sie das Thema nicht mehr an. Und doch merkt man verschiedenen späteren Arbeiten ihre Erlebnisse aus dieser Zeit an – zu tief waren sie innerlich eingegraben.

Auch wenn sie die Hölle des Lagerlebens überlebt hat, ist doch seelisch etwas in ihr zerbrochen. Die Anspannung aller (geistigen) Kräfte während der Lagerzeit ist einer erschreckenden Leere gewichen, nun erst wird deutlich, wie viel diese Jahre zerstört haben. Das zeigt sich schon in einem Text vom 20. Juli 1945, den sie auf dem Rückweg nach Warschau schrieb. Der Tag der Befreiung, die ganze Zeit der Lagerhaft über erwartet und ersehnt, ist endlich eingetroffen – und doch erfüllt sie nun nicht Freude und Aufbruch, sondern Leere und das Gefühl der Sinnlosigkeit. Die Quelle, aus der sie Kraft schöpfte, der Glaube, ist versiegt. Hier in deutscher Übersetzung ein Auszug aus dem Text, der im Anhang vollständig wiedergegeben ist:

»Inmitten der Qualen und Ohrfeigen, inmitten seelischer und körperlicher Pein reifte in dir ein zugleich süßer und herber Gedanke, würgend und erregend wie der Duft des Blutes, ein Gedanke, der seltsame und unruhige Linderung mit sich bringt: Rache! Du hast sie in dir gezüchtet, wie eine verzauberte, wunderschöne Pflanze in einem geheimnisvollen Garten, du liebtest sie und lächeltest im Geheimen, wenn man dich quälte und versuchte zu zerbrechen: wartet nur, endlich wird dieser Tag kommen und die Finger verkrampften sich voller Ungeduld – schwarz von der Arbeit, die leeren Hände des Sklaven zitterten – Gott, mächtiger Gott, rücke diesen Tag näher heran, lass mich nicht fallen in der Dämmerung, lass mich nicht in den schwarzen Brunnen der ewigen Vergessenheit fallen – so wie Hunderte und Hunderttausende gestürzt sind. [...]

Und siehe, dieser Tag ist eingetroffen und du hast ihn begrüßt weder mit einem Schrei des Triumphes noch mit freudigem Wahnsinn, von den Lippen kamen einige Worte des Liedes der Freiheit – dort, am Lagerfeuer im Wald – und gleich nachher

50   Janina Jaworska, S.75

35   Selbstbildnis nach dem Unfall

dem Sinn menschlichen Daseins. Und so, innerlich ausgehöhlt und aufgewühlt zugleich und äußerlich noch in erschreckendem Zustand (der Krankenhausaufenthalt liegt nicht lange zurück) lernt sie den Bruder ihrer Lagerkameradin Ragna kennen, den Musikwissenschaftler Janusz Neumann. Er ist 15 Jahre älter als Maria (geboren am 7.7.1902) und hat in Basel und Stuttgart Musikwissenschaften und Philosophie studiert. Er ist Anthroposoph und macht sie mit der Geisteswissenschaft Rudolf Steiners bekannt. Sie erlebt das wie eine Rettung: »Nach einer Periode innerer Leere und Verzweiflung, Selbstmordgedanken usw. usw., bin ich endlich zu der Überzeugung gekommen, – da mir die materialistische Denkweise immer gerade unmöglich war, – dass es eine Wiederholung des Menschenlebens geben muss, damit diese ganze unglaublich grausame Welt irgendeinen Sinn überhaupt haben könnte. Je länger ich mich mit dieser Idee in-

erstarb das Lied, von den Lippen verscheucht, ungläubig – du warst verwundert, verängstigt und weiterhin traurig – sag, warum? ...

Es umgaben dich Menschen, denen du die blutigste, raffinierteste Rache tausendfach geschworen hast – und nur die Hand hättest du ausstrecken können, – anzünden, ausrauben, töten – aber dir sind die Hände heruntergefallen, und statt der Feinde sahst du in ihnen nur kleine, hilflose, leidende und ohne Sinn, auf ungewissen Wegen kreisende Atome – solche wie du. [...]

Du lebst und bestehst weiter, und deine Tage, (sind) wie ein flaches Gewässer auf Steinen; kein brodelnder Inhalt strömt über ihre Ufer. In dir ist das Streben abgestorben, weil du weißt, dass Bemühungen, die zur Unendlichkeit führen, ihr Ziel nicht erreichen, und schon heute weißt du nicht, ob sie alleine in sich irgendeinen Wert haben.

Du lebst und bestehst weiter, schon heute nicht sehend, warum dich Gott ins Leben gerufen hat, kalt und traurig, wie der fremde Himmel über dir, voller Sehnsucht ohne Begeisterung, verloren in dem Gewirr großer und blind endender Wege ...«

Es wird jahrelanger künstlerischer und innerer Arbeit bedürfen, die unvorstellbaren Leiden zu verarbeiten, doch gerade jetzt stellen sich für sie ganz existentiell die Grundfragen nach

36   Gesichter, 1945

nerlich beschäftigte, desto starker, unwiederruflicher, ungezweifelter wurde ich damit durchdrungen. Es war im Jahre 45. Ich habe mich damals mit dem Bruder meiner Lagerfreundin geschwisterlich-kameradschaftlich angefreundet. Ihm verdanke ich die Lehre, ohne welche man eben nicht zu leben wüsste. Der liebe, weise (weise, nicht klug!) Freund hat den Menschen in mir gerettet.« (13.10.1965) Die Geisteswissenschaft, wie sie die Anthroposophie in Zukunft nennen wird, ist von nun an eine Quelle der Stärkung und Inspiration. Das, was sie davon aufnimmt, ist immer durch ihr Innerstes geführt, ist gelebt und nie nur eine Theorie.

Janusz Neumann bewegt sie dazu, die deutsche Sprache zu erlernen – die Sprache, die sie die letzten Jahre als Sprache der Unmenschlichkeit kennen gelernt und die zu lernen sie sich im Lager geweigert hat, »da es mir damals zu widerwärtig gewesen ist« (25.9.1959) – sie erlernt sie, um Rudolf Steiner im Original lesen zu können. Sprachbegabt wie sie ist, wird sie selber später Steiner-Texte ins Polnische übersetzen und Briefe an deutsche Freunde schreiben, die an plastischer Bildekraft der Sprache ihresgleichen suchen. Und über viele, viele Jahre wird sie nun mit Janusz (und nach seinem Tod auch allein) mittwochs abends zu den privaten Zusammenkünften von Warschauer Anthroposophen gehen, um Vorträge Rudolf Steiners zu lesen und sich darüber auszutauschen. Für diesen Kreis sind auch die Übersetzungen entstanden.

Beruflich fasst sie weiter Fuß. 1945 wird sie Mitglied der Vereinigung polnischer Künstler, erhält Illustrations-Aufträge und besucht bis 1948/49 Vorlesungen über Kunstgeschichte. Durch die Lagererlebnisse, schreibt sie einem Freund, sei ihr der Lebensabschnitt intensivster geistiger und intellektueller Entwicklung geraubt worden, und ihre in früherer Jugend starke Einbildungskraft, die malerische oder graphische Phantasie, wäre beinahe zugrunde gegangen. So will sie durch das Studium der Kunstgeschichte Bildungslücken füllen, aber auch einen Ausgleich für die Erinnerungen aus der Hölle finden. »Ich hatte aber nicht Willenskraft genug, um es konsequent durchzusetzen, um das Studium mit der Arbeit (als Buchillustrator – um zu leben, und als Graphiker, der etwas zu sagen hat, unabhängig von irgendwelchen Aufträgen) zu verbinden.« (6.1.1960) Sie bleibt

zwei Jahre an der Universität, bis ihr geliebter Lehrer Prof. Michał Walicki, der vor allem über die Kunst des Mittelalters und der frühen Neuzeit lehrt, inhaftiert wird. Diesem verdankt sie ihre Liebe zum Mittelalter, welchem sie sich in ihrer Kunst zeitlebens verbunden fühlt. Der später über Polen hinaus bekannte Kunsthistoriker Jan Białostocki, der zu dieser Zeit auch Kunstgeschichte studiert und Anfang der 60er Jahre die erste (und bisher einzige) Monographie über die Künstlerin schreiben wird, lernt sie im Frühling 1946 bezeichnenderweise in den Magazinen des Nationalmuseums in Warschau kennen: »Sie erschien dort damals täglich mit einem Zeichenblock und zeichnete gotische Holzskulpturen. In manchen Sälen, die damals noch als Magazin dienten, standen die Statuen der Heiligen und der Madonnen, die aus zerstörten Kirchen gerettet worden waren, dicht gedrängt eine neben der anderen und bildeten ein gotisches Dickicht expressiver Gebärden, dramatisch bewegter Gewänder, spitz sich brechender Falten, auf denen das Gold glanzlos wurde, und die einst lebendige Farbenvielfalt hatte sich verwischt im Zuge der Evakuierung und während der Aufbewahrung in abenteuerlichen Unterkünften«[51] (Abb. 37, 39). Aus dieser Begegnung entsteht eine freundschaftliche Verbundenheit; einige kleine Holzschnitte sind Zeugnisse ihrer Zusammenarbeit und tragen beider Namen als Signatur (z. B. ein Exlibris für den geschätzten Professor Walicki, Abb. 38).

Aus den ersten Nachkriegsjahren sind viele Werke verloren gegangen. »Ich legte damals keinen Wert darauf, irgendetwas – wäre es meine eigene Arbeit oder was sonst noch – bei mir zu haben. Ich wollte nichts besitzen, mich mit keinem Gegenstand verbunden fühlen. So arbeitete ich, außer der nötigen Arbeit »für das tägliche Brot«, ziemlich viel, machte aber nur recht wenige Abzüge von einem jeden Stock, verschenkte sie mit leichter Hand unter beliebige Kollegen, oder Bekannten, liess den Stock wieder hobbeln [hobeln] – und machte drauf was Neues.« (19.10.1962)

Besonders die Jahre 1947 und 1948 waren geprägt von großer stilistischer und technischer Experimentierfreude. Es ent-

51   Jan Białostocki, Maria Hiszpańska-Neumann, Warschau 1963, S. 5, in deutscher Arbeitsübersetzung

37   Schöne Madonna von Breslau   38   Exlibris für Michał Walicki   39   Schöne Madonna von Breslau

standen neben dem Holzstich – dem präzisen, tiefen und feinen Gravieren in hochkant geschnittenen, harten Buchsbaumstöcken – auch viele Versuche auf dem Gebiet der Radierung, sowohl mit der kalten Nadel (direktes Einritzen einer Kupferplatte) als auch mit Säure. Letzteres war aus technischen Gründen schwieriger, weil es ihr an entsprechendem Werkzeug mangelte. Besonders aber experimentierte sie stilistisch; manchmal entstanden von demselben Motiv zwei vom Stil her verschiedene

40   Der erloschene Ofen

Versionen (vgl. die Besprechung des Werkes »Zwei Mütter« im Werkteil, S. 122 ff.). Insgesamt überwiegt ein düster- melancholischer Ton, in dem eine Welt voller Entbehrung und Not gezeichnet wird. Da sind die expressiven Bilder der Kinder mit den großen Köpfen und der verzerrten Perspektive wie z.B. »Der erloschene Ofen« aus dem Podhale-Zyklus von 1948, aber es finden sich auch flächige, ins abstrahierende Ornament gebannte Figuren mit linienhaft aufgelösten Gesichtern, die fast an Picasso erinnern, wie das humoristisch anmutende »Händlerinnen-Stillleben« (Abb. 41) von 1947 oder die »Pietà« von 1948 (Abb. 42).

Die Wiederaufnahme der künstlerischen Arbeit muss man sich unter den einfachsten materiellen Bedingungen vorstellen – eine richtige, gut ausgestattete Werkstatt hat die Künstlerin nie besessen. Dies gehörte zu den äußeren Widrigkeiten ihres Lebens, die sie aber mit Selbstverständlichkeit und Würde annahm. Damit man sich die Umstände ihres Schaffens in diesen Jahren ausmalen kann, müssen auch ihre allgemeinen Lebensumstände in der Nachkriegszeit skizziert werden:

Am 2. Dezember 1948 heirateten Janusz und Maria evangelisch und bezogen zusammen mit Marias Mutter eine kleine Wohnung von 47 m^2 in einer gerade neu erbauten Siedlung im Stadtteil Mokotów. Oktober 1949 wurde die Tochter Bogna geboren, Dezember 1951 folgte der Sohn Michał. Nach seiner Geburt zog auch Ragna zu ihnen um zu helfen. Ragna war in Ra-

41   Händlerinnen-Stillleben

vensbrück eine der Gefangenen, die die SS in den Wirren der
letzten Kriegsphase, im April 1945, an das schwedische Rote
Kreuz zur Evakuierung freigab[52], während gleichzeitig Tausende
von Häftlingen dort noch ermordet wurden. Von Schweden aus
kam sie nach Warschau zurück. Nun wohnte die Familie zu
sechst in der kleinen Wohnung: Ein Zimmer hatten Janusz und
Maria, dort standen ein Bett, Januszs Klavier und ein ca. 1 m^2
»großer« (Arbeits)Tisch mit zwei Schubladen (für jeden eine),
außerdem gab es eine kleine Küche, ein Bad und ein kleines
Zimmer für die Oma und die Kinder. Ragna hatte ein Klappbett
im Flur, das tagsüber weggeklappt wurde. Als Michał noch klein
war, stand sein Bettchen im Elternzimmer. Bett, Kinderbett und
Tisch nahmen die ganze Breite des Zimmers ein, so dass man
unter dem Tisch durchkriechen musste, wollte man auf die andere Seite. Der Tisch war Marias »Atelier«, auf dem sie die (not-
gedrungen) kleinformatigen, präzisen, fein ziselierten und ausdrucksvollen Holzschnitte schuf. Wollte sie sich ein Werk mit
Abstand ansehen, legte sie es auf den Fußboden, kletterte auf
den Tisch und besah es sich von oben. Für ihre Berufsarbeit be-
sitze sie »buchstäblich einen quadratenen Meter«, berichtet sie
1960 (6.1.1960 an Elmar Jansen).

52 Hintergrund der Freilassung war die Hoffnung Himmlers, des
    »Reichsführers der SS«, hinter dem Rücken Hitlers einen Separat-
    frieden mit den Westalliierten aushandeln zu können. Vgl. Strebel,
    S. 499.

Janusz Neumann baute in der Nachkriegszeit für die musi-
sche Gesellschaft in Warschau eine musikwissenschaftliche Bibliothek auf. Dafür zog er anfangs mit einem Rucksack durch
Warschau und sammelte Bücher für die Bibliothek, aber so manches Buch blieb auch zu Hause und wurde Teil der eigenen umfangreichen Büchersammlung, überall in der kleinen Wohnung
standen und lagen Bücher.

Menschlich stoben in der Enge wohl auch zuweilen die Funken, besonders zwischen zwei so gegensätzlichen Charakteren
wie der Großmutter und Tante Ragna. Ragna arbeitete nachts
und schlief lange am Tag, die Großmutter stand um 5 Uhr auf
und versuchte, die winzige Wohnung in Ordnung zu halten. Das
Leben hatte hier Menschen mit ganz ausgeprägten Schicksalen
zusammengeführt; Ragnas Geschichte gehört dazu und verdient es, hier kurz erzählt zu werden[53]:

Ragna war während der Besatzung durch die Nazis ebenfalls im Widerstand. Damals geschah es, dass in ihrem Bekann-
tenkreis viele den gleichen Mantel besaßen und Ragna eines Ta-

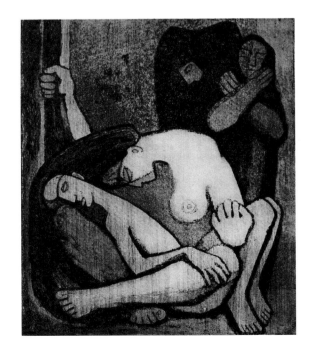

42   Pietà

ges versehentlich in den falschen Mantel schlüpfte und fortging.
In der Tasche des Mantels fand sie ein Papier der Gestapo und
ihr wurde klar, dass die Bekannte, deren Mantel sie irrtümlich
angezogen hatte, für die Gestapo arbeitete, eine Verräterin war.
Sie versuchte noch so viele Menschen wie möglich zu warnen,
wurde zuhause von der Gestapo aber schon erwartet und fest-
genommen und schließlich nach Ravensbrück deportiert. Am
31. Mai 1942 kam sie mit dem zweiten Spezialtransport polnischer politischer Gefangener, zu dem auch Wanda Kiedrzyńska
gehörte, dort an[54]. Durch Mutter Neumann, eine geborene Bie-
dermann, (eine Familie deutschen Ursprungs, aber schon lange
in Polen ansässig) bestand eine weitläufige Verwandtschaft
auch in Deutschland. In ihrer Not wandte sich die Familie an einen deutschen Verwandten, einen angeheirateten Cousin mit
Namen Carl Noeggerath, der Professor der Medizin war, um ihn
zu bewegen, sich für die Freilassung Ragnas einzusetzen. Es gelang ihm tatsächlich, bis ins KZ vorzudringen mit einem Papier,
durch das er Ragna aus Ravensbrück hätte herausholen können.
Doch als Ragna ins Lagerbüro geholt wurde, ihren Verwandten
identifizieren konnte und ihr mitgeteilt wurde, dass sie gehen
könne, lehnte sie ab: Solange ihre polnischen Lagerkameradinnen
nicht auch freigelassen würden, bliebe sie bei ihnen. Vor ihrem Tod hat sie vermutlich einem der sie behandelnden Kran-
kenhaus-Ärzte anvertraut, dass an ihr nach diesem Ereignis me-

44   Selbstbildnis mit Janusz

dizinische Versuche in Form von Krebsinjektionen durchgeführt
worden seien. 1966 ist sie an Krebs gestorben. Falls diese Berichte richtig überliefert sind, könnte Ragna damit zur großen Zahl
der Gefangenen im »Dritten Reich« gehören, die als Versuchs-
personen missbraucht wurden. Neben den von oben angeord-
neten, systematischen und dokumentierten Versuchsreihen wie
in Ravensbrück (bei denen es sich aber nicht um Versuche mit
Krebszellen handelte) gibt es die große Grauzone der willkürli-
chen Akte einzelner Ärzte, die heute nur noch schwer zu belegen sind[55].

43   Liegende

53   Folgende Mitteilungen beruhen auf Berichten von Bogna Neu-
     mann und einem Artikel von Alina Kwapisz-Kulińska über Ragna
     Neumann in der Zeitschrift »Po Prostu« vom März 1990. Andere
     Quellen konnten bisher nicht gefunden werden. Ob es sich bei
     dem unten erwähnten Carl Noeggerath um den bekannten Frei-
     burger Professor für Kinderheilkunde (geboren 1876 in New York,
     gestorben 1952 in Freiburg, Verfasser u.a. der Schrift »Von der geis-
     tigen Wurzel der Medizin« von 1947) handelt, war bis jetzt nicht zu
     verifizieren.
54   Vgl. Häftlingskartei Ravensbrück, Ankunft Frauen; bei Kiedrzyńska
     ist Ragna Neumann in der Liste des Spezialtransportes vom
     31.5.1942 als Nr. 30, mit der Häftlingsnummer 11226, aufgeführt.

45   Ragna

55   Ragna gehörte nicht zu den sogenannten »Kaninchen« in Ravensbrück, d.h. zu den 86 (davon 74 polnischen) Inhaftierten, an denen
zwischen Juli 1942 und August 1943 medizinische Versuche und
Operationen durchgeführt wurden. Diese Gefangenen waren lebende menschliche Versuchskaninchen, die durch die »Behandlun-
gen« und qualvollen Versuche schreckliche Schmerzen litten, oft
starben oder aber ihr Leben lang gezeichnet waren. Die Versuche
dienten vor allem dem Ziel, die Behandlung kriegsbedingter
Wundinfektionen zu verbessern. Dazu wurden den Opfern unter
anderem die Beine an den Waden aufgeschnitten und die Wunden
künstlich infiziert, um zu sehen, wie sich Regeneration oder Ent-
zündungen, Vereiterungen etc. unter Beigabe von verschiedenen
Mitteln verhielten. Des weiteren wurden experimentelle Operationen an Knochen, Muskeln und Nerven an Ober- und Unterschen-
keln durchgeführt, z.B. wurden Teile von Muskeln, Gewebe und
auch Knochen herausgeschnitten, Nervenstücke entfernt etc. Vgl.
Kiedrzyńska, Ravensbrück, S. 168–198; Dunja Martin, Menschen-
versuche im Krankenrevier des KZ Ravensbrück, und dieselbe,
»Versuchskaninchen« – Opfer medizinischer Experimente, in Claus
Füllberg-Stolberg u.a. Hrsg., Frauen in Konzentrationslagern: Ber-
gen-Belsen, Ravensbrück, Bremen 1994, S. 99–112, 113–122, und
Strebel S. 256 ff. Die Injektion von Krebszellen ist in diesen For-
schungsarbeiten nicht bekannt.

Bis 1960 aber lebte sie noch bei Familie Hiszpański-Neu-
mann. Mit ausgefallenen Ideen versuchte sie zum Lebensunterhalt der Familie beizutragen: Ihre italienischen Verwandten aus
Arco am Gardasee (Mutter, Schwester und Kusinen) schickten
ihnen auch Nudeln, und Ragna fertigte nun aus Maccheroni, die
sie bemalte, Halsketten und andere kleine Schmuckstücke an
und verkaufte sie. Das Geld, das sie so erhielt, sparte sie für besondere Anschaffungen wie z.B. den ersten Kühlschrank.

Die Großmutter übernahm die Hauptrolle in der Versor-
gung der Kinder und führte den Haushalt mit straffer Hand –
auch Besucher merkten, dass die Großmutter das »Oberkom-
mando« in der kleinen Hausgemeinschaft hatte. »Sie war doch
das Zentrum des Hauslebens gewesen, unsere Oma« (18.3.
1963). Dadurch ermöglichte sie Maria die berufliche Tätigkeit
und auch längere Reisen. Regelmäßig fuhren Maria und Janusz
nach Norditalien zu seiner Mutter, die seit den 30er Jahren in
Arco lebte, und oft schlossen sich Reisen durch Italien an – 1957
gelangten sie bis nach Palermo. 1959 beeindruckte sie vor allem
Assisi. »Es waren herrliche Tage, der Himmel tief, tief und blau
über dem steinernen, silbern-rosig-weissen Städtchen, das so
organisch aus dem felsigen Berg herauswächst; die Bäume wie
rot-gelbe Flammen, feurig-aktiv, mit einem eigenen, heissen
Lichte brennend. Und manchmal – schwarz-grünliche Zypres-
sen, wie Pfeilen, emporstrebend. [...] Von einem künstlerischen
Standpunkte aus betrachtet ist es ein Wunder, mit seinen Kirchen und Klostern, mit der herrlichen Freskos von Cimabue,
Giotto, Lorenzetti usw., mit seiner fabelhaften Architektur, die
gerade wie in einer mittelälterlichen, umgekehrten Perspektive
gebaut zu sein scheint. Dazu hat es aber eine Atmosphäre, die
man in den anderen italienischen Städtchen, so reizend sie nur
sind, nicht findet. Als wir aber zum ersten Mal danach gekommen sind, regnete es, ein kalter Wind hat mir meinen ganzen
Fleiss weggenommen, und so habe ich keine einzige Skizze
zustandegebracht. Ich träumte aber immer und immer, um wieder nach Assisi zu gelangen. [...] Und erst jetzt [...] war ich imstande, etwa 18 Skizzen zu machen, was aber ein Nichts ist im
Vergleich mit dem, was man da tun möchte ...« (29.10.1959)

Das Zeichnen bleibt Lebenselixir der Künstlerin. Niemals
trennt sie sich von ihrem Skizzenbuch – egal, ob in Warschau

46   Die Großmutter füttert Bogna

oder auf Reisen. Alles – Landschaften, Bäume, Gehöfte, Stadtarchitekturen – wird angeschaut und festgehalten. Vor allem auf ihren innerpolnischen Reisen entstehen ausdrucksvolle Zeichnungen der alten Dörfer und Städtchen mit ihren malerischen Winkeln. Von Reisen in den Südosten von Polen, nach Sandomierz, Zamość und Szczebrzyszyn, nach Jarosław und Przemyśl in der ersten Hälfte der 50er Jahre, bringt sie stapelweise Bleistift- und Tuschzeichnungen mit, die einen Blick für »sprechende« Momente oder Ansichten verraten. Immer schwingt Seele mit, oft auch ein Sinn für das Kauzige, Humorige oder Groteske. Unscheinbare, alltägliche Motive gewinnen Dramatik und Intensität, selbst ärmliche Hütten bekommen Charakter, werden wesenhaft. Es ist, als ob nicht nur ein zeichnendes »Sich-Aneignen« des Gesehenen stattfände, sondern auch ein »Heraussehen«, »Heraus-Zeichnen« des Gefühlhaften, Seelischen in den Dingen. Und egal, ob Stadtansicht oder Landschaft – so gut wie nie fehlt der Mensch, der in diesen Szenerien lebt. Die Menschen werden auch als einzelne festgehalten in ihren alltäglichen Verrichtungen und Haltungen, erzählend, ausruhend, arbeitend, nie in Pose, sondern wie unbeobachtet.

Die zeichnerischen Erträge dieser Reisen bieten reiche Motive für die Graphik. Ein schönes Beispiel ist die Umsetzung einer lavierten Tuschzeichnung aus dem Städtchen Zamość, einem Bogengang mit dicken, gedrungenen Pfeilern und einem Tor im Dämmer der hinteren Wand. (Abb. 67, 68) In der graphischen Ausgestaltung verkleinert sie den Ausschnitt und konzentriert sich auf den stärksten Hell-Dunkel bzw. Licht-Schatten-Effekt: der teils von der Sonne hell angestrahlte Pfeiler gegenüber der in tiefem Schatten verschwimmenden Tür. Die unglaublich feine graphische Durchgestaltung der Schattierungen erlaubt trotzdem noch eine präzise Angabe der im Schatten über dem Tor angebrachten Inschrift. Bezeichnenderweise setzt sie in den Bogengang, vor die dunkle Wand, noch zwei Kinder – ein Mädchen mit ihrem Teddy und einen kleinen Jungen, die auf der Zeichnung fehlen. – Oft verarbeitet sie ihre Eindrücke der polnischen Provinz in kleinformatigen Holzschnitt- bzw. Holzstich-Zyklen zum Thema des pittoresken Städtchens oder der Kinder: 1946 und 1952 entstehen Zyklen aus Nowa Ruda in Niederschlesien, 1948 aus dem Podhale, dem Karpatenvorland in Südpolen, 1951/52/53 aus Sandomierz.

Die Seiten 54–63 dokumentieren Zeichnungen und Skizzen von Reisen durch Polen in den 50er-Jahren.

Zamość – Sandomierz – Szczebrzyszyn – Jarosław

47   18. VII. 52

48   Zamość

49   Tor

51   Zamość

50   Zamość

Reiseskizzen und Studien in Polen

52   Synagoge, Zamość

53   Gehöft

54   Hütte bei Zamość

55   Jarosław

Reiseskizzen und Studien in Polen

56   Markt in Sandomierz

57   Jarosław

58   Szczebrzyszyn

60   Vertrockneter Baum, Radierung, 1947

59   Jarosław

Reiseskizzen und Studien in Polen

61 Sitzende Frau

62 Ausruhende

63 Sitzender Mann

64   Sofia

65   Wäscherin

66   Zamość

67   Bogengang in Zamość

68   Zamość

69   Zamość

70   Alte in Zamość

Das Erleben von Schwangerschaft und Geburt verändert den Blick auf die Welt der Kinder. In den 50er Jahren entstehen nun auch zahlreiche Zeichnungen der eigenen Kinder, die aber doch auch immer das »Kind-Sein« überhaupt ausdrücken. Das Charakteristische eines Kinderkopfes, die ganze Anatomie aber auch die Haltung und Bewegung eines Kindes sind mit sicherem Strich erfasst und verraten eine präzise, genaue und gleichzeitig liebevolle Beobachtung (Abb. 71–74). Dies schlägt sich auch in der Graphik nieder: Der düstere Ton und die expressiven Verzerrungen weichen einer gelösten, dem kindlichen Spiel gewidmeten Darstellungsweise[56].

Beruflich sind die Jahre um 1950 herum geprägt durch eine umfangreiche Illustrationstätigkeit, ebenso durch Entwürfe für Titelseiten, Vignetten, Initialen und Exlibris. Seit 1946 wird ihr die Illustration verschiedener Werke in Poesie und Prosa anvertraut, darunter Werke von Brecht, Primo Levi, Garcia Lorca und Pablo Neruda. Häufig stehen die Illustrationen thematisch im Zusammenhang mit dem Mittelalter: z.B. »Die Blümlein des heiligen Franziskus von Assisi« (Abb. 77), »Das Große Testament« François Villons (Abb. 79), die »Jaquerie« von Mérimée (Abb. 83), das »Rolandslied« u.a. In diesen Werken gibt sie ein Bild des herben (spät)mittelalterlichen Lebens voller Drastik, Witz, Zauber und auch Groteskem. Dafür beschäftigt sie sich besonders mit romanischen Miniaturen, aber auch mit der altniederländischen Buchmalerei des 15.Jahrhunderts und mit dem spätmittelalterlichen Holzschnitt: In die Zeichnungen zum »Rolandslied« z.B. fließt das Studium der romanischen Buchmalerei mit ein, in den Holzschnitten zum »Testament« Villons fühlt sie sich in die Formensprache des 15. Jahrhunderts ein. Aus ihrem sensiblen Einleben in die mittelalterlichen Vorbilder entstehen dann Bildideen, die einerseits in Stil und Charakter ganz »mittelalterlich« und andererseits doch selbstständige Umformungen sind. Ein schönes Beispiel dafür ist der Holzschnitt für das Frontispiz der Blümlein des Franziskus, der inspiriert ist von Bonaventura Berlinghieris Portrait aus dem frühen 13. Jahrhundert (Abb. 77). Mit Franz von Assisi, dem Heiligen mit der großen Liebe zu aller Erdenkreatur, fühlt sie sich ihr Leben lang verbunden. Nicht ohne

56   Vgl. die Bildbetrachtungen zum Motiv der Kinder ab S. 112

71 Kind

73 Spielende Kinder

72 Buddelndes Kind

74 Michał mit Kopf im Topf

Absicht sitzt oben auf dem kostbaren Buch, das Franz in der Hand hält, eine kleine Maus ...

Maria Hiszpańska-Neumann ist begeisterte Besucherin von Galerien und Ausstellungen, durch die sie die vielseitige (polnische) Kunstlandschaft kennen lernt und natürlich stellt sie auch selber aus. Als Mitglied der Vereinigung polnischer Künstler beteiligt sie sich in den 50er und in der ersten Hälfte der 60er Jahre an vielen (Gruppen)Ausstellungen. Im Rahmen eines Kulturaustausches besucht sie in den Jahren 1954 und 1955 Bulgarien und hat dort eine erste größere Einzelausstellung, weitere Einzelausstellungen in Polen und im (sozialistischen) Ausland folgen[57]. Der internationale künstlerische Austausch ist rege und fruchtbar: 1955 erhält sie die Einladung für eine Einzelausstellung in Mexiko, nachdem mexikanische Künstler Polen besucht und dort ausgestellt hatten. Kommen ausländische Künstler

nach Polen, führt sie Maria als Kennerin der Kunstgeschichte gerne durch Warschau und andere Städte, so z. B. die während des Kulturaustauschs in Polen weilenden bulgarischen Künstler, aber auch, und das ist bezeichnend für Marias Haltung, Künstler aus der DDR. Kontakt zu Deutschen war damals, lange vor dem Beginn einer polnisch-deutschen Aussöhnung, nicht selbstverständlich und von vielen schon gar nicht gutgeheißen.

In Maria Hiszpańska-Neumanns künstlerischer Entwicklung sind es zwei Reisen, die neue Impulse und tiefgreifende Wandlungen mit sich bringen: 1954 und 1955 nach Bulgarien, und vor allem 1960 nach Ägypten. Ihre Reisen nach Italien lassen die künstlerische Arbeit eigentümlich unberührt, so sehr Maria Italien und die italienische Kunst bis Giotto liebt – zur Kunst der Renaissance und des Barock hat sie nicht solch eine innige Beziehung wie zur byzantinischen und mittelalterlichen. Die Land-

57 Einzelausstellungen hatte sie z. B. 1954 in Bulgarien, 1956 in Mexiko, 1957–59 in verschiedenen Städten Italiens, 1959/60 in (Ost)-Berlin, 1960 in Kairo, 1962–63 in der Schweiz und natürlich immer wieder in Warschau (1954/55, 1961, 1966).

75   Frau mit Kind

76   Stillende

77   Der Heilige Franziskus

78   Zu Sigrid Undsets »König Artus«

79   Zum »Großen Testamant« François Villons

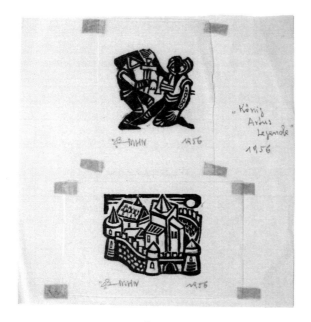

80   »König Artus Legende«

82   Löwenbrunnen

81   Zu Roman Brandstaetters »Krieg der Schüler«

Illustrationen

83   Figuren zu Prosper Merimées »Jaquerie«

84   Zu einem Band spanischer Gedichte

schaft und die Menschen Norditaliens beispielsweise seien »kein Thema für mich – alles zu schön, zu vollkommen, zu glatt« (21. 9. 1962). Im Rahmen ihres Aufenthaltes in Bulgarien reist sie durch Städte und Dörfer und lernt allmählich die Sprache. Der Aufenthalt in diesem südlichen Land mit einer anderen Kultur, Landschaft und einem anderen Licht, hat für sie einen ähnlichen Stellenwert wie die Italienreise für andere europäische Künstler und kündigt bei ihr einen Stilwandel an: Die Präzision und Subtilität vieler ihrer Holzschnitte, die Freude an der reich differenzierten Art der Oberflächenbehandlung, die sie bis dahin zeigte, gibt sie auf. Ihr Stil wird malerischer, großflächiger, monumenta-

ler, einfacher, die Formate größer. Auch ihre schlechter werdenden Augen erlauben die oft miniaturhafte Präzisionsarbeit nicht mehr. In ihrer neuen Formensprache setzt sie statt der subtilen Grau-Abstufungen jetzt lapidar größere weiße und schwarze Flächen gegeneinander – Schwarz und Weiß beginnen als Eigenkräfte ein Gespräch miteinander zu führen. Einfache Themen und Szenen gewinnen so auch formal an Monumentalität und Würde. Einfach und stark ist z. B. die Komposition des »schlafenden Mädchens« von 1956 (Abb. 85). Das Bild zeigt nicht nur die Momentaufnahme der schlafenden Tochter, sondern ist auch ganz Ausdruck des Schlafes an sich: das Mädchen ist völlig ge-

85   Schlafendes Mädchen

löst in der Hingabe an den Schlaf, die Außenwelt kann in dieses »Für-sich-Sein« nicht eindringen. Das Gesicht ist zweifach abgeschirmt und geborgen: in der Höhle der schweren umhüllenden dunklen Haare, und in seinem geschützen Raum in der Mitte: Das Gesicht ist überall umfangen vom Gesamtkontur, der sich in der Form eines leicht abfallenden, gerundeten Dreiecks zusammenschließt. (Laut Aussage der Tochter der Künstlerin war die Pose allerdings »geschummelt«. Da die Tochter immer aufwachte, wenn die Mutter kam, versprach diese ihr einen kleinen Obulus, wenn sie still liegen bliebe. So verdiente sie sich ihr allererstes Taschengeld.) Der monumentale Stil findet auch seinen Niederschlag in den Buchillustrationen, so z. B. in den Holzschnitten zu Sigrid Undsets »König Artus« von 1957 (Abb. 78, 80).

Nach einer recht fruchtbaren Schaffensperiode scheinen dann die Jahre 1959/1960, die Zeit um ihr 42. Lebensjahr herum, wie ein Knotenpunkt in ihrer Entwicklung. 1959 durchlebt sie eine seelisch-künstlerische Krise, in der sie das Problem der »Doppelheit menschlicher Natur« so quält, dass sie nach eigener Aussage eine lange Zeit zu keiner freien Grafik in der Lage ist. »Der Gegensatz zwischen der menschlichen, edlen, emporstrebenden, nach allem Schönen, Erhabenen, Liebevollen sich sehnenden geistig-seelischen Natur – und dem, was im Menschen seine primitive, tierische Unternatur ist. Diese Unternatur, die in meisten Fällen über der höheren Oberhand nimmt, und von derer der Mensch möchte doch lieber nichts wissen.« Man meint auch wieder das Echo der KZ-Erlebnisse zu hören: zu was für unvorstellbaren Grausamkeiten waren Menschen fähig, außerhalb des Lagers liebevolle Väter oder Mütter? Sie verarbeitet diese für sie schmerzvollen Gedanken schließlich in einem Zyklus, den sie »Unklassische Mythen« nennt (s. S. 147 ff.) Als sie dann im April 1960 zu der zweiten für sie so wichtigen Reise, nach Ägypten, aufbricht, setzt das nachhaltige biographisch-künstlerische Verwandlungskräfte frei.

Auf Einladung des ägyptischen Ministeriums für Kultur darf sie im Zusammenhang mit einer Ausstellung ihrer Werke in Kairo (und Alexandria) für 6 Wochen in dieses fremde Land fahren und bekommt ein Zimmer in der polnischen Botschaft zur Verfügung. Kurz nachdem sie von der Reise wieder zurückgekommen ist – mit über 2 kg Skizzen im Gepäck –, schreibt sie noch ganz erfüllt an Elmar Jansen: »Also, hören Sie mal: in der Mitte Januar ungefähr habe ich erfahren, dass ich nach Ägypten, mitsamt meiner persönlichen Ausstellung, gesandt werden sollte. Ich konnte gar nicht glauben, so etwas Phantastisches möchte mal mit mir geschehen. Unsere Bürokraten taten, natürlich, was immer die Bürokraten zu tun pflegen, sie taten also alles, um mir diese Reise unmöglich zu machen. Ich persönlich bin immer hilflos in ähnlichen Fällen: wenn ich mit den Bürokraten kämpfen soll – kapituliere ich von vornherein. [...] So wurde ich endlich, am 23. April, mit der Luftpost nach Ägypten geschickt. Diese ganze tolle Geschichte hat mich viel Nerven und Unruhe gekostet. Sie können sich vorstellen: bis zum letzten Momente habe ich nicht gewusst, ob ich endlich fliegen sollte, oder nicht. In Ägypten fiel ich in eine unausgesprochene Begeisterung: das ägyptische Museum in Kairo, die alte mohammedanische Architektur aus den X, XI und XII Jahrhunderten – und die wunderschönen Menschen! Die Araber sind so schön, so voll innerer Würde, sie sehen so aus, als ob sie eine ganze Ewigkeit in sich trügen. Da sieht man das ganze Alte Testament auf den Strassen und Feldern. Man wird manchmal durchaus unserer schwierigen, gefährlichen, prosaischen Epoche entrückt – und findet sich in der Bibelzeit drinnen.« (14. 6. 1960) Maria wagt sich auch in Stadtviertel, die sonst kein Tourist betritt und wird manchmal mit Steinen beworfen. In der Zurückgezogenheit ihres Zimmers entstehen wieder unzählige Zeichnungen – von den Tempeln, von der Landschaft auch, aber hauptsächlich von den Menschen. Tragende, Reitende, Ruhende, Stillende: Sie ist gefesselt vom Archaischen der Menschen. »Im Ägypten wandelte ich, einsam und schweigend, in mir selbst geschlossen, mit weit geöffneten Augen, mit einer so scharf, wie es mir nur möglich war, konzentrierten Aufmerksamkeit, stunden- und kilometerlang herum, und alles Schöne, Unerwartete, Künstlerische flog mir entgegen, mit dem Licht und der Sonnenwärme des Südens. Es kamen mir entgegen biblische Gestalten, wunderschöne Menschenformen, in welcher Inneres ich hineinsinken weder konnte, noch wollte – ihr Menschliches liess sich doch nur aus der Bibelstimmung heraus hereinphantasieren, sonst war ich von ihnen durch die fremde Sprache, die fremden Sitten vollkommen getrennt und abgeschlossen. Sie traten mir entgegen und gingen vorbei, als wie in einem ewigen, überzeitlichen Wandern und Streben ohne Anfang und Ende. Sie waren keine Menscheneinzelheiten mit ihren privaten, einzelnen Leben, ihren Sorgen und Komplexen, sondern nur Bibelbilder, lebendig gewordene Bibelbilder, ein Jaakob, ein Joseph, eine Ruth, eine junge Maria mit dem Kinde, ein Jeremia, usw. usw. Es kam alles von aussen her, im Lichte, in einem so intensiv, mächtig wirkenden Lichte, Lichte, dem wir hier in Europa gar nicht kennen.« (13.10.1960) Unter diesen Eindrücken verändert sich ihr Strich: Neben gebündelt-schraffurartiger oder fast »punktierter« Linie mit Bleistift greift sie auch zur Tuschfeder – der Strich wird fließend. Nur eine Linie, mit Sparsamkeit, aber Sicherheit und großem Schwung gesetzt, umreißt den Kontur mit an- und abschwellender Dicke. Die Zeichnung wird »flächenlos«, nur sprechende, singende Linie. Manch eine Zeichnung erinnert an asiatische Kalligraphie (Abb. 89), manch alter Mann mit den riesigen Augen an Propheten und an alt-sumerische Kunst.

Die Eindrücke und Nachwirkungen dieser Reise gehen tief. Nicht nur das Biblisch-Einfache, das Religiöse, will in ihrer Kunst neuen Raum gewinnen, sondern es drängt sie nun auch zur Farbe und zu neuen künstlerischen Medien und Techniken: »Ich möchte so gerne z. B. Glasfenster für eine Kirche machen, oder Sgrafitto – eine Wandgraphik – wobei die menschlichen Figuren lebensgross oder noch grösser werden könnten. Es sind aber nur Träume und Sehnsuchte; da sich solche Sachen in einem ganz kleinen Zimmer nicht ausführen lassen, muss ich beim Holze bleiben und damit zufrieden sein.« (9. 7. 1960 an Elmar Jansen). Das gelingt ihr aber nicht. Im Rückblick auf diese Zeit schreibt sie 1975: »Es ging sonst einfach nicht ins Holz hinein. Stein, Sand, Sonne, das lässt sich in eine Holzschnittsprache nicht übersetzen. Es musste nach ganz anderen Ausdrucksmöglichkeiten, nach anderen Materialien gesucht werden.« Auf der Suche nach »mauer- und roh-stein-artigen Oberflächen« grundiert sie Papier mit Klebstoff und Sand und malt darauf mit Wasser- oder Temperafarben. (2. 6. 1975) (Abb. 98, 99) Ein ihr bekannter Professor hatte ihr schon eine Ecke in seinem Atelier für Mosaik-Versuche versprochen, und die Kisten mit Glas dafür versperrten den kleinen Flur ihrer Wohnung, als sich neue Wohnmöglichkeiten für die Familie ergaben und damit wieder ein neuer Lebensabschnitt und eine neue Schaffensphase eingeleitet wurden.

86   Ägypten

Reiseskizzen und Studien aus Ägypten

87   Kairo, 30. IV. 60

88   Luxortempel

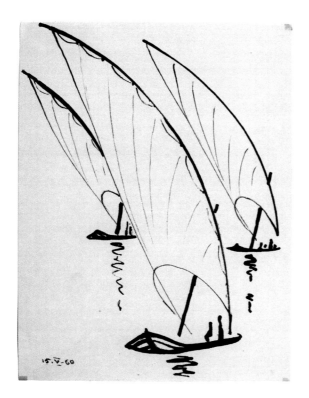

89 Nildschunken

91 Kairo

90 Ägypten, 15. V. 60

Reiseskizzen und Studien aus Ägypten

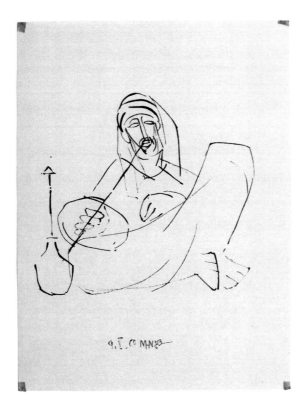

92   Ägypten, 9. V. 60

94   Ägypten, 24. V. 60

93   Ägypten, 15. V. 60

Reiseskizzen und Studien aus Ägypten

95   Ägypten, 15. V. 60

97   Ägypten, 15. V. 60

96   Ägypten, 29. V. 60

Reiseskizzen und Studien aus Ägypten

98 Ägyptische Frau

99 Kopf

100 Hinterglasbild

Alltag und Kunst in der neuen Atelierwohnung

»Tage und Wochen vergehen, und ich habe immer die Pfoten voll Arbeit ... Ich stecke aber, – wenn nicht ganz, so mit meiner besseren Hälfte darinnen, mit einem besseren Viertel der schlechteren Hälfte bin ich für meine liebsten Leute da, und das schlechtere Viertel der schlechteren Hälfte ist für den Haushalt.« (13. 4. 1967)

*»Am besten arbeitet sich mir, wenn Janusz Bach spielt«
(18. 12. 1965)*

Dezember 1961 gelang es der Familie hauptsächlich durch Betreiben der Großmutter, in derselben Siedlung eine größere Wohnung, sogar eine ursprünglich für Professoren der Kunstakademie gedachte *Atelier*wohnung im ersten Stock zu beziehen. Damit eröffneten sich endlich die ersehnten neuen Möglichkeiten für die künstlerische Arbeit. Es gab nun ein schönes großes Atelierzimmer mit einer Fensterfront nach Norden hin als Schlaf- und Arbeitszimmer der Eltern, ein zweites großes Zimmer für die Kinder und die Oma, eine kleine Küche und ein winziges Bad. In dieser Wohnung, in der sie bis zu ihrem Tode lebte, spielte sich nun alles ab: Familienalltag, Berufsleben, Besuche von außerhalb. Sie war erfüllt von regen Gesprächen und Gedankenaustausch, von konzentrierter Stille und künstlerischer Atmosphäre, von Kinderstimmen, Klavierspiel und natürlich von feinem Glasstaub in den Ecken, Kanten und Ritzen, wenn Maria an Glasmosaiken arbeitete, vom Geruch nach Acrylfarben oder nach Druckerfarbe und Benzin, wenn sie Holzschnitte per Hand abzog. Maria beschrieb die Wohnung einmal selber sehr charakteristisch als »Mäusebärenkatzenhöhle«, welche auch zuweilen »die Mäuseburg« genannt wird, obwohl sie keine Burg ist, und keine Festung, sondern eine allen Menschen und Tieren guten Willens offene Stelle in Mittel(?)Europa(?).« (27.12.1977) Im Sprachgebrauch der Familie und Freunde bestand die Gepflogenheit, Familienmitglieder und Freunde mit Tiernamen zu belegen. So war Maria Mysz, die Maus, Janusz

der Bär und die Kinder die Katzen. Es zeigt viel von Marias Wesen, dass sie in Zeiten des Eisernen Vorhangs ihre Wohnung tatsächlich zu einer solchen »offenen Stelle in Mitteleuropa« verwandeln konnte. Ihre gastfreundliche und herzliche Art zog viele Menschen verschiedener Nationalitäten an und die »Mäuseburg« verwandelte sich zuweilen in ein »wahres Zigeunerlager«, wie sie es dann nannte, in dem Viele Platz fanden und von Maria umsorgt wurden, ohne dass es materiell viel zu teilen gab. Es wird erzählt, dass sie mit nur einfachsten Zutaten gut schmeckende und phantasievolle Gerichte zubereiten konnte. Als Freunde und Gäste gingen dort ein und aus: Schauspieler,

101   Janusz Neumann am Klavier, im Hintergrund
       Maria Hiszpańska-Neumann an der Staffelei

Künstler, Architekten, Freunde aus anderen polnischen Städten, aus der DDR, zuweilen sogar aus der BRD, aus Schweden und Frankreich. Eine lebhafte Schilderung eines solchen »mitteleuropäischen« Besuchs gibt folgende Briefstelle wieder: »Drei Tage, dreiundhalb Nächte dauerten beinahe ununterbrochene Diskussionen [...] Immer wendete sich Jurek (Georg) mit vielerlei langen und verwickelten Erklärungen und Erläuterungen an Peter, immer wieder wollte jemand mich zu einer Sprachhilfe nehmen, bis ich endlich durchaus kaputtgegangen bin. Da es immer dreisprachig durcheinander vor sich ging, auf Deutsch, Polnisch und Englisch, konnte ich am dritten Abend nicht nur kein Englisch, welches ich sowieso nicht kann, sondern auch weder Deutsch noch Polnisch. Dass ich im Laufe der ganzen vorigen Woche zu keiner Arbeit gekommen bin, dass ich mich immer wieder ums Essen, d.h. ums Kochen sorgen musste, brauche ich Dir nicht zu sagen« (11.9.1966). Da das große Atelierzimmer mit der großen Fensterfront sich im Winter oft nicht auf mehr als 7–11 Grad »erwärmen« ließ, saß man dicht zusammengedrängt in der kleinen Küche. Die Kälte erleichterte die künstlerische Arbeit natürlich auch nicht. »In der Mausebärenkatzenhöhle ist es schon tüchtig kalt, besonders im Atelier. Mit zusammengebissenen Zähnen, mit vor Kälte zitterndem Schwanz lässt sich aber arbeiten.« (Herbst 67) Schon im August konnte es unangenehm kühl werden: »Unsere grossen Atelier-Fenster lassen zwar viel Licht, aber auch alle menschen- und mäusefeindlichen, kalten Winde herein. So friert Deine alte Maus und kann sich nur mit dem Gedanken trösten, dass es doch immer schlimmer und schlimmer werden wird, und dass man solche Kälte nur von innen her, mit Mut, Kraft, Arbeit und guten, schönen Gedanken überwinden kann.« (26.8.1962)

Auch in der neuen Wohnung gab es keine Trennung von Arbeit und Leben. Künstlerische Tätigkeit, Familie und Haushalt waren unter einen Hut zu bringen, und das in Situationen, in denen es den Haushalt aufrechtzuerhalten oft viel Mühe kostete: »stundenlanges Anstehen für jede Dummheit – z.B. Gemüse, Butter, Käse, alles!« (30.8.1979), Warten und Gerenne für alles und jedes. »[...] ich bringe wirklich höchstens ein Zehntel davon fertig, was ich machen sollte und machen wollte, obwohl ich wirklich von 6.15 Uhr morgens bis 12, 1 in der Nacht wach und

tätig bin.« (15.12.1966) Besonders schwer wurden ihr die Jahre, als erst die Oma erkrankte und dann im Februar 1963 starb, und einige Zeit später auch Ragna, die zwar schon länger in einer eigenen Wohnung lebte, aber zum Helfen und zu den Mahlzeiten immer wieder gekommen war. Sie starb nach langen qualvollen Krankheitsphasen im März 1966. Nun musste Maria nicht nur die Hausarbeit, die sie zu dritt gemacht hatten, alleine bewältigen, sondern zeitweise auch die Pflege der Kranken. So müde und erschöpft sie war, blitzt doch zuweilen der Galgenhumor durch: »Manchmal geht mir das Kochen, Aufwaschen usw. usw. sehr weit hoch über die Ohren! Ich habe sogar ein lustiges Epitaphium für die Maus entworfen, wo die obengenannte Maus von einem riesigen Topf mit noch darauf hängender Wäsche ganz platt zertrampelt auf einem abstrakten Erdhügel liegt – auf der einen Seite sieht man ihre Vorderpfoten mit einem Pinsel und einem Holzschnittwerkzeug, auf der anderen – ganz erbärmlich hängende Hinterpfoten und Schwanz. Hoffentlich wird es mir in der Wirklichkeit nicht ganz so traurig ergehen.« (14.12.1964 an Elmar Jansen)

Künstlerisch ging es lange Zeit darum, die Ernte der Ägyptenreise einzubringen. In der größeren Wohnung konnte sie endlich so arbeiten, wie sie es sich ersehnt hatte – nicht nur kleinformatig in Holz, sondern auch in größeren Formaten und mit anderen Materialien. Sie fand, wie vor ihr Paul Klee auf seiner Tunisreise – zur Farbe. Dies war für die ausgesprochene Graphikerin ein neuer Schritt: »Sonst male ich«, schreibt sie im Sommer 1962. »Nach unserer Rückkehr aus Arco sind mir drei Tempera-Bilder – keine Zwischendinge zwischen Grafik und Malerei also, sondern ganz entschiedene Tempera-Bilder – entstanden. [...] Es ist immer eine »Flucht nach Ägypten«, alles was ich so male.« (21.9.1962) Nicht nur auf dem Gebiet der künstlerischen Mittel betrat sie Neuland, sondern ihr künstlerisches Wollen überhaupt scheint im Umbruch. Die Thematik änderte sich unter den Nachwirkungen des in Ägypten Erlebten und Gesehenen – das Religiöse hält mit Macht Einzug in ihr Werk: »Sonst geht es – bei meiner persönlichen Arbeit – von dem bloss Ägyptischen – immer mehr ins Biblische hinein. Gar nicht leicht. Ich habe mich schon verproblemiert und verkompliziert und meine ganze graphische Begabung angezweifelt. [...] Mein armer Janusz hat es schwer mit mir in diesen Tagen gehabt, da ich beinahe zur Verzweiflung kam; er sagte aber, ich sollte es ruhig abwarten und nicht in den trübsten Pessimismus hinunterfallen; er ist aber weise, wie Du es schon weißt, – ich nicht, obgleich ich Maria die Ägypterin und in Theben gewesen bin ...« (8.11.1960 an Elmar Jansen). Sie arbeitete lange daran, für »die biblische Würde, alttestamentliche Strenge und Erhabenheit«, stimmige Ausdrucksmittel zu finden: »So suche ich eine Zuflucht, eine strenge, anstrengungsvolle Ruhe, wenn ich für diese ausserzeitliche (oder überzeitliche) Würde einen malerischen Ausdruck zu finden versuche. Vielleicht ist es eine schlechte Malerei, mag wohl sein, sie ist aber mein.« (21.9.1962) Die Suche nach den künstlerischen Ausdrucksmitteln für das Religiöse wird ein Leben lang dauern.

Sie begann, mit einer eigens erfundenen Farbtechnik, die sie »Vinavil« nannte, zu experimentieren. Dazu mischte sie einen Kleber (polnisch: »Polyoctanvinyl«), den sie unter großen bürokratischen Mühen aus Italien von den italienischen Verwandten bekam, mit Farbpigmenten, meist auch aus Italien, manchmal auch mit Temperafarben, außerdem mit Sand aus dem Buddelkasten der Kinder im Hof und oft mit Gips, der in Polen leicht zu bekommen war. Diese farbige Masse bearbeitete sie reliefartig mit einem schmalen Spachtel, den sie »Mäusepfote« nannte. Eine andere Möglichkeit farbig zu gestalten bot das Glasmosaik, meist nicht als Fenster, sondern aufgebracht auf eine Holzspanplatte in einem Bett aus »Vinavil«. Dafür bekam sie Glasplatten aus einer Werkstatt in Rabka bei Krakau, in der zwei ältere Meister sie »das blutige Handwerk, das Glasschneiden und -brechen« (20.9.1966) lehrten, so dass sie die Platten fortan zuhause mit dem Glasschneider ritzte und in Stücke brach.

Mit der Vinavil-Technik gelangen ihr farbenglühende, ausdrucksstarke Werke, wie die zwölf 120 x 70 cm großen Tafeln der »Gralsritter« von 1963/64 (Abb. 102, 103). Diese Tafeln wurden 1968 nach Mailand verkauft und sind heute leider verschollen. Das Thema, mittelalterlich und hoch aktuell in einem, entspringt ganz aus dem Zentrum ihres künstlerischen Wollens. Maria nannte die Ritter ihre »Söhne«[58]. Am 5.11.1966 erschien in der großen polnischen Tageszeitung »Trybuna Ludu« eine Re-

zension von Ewa Garztecka über eine große Einzelausstellung Marias in der Warschauer »Galeria Sztuki« (Kunstgalerie), auf der auch die Ritter zu sehen waren. Diese Rezension ist nicht nur ein wichtiges Zeugnis für die verloren gegangenen Tafeln, sondern sie zeigt auch, wie eine zeitgenössische Kritikerin die »Modernität« von Maria Hiszpańska-Neumanns Werk bewertet, weshalb der Text hier (in deutscher Übersetzung) fast in ganzer Länge wiedergegeben sei:

»Die zeitgenössische Kunst fand viele neue Formen für den Ausdruck der moralischen Probleme. Als brauchbar erwiesen sich hier die Sprache des Surrealismus, weitgehende Metapher, gegenstandslose Ausdrucksmittel (z. B. Tadeusz Brzosowski) und – wie wir uns auf der letzten Biennale in Venedig überzeugt haben – Mittel, die aus dem Dadaismus, der Pop-Art oder aus den elektronischen Massenmedien herstammen.

Äußerst selten jedoch sucht ein zeitgenössischer Künstler nach Ausdrucksmitteln für abstrakte Begriffe im Malen menschlicher Gesichter. Maria Hiszpańska-Neumann hatte den Mut, dies zu wagen [...]

Den größten Eindruck auf mich machten die Ritter. Wie soll man diese Bilder bezeichnen? Sie sind keine konkreten Portraits individuell differenzierter Menschen, sondern sie stellen eine moralische Haltung dar. Was auf den ersten Blick hin auffällt, ist die reiche, differenzierte Behandlung der Oberfläche, wodurch das Ganze reliefartig wirkt. Die Farben jedoch, trotz der Dichte der Faktur, besitzen eine Leuchtkraft wie farbige Kirchenfenster. Der malerische Reichtum, mit dem die Künstlerin den Hintergrund, die Gewänder und den Kopfschmuck ihrer »Ritter« gestaltete, kontrastiert scharf mit der herben Askese der in graubraunen Tönen gemalten kantigen und männlichen Gesichter, die so wirken, als wären sie in Holz geschnitten.

Zuerst erscheinen einem alle Ritter einander ähnlich. Erst nach längerer Beschäftigung mit ihnen offenbaren sie ihr eigenes Wesen. Da ist ein Ritter, der trotzig, hart und unbeugsam ist, da ist ein anderer, der besiegt ist, der seinen Glauben verloren hat, aber bis zum Ende wird er seine Pflicht erfüllen, und wieder

---

58 Vgl. auch die (schwarz-weiß) Abbildungen und die Beschreibungen im Katalog ihrer Ausstellung 1966 in Warschau.

103   Ritter VIII (Der Zornige)

102   Ritter

ein anderer, ein Trauriger, ist überschattet von der tiefmenschlichen Resignation des weisen, hohen Alters. Man sieht da Trotz und Zorn, man sieht Stolz und Melancholie. Nicht ein individuelles Schicksal, sondern eine individuelle Haltung lässt sich unter der Hülle einer ordensmäßigen Zusammengehörigkeit erkennen, in welcher sich die Ritter auf der Suche nach einem unerreichbaren Ideal zusammengeschlossen haben. [...]

Die Malerei der Maria Hiszpańska-Neumann ist nicht modern im üblichen Sinne, und ich meine, dass solche Kriterien für die Künstlerin nicht von Bedeutung sind. Ich bin aber überzeugt, dass sich in diesem Zyklus der Zwölf Ritter der heutige denkende und sich seiner menschlichen Verantwortung völlig bewusste Mensch wieder erkennen wird, sich selbst und seine Zweifel und sein Ringen. Und deshalb bin ich der Meinung, dass der Gralsritter-Zyklus von Maria Hiszpańska-Neumann zu den modernsten Werken gehört, die ich in der letzten Zeit sehen konnte.«

In der gleichen Zeit wie die Ritter (1964) entstand in Vinavil-Technik der aus sieben hochformatigen Tafeln (180 x 60 cm) bestehende Zyklus »Ermordete Stadt«, der Stadt Warschau und ihren Menschen gewidmet. (Abb. 104, 105) Oktober 1964 jährte sich die Niederschlagung des Warschauer Aufstands zum 20. Mal. Ihre eigenen Erinnerungen an die zerstörte Stadt mischen sich mit denen anderer Menschen, die den Aufstand miterlebt hatten. Ein Freund, von Beruf Schauspieler, kam in dieser Zeit oft zu Besuch und rezitierte Gedichte von Krzysztof Baczyński, einem jungen Dichter, der im Warschauer Aufstand umgekommen war. Auch unter dem Eindruck dieser Dichtung erwuchs der Zyklus der »Ermordeten Stadt«. Fahle, dunkle Farben bestimmen den Grundton der Tafeln. Reliefartig hervortretende Strukturen gemahnen an Drähte, Fetzen, ausgebrannte Trümmer, verfremdete Skelette von Gebäuden, bis zur Unkenntlichkeit sklerotisiert. Allen Bauwerk-Gebilden ist jegliche Stabilität genommen, ausgefranste »Stützen« können kein Gewicht mehr tragen und erheben sich bröckelnd-löchrig empor. In der Tafel »Fenster/ Ghetto« leuchten oben weiß-rote, durchbrochene Strukturen, als ob ein Feuersturm die Materie durchglüht, durchlöchert und zerfrisst. Zusammen mit der fahl-finsteren, stumpfen Farbigkeit, die mal ins Grüngelbliche, mal ins Braun-

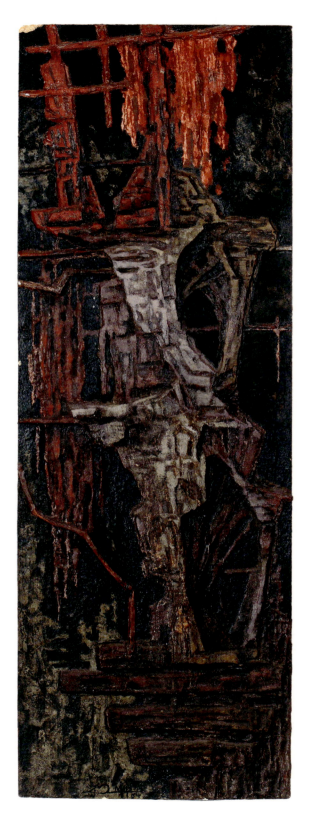

104 V Fenster (Ghetto). Aus dem Zyklus »Ermordete Stadt«

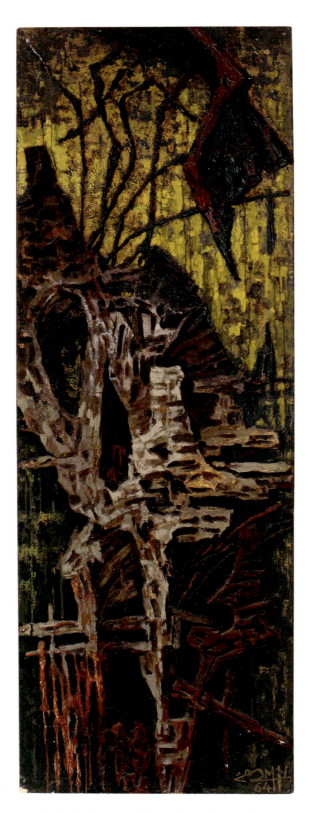

105 II Dach. Aus dem Zyklus »Ermordete Stadt«

grau geht, vermitteln die Tafeln eine düstere, gespenstische und bedrohliche Atmosphäre.

Vom 21.10. bis zum 8.11.1966, also genau zu ihrem 49. Geburtstag am 28. Oktober, fand die oben genannte Einzelausstellung statt, auf der neben den »Rittern« auch die Bilder der »Ermordeten Stadt« und einzelne Bilder religiösen Inhalts zu sehen waren. Diese Ausstellung zeigte erstmals in größerem Stil ihre neuen, farbigen Werke und spiegelte ihre Hinwendung zu religiösen Themen. Dies empfand Maria trotz der liberaleren Atmosphäre im kommunistischen Polen[59] als ein gewisses Wagnis. »Es ist eine kühne, beinahe freche Tat von mir, dass ich mich dazu entschlossen habe. Ich werde verlacht und verschwiegen werden. Anders kann es nicht sein. Aber vor einem solchen seelischen ›streap-tease‹ [striptease] in der Öffentlichkeit schreckt Eure Maus innerlich zurück. Wenn man weiss, dass man (seelisch, künstlerisch usw usw.) keine Venus von Milo ist, dann ist solch ein streap-tease eine recht gefährliche Afaire. Es mag aber geschehen. Vielleicht werden sich unter den Besuchern einige Leute finden, welchen die mäusischen Bilder etwas nachzudenken zu geben vermögen. Und wenn – so ist die Arbeit nicht umsonst gemacht und es kann weiter gearbeitet werden.« (20.9.1966) Entgegen ihrer Befürchtung hatte die Ausstellung unter »Bekannten und auch Unbekannten« – wie z. B. der Journalistin der »Trybuna Ludu« – eine gute Aufnahme, während die »tonangebenden Bonzen unseres Verbandes« wie erwartet mit Verschweigen und Ablehnung reagierten. (Briefe vom 6.12.1966 und 20.4.1967) Das Nach-außen-Treten in einer Ausstellung, später auch in einer kirchlichen Auftragsarbeit, war immer eine ambivalente Angelegenheit: unerlässlich für das berufliche Fortkommen und für das gewünschte *Wirken* ihrer Kunst, doch gleichzeitig hatte ihr bescheidenes Wesen weniger Freude an der Selbstdarstellung als vielmehr Scheu vor dem »seelischen Striptease«. In ihren Briefen unterscheidet sie auch zwischen Auftrags- und freien Arbeiten, zwischen der »Berufsarbeit ›um zu leben‹« und der »Berufsarbeit ›für mich‹« (14.12.1964); der Ar-

59 Es kursierte damals der Witz: Ein polnischer Hund ginge nach Tschechien, um sich einmal richtig satt zu fressen, und ein tschechischer Hund ginge nach Polen, um sich einmal richtig auszubellen.

106   Undatiertes Foto (70er Jahre)   107   Um 1962

beit als »Handwerker-Grafiker«, als »Buchillustrator um zu leben, und als Graphiker, der etwas zu sagen hat, unabhängig von irgendwelchen Aufträgen« (6.1.1960).

Nicht erst seit der stärkeren Hinwendung zu religiösen Themen formuliert sie ein Gefühl des »Abseits-Stehens« vom offiziellen Kunstbetrieb. Trotz Kontakten zu anderen polnischen Künstlern – sie stand z. B. mit der bekannten Danziger Grafikerin Irena Kuran-Bogucka in freundschaftlicher Verbindung und stellte 1962 mit ihr gemeinsam in Berlin (Ost) aus – und obwohl ihre Grafik durch die zahlreichen Buchillustrationen in Polen verbreitet und beliebt war, stand Maria Hiszpańska-Neumann nicht im Mittelpunkt der künstlerischen Diskussionen. Im Panorama der zeitgenössischen polnischen Kunst, so urteilt zumindest der Kunsthistoriker-Kollege Jan Białostocki in seiner 1963 erschienenen Monographie über die Künstlerin, nehme Maria Hiszpańska-Neumann eine besondere, aber isolierte Stellung ein, da sie sich als einzige an die reiche polnische Holzschnitt-Tradition der Zwischenkriegszeit anschließe, anstatt modernen Strömungen zu folgen[60]. Dies gilt umso mehr für ihre nun anbrechende Schaffensphase als »Kirchenmaus«, in der die kirchlichen Werke überwiegen, Aufträge von polnischen Verlagen für Buchillustrationen bis auf einzelne Ausnahmen ausbleiben und ihre Einzelausstellungen seltener werden. Schon in einem Brief vom 20.2.1962 an Elmar Jansen (in dem es um das Problem geht,

ob und wie man mit der offiziellen Doktrin Kompromisse schließen dürfe) kleidet sie in ein Bild, wie sie ihre Situation empfindet: »Mir ist es auch manchmal so, als stünde ich am Rande eines breiten Weges, auf welchem sich eine Menschenmenge beeile, vorwärtsdränge, jeder einzelne und gruppenweise ihre nähere und fernere Lebensziele verfolgend. Ein toller Betrieb auf der Strasse, es rennt alles, springt, macht raffinierteste Gesten, Mienen, nimmt effektvollste Körperstellungen an, rennt wieder vorwärts, überspringt und überlistet einander. Ich aber stehe nur beiseite, beobachte es – es gibt ja Momente, wo ich auch mit möchte, ich muss ja das alles doch bewundern – so intelligente, so talentvolle Leute gibt es ja darunter. Und was für Erfolge haben sie, was für Errungenschaften! So versuche ich, einige Schritte mit zu eilen – und sogleich werde ich von Übelkeit überfallen, ich kann einfach nicht mit. Man wollte einmal einen Kunstakademieprofessor aus mir machen, einen Berufsillustrator oder Gebrauchsgrafiker wollte man aus mir machen, es gab verschiedene Verlockungen, welcher ich doch endlich entwichen bin, denn ich weder hinein noch hinzu passen könnte.«

Nachdem sich der Schwerpunkt ihres Werkes auf die Malerei verlagert hatte, entstand deutlich weniger freie Graphik; auch die Anzahl der Illustrationsaufträge ging merklich zurück.

60   Jan Białostocki, S. 11

108   Familie Neumann 1963: Bogna, Michał, Janusz,
Maria

109   Janusz Neumann, Maria, Michał

Doch dafür gehören die wenigen Illustrationsaufträge und Holz-
schnittzyklen der 60er und 70er Jahre zu ihren umfangreichsten
und größten. Es waren vor allem Verlage in der DDR, für die sie
Illustrationszyklen schuf: 20 Holzschnitte für »Tristan und Isolde«
(1966) ebenso wie für das »Kudrun-Lied« (1971), beide im Verlag
der Nation erschienen, und 12 Farbholzschnitte zu den »Pannonischen Legenden« (1972) für den Union-Verlag. Der Buchgestal-
ter des Union-Verlages, Joachim Kölbel aus Halle, hatte schon
1962 vier Holzschnitte Marias im christlichen Jahreskalender
»Ernte und Saat« abdrucken lassen und war später maßgeblich
daran beteiligt, Maria als Illustratorin für die »Pannonischen Legenden« zu gewinnen. Zu Familie Kölbel bestand seit den 60er
Jahren eine freundschaftliche Verbundenheit, die sich auch in
gegenseitigen Besuchen ausdrückte: »Vor kurzem haben wir alle
drei Stück Kölbels bei uns zu Gäste gehabt. Sie haben sich endlich überzeugt, dass die Strecke Halle-Warschau ebenso lang,
oder ebenso kurz ist, wie Warschau-Halle, was sie immer bis
jetzt bezweifelt hatten.« (2.11.1967)[61]

1967 entstand ein Zyklus von neun Holzschnitten zu den
»Geschichten Jaakobs« nach Thomas Mann und ab 1968 drei
Bände mit »Isländischen Sagen«, herausgegeben vom Posener
Verlag (1968, 1973 und 1974). Von der Thematik her bewegte sie
sich wieder oft in ihrem geliebten Mittelalter und entwickelte

darin ihren eigenen »mittelalterlich«-einfachen Stil weiter. Modern sein, sagte sie, könne und wolle sie nicht. In einem ihrer
Briefe spielt sie in ihrer sprachschöpferischen Art mit dem Wort
»modern«, wobei die Betonung einmal auf der ersten, und einmal auf der zweiten Silbe liegt. Sie schreibt, dass ihre Holzstöcke
(zu den Isländischen Sagen) nicht nass werden dürften, weil sie
dann modern (faulen) würden. »Modern (zeitwörtlich) dürfen
sie nicht, denn sie würden sich, angemodert, nie abziehen lassen. Modern (adjektivisch) dürfen sie ebenso nicht werden,
denn: I die Maus kann es nicht, und II: die Geschichte ist aus
dem XIII. Jhd.« (8.7.1966) Und doch geht sie ein Jahr später mit

61   Dass Maria Hiszpańska-Neumann in der Ausstellungslandschaft
der DDR vertreten war, verdankte sie auch dem »Kunstdienst der
Evangelischen Kirche in Berlin«, dessen Verdienst es ist, in Ausstellungen auch westliche Künstler bzw. Künstler der »Klassischen Moderne« zu präsentieren, die zu dieser Zeit in der DDR kaum zu sehen waren. 1969 z. B. zeigte die Ausstellung »Grafik zur Passion«
neben Otto Dix, HAP Grieshaber und Josef Hegenbarth auch Maria Hiszpańska-Neumann; 1980 widmete der »Kunstdienst« ihr eine
Gedächtnisausstellung.

110   Um 1962

111   Um 1962

den »Geschichten Jaakobs« im Holzschnitt stilistisch neue Wege, die höchst »modern-archaisch« anmuten (Vgl. S. 162 ff.).

Ab 1965 ergab sich nun als neues und gern ergriffenes Aufgabenfeld die Gestaltung von Wänden in Kirchen und Kapellen, bei denen sie oft die beiden Techniken Mosaik und Vinavil kombinierte. »Wovon ich immer träume: Malerei als Element der Architektur treiben zu dürfen« (26.3.1966) – das wurde nun wahr. Dabei erwies sich die Zusammenarbeit mit dem Architekten Władysław Pieńkowski als sehr fruchtbar. Außerdem knüpft sie hiermit auch auf eine andere Weise an die mittelalterliche Tradition an, nämlich ein Werk in einem größeren Zusammenhang zu gestalten; es hat die dienende Funktion, die sie doch anstrebte. Als sie ihr erstes Auftragswerk dieser Art geschaffen hatte, eine Madonna in einer Franziskanerkapelle in Warschau, stimmte es sie dankbar und froh, als sie sah, dass Menschen davor beteten.

Von den in 14 verschiedenen Kirchen ausgeführten Arbeiten (nicht alle sind erhalten) seien exemplarisch hier genannt und einige später im Werkteil näher untersucht:

Die Ausgestaltung der Franziskanerkapelle in Warschau mit einem Kreuzweg (Mosaik und Vinavil), einer Abendmahlsdarstellung als Altarbild u.a. 1965/66 als ihrem ersten Auftrag,

ein Triptychon mit der Taufe Christi, Maria und Elisabeth in einer Pfarrkirche in Pruszków bei Warschau von 1967,

das Abendmahl (Acryl auf Holz) in einer Kirche in Góra Kalvaria von 1968,

der Kreuzweg (Mosaik und Vinavil) in der Kapelle im Konvikt der Katholischen Universität Lublin von 1969/70,

eine große Wand von ca. 42 m² mit dem »Zug der Häftlinge« in der sogenannten Auschwitz-Kapelle zum Gedenken an die Opfer der Konzentrationslager, in Tarnów/Südpolen 1972,

ein 27 m² großes Apsismosaik des Auferstandenen und ein Kreuzweg in sieben Bogenfeldern der Wände im Hauptschiff der Klosterkirche Sacré Cœur in Zbylitowska Góra bei Tarnów 1973/74

1975 ein Kreuzweg in der Unterkirche der Warschauer Michaelskirche und 1976 in der Oberkirche das Mosaik-Gemälde des Hl. Joseph mit dem Jesusknaben,

die Wandmalerei »Die Heilung des Menschen« in der Kapelle des Familienferiendorfes in Hübingen bei Limburg an der Lahn 1978/79 als ihre letzte Arbeit dieser Art.

Die in ihrem Leben bisher so wichtigen Reisen fanden nun nicht nur anlässlich von Ausstellungen, sondern auch im Rahmen der kirchlichen Aufträge statt. Sie reiste dafür in Städte in der Umgebung von Warschau, nach Lublin, aber auch nach Südpolen (Tarnów und Zbylitowska Góra). Ab 1976 führten diese Reisen auch vermehrt ins westliche Ausland: nach Schweden zu einer Ausstellung und mehrfach in die BRD. Vor allem nach Frankfurt und Stuttgart knüpften sich bald auch menschlich enge Kontakte. Den Frankfurter Freunden verdankte sie dann den Auftrag für die Ausgestaltung der Kapelle in Hübingen.

Kulturell-geistiges Leben und echte Freundschaft – die Säulen, die sie schon im KZ als überlebenswichtig erfahren hatte – trugen sie auch in ihrem ganzen weiteren Leben. Nicht nur das Studium der Geisteswissenschaft und später der Kultus der katholischen Messe[62], auch Dichtung und Literatur gehörten zu ihren »Nahrungsmitteln«: »Im November, der Mai hiess, haben wir wieder eine Buchmesse in dem Kulturpalast gehabt. Ein Zuckerlecken durch eine Fensterscheibe. Wir haben viele, viele Bücher gesehen, die wir nur allzugerne haben möchten«; die zu erwerben aber »ganz hoffnungslos« (3.6.1965) war. Neben polnischer Dichtung las sie gerne fremdsprachliche Literatur in Originalsprache; sie liebte besonders Christian Morgenstern, der noch nicht ins Polnische übersetzt war, und Thomas Mann, Heinrich Böll und Goethe. Doch verschmähte sie auch »neumodische« Errungenschaften wie das Kino nicht; kam einmal ein besonders guter Film, wie z.B. Alexis Zorbas, so sah sie ihn gleich zweimal an. Zu den Ausstellungen, die einen besonders tiefen Eindruck bei ihr hinterließen, gehört eine Chagall-Ausstellung im Warschauer Nationalmuseum, die sie zu einem Brief mit einfühlsamen und poetischen Beschreibungen seiner Kunst inspirierte[63].

Was Freundschaft für sie bedeutete, klingt in vielen ihrer Briefe an, alle Jahre hindurch, in denen sie intensive (Brief)-Freundschaften pflegte – in deutscher Sprache von 1959 bis zu ihrem Tod. » Für mich ist die Freundschaft, also eine gegenseitige Sympathie, ein Verständnis, ein Finden einer gemeinsamen geistigen Sprache mit einem anderen Menschen, eine Entdeckung der geistigen, oder seelischen Verwandtschaft – eine der schönsten Gottesgaben, welche man überhaupt im Leben be-

kommen kann. Ich bin immer so sehr dankbar, wenn ich einem Menschen begegnen darf, mit welchem mich dann eine wirkliche, tiefe Freundschaft verbindet. Eine jede Freundschaft, das ist – zuerst freudiges Erstaunen, dann Freude und Dankbarkeit, dann ein Gefühl einer inneren Verpflichtung, denn man will ja einer menschlichen Freundschaft würdig sein.« (12.10.66) Maria teilte ihre Freude an der Literatur und Kunst gerne mit Freunden, ebenso das Erleben der Natur, das Wandern. Zweimal machte sie sich z.B. auf, um zu dem polnischen Wallfahrtsort Tschenstochau zu wandern, einmal 1970 mit ihren »Töchtern« (der Tochter und deren Freundin) und einmal mit den Frankfurter Freunden 1978.

Wandern im Gebirge gehörte zu einer ihrer Leidenschaften, die sie zu ihrem großen Bedauern nicht genug ausleben konnte. So sehr die Mäusebärenkatzenhöhle ihr Zuhause war, liebte sie die Großstadt im Grunde nicht und musste immer wieder aufs Land, in die Natur, am liebsten in die Berge. Schon als Kind verbrachte sie ihre Ferien oft in dem »zauberhaften« Dorf Bukowina nahe Zakopane in der Tatra. Auch bei ihren Besuchen in Arco gehörten Bergwanderungen zum Programm, und mit ihren Kindern verbrachte sie manche Ferien in den polnischen Mittelgebirgen, in den Beskiden. Am liebsten war ihr aber die Tatra, der einzige Zipfel Hochgebirge in Polen. Im Juli 1975 verbrachte sie dort zwei Wochen »viel herumwandernd, und das war eine wunderschöne Zeit einer körperlichen Erholung, und einer seelischen Stärkung. Das Hochgebirge liebe ich über allen Mass. Man fühlt sich so klein, so kleinlich und nichtig mit all seinen Kümmernissen und Sorgen den großen Felsen gegenüber. Die Berge, mit ihrer Strenge, ihrer schweigsamen Erhabenheit, mit ihrer Gleichmütigkeit allen menschlichen Dingen gegenüber, dabei aber so unsäglich schön, können einem wirklich eine innere Erneuerung bringen, eine richtige Perspektive sehen las-

62 Nur einmal, zu Himmelfahrt 1967, am 4. Mai, fand in der Atelierwohnung der Kultus der durch Rudolf Steiner mit begründeten Christengemeinschaft, die »Menschenweihehandlung«, statt. Ulrich Göbel, Priester der Christengemeinschaft, der Kontakt gesucht hatte zu (Warschauer) Anthroposophen und so auch Maria Hiszpańska-Neumann kennen gelernt hatte, hielt die Handlung mit ca. 25 polnischen Gästen.
63 Brief vom 16.2.1972, siehe Anhang, S. 272 f.

112   Vignetten zu Joseph d'Arbaud: »La bête du Vaccarès«

113   Vignetten zu den isländischen Sagen »Saga Rodu z Laxdalu«

sen, einen Abstand von allerlei Kleinigkeiten, und Kleinlichkeiten des Lebens gewinnen lassen. Ich möchte überhaupt in einer Berggegend leben.« (11.9.1975) Das Motiv der Berge, bzw. der Bergwanderung, taucht in den Briefen der 70er Jahre häufiger auf, auch als Metapher für den eigenen seelischen Weg: »So schwer ist es, sich über das eigene kleine Alltags-Ich zu erheben! So ein mühsames Bergansteigen, in einer nebligen Dämmerung« (14.4.1976), »Solange Du einen Berg besteigst, hast Du ein Stück Stein, Fels, Gras, Schnee, usw. dicht vor der Nase, und je mehr Du Dich anstrengst, und schwitzt, desto weniger siehst Du. Nur in ganz kurzen Momenten kannst Du Dich ein bisschen umdrehen, dann erblickst Du das Tal ganz tief unten, und einige Bergfragmente rechts, und links, und die steile Wand über Dich, wo Du hinauf willst. Den Gipfel siehst Du kaum, Du ahnst ihn vielmehr, und es kommt Dir unmöglich vor, ihn mal zu erreichen ... Und dann strengst Du Dich wieder an, etwas weiter bergauf zu klettern, nur mit kleinen Fragmenten Stein vor der Nase, und manchmal willst Du Dich nur ruhig hinsetzen, denn Du bist müde, und gar nicht sicher, ob Du überhaupt noch weiter kannst. Und wenn Dich noch eine Gruppe jüngerer, kräftigerer Bergsteiger überholt, Menschen, die es so wunderbar können, denen es, wenigstens scheinbar, keine Mühe macht, eine Felswand zu erklettern, ohne schwindelig zu werden, oder Angst zu haben ... So eine kleine Nebenbemerkung, als eine unbeholfene, fragmentarische Illustration zum Hauptthema, wie soll man es machen, ein Mensch zu werden?« (20.1.1978)

Die Mühen der lebenslangen »Bergwanderung« haben ihre Spuren hinterlassen: nicht nur eine gewisse Müdigkeit, sondern auch eine Empfänglichkeit für die strenge Schönheit, die »schweigsame Erhabenheit« der Landschaft. Man kann sich an die Strenge und Tiefe des gezeichneten Selbstbildnisses von 1972 erinnert fühlen und ahnt die lange Wegstrecke, die von der »romantischen Sozialistin« mit der sprühenden Phantasie der Jugend bis zu dem Antlitz mit dem Ausdruck schweigsamer Herbheit führt. Und man ahnt auch, dass auf dieser Wegstrecke viele Anstrengungen lagen und Hindernisse zu überwinden waren.

Mit Widerständen umzugehen scheint ein bedeutender Aspekt ihres Schicksals gewesen zu sein. Dies betrifft äußere wie innere Widerstände, die familiäre wie die politische Situation. Als z.B. im August 1961 der Bau der Berliner Mauer seine Schatten auch ins ferne Warschau wirft und eine »verhängnisvolle, grauenhafte Atmosphäre« schafft, fängt sie an, Illustrationen zu Gottfried von Straßburgs »Tristan und Isolde« in Holz zu schneiden (s. S. 151 ff.), ohne Auftrag, gleichsam als Flucht, »als es mir in dem XX Jahrh. schon ganz unerträglich geworden ist.« (12.10.1961 an Elmar Jansen) Auch das Jahr 1968 mit den Ereignissen des Prager Frühlings und den Geschehnisse im eigenen Land erlebt sie als besonders aufwühlend und deprimierend. »Wie erschüttert, wie niedergeschlagen, wie geschämt man sich fühlt, brauche ich Dir nicht zu sagen«. (28.8.1968) »Alle Ereignisse der letzten Monate schlagen mich (wie uns alle und alle

114 Illustration zu J. Porazińska »Starodzieje«;
»Der Drache vom Wawel verwüstet die Erde«

unsere Freunde sonst auch) immer tiefer und tiefer nieder.«
(22. 10. 1968)[64]

Der oft komplizierte Alltag, Krankheit in der Familie – all das
hat bei einer Künstlerin, die gleichzeitig ganz in die praktischen

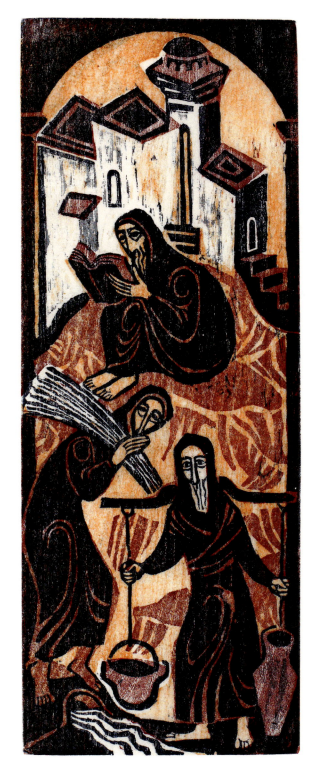

115 Illustration zu den »Pannonischen Legenden«;
»Die Mönche auf dem Berg Athos«

64 Ein deutscher Gast hat miterlebt, wie Maria einem französischen
Sender lauschte und dann für die anderen übersetzte. Sie berichte-
te auch von der antisemitischen Kampagne in Polen 1968 und dass
sie wegen ihres dunklen, etwas fremdländischen Aussehens auf
offener Straße beschimpft worden sei. Infolge des israelisch-ara-
bischen Krieges 1967 und der polnischen Studentenunruhen im
März 1968 ging von der Regierung eine massive antijüdische Hetz-
kampagne aus, die dazu führte, dass in der Folgezeit Tausende
(v. a. Akademiker und Intellektuelle) ihre Arbeit verloren und das
Land verlassen mussten, darunter auch Freunde der Familie Neumann: Doktor Janusz Żak und seine Frau Margot mit Familie. »Wir
haben inzwischen erfahren, dass unser guter Freund und Schutzengel, der Doktor, im Begriffe stand, mit seiner Familie auszuwandern. Das war wie ein Stein auf den Kopf. Eine ganze Menge Gefühle und Gedanken, die mit dieser Nachricht erweckt wurden,
konnten einen nicht nur niederschlagen, sondern beinahe seelisch
zerschmettern. Das Menschlich-Persönliche und das Allgemein-
Menschliche, beide Aspekte dieser Sache wirkten so auf uns, dass
wir innerlich wie gelähmt, wie auf harte, leblose Felsen niedergeschmettert wurden. Innerlich lag ich mit dem Gesicht nach unten und heulte mir die Seele aus dem Leibe heraus. Äusserlich verrichtete ich das, was äusserlich zu verrichten war, ohne arbeiten
oder schreiben zu können.« (18.10.1969)

116   Das letzte Abendmahl

Belange eines Familienalltags eingespannt ist, natürlich auch di-
rekte Auswirkungen auf die künstlerische Arbeit. Werden die
Belastungen und die Erschöpfung zu groß, wie in den Jahren, als
schwere Krankheiten die Mutter, den Mann und die Schwägerin
heimsuchten, dann ist die Schaffenskraft wie gelähmt. Dazu
kommt, dass Maria mit ihrer Arbeit auch die Familie ernähren
muss. Janusz Neumann hatte 1962 seine Arbeit in der Musikbi-
bliothek verloren und bezog nur noch eine kleine Rente, die hinten und vorn nicht ausreichte. Die Familie war also auf Erträge
aus Marias künstlerischer Arbeit angewiesen, und das in einer
Zeit, in der die Illustrationsaufträge sich rar machten. Auch deshalb kamen die Aufträge der Kirche nur recht, sie schufen ein
weiteres finanzielles Standbein. Wäre sie nicht zu einer »Kirchenmaus geworden, so hätten wir schon seit vielen Monaten
nichts zu essen« (20.4.1967). Von einem geregelten Einkommen
war diese Einnahmequelle trotzdem weit entfernt; manchmal erhielt sie als Lohn das, was bei einer Kollekte zusammenkam und
trug dann eine klimpernde Aktentasche mit losem Geld nach
Hause.

Bis zu einem gewissen Grad locken gerade die Widerstände ihren trotzigen Humor hervor, mit dem sie den Schutzschild
des Abstands schafft, zumindest in ihren Briefen. Kälte und Frie-
ren zum Beispiel sind fast ebenso schlimme Übel wie Behörden-
gänge und offizielle Korrespondenz. »Die Kälte ist etwas, was
ich wirklich physisch nicht ertragen kann. Wenn ich mal nach
dem Tode nicht in die Hölle gerate (wo ich auch in der frostigs-

ten Abteilung für meine Sünden büssen müsste), so werde ich al-
lerwahrscheinlichst in einem Fegefrost meine Missetaten, Miss-
gefühle u. Anderes zu bereuen und zu bejammern haben.«
(9.6.1962) Im Juni 1965 schreibt sie: »Sonst dächte ich lieber, es
wäre November. Überhaupt behaupte ich, dass wir seit September bis jetzt immer November haben, mit der Ausnahme des Fe-
bruars, wo es Februar war. In solchem Klima und solcher Tem-
peratur gedeihen Mäuse nicht, besonders südliche Mäuse«
(3.6.1965).

Widerstände gibt es natürlich auch im künstlerischen Alltag.
Das fängt bei den Schwierigkeiten an, Materialien zu bekommen – sei es Druckerfarbe (auch damit geizten die polnischen
Behörden), gutes Papier oder drucktechnische Materialien. Ihrem Wunsch, Malerei treiben zu dürfen, steht zuweilen die
schlichte Tatsache im Wege, dass gute Farben nur schwer, in
den 70er Jahren streckenweise auch gar nicht zu bekommen
waren. Im Juni 1973 schreibt sie z. B.: »Seit März male ich nicht
mehr [...] dem Verbande wurde die finanzielle Unterstützung
vom Ministerium her abgeschnitten, man importiert keine Ölfarben mehr. Für die Aufgaben, die den Malern jetzt als einzig und
allein Wichtige anempfohlen werden, braucht man keine westlichen Ölfarben. So dass ich wirklich keine Farben zu malen mehr
habe.« (23.6.1973) Dabei verraten ihre Briefe eine große Sensibilität für Farben in der Natur; vor allem liebte sie die tiefen, glühenden Herbstfarben. »Der Sommer ist vorüber, da draussen
herbstet es schon: dunkelgrüne Blätter werden bräunlich-gelb:

eine vergangene Farbe. Imperfectum vom Grün. In den Kleingärten sind die Farben noch ganz gegenwärtig, so eine glühende Phantasie in Dunkel- und Feuerrot und in unzähligen Violetten. Solche Farben möchte man ganz aufsaugen, aufatmen, auffressen, sich mit ihnen vollfüllen, in ihnen aufgehen, damit man danach mit ihnen leuchtende Bilder malen kann. Das geht aber nicht, aus Mangel an Genie und wegen der schlechten Farben.« (15. 8. 1968)

1978 schreibt sie einer Bekannten aus Westdeutschland: »Und mein Berufsleben sieht auch nicht so aus, wie man sich normalerweise das Leben eines künstlerisch tätigen Menschen vorzustellen pflegt.« Ihre Druckwerkstatt, ihre »Kuh-Knochen-Druckerei«, bestünde »aus einem kleinen Roller, aus einer Blech-Platte, und aus einem schon dünn, und messerscharf abgeschlif-

118   Die Samariterin am Brunnen

fenen Kuh-Rippen«. (5. 4. 1978) Sie hat keine Presse zur Verfügung, sondern zieht ihre Arbeiten mit der Hand, mit Hilfe der Kuhrippe, ab. Und das ist, betont sie mehrfach, schwere körperliche Arbeit. Gerade der Jakobs-Zyklus mit den großen, einheitlich schwarzen Flächen, macht Mühe: »Ich habe schon von einem jeden der neun Holzschnitte sieben Abzüge gemacht, es dauerte vier Tage, ganz buchstäblich ›im Schweisse des Angesichtes‹ und des übrigen Körpers auch. Es ist eine sehr schwere körperliche Arbeit.« (3. 2. 1967)

Dazu kommt, dass die viele Arbeit sich oft finanziell kaum lohnt. 1970–72 fertigt sie Farbholzschnitte für die »Pannonischen Legenden« (über das Leben der Slavenapostel Kyrill und Method), die im Union Verlag Berlin/DDR erscheinen (Abb. 115). »Furchtbar viel Arbeit und technische Schwierigkeiten für furchtbar wenig Geld. So ist schon das Leben in unserer geographischen Länge und Breite.« (16. 10. 1970) Pro Bild muss sie, da es dreifarbige Holzschnitte sind, je drei Druckstöcke fertigen, für 12 Illustrationen also 36 Stöcke. Außerdem sind wieder bürokratische Hürden zu überwinden. »Nun beginnt das Rumlaufen, Rumtanzen, und das Anbeten und Anflehen des hlg. Bürokratius, seiner Diener und seiner Priester, damit man die Genehmigung für die Postsendung einiger Abzüge kriegt. Das ist die schwerste Arbeit.« (20.11.1969) Ämtergänge sind ihr ihr Leben lang zutiefst zuwider.

Die Arbeit in den Kirchen ist wieder mit körperlichen Strapazen verbunden. Es bedeutet klamme Finger in der Kälte der ungeheizten Kirchenräume (»jetzt schon friere ich auf eine unan-

117   Joseph und Jesus

ständige Weise« 17.9.1973 in Zbylitowska Góra), es müssen Eimer mit Wasser, Zement, Glasstücken etc. auf die bis zu 10 m
hohen Gerüste hochgeschleppt werden. So erfordert das Arbeiten große physische Kraft und zuweilen Schwindelfreiheit –

tung. [...] Unten schneide ich und breche Glas, und oben auf der
Rüstung klebe ich es auf die Wand. Bei Gelegenheit schneide
ich mich auch in die Pfoten, anders geht es ja nicht.« (29.2.1968
bei Arbeiten in der Michaelskirche in Warschau).

119   Verkündigung

120   Salbung der Füße Jesu

ersteres besitzt sie wohl, trotz ihrer eher zarten Statur, letzteres aber nicht. Sie hat starke, große Hände, denen man am Ende
die harte Arbeit auch ansieht, »weder Frauen- noch Intelligenzlershände« (17.3.1968). »Ich arbeite jetzt wie ein ganz richtiger
Maurer, und komme gegen Abend nach Hause zurück so müde
(nicht erschöpft, aber ganz gründlich körperlich ermüdet), dass
ich kaum ans Schreiben denken kann. [...] jetzt stecke ich von 9
bis 4–5 Uhr in der kalten Kirche, unten, oder oben auf einer Rüs-

Wichtig für das Gelingen der Arbeit ist auch die menschliche Atmosphäre. Der folgende Briefauszug beschreibt auf ihre
humorige Weise die schwierigen Bedingungen, unter denen sie
zeitweise arbeitet: »Wir (Janusz und sie, Anm. der Autorin) leben
in einem ländlichen, oder kleinstädtlichen Pfarrerhaus, wo wir
zwei kleine, mehr als asketisch eingerichtete Dachstübchen zur
Verfügung haben, wo alles recht primitiv und klebrig-schmutzig
ist, wo uns die Hausführerin (Haushälterin) des Pfarrers, ein sehr
tüchtiges, sehr selbstsicheres Riesenweib eine große Gnade erweist, indem sie uns etwas Milch, etwas Brot und Butter, und
jeden Tag zu Mittag einige schmutzige, graue Kochkartoffeln

zum Essen gibt. [...] Und ich – von 8 Uhr morgens bis 6 oder 6 1/2 Uhr abends, mit einer recht kurzen Mittagspause, stecke auf der Rüstung und arbeite an der Figur des Guten Hirten. Mein Chef, der Pfarrer, ein misstrauischer, steifer, kalter Mann, ein ausgesprochener Diktator-Typus, redet mich nur an, um mir ab und zu einige kritische Bemerkungen seinerseits – er ist sonst kein dummer Mensch – mitzuteilen. Er hat für uns kein menschliches Interesse – Gar nichts.« (29.8.1971)

Gerade die Arbeiten in den Kirchen aber verdanken ihre Entstehung oft der intensiven Zusammenarbeit verschiedener Menschen – meist mit dem Architekten Władisław Pieńkowski und einem vor Ort tätigen Menschen. Es werden intensive Gespräche geführt, Ideen gesammelt und die Örtlichkeit angesehen. Diese gemeinsame Arbeit lässt Maria Hiszpanska-Neumann dann in konkrete künstlerische Form gerinnen; sie formt, was ihr auf diesem Hintergrund »einleuchtet«[65]. Dies entspricht sehr ihrem bescheidenen Wesen – Werkzeug zu sein, ihren Beitrag zu leisten in einem größeren Zusammenhang. Sie selber formuliert das einmal in einer Rede, die sie anlässlich einer Preisverleihung (für die Ausgestaltung der Franziskaner-Kapelle in Warschau) Ende 1967 vor größerem Publikum halten musste und von der sie einer Freundin berichtet: »Die Maus hat so etwa gesagt: die Dankbarkeit wirkt auflebend und schöpferisch, und besonders gut wirkt die Dankbarkeit für ein entgegengenommenes Vertrauen. Dank dem mir durch den Pater Robertus entgegengebrachten Vertrauen konnte ich ein Stück guter Arbeit fertig machen, und zwar nach vielen Jahren Malens ins Leere. So, wenn ich heute die unerwartete Auszeichnung mit einer grössten Ergriffenheit annehme, muss ich sagen, dass den eigentlichen Verdienst dafür haben: der Pater, der Wojtek – mein Entdecker – und Władek P., der Architekt, ohne dessen Hilfe wäre die entsetzliche Kapelle nie zu einem sakralen Raum geworden.« (5.12.1967)

Damit berührt man schon die »inneren« Arbeitsbedingungen, die für das künstlerische Schaffen, das »Einleuchten« wesentlich sind. Denn in ihrer Eigenwahrnehmung leidet sie immer

wieder unter einem Versiegen der bildnerischen Phantasie, als ob sich in ihrem Innern die Hindernisse zuweilen noch höher auftürmten als im äußeren Leben. Wie oft beschreibt sie in ihren Briefen die unangenehmen Zustände, wenn sie sich wie »innerlich paralysiert« (22.4.1968) fühlt, wenn die künstlerische Phantasie vertrocknet und versiegt und sie zu keiner produktiven Arbeit fähig ist. »Ich kenne ja so, so, so wohl solche Zustände innerer Erstarrtheit, innerer Ohnmacht, wo man vielleicht eine große Wäsche machen kann, nicht aber sprechen, schreiben, schaffen« (3.12.1973), schreibt sie mitfühlend einer Freundin. Dieses innere Erleben deckt sich jedoch nicht immer mit dem Blick auf das, was in solchen Zeiten dennoch entsteht. Schon im Konzentrationslager berichtet sie von Monaten, in denen sie aufgrund einer »totalen psychischen Lähmung« nichts gezeichnet habe, und trotzdem entstehen in der Folgezeit Dutzende von Zeichnungen. Das Lager hat ihre »starke Einbildungskraft, die malerische und graphische Phantasie« (6.10.1960) nicht auslöschen können; ja, sie beeindruckt in den 50er Jahren die Kinder von Freunden aus Halle, die sie regelmäßig besucht, mit ihrer überbordenden Phantasie und Erzählfreude. 1959 schreibt sie, dass ihre Schaffenskraft unter dem Ansturm seelischer Konflikte für ein Jahr verstummt sei, bis sich endlich die »Unklassischen Mythen« aus diesem Ringen herauslösten. Dennoch geht sie in dieser Zeit als »Handwerker-Graphiker« der Tätigkeit als Illustratorin nach und hat auch einiges an freier Graphik aufzuweisen. Besonders 1966, im Jahr von Ragnas Tod, häufen sich die Klagen über ihre künstlerische Unfruchtbarkeit in ihrer plastischen, trotzig-humorigen Art: »Meine Phantasie war aus, wie eine kaputte Lampe« (26.3.1966). »Ich leide immer noch an eine Art seelische Ohnmacht, oder Verstopfung der Phantasie.« Verschiedene Umstände »haben eine kalte graue Wüste in meinem Inneren eingestiftet.« (15.4.1966) »In Warschau war ich aber schon sooo müde, so dumm, so grau, leer, überhaupt zweidimensional, dass ich überhaupt nichts zu sagen hatte. [...] Ich sah förmlich aus wie eine ausgedörrte Mäusehaut« (11.8.1966). Unproduktiv ist sie in diesem Jahr trotz allem nicht: Sie arbeitet weiter am Abendmahl und am Heiligen Joseph für die Franziskanerkapelle, es entstehen kleine Glasmosaikikonen, Illustrationen für den ersten Teil der Isländischen Sagen, und am Ende des Jahres beginnt sie mit

---

65 Das »Einleuchten« für die Ideenfindung ist ein häufig von ihr gebrauchtes Wort; z. B. in den Briefen vom 5.12.1967 und 7.11.1970.

121   Auf einer Wanderung in der Tatra

den »Geschichten Jaakobs«. Man möchte dann ihren Hang zum Übersteigern und ihren »Minderwertigkeitskomplex« auf die andere Seite der Waagschale werfen, um ein ausgewogenes Bild zu bekommen.

Maria Hiszpańska-Neumann ist ein melancholischer Feuergeist, sie vereint zwei Seelen in ihrer Brust: eine dramatisch sprühende, feurige, und eine tief ernste, melancholische. Die eine Seite prägt den Dingen, die sie sieht und zeichnet, die eigene seelische Intensität und Dramatik auf und verleiht den Dingen, die sie in ihren Briefen beschreibt, die unverwechselbare plastische Drastik und zuweilen Übersteigerung. Auf der anderen Seite steht ein Grundzug von tiefem Ernst und Traurigkeit, den wohl auch die Verletzungen der Lagerjahre in sie eingegraben haben. Zu dieser Seite gehört auch das Gefühl der Schwere und Erdgebundenheit (»Mäuse sind aus einem schweren, plumpen Erdenelement gemacht, besonders die nicht-malenden Mäuse« (25.11.1966)), der Minderwertigkeit und Unwürdigkeit, das sie immer wieder formuliert. »Ich bewundere diejenigen Menschen, welche es schon so weit gebracht haben, dass das herbstliche Ausklingen, Einschlafen, Absterben der Natur für sie das Erwachen im Geiste bedeutet. Ich bin noch so sehr, so ganz erdgebunden, für mich ist der kälter und kälter werdende Herbst immer ein Abstieg in eine dunkle felsige Kluft, immer Bangigkeit und tiefe Melancholie, mit welcher ich nur zu kämpfen und weiterzukämpfen habe.« (16.10.1970) Vielleicht erlebt sie es auf diesem Hintergrund als umso schmerzlicher, wenn die Ideen nicht

überströmend fließen, sondern gegen eine innere Leere, Kälte und Lähmung, gegen die »Gehirnverstopfung« und das innere »Zugeschnurrtsein« (11.6.1978) errungen werden müssen. Auch in den äußerlich schwierigen Situationen macht sie sich charakteristischerweise selbst dafür verantwortlich: »Mit der Berufsarbeit war es ganz rund Null. Ich weiß ja, dass die Schuld nur bei mir selber ist. Hätte ich mehr innere Kraft, Konzentrationsvermögen, hätte ich eine gute Idee für ein Bild oder einen Holzschnitt, so hätte ich auch in dem ganzen Durcheinander gearbeitet, so wie ich schon mehrmals in der Vergangenheit in viel schwereren Umständen gearbeitet hatte. Diesmal ist es aber ganz schlimm. Seit Monaten ist schon der künstlerische Teil Deiner Maus wie eine dürre unfruchtbare Erde. Was soll man mit so einem Felde tun? Mit künstlichen Düngen (merde artificielle!) geht es nicht. Gewissensbisse sind auch nicht imstande, aus dem dürren Acker etwas Lebendiges hervorzutreiben. Nur gute Geister können helfen, wenn sie wollen. O, mögen sie es wollen! [...] Sie (die Maus) sollte sich lieber sagen: mach dich an die Arbeit und male, statt zu jammern. Das sagt sie sich aber, jeden Tag. Sie kann aber nicht malen, wenn sie nicht etwas ganz Bestimmtes herauszumalen hat.« (07.10.1966)

Hier scheint nun schon 1966 ein Motiv im künstlerischen Schaffen auf, das mit den Jahren immer mehr an Bedeutung gewinnen wird: Für den Einfall, also das Ein-Fallen einer Idee oder eines künstlerischen Konzeptes ist nicht nur sie bzw. ihr »kleines Alltags-Ich« verantwortlich, sondern auch eine höhere Macht,

Gott oder »gute Geister«. »Hoffentlich wird mir noch was einfallen, wird mich was einleuchten. Hoffentlich! Denn so eine Maus, welche keine Phantasie hat und nur im Kreise kleiner Pflichten sich mitsamt ihrem Schwanze herumdreht, ist ja nicht auszuhalten.« (7.11.1970) Hier ist es wieder, das »Einleuchten«! In der Formulierung »hoffentlich wird mich was einleuchten« kann man nicht nur den grammatikalischen Fehler sehen, sondern die Wendung auch wörtlich, bildlich verstehen: Etwas (als Wesenhaftes, als »jemand«) möge sie, möge ihr »einleuchten«. Sie sieht es mehr und mehr nicht als ihr Verdienst an, wenn eine Arbeit gelingt, sondern als Geschenk – »es war ... nur – eine Hilfe von Drüben« (10.4.1974). Darin bekommt ihre Bescheidenheit noch eine andere Nuance. Nicht nur anderen Menschen »verdankt« sie das Gelingen ihrer Arbeit, sondern auch höheren Mächten. Mit ihnen ist zu rechnen: »Es ist keineswegs mein Verdienst, dass in das Bild (ein Weihnachtsholzschnitt, Anm. der Autorin) so viel hineingeheimnist wurde. Es ist mir die Idee dafür »eingefallen«, d.h. sie ist mir gegeben worden, ich habe sie nur mit einer großen Dankbarkeit empfangen und ins Holz übersetzt. [...] Ich habe das nicht ausgedacht, es war wirklich eine Gabe!« (27.01.1972) Aus solchen Worten spricht eine demutsvolle Haltung, eine meditative Gesinnung, die sie sich besonders in den späten Jahren erarbeitet und die immer mitgedacht werden muss, beschäftigt man sich mit ihren gerade in religiösen Zusammenhängen geschaffenen Werken. Eine solche Haltung findet man in verschiedenster Ausprägung und Intensität auch bei einigen Künstlern des 20. Jahrhunderts. Trotz großer Unterschiede im Künstlerischen besteht eine gewisse innere Verwandtschaft zum Beispiel mit dem russischen Künstler Alexej von Jawlensky (1867–1941), der die »Gabe« so ausdrückte: »Ich weiß doch, dass ich gute Kunst mache. Ich habe sie in meiner Seele entdeckt und nicht erfunden. Ich will nichts. Ich will nur gute Kunst machen«. Andere Äußerungen belegen noch stärker die religiös-meditative Quelle, aus der Jawlenskys Schaffen ab ca. 1917/18 entsprang: »Meine Kunst ist mein Gebet, aber ein leidenschaftliches durch Farben gesprochenes Gebet.« »Ich saß in meinem Atelier und malte, und mir war die Natur als Souffleur nicht notwendig. Mir war genug, wenn ich mich in mich selbst vertiefte, betete und meine Seele vorbereitete in einen religiösen Zustand.«[66]

Für Maria sind die auf diesem Hintergrund erhaltenen »Gaben« jedoch nicht zu erzwingen. Es bedeutet eine tägliche Herausforderung und innere Arbeit, sich in einen Zustand zu versetzen, in dem etwas »einleuchten« kann. Sie sucht »ein demutsvolles Schweigen, und Sich-Öffnen« (10.8.1974) zu gewinnen, einen inneren Raum, in dem die eigene Willkür zu schweigen gelernt hat, damit die »Hilfe von Drüben« Einlass findet. Dies gelingt mal mehr, mal weniger. Es ist bezeichnend, dass die demutsvolle Haltung Maria Hiszpańska-Neumanns gerade aus dem Aushalten der Leere und der »Dürre« zu erwachsen scheint, als ob im Durchleben und Annehmen des Mangels etwas Neues keimen kann, innerlich wie äußerlich. Den Verzicht, der schon vom »Leben in unserer geographischen Länge und Breite« selber erzwungenen ist, nimmt sie bewusst als ihre Aufgabe an. Auf ihren gelegentlichen Reisen nach Arco, Italien, trinkt sie Sonne, Licht, das leichtere Alltagsleben – ist sie doch eigentlich eine sonneliebende, »ausgesprochen südliche Maus« (26.3.1966) – doch sie weiß, ihr Platz ist in Warschau, in Polen. Von Hübingen in Westdeutschland aus, wo sie ihre letzte Wandarbeit schafft, schreibt sie: »Hier lasse ich mich verwöhnen, mit vollem Bewusstsein, dass es nur eine kurze Weile des Zu-engen-Schuhe-Ausziehens ist, und dass ich mich sofort in meine alten, zu engen Seelenschuhe zurück einzuleben habe.« (3.8.1978) Selten sieht man einen Menschen, der sein Schicksal so klar gesehen und so aktiv angenommen und ergriffen hat.

Nach 1972 geschieht noch einmal eine seelische Vertiefung durch verarbeitetes Leid. Die Situation zuhause ist schon seit längerem von der Krankheit ihres Mannes überschattet, der im Oktober 1972 stirbt. Sein Tod stürzt sie in eine schwere Depression und doch erscheint sie in ihren Briefen in der Folgezeit auf eine schweigsame Art weiter geläutert, geklärt. »Werde ich es mal dazu bringen, ein inneres Schweigen, welches weder eine gedankenlose Erstarrung, noch eine ohnmächtige Passivität, sondern ein demutsvolles Schweigen, und Sich-Öffnen ist, mir in mir zu erarbeiten?« (10.8.1974) Was sie in den Tiefen des »Mangels« und der Finsternis erlebt haben mag, lässt eine

66 Aus einem Brief an Willibrord Verkade vom 12. Juni 1938. Zitiert in: Alexej Jawlensky 1864–1941, Städtische Galerie im Lenbachhaus, München 1983, S.116f.

weitere Briefstelle erahnen. Aus dieser Erfahrung heraus kann sie einer Freundin nun beistehen: »Das Einzige, das ich Dir sagen kann, ist, dass manchmal eine ganz unerwartete Hilfe von der Geistwelt gerade in einem Momente auf uns zukommt, wo wir uns am hilflosesten, am verlorensten fühlen, wo wir über einem schwarzen Abgrund stehen, oder in einem dunklen, felsigen Tal, wo keine Sonne scheint, kein Gewächs lebt, wo man nur seine eigene unwürdige Einsamkeit und Verlassenheit auf den Schultern dahinschleppt, und nur sterben möchte, nicht nur körperlich, sondern auch seelisch sterben, nicht-mehr-existieren möchte. Wenn man schon so tief niedergeschlagen, wie von allen helfenden Mächten verlassen sich fühlt, mag unerwarteter Weise eine geistige Hilfe kommen, als ginge eine innere Sonne auf, oder ein unaussprechliches Licht, von welchem man nicht weiss, ob es von aussen oder von innen her kommt. Es gibt solche Momente im Leben. Sie kommen aber dann, wenn man sie nicht mehr, oder kaum mehr erwartet.« (10.1.1974)[67]

Das, was in der Dunkelheit, in dem von außen wie von innen auferlegten Verzicht keimt, ist der Aufgang der »inneren Sonne«. Das Einleuchten ist immer auch ein reales inneres Lichterlebnis, so wie für sie auch schon das äußere Licht, das »Licht und die Sonnenwärme des Südens« (13.10.1960) von existentieller Bedeutung sind. Damit betritt man ein ihr ureigenes Reich, dem man in den Briefen immer wieder begegnet, dem Reich des Lichtes und der Finsternis, besser, des Lichtes *in* der Finsternis. Licht und Finsternis nehmen einen großen Teil ihrer Seele ein, erfüllen sie und fließen ihr als Schwarz und Weiß in der Druckgraphik durch die Hände. Die Finsternis scheint eine ständige, mal mehr verborgene, mal deutlich hervortretende Begleiterin gewesen zu sein, gegen die sie sich mit dem Licht zu wappnen suchte; dem Licht, das nie auf Befehl da war, sondern gleichzeitig errungen, ersehnt, er-wartet und geschenkt war. Eine ihrer Lebensaufgaben, so scheint es, war die *Begegnung* mit der Finsternis als äußerer Macht und als innerer Tatsache – aufs Äußerste getrieben schon in der Zeit im KZ. Der Aufgang, die Geburt der

»inneren Sonne« ist ganz auf diesem Hintergrund der existentiell erlebten Finsternis zu begreifen.

Es ist ein zutiefst christliches Motiv, wenn gerade im Durchgang durch das Leid, durch die Finsternis, der Auferstehungskraft begegnet wird, wenn Verlust sich in sein Gegenteil verkehrt und zum Gewinn wird. Das, was aus verwandeltem Leid geboren ist, ist durch nichts anderes zu gewinnen. Noch einmal drängt sich der Seitenblick auf Jawlensky auf: Seine letzten, stärksten Arbeiten schuf er als stark an Arthritis deformans leidender Mensch. Er nannte die den peinigenden, ständigen Schmerzen und dem bald fast völlig steifem Körper abgerungenen kleinen Bilder seine »Meditationen«. Sie sind dunkel, intensiv, sie sind durchglüht vom Schmerz und von seiner leuchtenden Seele zugleich. Maria Hiszpańska-Neumann hat sich durch die Verwandlung von Leid immer reifer gemacht für die menschheitlich-christlichen Themen in ihren späteren Bildern und Wandarbeiten. Doch wäre es nicht Maria, wenn es nicht immer weiter von Selbstzweifeln begleitet wäre: »Werde ich mal in diesem Leben etwas malen können, was wirklich in die richtige christliche Denk- und Empfindungsweise führen würde? Werde ich Kraft und Mut dazu finden, mein kleines »Ich«, meine ganze Kleinheit, Kleinlichkeit usw. usw. ganz unten zurückzulassen – und mich darüber hinaus emporarbeiten, bis ich endlich etwas Wirkliches male?« (10.8.1974) Das Gefühl, unzureichend zu sein für die Höhe der (selbst)gestellten Aufgaben, drückt sich ja auch darin aus, dass sie sich in ihren Briefen immer wieder als »irdische Maus« bezeichnet, die der geistig-himmlischen Sphären nicht wirklich würdig ist. Auch wenn man diese Selbsteinschätzung Marias nicht teilen möchte, verrät diese Bezeichnung noch etwas anderes: nämlich ihre Vorliebe für »arme«, irdene Materialien, egal ob sie in Holz schneidet, Glas bricht und in Zement setzt oder Sand und Gips der Malmaterie beimischt. Sie sucht in ihren Farben nicht die schwebende Immaterialität, den leichten Hauch des Frühlings, sondern das dunkel Leuchtende, irdisch Gesättigte des Herbstes, der das Gewicht des Reifens in die Wagschale wirft.

Das, was sich Mitte der 50er Jahre künstlerisch im Schritt von der Analyse zur Synthese geltend machte – die Aufgabe der kleinteiligen, detailfreudigen Erzählweise zugunsten einer Ver-

---

67 Das Motiv des dunklen felsigen Tales benützt sie auch schon früher als Bild eines seelischen Zustandes. Vgl. die Bildbetrachtung zu den Weihnachtsholzschnitten, S. 141.

einfachung, sparsamen Gestaltungsweise und damit Monumentalisierung – zeigt sich verwandelt auch in der biographischen Entwicklung bis ins Alter; das Gespräch von Innen und Außen wird ein anderes. Prägte in jungen Jahren das lebendige, dramatische Innere die Sicht auf die Außenwelt und brach sich die seelische Fülle in der Erzählfreude Bahn, so erscheint im Alter nun das demutsvolle Schweigen, die Stille, in der ein Anderes sprechen darf.

In ihren letzten Jahren wurden der Kampf gegen die innere Lähmung und das Leiden an der Korruption und der »Verrücktheit« des Alltagslebens immer schwerer, die Müdigkeit stärker. Doch dafür trat als geistige Frucht ihre Überzeugung von der alle nationalen und weltanschaulichen Eigenheiten überwindenden Menschlichkeit immer mehr hervor, gerade auch in Bezug auf das Verhältnis von Polen und Deutschen, ein Verhältnis, das bis heute ein schwieriges geblieben ist. Sie, die guten Grund hätte zu Ressentiments Deutschen gegenüber, kannte schon lange keinen Hass mehr. Es war ihr ein Anliegen, an der Verständigung von Polen und Deutschen mitzuarbeiten. In ihren letzten Jahren erschloss sich ihr immer mehr das Wunder des individuellen Menschenlebens, der Wege jedes Einzelnen und der Menschenbegegnungen: »was für ein Mysterien-Drama des Menschen Schicksal, eines jeden Menschen Schicksal ist« (13.1.1978). »Und all diese sich so geheimnisvoll aneinanderkettende, einander durchkreuzende, oder durchdringende Menschenschicksale« (20.1.1978) – all das ist jenseits aller Nationalismen. Ihre letzte Arbeit in einer Kapelle, die »Heilung des Menschen« ist wie ein Vermächtnis und legt Zeugnis ab von ihrem hohen Verständnis von »Menschlichkeit«, die durch und in Christus zu erringen ist.

Trotzdem fühlte sie sich manchmal wie ausgebrannt, erloschen. Eine gute Freundin, die sie im Dezember 1979 einen Monat vor ihrem überraschenden Tod besuchte, schrieb: »Mysz war so müde, wie erloschen, es flackerte das Lebenslicht nur noch auf. Dabei war sie auf den Beinen, war tätig im Haushalt, mit der kleinen Anka, empfing Besuch, machte Besuche. Ich lag da also im dunklen großen Raum [...] Mysz kam herein, knipste an ihrem Arbeitstisch in der Mitte des Raumes die angeschraubte, gebogene Arbeitslampe an und begann, die mehr oder weniger langen Weihnachtswünsche auf das raue dicke Papier der

Weihnachtsholzschnitt-Klappkarten zu schreiben. Zwei Stunden lang etwa hörte ich das eilige Kritzeln der Feder auf dem Papier in der Stille des fast dunklen Raumes. *Und da war es noch einmal wie früher*, wenn sie malte, wenn ich erlebte, wie sie malte. Es war eine leuchtende Bewegung um sie, höchste geistige konzentrierte Aktivität; – der leere, leer gewesene Raum – in dem von mir unerkannt schon der Todesengel wohnte – war noch einmal von Mysz's wunderbarem Feuergeist und ihrer ganzen seelischen Wärme erfüllt.« (26.1.1981)

Die Umstände ihres Todes sind symptomatisch für diesen »Feuergeist« und schließen die Liebe zu den Kindern ein. Seit Anfang Januar 1979 lebte im Haushalt auch die kleine Anka, das Kind ihrer Tochter. Da die Tochter tagsüber arbeiten ging, sorgte die Oma in dieser Zeit für das Kind. Die Künstlerin hatte sich sehr bewusst entschieden, »eine zeitlang ganz energisch ›großmüttern‹« zu wollen. Eines ihrer letzten Gemälde, eine »Anna Selbdritt« schuf sie für die kleine Anka. Maria Hiszpańska-Neu-

122 Maria-Hiszpańska-Neumann mit Anka

mann hatte als ihren letzten Auftrag einen Kreuzweg für eine Kirche zu gestalten. Die zeichnerischen Entwürfe lagen vor, doch es fehlten ihr noch die Holzplatten, auf die sie malen wollte; mehrere Monate hatte sie schon danach gesucht. Am Abend des 11. Januar rief ein Freund an mit der freudigen Nachricht, dass er die benötigten Platten habe besorgen können. Am folgenden Nachmittag, Samstag den 12. Januar, erlitt die Künstlerin ganz unvermutet einen Schlaganfall, als sie mit dem Kind allein zu Hause war. Sie konnte noch eine nahe Freundin benachrichtigen und sich auf ihr Bett schleppen, um das Kind nicht zu erschrecken. Als die Freundin eintraf und Sanitäter sie abholten, war Maria schon ohne Bewusstsein; das Kind spielte mit seinen Spielsachen am Bett der Oma. Im Krankenhaus starb die Künstlerin noch in derselben Nacht, im Alter von nur 62 Jahren[68].

Schließen wir den Lebenslauf mit einem Bild, einem Foto aus der Zeit kurz nach dem Umzug in die größere Atelierwohnung im Winter 1961/1962 (Abb. 123). Es zeigt Maria Hiszpańska-Neumann beim Malen: Aufrecht und bewusst steht die Künstlerin an ihrer Staffelei, in gemessener Entfernung, die ihr linker Malarm überbrückt. Wie auch in der Selbstbildniszeichnung (Abb. 1) lebt sie gewissermaßen zwischen Auge und Hand, zwischen Beobachten, Hineinnehmen des Beobachteten und Gestalten, Heraussetzen. Sie hält Abstand und bleibt als Beobachterin »davor«. Denn Beobachten – das konnte sie. Seien es die Bewegungen und die Anatomie des kleinen Kindes, die anmutige Geschmeidigkeit der Menschen in Ägypten oder das Charakteristische eines Dorfes oder einer Straßenszene. Sie verliert nie den Standpunkt der (liebevollen) Beobachterin, auch sich selbst gegenüber nicht – spricht sie doch in ihren Briefen immer wieder mit Humor von sich in der dritten Person als der »Maus«. Der Abstand des Beobachters schützt sie, die gleichzeitig so stark »aus dem Innern heraus« arbeitet und dabei so viel von sich preisgibt. Denn das ist die andere Seite: sie bleibt nicht nur davor, sondern sie nimmt sich ganz stark in all ihre Werke mit hinein. Die persönliche Lebenserfahrung und Familiensituation,

68 Heute betreibt die Tochter der Künstlerin einen (Waldorf)Kindergarten im alten Atelierzimmer – dass nun Kinder dies Zimmer in Beschlag genommen haben, damit wäre Maria Hiszpańska-Neumann zutiefst zufrieden.

konkrete Erlebnisse oder die eigenen Gesichtszüge fließen in ihr Werk mit ein. In vielen ihrer Menschengesichter steckt sie selber darinnen und in dem androgynen »Urgesicht« mit den typischen gelängten Proportionen erkennt man auch ihre Züge wieder.

Es ist, wie Maria selber sagte: Die Kunst ist ihre »besondere, allerschönste Mission«, eine Mission, die glücken, aber auch scheitern kann. Ihre Kunst ist »immer Beichte«, sie offenbart das Innere ihrer Schöpferin. Maria, mit ihrem feurigen Ernst, ihrer Zartheit und Zähigkeit, wollte alles »leidenschaftlich-persönlich« erleben und sich dabei doch immer mehr über das persönlich Egozentrische erheben, Abstand vom »Alltags-Ich« gewinnen und etwas Überpersönliches sagen. Dieser Anspruch, den sie an sich selber stellte und dem sie im eigenen Erleben so oft nicht genügte, ist ihr Maßstab für das künstlerische Schaffen, mehr als äußere Anerkennung. In aller Bescheidenheit suchte sie künstlerisch ihren *eigenen* Weg zu gehen, und es erschien ihr gegen Ende ihres Lebens, als wanderte sie diesen Weg zumeist allein. Im Herbst 1977 schrieb sie rückblickend an die Kunstkritikerin Dorothea Rapp: »Es ist einem, welcher, wie ich, in einer grossen Einsamkeit seine eigenen Wege zu wandern versucht, manchmal ungeheuer schwer zumute. Dass mich meine eigenen grossen Kinder, und einige guten Freunde manchmal moralisch unterstützen, schreibe ich vielmehr ihrer Freundschaft, bzw. ihrer Liebe zu mir zu, als ihrer Objektivität. Nie konnte ich, oder wollte, irgendeine Mode mit- oder nachmachen. Mit was für Etiketten bin ich nicht von unseren Ton-angebenden Kritikern, und Verbands-Bonzen beklebt worden! »Billige Sentimentalität«, »Literatur«, »banale, oberflächliche Religiosität« und was noch, vor allen Dingen aber »altmodisch«, »unintelligent«, »weit zurück- und stehengeblieben«. Es ist nicht immer leicht, diesen ganzen Spott, diese ganze Missachtung auf den Rücken zu nehmen, und weiter arbeiten, nicht so, »wie es gemalt wird«, sondern so, wie man es in einem angegebenen Momente eben kann. Mal besser, mal schlechter, mal ganz schlecht, und nur in plötzlichen, unerwarteten Momenten einer unverdienten Begnadung – wirklich kräftig und gut. Die Meister des Mittelalters schrieben mehrmals an den Rändern ihrer Werke: »wie ich konnte« [...] Ich würde dasselbe tun, einigermals habe ich auch das gemacht. »Wie ich konnte.« (19.9.1977)

123   Im neuen Atelier

Werk

Künstlerische Positionen

*»Der Mensch war und ist der Zentralpunkt meiner
Interessen; das Psychologische, das Soziale auch von
einem menschlichen (nicht politischen!) Standpunkte aus
betrachtet. Ich kann nicht und will nicht irgendeiner
Propaganda dienen. Ich mag den schematischen
Socrealismus [= sozialistischer Realismus] ebenso nicht,
wie den innerlich leeren, ausgeklügelten Abstraktionismus.
Ich will keiner Mode folgen.« (25. 9. 1959 an Elmar Jansen)*

Selbstbewusst, fast ein wenig kämpferisch vertritt die bald 42-
Jährige hier ihre künstlerische Position. Dabei tritt wieder das
Motiv hervor, den *eigenen* Weg suchen und gehen zu wollen,
unabhängig von allen »Moden«. Dieses Motiv zieht sich wie ein
roter Faden durch Maria Hiszpańska-Neumanns künstlerische
Biographie: »Nie konnte ich, oder wollte, irgendeine Mode mit-
oder nachmachen« formulierte sie fast genau 18 Jahre später
(19.9.1977). Doch vollzieht sich die Suche nach dem eigenen
Weg nicht im luftleeren Raum, sondern im Bewusstsein der Zeit-
genossenschaft, in der Anteilnahme und Auseinandersetzung
mit dem, was künstlerisch und gesellschaftlich in der eigenen
Zeit lebt.

Marias Suche nach der eigenen künstlerischen Position bewegt sich wie jede Kunst im Spannungsfeld zwischen Inhalt und
Form, aber auch zwischen den beiden Polaritäten von gegenständlich und abstrakt, wie es die Kunsttendenzen gerade ihrer
Zeit vorführten. Denn die »Moden«, von denen sie 1959 spricht
und von denen sie sich gleichermaßen absetzt, sind die zwei
Pole der Abstraktion und der realistischen Kunst, die sich besonders in den 1950er Jahren herausbildeten als zwei gegensätzliche Positionen in den politisch sich gegenüberstehenden
Machtblöcken des Westens und des Ostens. Während im Osten
der von der Sowjetunion her kommende, stark ideologisch ge-
färbte »Sozialistische Realismus« das Bild des einfachen, vorbild-
lichen Helden der Arbeit verherrlichte und in den 50er Jahren in
allen sozialistischen Ländern als verbindliche Kunstrichtung ver-
ordnet wurde, eroberte im Westen die gegenstandslose Kunst

als Informel, Tachismus oder Abstrakter Expressionismus die
Kunstszenen Westeuropas und der USA. Auf der einen Seite lag
die Betonung auf dem (hier allerdings ideologisch-propagandis-
tisch vorgetragenen) Inhaltlichen, auf der anderen die Konzentration auf den (Mal)Prozess und die bildimmanenten Mittel wie
Farbe und Form. In Polen allerdings waren der künstlerische und
publizistische Freiraum und der Umgang mit westlichen Strömungen nie so stark eingeschränkt wie in anderen Ländern des
Ostblocks wie beispielsweise der DDR; das Diktat des »Sozrea-
lismus« herrschte in Polen im Grunde nur fünf Jahre, von 1949
bis 1955. Der polnische Konstruktivismus, der schon vor dem 2.
Weltkrieg ein bedeutender Teil der europäischen Avantgarde
war, lebte nach 1955 wieder auf. Eine wichtige Rolle spielte dabei der Warschauer Maler Henryk Stażewski, der ein Kristallisa-
tionspunkt der neuen abstrakten Bestrebungen und zugleich ein
Bindeglied zur Vorkriegskunst war – stand er doch seit den 20er
und 30er Jahren im Austausch mit Piet Mondrian und Michel
Seuphor, war Mitglied international agierender Künstlervereini-
gungen abstrakter Kunst (1924 Mitbegründer der polnischen
Gruppe »BLOK«, seit 1929 Mitglied von »Cercle et carrée«, der
im selben Jahr u.a. von Seuphor gegründeten Pariser Künstler-
vereinigung) und hatte Paris mehrfach besucht. Der Krakauer
Rebell Tadeusz Kantor wiederum brachte von einer Reise nach
Frankreich 1955 die neue ungegenständliche Kunst nach Polen
und integrierte auch andere im Westen aufkommende Kunstfor-
men in sein weit gespanntes Werk. In Warschau wie auch in Krakau etablierten sich neue Galerien als subversive Zentren der
polnischen zeitgenössischen Kunst[69]. Doch mit ihrem Anliegen,
den Menschen ins Zentrum zu stellen, konnte Maria Hiszpańska-Neumann weder dem für sie »innerlich leeren, ausgeklügelten Abstraktionismus« etwas abgewinnen noch der politischen
Vereinnahmung durch den »schematischen Socrealismus«.

69 Siehe auch den Katalog zur Ausstellung: Verteidigung der Moder-
    ne. Positionen der polnischen Kunst nach 1945, vom 5.10.2000 bis
    24.1.2001 im Museum Würth, Künzelsau.

Abstrakte Kunst war Marias Sache im Grunde nicht, auch wenn sie vereinzelt damit experimentierte. Der Zyklus »Ermordete Stadt« (vgl. S. 81 f.) ist zwar ungegenständlich, aber nicht »gegenstandslos« – er hat einen eindeutigen inhaltlichen Hintergrund. In den 70er Jahren entstanden einige wenige abstrakte Farbkompositionen auf Leinwand, ebenso Entwürfe für große abstrakte farbige Glasfenster in einer Warschauer Kirche (»kosmische Gurken« hieß es zuhause)[70]. 1968 bekam sie den Auftrag, eine Wand der Warschauer Michaelskirche als Hintergrund für eine Plastik des Heiligen Joseph zu gestalteten und sie schuf ein ungegenständliches Mosaik. Diese Arbeit machte ihr zwar Freude, gewährte aber keine echte Befriedigung: »Es ist eine Art Improvisation, welche mir – trotzt aller Anstrengungen, welche mit dem technischen Prozess verbunden sind – recht viel Spass macht. [...] Die ganze Arbeit gibt mir keine so tiefen Probleme, wie z. B. der Kreuzweg, zu lösen auf, es ist nur etwas Dekoratives. Hoffentlich werde ich noch in diesem Leben einige mehr problematische Arbeiten machen können.« (17.3.1968 an Elmar Jansen) Wo die Frage nach der Form zum Selbstzweck wird, wird die Kunst für Maria Dekoration. Alles, was ihr »innerlich leer, – oder blass ausgeklügelt« erscheint, hat keinen Bestand vor ihr, denn sie sucht die Aussage, das »Problematische« und die inhaltliche Tiefe. Sie könne ja nicht malen, »wenn sie nicht etwas ganz Bestimmtes herauszumalen hat.« (7.10.1966) Bei den kirchlichen Auftragsarbeiten sei ihr »heisser Wunsch«, die »Menschen von der in der Kirche üblichen, XIX Jhdt.-süsslichen, banalen, sentimentalen Kitschmalerei abzugewöhnen, Menschen beunruhigen, wachrütteln, aufregen, zum Nachdenken bringen.« (2.6.1975) Und das kann sie nur durch die figürliche Kunst. Im Grunde bleibt auch ihre »künstlerische Muttersprache [...] nun mal die menschliche Figur«[71], um mit Ernst Barlach, einer ihrer »grossen künstlerischen Lieben« (26.3.1966) zu sprechen.

Andererseits ist die Frage nach der Form, in die das Inhaltliche gekleidet wird und durch die es überhaupt erst zur *Kunst* wird (im Gegensatz zur Propaganda) eine der ihr wesentlichsten überhaupt. Der Stilwandel nach der Bulgarienreise von 1954 ist vor allem eine Frage nach der Form. Als der Kunsthistoriker Elmar Jansen, mit dem sie nach ihrer ersten Ausstellung in Deutschland 1959 in Verbindung kommt und der ein enger

Freund werden wird, ihr seinen Aufsatz aus der Zweimonatsschrift »Geist und Zeit« zuschickt, antwortet sie ihm am 31.8.1960: »ich freue mich besonders über Ihren Ausdruck »herbe Monumentalität«, womit Sie meine Graphik charakterisieren; es ist mein intensivstes Streben: nach der Synthese und nach der Monumentalität. Jahrelang stak ich doch in der Analyse – ich erlaubte mich nicht, nach der Synthese zu suchen, solange ich noch nicht die analytische, oder: analysierende Zeichnung beherrschte. Meiner Meinung nach man soll erst analysieren um dann nach der Synthese zu streben, sonst ist es zu leicht, innerlich leer – oder blass ausgeklügelt; manchen gelingt eine solche nichtdurchanalysierte Synthese zwar sehr hübsch, ich persönlich empfinde sie aber als ... etwas, wie eine äusserlich hübsche Architektur ohne konstruktiven Sinn darinnen. In der Malerei und Graphik (die doch nur ein Zweig der Malerei ist) soll ein konstruktiver Sinn genau so wie in der Architektur und in der Musik da sein – nur vielleicht nicht so offenbar, wie in der Architektur – mehr verborgen, er muss aber da sein, sonst wird es zur schlechten Photographie, oder zur schlechten abstrakten Kunst; gute abstrakte Kunst muss doch auch innere Konstruktion, Struktur haben. So denke ich – und deswegen strebe ich jetzt, in meinem verhältnismässig hohen Alter, nach der Synthese, d.h. nach der Monumentalität.« Beides – der mehr verborgene »konstruktive Sinn« und der Übergang von der Analyse zur Synthese – wird in den anschließenden genauen Einzelbetrachtungen und in der Gegenüberstellung einzelner Holzschnitte aus dem Motivkreis »Kinder« deutlich zu Tage treten.

Die Herausbildung ihres neuen monumentalen Stils fällt nun gerade in die Zeit, als sich in Polen das Ende der »sozrealis-

70 Das 1977 entstandene Gemälde »Flucht nach Ägypten« ist auf den ersten Blick ein abstraktes Gemälde und erst bei genauerem Hinschauen entdeckt man wie bei einem Vexierbild ganz klein die Figurengruppe, der das Bild seinen Namen verdankt. Ein befreundeter Priester hatte von einer Reise ins Heilige Land Fotos mitgebracht, darunter auch Luftaufnahmen aus dem Flugzeug, die sie zu dem Gemälde inspirierten.

71 Barlach in einem Brief an Reinhard Piper vom 28.12.1911, in: Elmar Jansen Hrsg., Ernst Barlach. Prosa aus vier Jahrzehnten, Berlin 1963, S. 459.

tischen« Ära ankündigt und wieder moderne Tendenzen durchsetzen. In ihr Streben nach Monumentalität können auch die Erfahrungen mit den verschiedenen Ausprägungen der ungegenständlichen Kunst mit einfließen. Auch wenn sie sich davon absetzt, mag doch der »Abstraktionismus« ihren Sinn für die »innere Konstruktion« eines Kunstwerks, die ihrer Meinung nach *gute* abstrakte Kunst haben müsse, geschärft haben.

Die Suche nach der monumentalen Form geht nach der Ägyptenreise in ein vertieftes Stadium. Ein Schlüsselwort dabei ist die Lösung vom Gegenstand unter Wahrung des »Menschlichen«: »Ich versuche es, mich weiter und weiter vom Gegenständlichen zu entfernen, wobei doch das Menschliche darinnen bleibt, – es sind immer menschliche Figuren, nur wird es nach neuen Ausdrucksmöglichkeiten gesucht. [...] Der Ausdruck soll doch durch die Form, mittels der Form errungen werden, der Ausdruck ›an sich‹, Ausdruck ›als solcher‹ ist doch etwas Widerkünstlerisches.« (19.10.1960 an Elmar Jansen)

Wie wichtig ihr das Inhaltliche in der Kunst war, sieht man auch an ihrer Wahl, als Buchillustratorin tätig zu sein. In einer Illustration geht das Bild unmittelbar aus einem gedanklich-erzählerischen Zusammenhang hervor und es wird an zwei Beispielen zu untersuchen sein, wie Maria Hiszpańska-Neumann jeweils die Atmosphäre und den Gedankengehalt einer Erzählung in ihre Bilder umsetzt. Bei einer Illustration handelt es sich immer um eine Art »Übersetzungsvorgang«, um die Übertragung einer Vorlage in ein anderes Medium, wobei der »Übersetzer« beiden – hier der textlichen Vorlage wie auch den Möglichkeiten der Grafik – gerecht werden muss. Die Übersetzung kann sich eng an die Vorlage halten oder recht »frei« sein, die Bilder können stark in die Erzählung eingebettet sein und erst zusammen mit der Erzählung ihren Sinn erhalten oder als ganz eigenständige, unabhängige Schöpfungen bestehen. Als sie an den Vorzeichnungen für ihren letzten, nicht mehr realisierten Illustrationsauftrag zum »Hohen Lied« des Alten Testamentes arbeitete, schrieb sie: »Seit einigen Wochen mache ich mich, so gut es geht, an das ›Hohe Lied‹ heran. Eine wunderbare, eine sehr schwierige Aufgabe. Das ›Hohe Lied‹ kann man ja nicht illustrieren, im üblichen Sinne dieses Begriffes. Man kann nur etwas davon sozusagen ›verbildlichen‹, einige Bilder dazu schaffen, wel-

che – ich weiss nicht vielleicht in einem gewissen Sinne paralell wirken würden, als eine Art Symbole, Zeichen, was weiss ich sonst?« (21.3.1979) Der Begriff der Parallele ist gut gewählt – ist sie doch »identische Distanz«[72], ganz eigenständig und doch genau auf ihr Gegenstück bezogen.

Nicht nur bei diesem Auftrag schuf Maria »Zeichen«. Ein Gedankliches gerinnt in ein Bild, das Bild ist immer auch Bedeutungs-Träger, ein zu Lesendes, nie aber Allegorie – davor schützt sie ihr künstlerischer Sinn und das Ringen um die Form. Mit ihren Fragen nach dem »Menschlichen« berührt sie die Sphäre der Urbilder, der imaginativen, »wahren« und eben nicht »ausspekulierten« Zeichen. Verschiedene dieser »Zeichen« ziehen sich wie Leitmotive durch ihr Werk und verwandeln sich mitunter: der Umhang als das schützend Umhüllende, die Sonne, der Stern, die Flamme, das Kreuz. Ebenso gibt es Themen, die sie ihr Leben lang begleiten: die Kinder, Mutterschaft (später im christlichen Bild der Maria, Mutter Jesu), Leid und Heilung.

Der nun folgende Teil dieser Schrift widmet sich einzelnen Werken Maria Hiszpańska-Neumanns. Dabei wurden Beispiele aus der Druckgraphik, der Malerei und den Wandarbeiten ausgewählt, die einerseits einen Überblick über die Spannweite ihres Schaffens geben und andererseits aber auch in ihrer größtenteils chronologischen Abfolge wichtige Stationen von Marias künstlerischer Entwicklung nachzeichnen. Die Bildbeschreibungen sind der Versuch, die Bilder in Worten »nachzuschaffen« und dabei auf den »konstruktiven Sinn« aufmerksam zu machen, von dem Maria 1960 sprach. Trotzdem zeigt dieser Querschnitt nur eine kleine Auswahl ihres ganzen Schaffens. Besonders aus der Studienzeit und den Nachkriegsjahren ist nicht viel erhalten; sie verschenkte viel, ließ Druckstöcke neu hobeln, auch gingen viele Druckstöcke verloren (die Druckstöcke zum »König Artus« z.B. »sind, leider, wie sonst mehrere Illustrationen–Stöcke, in der Druckerei auf ewig verschwunden« (3.6.1965)). Die Auswahl ist dennoch repräsentativ und umfasst viele von den Werken, die Maria selber in einer brieflichen Zusammenfassung ihres Wer-

72 Der Ausdruck stammt von Gottfried Boehm in: Paul Cézanne. Montagne Sainte-Victoire, Frankfurt/M. 1988, S.66.

kes als wichtig erachtete. In einem im Juni 1975 an Elmar Jansen gerichteten Brief beschreibt sie ihren künstlerischen Weg und ihre Ziele nach der Ägyptenreise:

»Eine tiefgreifende Wandlung des sogenannten ›künstlerischen Weges‹ der Maus war da. ›Das ägyptische‹ war vor allen Dingen das Biblische. Es ging sonst einfach nicht ins Holz hinein. Stein, Sand, Sonne, das lässt sich in eine Holzschnittsprache nicht übersetzen. Es musste nach ganz anderen Ausdrucksmöglichkeiten, nach anderen Materialien gesucht werden. Papier, mit Klebstoff und Sand grundiert, Wasserfarben, Temperafarben, Suchen nach mauer- und roh-stein-artigen Oberflächen, nach farbigen Flecken, nach einer immer mehr und mehr synthetischen, sparrsamen Zeichens- und Gestaltensweise. Danach kamen Proben mit Glasmosaik, Mischungen von Mosaik und Halbrelief aus Gips, Sand u. Klebstoff, usw. Das Religiöse, welches seit vielen, vielen Jahren innegehalten war (eine sehr komplizierte Geschichte mit verschiedenen, scheinbar einander ausschliessenden Stadien und Zwischenstadien) fing an, zum Ausdruck zu kommen. Der heisse Wunsch der Maus war: Bilder religiösen Inhalts in einer neuen Form auf die Menschen wirken zu lassen, Menschen von der in der Kirche üblichen, XIX Jhdt.-süsslichen, banalen, sentimentalen Kitschmalerei abzugewöhnen, Menschen beunruhigen, wachrütteln, aufregen, zum Nachdenken bringen. Es gab lange Schwierigkeiten.« Als wichtige Arbeiten nennt sie die 12 Gralsritter, verschiedene Werke, die für die Franziskaner-Kapelle in Warschau entstanden (das Abendmahl, der Kreuzweg, die »traurige Gottesmutter«): »Ein ziemlich starkes ›für‹ und ›gegen‹ unter den Gläubigen und unter dort zu Besuch kommenden Geistlichen, ein bisschen Krach und Lärm, einige Priester von der Mäusearbeit stark angesprochen.« Des Weiteren erwähnt sie neben weiteren Arbeiten in Kirchen in Warschau, Góra Kalvaria und Lublin vor allem die »Auschwitzkapelle«, das Apsismosaik des Auferstandenen und den Kreuzweg in Zbylitowska Góra, »in den Jahren 1972–74 etwa 20 Ölbilder ohne Auftrag, oder Bestimmung, so ›für sich‹« – dazu gehört der hier betrachtete »David« – und als grafische Werke Tristan und Isolde, das Kudrun-Lied, die Pannonischen Legenden, drei altisländische Sagen. »Noch etwas: 1964 – der Zyklus ›Ermordete Stadt‹, im Andenken an Warschau 1944, [...] 1967 – ›Die Geschichten Jaakobs‹, zuerst als Illustration für Thomas Mann gedacht, ohne Auftrag, ins Leere. 9 Schwarzweissholzschnitte. Das wäre ungefähr das Wichtigste.« (2.6.1975)

Verfolgen wir nun ihren künstlerischen Weg anhand der Betrachtung einiger dieser »wichtigsten« Werke.

I DRUCKGRAPHIK

Marsch mit Ziegelsteinen
1947, Radierung, 25 x 20 cm

Das Bild, sonst bekannt unter dem Titel »Marsch mit Ziegelsteinen«, beschriftete Maria Hiszpańska auf diesem Abzug als
»›Steineträgerinnen‹ aus dem KZLager«. Es gehört zu dem Zyklus der vier Radierungen »Frauen in Ravensbrück«, mit denen
die Künstlerin die Verarbeitung der Lagererlebnisse äußerlich
abschloss. Während die anderen drei Motive Kaltnadelradierun-
gen sind, arbeitete Maria Hiszpańska hier mit Säure. Verglichen
mit noch erhaltenen Zeichnungen aus der Lagerzeit, von der
sich eine im Nationalmuseum in Warschau befindet – sie zeigt
drei Steine tragende Frauen – ist die Bildaussage in der Radierung durch die formalen Mittel stark verdichtet:

Aus der rechten oberen Ecke ergießt sich ein Strom schwan-
kender Frauen, stürzt auf den Betrachter zu und füllt unten die
ganze Bildbreite aus. Die Frauen schleppen alle bis zu drei der
großen, schweren Ziegelsteine, die für den Bau der Häuser der
SS-Angehörigen verwendet wurden – eine wenig sinnvolle Weise, Baumaterial zu transportieren, aber sehr wohl geeignet, die
entkräfteten Frauen zu schikanieren. Sie tragen die Steine auf
verschiedene Weisen: vor sich her auf beiden Armen, seitlich
unter dem Arm, auf dem Rücken. Von keiner der Frauen sieht
man Beine oder Füße, alle Kraft konzentriert sich auf die Anstrengung des Schleppens, so wie man beim Tragen großer,
schwerer Lasten seine Beine nicht sieht und nicht spürt, nicht
weiß wohin man tritt. Der Strom der Tragenden hat kein Anfang
und kein Ende: von der Frau ganz oben sieht man nur Hände
und Steine, von denen unten nur Köpfe und Steine. Während
des Schleppens weiß man nicht, wie lange man noch weiter
muss, wie lange man die Steine noch tragen kann. Die Gegenwart dehnt sich ins Unendliche, die Mühsal hat kein Ende und
die Frauen sind doch schon am Ende ihrer Kraft, nur noch vorwärts geschoben vom Strom aller Mittragenden. Keine kann
mehr aufrecht gehen, ihre Köpfe sind unterschiedlich geneigt,
nach rechts, nach links und ihre von den Steinen oft verdeckten
Körper wie die Ziegellagen in die Diagonale gespannt. Auch das
erzeugt den Eindruck des Schwankenden, Bodenlosen. Dazu

kommen die müden, von der Mühsal gezeichneten Gesichter –
offenen Auges kann hier keine mehr gehen. Begleitet wird der
Strom der Tragenden von diagonalen Streifen, die die »freie« linke obere Bildseite füllen und die Richtung des Stromes verstärken. Je länger man schaut, desto größer wird die Dynamik und
die Wucht, mit der sich der Strom nach unten ergießt und verbreitet und den Betrachter mitzureißen droht wie ein Wasserfall – ganz nah ist der Bildausschnitt, ganz dicht die Frauen. Die
Steine in ihrer schrägen, unbequemen Blockhaftigkeit ziehen
die Frauen wie ein Gewicht nach unten.

Das ganze Bild ist in Grautönen gehalten, aus denen sich
flackernde hellere Partien herausheben – hier ein Gesicht, da
eine Schulter, ein Kopftuch – oder dunklere Partien in den
Schatten treten. Schwarze Linienbündel konturieren und plasti-
zieren die Grauflächen in die Gegenständlichkeit, die trotzdem
immer eine gewisse Unschärfe behalten. Es ist wie ein Auftauchen in die Individualität, in die Dinghaftigkeit, und gleichzeitig
wieder ein Absinken, ein Versinken in dem grauen Strom der
Mühsal.

124   »Steineträgerinnen« aus dem KZLager

„Steineträgerinnen" (Radierung) 1947
aus dem KZ Lager

Frühe Holzschnitte und -stiche

Aus dem Zyklus »Das alte Warschau« von 1952/3:

Dawna Warszawa – zaułek (Winkel),
1952, 11 x 9 cm

Dawna Warszawa – podwórze na Podwalu (Altes Warschau – Hof an der Podwale),
1953, 10 x 7 cm

Aus dem »Sandomierz«-Zyklus von 1951:

Sandomierz, Synagoge, 1951, 12 x 17 cm

Zamość – ul. Ormiańska, 1953, 11 x 7 cm

Maria Hiszpańska-Neumanns frühe Holzschnitte bzw. –stiche sind kleine Kostbarkeiten – Meisterwerke an technischer Virtuosität und handwerklicher Perfektion, eine auf engsten Raum gebannte Fülle, Leben und Atmosphäre. In den manchmal nicht größer als 7 mal 10 cm messenden Blättern stecken Geschichten aus längst vergangenen Welten, Milieustudien aus der polnischen Provinz und aus dem untergegangenen alten Warschau. Windschiefe Dächer, Fenster und Türen, wackelige Holzstiegen, enge Hinterhöfe, Gässchen und dicke Mauern erzählen von Orten und Plätzen, die es so nicht mehr gibt: die Ormiańska-Straße in Zamość, die Podwale, eine Straße in der Warschauer Altstadt, im Jahr 1841. Und immer wieder sind da die Straßenmusikanten und die Kinder (Abb. 125).

Auch in dem engen, baufälligen Hinterhof in der Podwale, eingerahmt von einem geschlossenen Torbogen, spielt ein Geiger. Das kleine Kind, das ihn begleitet, hält die Mütze erwartungsvoll in der Hand und späht nach oben, ob sich wohl hinter den Fenstern jemand zeige, den das Geigenspiel rührt und der ein paar Münzen hinunterwerfen würde. Mit seiner Mütze könnte es sie fangen. Aber nur ganz hinten, fern unter einem offenem Torbogen sichtbar, geht eine Frau vorüber, sonst regt sich keine Menschenseele, nirgends.

Die beiden Menschen wirken klein in dem sich auftürmenden Geschiebe von Torbögen, Dächern, Holzbalkonen, Fenstern und Türen. Dieses Geschiebe lässt keinen Platz für den Himmel; zwar ist es pittoresk, aber es bedrückt auch und zeigt die Enge, das Baufällige. Wohl hat das kleine Bild Festigkeit und Struktur: Abwärts führende Regenrinnen und Hauskanten geben die Senkrechten, Holzlatten und Geländer die Waagerechten, fluchtende schiefe Dachlinien und Balkongeländer eine Vielzahl kürzerer und längerer Diagonalen. Diese größeren Richtungswerte fügen sich so mit den dichten, unglaublich feinen und reich variierten Binnenschraffuren zusammen, dass eine verzahnte, vielgliedrige, eng gewebte Bildfläche mit losen und festen »Fäden« entsteht, – die Spiegelung einer kleinen, fest gefügten Welt. Keine der Linien, auch nicht die längste, ist richtig gerade; die kühle Anonymität der industriellen, standardisierten Welt hat in die kleinteilige, schiefe und krumme Warschauer Altstadt des 19. Jahrhunderts noch keinen Einzug gehalten. Doch Wärme und Licht sind trotzdem rar. Es fällt zwar Licht von schräg hinten links ins Bild, beleuchtet die Figuren und wirft deren Schatten auf das helle Pflaster, aber ein Licht-Weben, eine Helligkeit ist gerade nicht zu spüren. Das Schwarz dominiert und vermittelt mit der Düsternis auch ein wenig Trostlosigkeit.

Heiterer und freier geht es in einem »Winkel« (Abb. 126) des alten Warschau zu. Da spielt ein groß »be-huteter« Leierkastenmann vier kleinen Kindern etwas vor. Wie in dem frühen Holzschnitt »Musikanten« von 1937 sind es die Kinder, die aufgeschlossen sind für das Reich der Musik, das da in ihre kleine Welt hereindringt. Sie lassen sich verzaubern, denn sie können staunen und zuhören, sie haben Zeit. Orientierung und Geborgenheit gehen auch von dem durchdachten Bildaufbau aus, den selbst solch ein miniaturhaftes Werk besitzt. Es ist zwar alles schief und krumm, aber wohl platziert: ein kleines Stück fluchtender Straße läuft auf einen geschlossenen Torbogen zu, und so ist eine nach links unten verschobene »Mitte«, ein Focus entstanden, vor dem auch der Leierkastenmann steht. Sein Kopf bildet mit den Köpfen der umstehenden drei Kinder ein Dreieck,

125 Altes Warschau – Hof an der Podwale

das sich der Straßenflucht genau anpasst, ihre Füße haben eine gemeinsame »Bodenlinie«, die sozusagen die Basis dieses Dreiecks aber auch die untere Begrenzung des ganzen Bildes ist. Die schief in den Angeln hängende Tür vorne und vor allem die konkav gebogenen Hauswände formen eine Art schützender Klammer rechts und links um die darin stattfindende Szene. Durch die verzogenen, unregelmäßigen Dächer, die wie verknautschte Kappen auf den Häusern sitzen, durch die schiefen Wände verlieren die Häuser die Genauigkeit architektonischer Konstruktionen und gewinnen etwas Wesenhaft-Lebendiges, fast als hörten auch sie der Musik zu; eigen-artige, etwas schrullige Gesellen. Hinter den Dächern, über dem Torbogen wächst als tatsächlich Lebendiges ein Baum – so groß und frei, wie er es dicht umgeben von Häusern eben vermag.

Neben den Holzschnitten aus dem alten untergegangenen Warschau schuf Maria Hiszpańska-Neumann einfühlsame, dra-

126 Altes Warschau – Winkel

matisch-alltägliche Holzschnitt-Portraits von Örtchen aus der polnischen Provinz. In den frühen 50er Jahren verbrachte sie Ferien in Südostpolen und füllte ihre Skizzenbücher mit Ansichten von Städtchen und Menschen. Erträge dieser zeichnerischen Streifzüge zeigten sich später in Holzschnitt-Zyklen und graphischen Kleinodien.

In den hier abgebildeten Szenen aus Zamość und Sandomierz geht es nur vordergründig alltäglich-beiläufig zu. Die Menschen – eine Alte am Stock, schwatzende Frauen, Kinder – sind wie nebensächlich ins Bild gesetzt, klein und eher am Rande. »Hauptpersonen« sind die Gebäude, aber auch der Himmel; ein merkwürdig dunkler, dramatisch bewegter Himmel, unter dem die Gebäude in scharfem Hell-Dunkelkontrast hervortreten. Sich ballend, drängend, aufstrebend ziehen die Wolkenbänder dahin, bringen Unruhe und eine beklemmende Düsternis. Der Hintergrund drängt in den Vordergrund; in den dicht gesetzten, feinsten, welligen Schraffuren hinterlässt der Himmel seine Fingerabdrücke. Über der Synagoge in Sandomierz sind die feinen Linien nicht schwarz auf Weiß, sondern weiß im nächtlichen Schwarz – eine dunkel bewegte Folie für das wie ein Schiff im Sturm hell in den Himmel ragende Gebäude der alten Synagoge. Hoch erhebt diese sich auf einem Hügel. Als Betrachter sehen wir sie in Untersicht, wie auch die Frauen unten rechts sie sehen würden, wenn sie hinschauten: ein »hohes Haus«, das doch von vergangener Pracht erzählt. Der Putz an der Fassade ist schon fast ganz abgeblättert, Fenster stehen offen und lassen Wind und Wetter ein. Spitz und schwungvoll, sozusagen mit Anspruch ragt das pagodenartig aufsteigende Dach in den Himmel, aber so recht kann es nicht mehr schützen oder repräsentieren. Exponiert, bedeutungsvoll steht die Synagoge da oben auf ihrem Hügel und ist doch den Elementen und dem Zahn der Zeit preisgegeben, denn es nutzt sie niemand mehr. Die polnischen Juden, die in so manchem Städtchen im Osten Polens einen Großteil der Bevölkerung ausmachten und mit ihrer Kultur die Atmosphäre dieser Orte prägten, gibt es nicht mehr: sie sind ausgerottet, umgekommen bei Massakern, in den Ghettos und in den Vernichtungslagern des »Dritten Reiches«. Zu dem Eindruck des Vergänglichen, Unsicheren, trägt auch der Boden bei: In langen, wellenden Stufen fließen die Linien links

127 Zamość, ul. Ormiańska

den Hügel hinab als wäre da ein Fluss, ein Wasserfall und ist doch nicht einmal ein richtiger Weg. Ein kahler, düsterer Baum steht links an einem Erdabbruch und bohrt seine gekappten Äste in den Himmel. Er verbindet die Bildgründe, gibt aber auch keinen Halt mit seinen ausfließenden, ins Nichts der weißen Bildfläche ragenden Wurzeln.

Von all dem scheinen die drei Menschen unten rechts nichts mitzubekommen. Durch sie bekommt die fast surreal belebte Umgebung einen Anstrich des Alltäglichen: Da ist eine hochschwangere Frau mit einem Eimer in der Hand und einem Kind an ihrer Seite, die sich einer anderen Frau zuwendet. Auf ihren eigenen Eimer gestützt sitzt diese an einem Hangabbruch und ruht sich aus. Ein kleiner nachbarlicher Schwatz, eine Begegnung vielleicht beim Wasserholen, geteilte Mühen in einem entbehrungsreichen Leben – Schuhe tragen sie alle drei nicht, und die Mühen der weit vorgeschrittenen Schwangerschaft zumindest sind mit sicherer Hand eingefangen in der ganzen Rückenlinie, dem durchgebogenen Kreuz der Frau. (Maria selber war 1951, im Entstehungsjahr des Holzschnittes, mit ihrem zweiten Kind schwanger.) Ob in der Schilderung der verlassenen, ruinösen Synagoge verbunden mit der Gleichgültigkeit bzw. dem

Nicht-Beachten durch die Lebenden noch etwas anderes als die reine Milieuschilderung aufscheint? Welchen Stellenwert hätte dieses kleine Bild innerhalb der gerade erst begonnenen Aufarbeitung des Themas »Polen und seine Juden«?

Diese kleinen unscheinbaren Blätter sind fein beobachtete Milieustudien, aber auch »Portraits« von Städtchen und Straßen im Ursprung des Wortes »pro-trahere«: Ein Hervor-Ziehen, ein Sichtbarmachen des Wesenhaften, dem man begegnet. In ihnen schuf Maria Hiszpańska-Neumann nicht nur Ansichten, sondern »Gesichter« von Orten, in denen Seelisches lebt.

Aber auch vom Technischen her kann man immer wieder nur staunen über die Feinheit, Reichhaltigkeit und Präzision des Stichels. Maria beherrschte nicht nur den Schwarzlinienschnitt des herkömmlichen Holzschnitts, bei dem mit Werkzeugen wie Messern, Hohleisen etc. die nicht druckenden, also weißen Teile herausgeschnitten und die druckenden Teile als Stege stehengelassen werden, sondern auch den Holzstich. In das quer zur

Faser geschnittene, harte Hirnholz (meist aus Buchsbaum) werden wie in eine Metallplatte mit dem Stichel Linien in das Holz eingeritzt, die im Druck als weiß im Schwarz erscheinen, z. B. im Himmel über der Synagoge von Sandomierz. Die hier abgebildeten Werke zeigen Maria auf dem Höhepunkt ihres technischen Könnens in Bezug auf die Faktur, die reich differenzierte Art der Oberflächenbearbeitung. Wie eine Goldschmiedin fertigt sie in geduldiger Feinarbeit Kleinodien in Holz mit Linien so fein, als ob sie nicht von Menschenhand gemacht wären.

128/129 Die Synagoge von Sandomierz

Die Welt der Kinder

Seltsames Licht
1948, Holzschnitt, 17,7 x 14,7 cm

Auf einer Reise ins Podhale, einem Hochland in der polnischen Tatra, entstanden viele Motive aus dem Leben der dort ansässigen Goralen, vor allem wieder der Kinder. Einem recht ärmlichen Leben muss Maria dort begegnet sein, zumindest zeichnet sie es so in dem 1948 entstandenen »Podhale-Zyklus« mit Szenen wie dem »Erloschenen Ofen« oder der »Traurigen Kindheit«. Auch der Holzschnitt »Seltsames Licht« erzählt von einer Begebenheit, die Maria in einem Dorf im Podhale beobachtet hat, wie ihre Tochter erzählt.

Vor dunkel und steil aufragenden spitzgiebligen Holzdächern steht eine Gruppe von Kindern verschiedenen Alters zusammen und bestaunt das Licht, das seltsam und weich wie Regen einen ungewohnten Strahl in ihre Mitte sendet. Gebannt, ratlos und fast verängstigt stehen sie vor der unbekannten Lichtquelle, die auch dem Betrachter unsichtbar bleibt, weil sie durch einen schwarzen Balken am linken Bildrand verdeckt wird – es ist die erste Straßenlaterne des Dorfes. Hinten geht ein großer Mond auf – nein, eher versinkt da die Sonne, empfangen in den Armen von wellenartigen Wolkenbändern, die rhythmische Halbkreise über den Himmel ziehen wie die Spuren eines ins Wasser geworfenen Steines, der auf der Oberfläche zitternde Kreise malt.

Das kleine Bild erzählt von der Reaktion der Kinder auf dieses unfassbare, neuartige Licht: Das allein und ganz aufrecht stehende Mädchen vorne links scheint noch recht selbstsicher, die beiden kleinen Knirpse hinter ihr sind voll offenen Staunens, zwei größere Kinder neben ihnen stehen wie gebannt. Drei Kinder drängen sich unter einem sie alle umhüllenden Umhang dicht zusammen, als wenn sie beieinander Schutz suchten und sich am liebsten verbergen würden. Reglos stehen einzelne Kinder im Hintergrund, unter ihnen eine größere Gestalt in einem Umhang, vielleicht eine Frau, die ihren Kopf und Blick gesenkt

hält. Die Gesichter sind mit sparsamsten Strichen bzw. großen Punkten angedeutet, die Köpfe breit und rund, so dass das kindhafte Staunen zum Ausdruck kommt, gleichzeitig aber ein Element der Verfremdung bleibt.

Die ganze Szenerie mutet surreal, fast beunruhigend an: da sind die dicht gestaffelten Giebeldreiecke der fensterlosen Behausungen, mehr nur wie geometrische Körper, die mit ihrem Zickzack die obere Bildhälfte bestimmen – mit den von der gebogenen Bodenlinie abgeschnittenen Dachkanten erscheinen sie eigentümlich groß und unverortbar; da ist der in großen Schwüngen die Kinder umkreisende Boden, der seitlich von ihnen herabzustürzen scheint und keine sichere, feste Standfläche bietet; da ist der in Schwingung geratene Himmel und letztendlich die verborgene Lichtquelle, die nicht etwa wie eine gewöhnliche Straßenlaterne ein diffuses Licht überallhin verbreitet, sondern einen luftigen, aber gerichteten Strahl aussendet und starke Schlagschatten wirft. Doch die wiederum treten ganz unnatürlich nur bei einigen Figuren auf. In der Hell-Dunkel-Verteilung überwiegt das nächtlich Düstere. Das Unheimliche der Dämmerstunde wird durch das Licht der Straßenlaterne nicht vertrieben, sondern eher noch verstärkt, weil das »Nicht-Verstehen« hinzukommt.

Es ist ein verunsicherndes Bild, zumal auch die Betrachtenden nicht auf den ersten Blick erkennen können, was hier eigentlich vorgeht. Im Anschauen stellen sich Befremden und Ratlosigkeit ein: man ist verunsichert und sucht nach einer Erklärung genau wie die Kinder, die das neue und deshalb noch halb beängstigende Phänomen erst in ihre Welt einordnen müssen. Ein von selbst leuchtendes Licht auf der Straße, wo es doch in den einfachen Bauernhäusern meist keine andere Lichtquelle als Petroleumlampen oder Kerzen gibt! Das Bild entbehrt nicht einer gewissen Ironie: Da erreicht die Zivilisation diesen merkwürdigen Fleck Erde, soll Erleichterung und Sicherheit bringen, aber für die Kinder bewirkt es erst einmal genau das Gegenteil. Bringt nicht jeder Fortschritt der Zivilisation Faszination und Schrecken zugleich?

"Dziwne światło", drzeworyt, 1948

130   Seltsames Licht

Kinder und Sterne
1957, Holzschnitt, 45 x 29,5 cm

Wieder ein seltsames Licht, wieder ein paar Kinder, die es bestaunen – und doch, wie anders sind hier die Stimmung, der Aufbau und die formalen Mittel verglichen mit dem »Seltsamen Licht« von 1948. Größer sind seit Mitte der 50er Jahre nicht nur die Formate, Größe entsteht nun durch Einfachheit, durch Vereinfachung der Formen und der Oberflächenbehandlung des Holzstocks. In Marias Worten: sie »analysiert« nicht mehr, sondern strebt »nach der Synthese, d.h. nach der Monumentalität.« (31.8.1960) In diesem Holzschnitt gibt es keine irreal anmutende Genreszene, keinen Bezug zu einem soziokulturellen Hintergrund, sondern eher ein ins Urbildliche, eben ins Monumentale gewendetes Motiv: drei Kinder nur, das älteste könnte ein Junge sein, daneben ein etwa gleichaltriges Kind, vielleicht ein Mädchen, mit dem typischen, den Kopf umhüllenden Umhang, und ein kleineres Kind – sie stehen da wie eine kleine Familie. Das größte Kind hat seine Hand schützend auf die Schulter des Kleinen gelegt, während das hintere mit einem großen Zeigefinger auf den Himmel weist, woher das Licht kommt und wohin aller Blicke gerichtet sind. Und da ist tatsächlich ein merkwürdiges Gestirn – eigentlich müsste es der Mond sein, denn es ist Nacht und kleine Sterne stehen in der Schwärze des Himmels. Doch dieser Mond hat eine sonnenhafte Kraft, sein Licht durchpulst in konzentrischen Viertelkreisen den schwarzen Nachthimmel – wie eine nächtliche Sonne. Aus den Lichtkreisen löst sich mittig in feinen weißen Schraffen ein milchiger Strahl, der direkt zu den Kindern dringt.

Diesem »Lichtwunder« sind die Kinder mit ihren hochgereckten, untersichtigen Köpfen ganz hingegeben. Diesmal aber ohne Ratlosigkeit, Misstrauen oder Scheu, nur in kindlichem, offenem Staunen. Die runden Gesichter, die mit wenigen lapidaren Formen gezeichneten Augen, Nasen und Münder geben in ihrer Einfachheit die Größe dieses aufwärts gerichteten Staunens. Eigentlich können die Kinder das Gestirn so gar nicht sehen: Dadurch, dass sie ganz vorne, frontal, am Bildrand zu sehen sind, scheint das Licht eher hinter ihnen zu sein. Doch sie sehen oder schauen es trotzdem, so als erlebten sie im Lichtwunder des nächtlichen Gestirns ihre eigene »Weihnacht«.

Das Aufeinanderbezogensein von Kindern und Gestirnen kommt auch formal zum Ausdruck: da ist das Runde, der Kreis, in den drei Köpfen und dem Mond gleichmäßig über die Bildfläche verteilt – einer unten, zwei in der Mitte, einer oben. Da sind die sich dehnenden Viertelkreise des Lichtes oben und wie als abgeschwächtes Echo die geschwungenen Formen im Gewand des kleinsten Kindes unten. Und die Sternstrahlen oben tauchen groß in der unteren Bildhälfte in der Hand des Jungen mit den gespreizten Fingern wieder auf. Die Hand fügt die Kindergruppe zum Kreisgebilde und hält sie stabilisierend am unteren Bildrand fest. Dem Aufstrebenden unten antwortet das Herniederströmen von oben: den schräg aufsteigenden parallelen Linien im Gewand des Mädchens und in ihrer Hand entsprechen als Antwort die feinen Linien des Lichtstrahls. Die einzigen waagerechten Linien finden sich wie eine Art Spiegelachse oder Waage in der Mitte links und geben der Komposition Ruhe und Stabilität. »Ausgewogen« sind auch Hell und Dunkel: die linke helle untere Ecke, als Kontrast zum dunklen Ärmel des Jungen, korrespondiert mit der Helligkeit des Mondes rechts oben; die Nachtschwärze links ist unten in den Gewändern der großen Kinder zu finden.

Die Komposition ist sicher gefügt, das Fremde, Große darin aufgehoben ohne zu verunsichern. Im Gegenteil, das offene Staunen der Kinder lässt die Wunder des Sternenhimmels voll in sie ein. Aus dem ganzen Holzschnitt spricht, welche Realität und Kraft der Sternenhimmel für sie hat. Einfach und groß ist der Holzschnitt – so einfach und groß wie das Staunen eines Kindes[73].

73 Mit diesem Bild gewann sie den Zweiten Preis innerhalb eines graphischen Wettbewerbs im Rahmen der Internationalen Buchkunstausstellung in Leipzig 1959. Vgl. Elmar Jansen, Messe des schönen Buches. Rundgang durch die Internationale Buchkunstausstellung in Leipzig. In: Neue Zeit, 5.8.1959. Und ders., Die gemeinsame Botschaft der Künstler. Graphik zum Thema ›Frieden der Welt‹. In: Neue Zeit, 12.8.1959.

131 Kinder und Sterne

Kinder und Stadt
1947, Holzstich, 13 x 10 cm

Zwei Kinder sitzen auf einer schmalen steinernen Bank oder Mauer, beide in weite Umhänge gehüllt. Direkt hinter ihnen ragen Gitterstäbe auf, die den Blick freigeben auf eine dunkle hohe Hauswand mit zackiger, schiefer Dachsilhouette und wenigen schrägen Fenstern. Das Gitter ist hoch – die Stäbe reichen bis an den oberen Bildrand und durchschneiden eine riesige, tief stehende Sonne zwischen den Giebeln. Der Tag scheint sich zu neigen: hinter manchem Fenster ist schon das Licht angegangen. Die Sonne ist so groß und spendet doch kaum Licht; die dämmrige Düsternis, die über der Szenerie liegt, vermag sie nicht zu vertreiben.

Der Blick wandert immer wieder zu den beiden Kindern im Vordergrund. Links sitzt das ältere Kind mit langen, dünnen Armen und Beinen, die weiß aus dem Dunkel der Kleidung hervortreten. Den einen Arm hat es auf die Oberschenkel gelegt, wie in Gedanken versunken stützt es mit der anderen Hand den gesenkten Kopf, von dem nur schwarze Schatten die niedergeschlagenen Augen und die Nase andeuten. Das Kind rechts ist pummliger und kleiner, mit seinen Beinchen reicht es noch nicht einmal bis zum Boden. Sein schief geneigter Kopf aber ist so groß und schwer, als ob es Mühe hätte, ihn unter der voluminösen Kapuze überhaupt zu tragen. Mit merkwürdig weit auseinander liegenden Augen und trübem Blick schaut es zum Betrachter.

Was machen die Kinder hier nur? Sie wirken fehl am Platz, wie ausgesetzt. Da sitzen sie in ihren merkwürdigen, großen Umhängen, die sie gar nicht auszufüllen vermögen – selbst in dem, was doch Schutz und Hülle geben könnte, wirken sie verloren und voneinander wie auch von der Umgebung isoliert. Das kleine Kind neigt seinen Kopf, als versuchte es ein Anlehnung, doch umsonst, sein Nachbar reagiert nicht. So nah die Kinder beieinander sitzen, haben sie doch nichts miteinander »zu tun«, ein jedes scheint in seine eigene Traurigkeit versunken. Trostlosigkeit nistet nahezu überall: nirgends eine Pflanze, ein Tier oder andere Menschen, da ist kein Leben, kein Spiel. Wie

und wo sollten die Kinder auch spielen? In die Umhänge können sie sich vielleicht verkriechen, aber spielen, sich bewegen können sie damit nicht. Und das Gitter trennt den Raum hinter ihnen ab, sperrt sie aus. So sitzen sie einfach da, lethargisch und teilnahmslos.

Die hier gezeigte Stadt ist kein »Lebens-Raum« für Kinder. Und doch, rein von der Komposition her sind die Kinder und die Gebäude durchaus fein aufeinander bezogen. Die Silhouette der Häuser oben wiederholt die Silhouette der Kinder in ihren Umhängen unten: zwei Dachspitzen erheben sich über den Köpfen der Kinder, links der höhere, rechts der niedrigere, dazwischen ein Schornstein. Die unregelmäßigen Gevierte der Fenster und des Gitters haben ein Echo im Rechteck, das die Arme des Älteren bilden. Und ist es nicht ein wenig tröstlich, dass gerade über den Köpfen der Kinder das Licht in den Fenstern angegangen ist? Erleuchtet sind zwei Fenster über dem größeren, eins über dem kleineren Kind. Wenigstens dies lässt auf die Anwesenheit von Menschen schließen; die anderen, schwarzen Fensterflächen dagegen blicken wie tot. In den beiden Kindern im Vordergrund vereinen sich größte Dunkelheit und Helligkeit; die dunkle Hauswand wiederum hellt sich zu den Kindern hin auf, umgibt sie wie mit einem leisen Schein und bestärkt gleichzeitig ihre Dunkelheit und Ausgrenzung.

Nicht nur die ausgewogene Komposition, auch die reich differenzierte Oberflächenbehandlung und die präzise feine Strichführung können wieder die Aufmerksamkeit fesseln. Beides verleiht dem Holzstich trotz seiner Düsternis eine herbe Schönheit. Besonders die große Fläche der Hauswand wirkt graphisch lebendig und vielfältig mit den kurzen, in verschiedene Richtungen verlaufenden Schraffuren, ohne dass aber der Eindruck der einheitlichen Fläche gestört wird. Belebt wird die Fläche auch durch die Fenster, von denen keines dem anderen gleicht.

Dieser Holzschnitt ist im zweiten Jahr nach Kriegsende entstanden. Man meint darin Erinnerungen an die Trümmerlandschaft des zerstörten Warschau, an Zeiten der Not und der Heimatlosigkeit zu spüren – eine Zerrüttung, die sich bis in die Seelen der Kinder hinein fortfrisst. Nicht einmal einander können sie Trost spenden.

132   Kinder und Stadt

Zwei Mamas
1955, Radierung, 21 x 25 cm

Auf einer bordsteinartigen Stufe sitzen einander zugekehrt zwei Mädchen in ihr Spiel versunken; die linke hat eine Puppe, die rechte einen Teddy. Beide nehmen fast die ganze Bildfläche ein, lassen nur Platz für ein wenig Mittelgrund: ein kurzes Stück Weg, vielleicht ein Bürgersteig, der von einem Maschendrahtzaun begrenzt ist. An dessen Streben halten sich zwei kleine Jungen fest und schauen, mit dem Rücken zum Betrachter, interessiert durch den Zaun auf den nicht weiter erkennbaren Hintergrund.

Die ruhige Waagerechte des Bordsteins und der Wegfläche in der unteren Bildhälfte bildet die Basis für die klaren sechs Senkrechten der Zaunstreben, die das lebhafte Geflecht der rautenförmigen Maschendrahtfelder halten. Diese ruhige Gehaltenheit, der klare Bau des Grundes lässt allen Raum und alle Aufmerksamkeit für die zwei Mädchen, die in ihrer Haltung, in den Linien ihrer Rücken, Ober- und Unterschenkel die Diagonalen der Rauten als große Form vorgeben. Ganz versunken in ihr Mutter-Spiel sind die beiden Mädchen. Die linke hält ihre Puppe auf dem Schoß, die rechte setzt gerade ihren Teddy zur Puppe der Freundin. Sie sind in der Sorge um ihre »Kinder« so zueinander geneigt, dass sich ihre Knie fast berühren, ebenso ihre Köpfe. Dabei bilden sie einen geschützten (wieder rautenförmigen) Innenraum, in dem sie ihre Kinder versorgen. Hingabe, Fürsorge, Umhüllen, Schützen – die kleinen Mädchen entfalten schon die Gesten der Mutter. Die Zweisamkeit wird noch durch Wiederholung betont: zwei Mädchen, zwei Puppen, die zwei Jungen hinten. Mit einem Schmunzeln zeichnet Maria aber auch einen Unterschied zwischen Mädchen und Jungen: die zwei »Mamas« sind in ihrer Fürsorge nach innen gewandt, während die beiden Steppkes mit ausgebreiteten Armen am Zaun stehen und nach draußen, in die Welt, schauen.

Die ruhige Konzentration wird unterstützt durch die einheitliche Flächengestaltung und eine kräftige, aber sparsame Schattenmodellierung: ein ungemustertes graues Kostüm, ein helles Kopftuch, ein weißes Mäntelchen. Alles wirkt beruhigter als bei vorigen Bildern mit ihrer reich differenzierten Oberflächenstruktur. Das liegt vor allem an der unterschiedlichen Technik – es handelt sich hierbei um eine Radierung, die weichere Effekte ermöglicht, zum anderen zeigt das Bild den Stilwandel, der mit der Bulgarienreise 1954 eingeleitet wurde. Doch vor allem ist die Atmosphäre eine andere: das Düstere, Seltsame ist abgelöst von gelöster, ruhiger Innigkeit. Jegliche Verfremdung oder Stilisierung ist vermieden, und die Darstellung der Kinder ist erfahrungsgesättigt: Ende 1955 hat die Künstlerin ein Mädchen von fünf und einen Jungen von drei Jahren. Und es wird erzählt, dass sie gerne zu einem Kindergarten in der Nähe ihrer Wohnung ging, um das ungestörte Spielen der Kinder dort zu beobachten.

Gerade der Vergleich mit dem 1947 entstandenen Holzstich »Kinder und Stadt« (Abb. 132) zeigt die Veränderungen deutlich. Beide Male sitzen zwei Kinder im Vordergrund auf einer Art Bordstein oder Mauer, beide Male gliedern senkrechte Gitterstäbe die obere Bildhälfte. Doch nun dürfen die Kinder endlich »Kind« sein.

133   Zwei Mamas

Kollektiver Individualismus,
1958, Holzschnitt, 25 x 17,5 cm

Was passiert, wenn drei Knirpse sich breitbeinig hinstellen und den Kopf zwischen die Beine stecken? Sie sehen die Welt verkehrt herum. Genau das ist auf dem Holzschnitt wiedergegeben. In einem Streifen am oberen Bildrand präsentieren sich drei Kinder locker hinter- und nebeneinander gestaffelt, jedes auf seiner waagerechten Bodenlinie, und den nahezu quadratischen Rest der Bildfläche füllt der Anblick, der sich den Kindern bietet, ein Stück auf den Kopf gestellte Welt.

Mit viel Humor und Spaß ist die Situation geschildert. Die Kinder, nicht Kopffüßler sondern »Kopfbeiner«, sind auf wenige Grundformen reduziert – die Beine ein Bumerang mit Füßen und der Kopf ein darin steckender Kreis. Je weiter hinten sie stehen, desto mehr werden Gesicht und Beine zu einfachen Kürzeln: Das Gesicht des hintersten, rechts stehenden Kindes sind nur noch zwei schwarze Punkte im weißen Kreis, das mittlere, links stehende Kind hat immerhin noch eine Chiffre für Augenbrauen und Nase bekommen. Das vorderste, zwischen den beiden anderen stehende Kind ist am ausführlichsten wiedergegeben: Mit zwei breiten Händen hält es sich an den hellen Hosenbeinen fest, wie man das bei solchem Spiel des Gleichgewichts wegen eben so macht. Ein paar stoppelige Haare stehen rechts und links vom Kopf ab; zwei schwarze Knopfaugen und ein zum O geformter Mund verraten das Erstaunen über den ungewohnten Anblick.

Was für eine Welt begucken sich die drei denn da? Wenn man als Erwachsener wie üblich »richtig herum« auf das Bild schaut, ist es gar nicht so leicht, alles zu identifizieren. Es ist eben eine verfremdete, auf den Kopf gestellte Welt, in die man sich da einsehen muss. Ist einem das zu anstrengend, kann man natürlich das Blatt umdrehen, damit alles wieder seine Ordnung hat, aber selbst dann zeigen sich nur die Puzzleteile einer wohl eher dörflich-kleinstädtischen Szenerie. Da ist ein großer schwarzer Vogel mit ausgebreiteten Schwingen, eine Sonne mit unregelmäßig gezacktem Strahlenkranz, Elemente von Gebäuden: spitze Dächer, Balkone, Torbogen, Fenster. Und neben nicht näher bezeichneten Dingen ist da noch ein langes, wellig-schwarzes Gebilde, das sich über den gesamten Ausschnitt zieht und von Bewegung und Form her am ehesten einem flammenartigen, zypressenähnlichen Baum gleicht.

Alle diese Dinge sind nicht säuberlich oder perspektivisch korrekt nebeneinander gesetzt, sondern es ist, als ob der gerade Erdboden unterhalb der Kinder ein Tuch wäre, dessen beide Enden jemand hochgenommen hätte und die Dinge darauf nun alle aufeinander zu purzelten, vor allem der Baum und die Häuser.

Man kann aber auch ganz ungegenständlich schauen und dann sieht man ein Zusammenspiel von Gebogenem und Geradem, Kreis und Zacken, Spitzem und Weichem, Schwarz vor Weiß und Weiß vor Schwarz – ein »buntes« Gewoge in Schwarz-Weiß, das aber gleichmäßig und mit wenig Überschneidung die ganze Bildfläche füllt, ein geordnetes Durcheinander sozusagen.

Dieser Holzschnitt beschreibt wieder eine andere Nuance aus der Kinderwelt: Die Freiheit der Phantasie, die Freiheit, die Welt auf den Kopf zu stellen und die Dinge anders, neu, unverbraucht zu sehen. Wie festgelegt und »fertig« sind unsere Wahrnehmungen für gewöhnlich, wie abgenutzt durch Bedeutung und Nützlichkeitswert, mit denen wir sie sogleich belegen. Wie viel offener und reicher werden sie, wenn die fest gefügte Welt durch eine ungewohnte Sichtweise durcheinander gerät! »Without a bit of madness you won't be free«. Diesen Satz aus dem Film »Alexis Zorbas« (den sich Maria Hiszpańska-Neumann gleich zweimal ansah) erkoren sie und ihre Tochter sich zur »goldenen Devise« (28.8.1968), und etwas von diesem Geist lebt auch in diesem schon viel früher entstandenen Holzschnitt. Kindern wird das »bisschen Verrücktheit« zugestanden, sie dürfen im Spiel Welten ver-rücken.

Doch der Titel, den die Künstlerin dem Holzschnitt gab, spricht noch einen weiteren Aspekt an. Übersetzen lässt er sich am ehesten mit »kollektivem Individualismus«, oder »gemeinsamen Individualismus«. Gemeinsam stellen die Kinder die Welt auf den Kopf, zusammen probieren sie die neue, andere, »individuelle« Sichtweise aus. Kinder sind in diesem Spiel keine Einzelgänger. Nicht das »kollektive Unbewusste«, sondern eben der »kollektive Individualismus« ist der revolutionären, nicht angepassten Kinderwelt eigen. Es liegt im Titel (auch im Polnischen) aber genauso eine Anspielung auf den verordneten Kollektivismus in einem kommunistischen Land, in dem selbst das Individuelle nur im Rahmen des Kollektivs gilt. Vielleicht lässt sich auch das mit dem »bisschen Verrücktheit« auf den Kopf stellen?

134
Zwei Kinder

135   Kollektiver Individualismus

Mutterschaft

Zwei Mütter
1948, Holzschnitt, 21 x 18 cm

Zwei Frauen in schweren, schwarzen Umhängen füllen und beherrschen den Bildraum. Außer ihnen gibt es nur noch ein kleines Kind ganz unten in der linken Ecke; in seiner kreatürlichen, hellen Nacktheit kontrastiert es stark mit den dunklen Gewandfiguren. Beide Frauen senken Kopf und Blick, beide stecken bis über den Kopf in diesen mächtigen Umhängen, in denen ihre Körperlichkeit fast verschwindet. Sie wohnen in den schützenden Wänden ihrer steifen Gewänder wie in bergenden Höhlen. Beim näheren Betrachten schält sich mehr und mehr die Verschiedenheit der Frauen heraus: Sie erscheinen wie Repräsentantinnen von zwei Stufen der Mutterschaft – die Schwangere und die, die geboren hat; vielleicht sind hier sogar drei Generationen vereint: Großmutter, junge Mutter und Kind.

Die rechte, dem Betrachter frontal zugewandte Frau steht »in« ihrem Umhang wie in einem Gehäuse mit unregelmäßigem, spitzbogigem Abschluss. Die Schultern rund, Arme und Hände zu einem Oval geschlossen, umfasst sie ihren leicht schwellenden Leib, präsentiert und hütet ihn in einer Geste der stolzen Zärtlichkeit angesichts des sich darin bergenden Wunders. Kopf und Blick sind nach unten auf den Bereich gerichtet, den sie gleichzeitig freihält und schützt. Die ineinander verschränkten Hände bilden eine stabile Basis für ein lebendiges graphisches Linien-Leben auf Brust und Leib: ein von oben fließendes Strömen, das in einem halbrunden »Becken« oberhalb der Hände zur Ruhe kommt. Der hüllende Umhang verbirgt Beine und Füße; seine großen, sich auffächernden Falten sind eine dunkle Wiederholung der Formen von Armen und Oberkörper. Diese Frau ist Hülle, Schichten von Hüllen. Sie birgt, schützt, gibt Raum und hütet – ein Inbegriff der Schwangerschaft.

Die zweite Frau steht etwas hinter ihr und beugt sich mit leicht geöffnetem Mund zu dem kleinen Kind hinab. Ihre Gesichtszüge sind denen der ersten Frau sehr ähnlich, wirken aber durch stärkere Schraffuren und Grau-Werte nicht nur verschattet, sondern auch faltiger, älter. Ihr Kopf ist nur um Geringes tiefer als der der anderen und doch meint man, sie beuge sich tief hinab; sie wirkt, als hätte sie einen Buckel. Kopf und Körper verschwinden in dem großen schwarzen Umhang wie in einem Zelt, dessen Bahnen rechts und links vom Kopf bis zum Boden reichen und nur einen schmalen Spalt freigeben für das Unterkleid – ein kleinteilig gemustertes Band, eine ornamentierte Säule, faltenlos, körperlos und unstofflich. Aus dem schwarzen Gewand-Gebirge schauen nur das Gesicht und vor allem die große, langfingerige Hand hervor, welche die Frau dem kleinen Kind entgegenstreckt, ohne es zu berühren: ein erstes Entlassen dieses kleinen, unbeholfenen, auf dem Boden zusammengekauerten Wesens. Doch dabei ist sie voller Zuwendung und aufmerksamer Bereitschaft, ihm zu helfen, wenn es nötig ist. Sie verkörpert die andere Seite der Mutterschaft: freilassendes Begleiten, sorgendes Loslassen. Und das Kind, »ausgesetzt« in seiner unteren Ecke, es muss noch lernen, sich selbst zu halten und zu tragen – es braucht sichtlich noch die Hilfe der über ihm ausgestreckten Hand. Seine Nacktheit lässt es im Gegensatz zu den gewandlastigen Frauen schutzlos, hüllenlos, »heraus-geboren« erscheinen, eine kleine Randfigur ganz unten. Doch kompositorisch ist es dort wichtig: wie eine weiße Klammer schließt sein rechter Arm das Bild links unten ab und führt die Bewegung der nach ihm ausgestreckten Hand erst zu Ende.

Nun wird noch deutlicher, welche verschiedenen »Mutter-Gebärden« die zwei Frauen verkörpern: in der Schwangeren das Hüllegebende, Umschließende, das In-sich-Kreisende – die Einheit der beiden Organismen von Mutter und Kind; und in der anderen das Freilassende, Heraussetzende – das, was in Beziehung zu einem Zweiten, Anderen tritt. Während die Form der Schwangeren das geschlossene Oval ist, ist es bei der anderen

137   Mutterschaft

Frau und dem Kind die Lemniskate, die Verbindung zweier Kreisläufe: rechts vom Gesicht der Frau herab durch Arm und Hand hinüber zum Kind, an seinem Arm links hinunter und mit seinen Beinen wieder nach oben in den linken, hellen Saum des Umhangs bis hinauf zum Kopf der Frau.

Alle drei Figuren sind aber durch die umlaufende schwarze Kontur zu einer Einheit zusammengeschlossen und die drei schwarzen Buckel oben eröffnen die »Dreiheit« der Gruppe. Auch die beiden Frauen bilden wiederum ein größere Einheit: Der mittlere Buckel und die Schwärze zwischen den beiden fungiert als eine Art unsichtbarer Spiegelachse, an der die beiden »entgegengesetzt« zusammengefügt sind. Nicht nur ist die Neigung der Köpfe in etwa spiegelsymmetrisch, sondern es laufen auch die weißen inneren Gewandsäume der beiden und ihre Arme und Hände aufeinander zu, nähern und trennen sich wieder. Es kann die Spiegelachse auch übersprungen werden in der Linie, die vom Oberarm der Schwangeren in den Unterarm und die Hand der anderen Frau führt.

Bei beiden Frauen jedoch verschwindet ihr Individuelles nicht nur im Massiv der Gewänder, sondern auch in ihrer »Urbildlichkeit«. Diese beiden berghaft heraufwachsenden, eingehüllten Gestalten haben etwas Urtümliches, Riesenhaftes, aber auch etwas Gebundenes, Träumendes – zwei »Urmütter«, erdhaft und groß.

Im Jahr 1948, in dem der Holzschnitt entstand, zeigte Maria Hiszpańska-Neumann technisch und stilistisch eine große Experimentierfreude. So gibt es von diesem Motiv eine zweite Version als Radierung, in dem an Picasso erinnernden Stil: die Figuren sind noch vereinfachter, flächiger, die Gesichter und Hände – besonders bei der linken Frau – noch stärker abstrahiert. Unterschiedliche Glieder sind zu einer Fläche zusammengefasst; so geht z.B. das Haar oder Kopftuch der rechten Frau unterschiedslos in ihre Arme über.

Auch wenn das Bildmotiv das gleiche ist, fallen einige wesentliche Änderungen auf: Hier streckt die linke Frau dem ähnlich in der Ecke zusammengekauerten Kind keine Hand entgegen, sondern sie hat die Hände mit den zu Wellenlinien vereinfachten, ineinander geschlungenen Fingern geschlossen. Das Gesicht ist noch tiefer gerutscht, der Kopf und der Buckel ragen noch höher auf. Bei der rechten Frau gibt es nun keinen Zweifel mehr, dass sie schwanger ist: in ihrem Leib ist ein Kind zu sehen, fast genauso groß wie das andere Kind, ein Embryo in Kopflage wie kurz vor der Geburt. Doch ihre Haltung und ihre Geste sind anders als im Holzschnitt: Die Frau umfasst nicht ihren Leib, sondern hat die Arme vor der Brust gekreuzt, den Kopf geneigt, die Augen scheinen geschlossen. Gesicht und Arme nehmen ihre obere Körperhälfte ein, schließen sich nach außen hin ab. Dort oben ist die Frau ganz bei sich, nach innen gekehrt in dieser Geste der Ergebenheit in das, was unten mit ihr geschieht. Denn die untere Körperhälfte gehört ganz dem Embryo, der dort ein Eigenleben führt. Zarte gestrichelte Linien umkreisen ihn in einer Eiform und gehen nach außen hin in die Falten des Gewandes über, ganz unten auf die zwei nackten Füße zu, die aus dem Kleid hervorlugen und der Mutter Stand und Erdung geben.

Vom Gesamteindruck her ist das Bild nicht nur stärker stilisiert, sondern auch weicher. Durch die Aquatinta-Technik werden zart abgestufte Grauwerte erzeugt, die körnige, nicht geschlossene Oberflächen bilden und den Eindruck der Flächigkeit und Unstofflichkeit verstärken. Dünne schwarze Linien ziehen die Konturen nach und bringen auf der linken Bildseite und am unteren Bildrand das stabilisierende Element der Waagerechten hinein.

Maria Hiszpańska-Neumann scheint das Motiv dieser beiden Frauengestalten sehr gemocht zu haben, denn es taucht verwandelt noch einmal woanders auf: als die zwei Klagenden im Hintergrund der Pietà von 1948 (vgl. Abb. 42).

Mutterschaft
1956, Holzschnitt, 25 x 20 cm

Als Maria Hiszpańska-Neumann 1954 von ihrer Bulgarienreise wieder zurückkam, gestaltete sie verschiedene Holzschnitte mit Motiven, die von dem inspiriert waren, was sie dort beobachtet und erlebt hatte; so auch den Holzschnitt »Mutterschaft« von 1956. Große, einfache und lapidare Formen erzählen von zwei Frauen, vielleicht Freundinnen oder Nachbarinnen, in einer heiter-alltäglichen und gleichzeitig »heilig«-besonderen Situation: die eine stillt gerade ihr Kind und die andere schaut ihr dabei zu.

Gelöst lehnt die Freundin an einer brusthohen Mauer, den linken Ellenbogen und die rechte Hand hat sie locker auf die Mauerkante gelegt. Den Kopf in die linke Hand gestützt, gehört ihre Aufmerksamkeit der Stillenden. Sie schaut, sie hat Zeit, vielleicht erzählt sie etwas – der Mund scheint leicht geöffnet. Ihr Kleid ist bis auf dezente helle Falten in Schwarz gehalten, was ihren Ort »im Hintergrund« noch unterstützt. Denn die eigentliche Hauptperson ist die Stillende mit ihrem Kind.

Wie ein »Bild im Bild« hat sie ihren eigenen, ungestörten Bereich vor der Mauer – die Stehende berührt die Kreise der Stillenden nicht. Tief neigt die Mutter den Kopf ihrem Kind zu, so tief, dass ihr Profil fast in die Waagerechte gestreckt ist und ihr Kopf nicht mehr über die Mauer hinausragt – ihre Kontur ist bis auf den Gewandzipfel über ihrem rechten Fuß ganz von der Mauer umschlossen. So abgeschirmt leben Mutter und Kind ganz im Raum ihrer selbstvergessenen Zwiesprache. Sie hält ihr Kind auf beiden Händen und bettet es in ihre Arme nah an der entblößten Brust, fasst es in den Kreis von Armen und Händen, Kopf und Nacken. Es öffnet sich ein innerer Bereich, der wiederum umschlossen ist von einem Bett aus tiefem Schwarz, einem breiten schwarzen Rahmen, der von seiner Form her einem liegenden Herzen ähnelt. In diesem »Herzen« konzentrieren sich Begegnung und Nähren: beider Köpfe stehen sich genau gegenüber, der Mund der Mutter ist wie zum Sprechen oder Singen leicht geöffnet und noch weiter innen erinnern die aufspringenden Falten des offenen Kleides in ihrem fließenden Fall an das frei Strömende des Stillvorgangs.

Die großen schwarzen Flächen heben sich vom hellen Kleid der Mutter deutlich ab und bekommen eine einrahmende, abschließende wie auch stützende Funktion. Die schwarze Fläche, die den Kopf der Mutter umgibt, kann als dichtes langes Haar, vielleicht auch als Umhang gelesen werden; die hochrechteckige schwarze Fläche unten rechts dagegen entzieht sich einer gegenständlichen Festlegung. Ist es Schatten? Oder doch ein Umhang? Schwarz und Weiß beginnen ein Eigenleben zu entfalten jenseits der Funktion, Dinge zu bezeichnen. Als bezeichnende Linie, Kontur etc. ist das Schwarz zu breit, nimmt zuviel »Eigenraum« ein. Aus dem massiven Schwarz leuchten die einzelnen weißen Flächen heraus, die nur in ihrem Zusammenhang als »Hals«, »Brust« oder »Auge« erkannt werden. Einzelne Formen werden vereinfacht, »abgekürzt«, so z. B. die auf die Profile zusammengezogenen Gesichter, aber auch die fast abstrahierten Augen, die wie nur zwei leicht gewellte weiße Linien in schwarzen Höhlen liegen. Das Schwarz ist nicht Schatten, Hintergrund, Umrisslinie, sondern das eigentlich »Agierende«. Es verhilft dem Weiß zum Leuchten, rahmt ein, trennt ab, hebt hervor, profiliert. In den weißen Flächen bleiben dünne schwarze Stege als Spuren des Schnitzmessers oder Hohleisens stehen, und es entstehen Grauwerte vor allem in der Mauer, im Himmel und im Kleid der Sitzenden. Das unmittelbare Gegeneinandersetzen von Schwarz und Weiß verleiht dem Bild etwas Archaisches, Herbes und Strenges.

Die Mauer, obschon nicht viel von ihr sichtbar ist, strukturiert das Bild mit ihrer beruhigenden Waagerechten und Senkrechten und trennt die Bereiche der beiden Frauen, die als Gegensätze konzipiert sind: die dunkle Stehende neben bzw. hinter der Mauer, die helle Sitzende vor der Mauer. Doch es gibt auch einen beiden gemeinsamen Raum: Die Gesamtkontur ist grob gesehen die eines spitzgiebligen »Hauses«, in dem die betrachtende Freundin die behütende Funktion des Hausdaches bekommt. Dieses »Dach«, ihr Kopf und ihre Schultern, ragen als Dreieck frei in den Himmel; die Stillende wirkt da-

gegen viel gebundener in ihrer Hingabe. Die Dreiecksform wird unten am Boden aufgegriffen von den drei sichtbaren Füßen, von denen der mittlere leicht erhobenen ist; das »Fußdreieck« bildet ein Fundament und schließt die Frauen wie auch die Komposition zusammen. Dazu tragen auch noch weitere zur Mittelachse aufstrebenden Formen bei: das erhobene rechte Knie der Stillenden und der rechte Unterarm der Stehenden mit der ruhenden Hand als »Gipfel« direkt unter dem Kopf; Fuß, Knie, Hand und Kopf liegen alle erhöht auf der Mittelachse. Die Hand zwischen den Köpfen der beiden Frauen ist zugleich der »springende Punkt«, an dem die Bewegung von der Freundin auf die Stillende übergeht. Aber auch noch andere, schräge Achsen verdichten das Bildgefüge: Die eine läuft vom angehobenen Fuß der Stillenden über Unterschenkel und Knie durch das Köpfchen des Kindes hin zum Auge und Ohr der Mutter. Diese

Schräge hat ihr Echo in der Linie, die durch den rechten Unterarm und das Profil der Stehenden gebildet wird. Die »Mittelachse« der Stillenden als gedachte Schräge gehört auch dazu: Oben, wo das Kleid sich teilt und die Falten beginnen aufzuspringen, ist ein winziger weißer (Mittel)Punkt – sieht man diesen zusammen mit dem untersten Zipfel in der Mitte des Kleides, so verläuft eine »Linie« genau zwischen den Händen. Die Bewegung geht vom weißen Punkt aus in die Öffnung, Weitung und wird unten durch die Gewandfalten wieder gesammelt und gebündelt. Auch so wird wieder Raum, gehaltene Öffnung, geschaffen.

»Holzschnittartig«, lapidar, einfach und schlicht erscheint das Bild auf den ersten Blick. Doch bei genauerer Betrachtung erschließt sich das fein Austarierte, fest Gefügte und unaufdringlich Durchkomponierte dieses Holzschnittes.

Im Kreis der Stille

1957, Holzschnitt, 30 x 40 cm

Könnte man sich beim Holzschnitt »Mutterschaft« noch vorstellen, man sei Zeuge eines alltäglichen Geschehens, so ist im »Kreis der Stille« nur noch »So-Sein« und alles Erzählerische oder Situative ist verschwunden. Der Ausschnitt ist verkleinert und beschränkt sich auf den Bereich, der im vorigen Holzschnitt durch das »liegende Herz« als Ort der Zwiesprache von Mutter und Kind gekennzeichnet ist. Auch wenn es sich hier im engeren Sinn nicht mehr um das Motiv des Stillens handelt, ist die Geste doch eine ganz ähnliche: Schützende Nähe, eine Zwiesprache ohne Worte; gestillt ist der Hunger nach Zuneigung und Geborgenheit, still sind die Stimmen der Angst.

Die Mutter zieht mit ihren Armen, Händen und Schultern einen schützenden Ring um das Kind und neigt ihren Kopf mit großer Innigkeit so tief zu ihm herab, dass sich beider Stirn und Nase berühren. Sie birgt ihr Kind in einem »Kreis der Stille«, in den nichts Störendes oder Bedrohliches von Außen eindringen kann. Die Augenlider beider sind gesenkt, alles ist nach innen gekehrt. In diesem geschützten Raum kann das Kind sein, ruhen, schlafen. Gelöst und entspannt liegt es mit seinem breiten, kindlich-runden Gesichtchen und den Händchen da, einen Finger hat es zufrieden und gesättigt in den Mund gesteckt. Auch für die Mutter ist es ein Ausruhen, ein Sammeln, denn sie schließt sich durch den tief gesenkten Kopf in den Kreis selber mit ein. Doch ihre Haltung hat nichts von dem kindlich-unschuldig Gelösten: ihr Gesicht, besonders ihr Mund, verrät Ernst; die Hände, vor allem aber die Schulter und der Oberarm sind ins Übergroße gesteigert, und der als weißes Dreieck spitz zulaufende Hals wirkt fast schmerzhaft gedehnt. Der »Kreis«, den ihr Körper bildet, ist von seiner Form her ins Eckige gebrochen, er fließt nicht ungehindert in träumendem Rund, sondern da sind Knicke, Hemmnisse, Stauungen. Die verzerrten Proportionen, die großen und starken Arme und die Art, wie die Hände ineinander verschränkt sind, sprechen davon, wie viel Kraft es kostet, diesen Kreis zu schaffen. Arme und Hände verraten Anspannung selbst im ruhigen Innehalten: ein Verharren in anstren-

gungsvoller Ruhe, eine hart errungene Selbstvergessenheit. Das ernste Gesicht weiß um den Preis, der für das Behüten und Umhüllen einer Kinderseele zu zahlen ist – immer wird das Bedrohliche der Welt auch nicht auszuschließen sein.

Jetzt gerade aber spielt die Außenwelt für die beiden keine Rolle. Mutter und Kind sind so bildfüllend-mächtig, dass der »Welt« als räumlicher Tiefe oder »Hintergrund« nur ganz oben links eine kleine graue Ecke eingeräumt wird. Für den Gesamteindruck ist dieses kleine Stück Bildtiefe trotzdem wichtig – ein kleiner Ausblick oder Ausweg aus der sonst schier erdrückenden Präsenz des geschlossenen Kreises. Aber auch das muss eingeschränkt werden: Völlig abgeschlossen ist der Kreis gar nicht: in ruhigen Wellen umspielt ein Tuch die Arme und die Brust des Kindes, die Wellen fließen über den Arm der Mutter hinaus aus dem Bild. Die Bewegung des ruhigen Fließens ist sanft, wie die Traumbilder, die das Kind durchziehen mögen; die Haare der Mutter oben nehmen diese ruhige Welle wie ein Echo auf.

Nähe und Geborgenheit, die Verbundenheit von Mutter und Kind einerseits, und ihre Verschiedenheit andererseits wird mit unterschiedlichen Mitteln herausgearbeitet. Dass die beiden zwei verschiedene Menschen sind, die in »gegensätzlichen Koordinaten« leben, wird besonders an den Gesichtern deutlich: das Gesicht der Mutter zeigt sich voll im Profil, in der Waagerechten, der runde Kinderkopf dagegen en face, in der Senkrechten. Die Linie ihrer Augen und Nasen zeichnen damit eine Art Kreuz. Sie sind sich ganz nah, und sind doch Gegensätze.

Gesichter und Gliedmaßen sind bei beiden hell, während das Wenige an Umraum eher dunkel ist. So ruht das Kind in dunkler Fläche, in einem dunklen Raum, der wiederum von den hellen Armen der Mutter umschlossen ist. Dieser dunklere Ring betont den Schutzraum, die Ruhe und Gelöstheit des Kindes, während der helle »Kreis«, der durch die Gliedmaßen der Mutter gebildet wird, Aktivität vermittelt. Diese wird durch die Hell-Dunkel-Behandlung aber noch gesteigert: Arme und Schultern

139 Im Kreis der Stille

der Mutter wirken auch dadurch so groß, weil sie durchgehend von einer breiten schwarzen Konturlinie umgeben sind. Diese verschwimmt aber nicht in der Schwärze des Hintergrundes, sondern ist von ihm durch einen unregelmäßig schmalen, hellen Grat abgetrennt, der besonders an der Schulter wie ein sich ausbreitender Lichtstreif unter dunkler Wolkenbank hervorbricht. Dieser umlaufende schmale, weiße Streifen im dunklen Schwarz hat eine große Energie. Er »elektrisiert« gleichsam die ernste

Ruhe der Mutter und trägt zum Eindruck der »Spannung«, die in ihrer Haltung liegt, mit bei.

Das Motiv des Umhüllens und Schützens, das im Zusammenhang mit dem Thema »Mutterschaft« so tief in der künstlerischen Sprache Maria Hiszpańska-Neumanns verwurzelt ist, wird in den verschiedenen Holzschnitten in immer wieder neuen Nuancen gezeigt. Dasselbe große Urbild entfaltet sich immer wieder anders.

Tröstung
1958, Holzschnitt, 40 x 30 cm

Betrachtet man diesen Holzschnitt, tritt man wieder in einen »Kreis der Stille«, in einen Bereich der schweigsamen Zwiesprache und innigen Nähe zwischen einem Kind und einem Erwachsenen. Doch diesmal ist das Thema nicht »Mutterschaft«; die Beziehung dieser zwei Menschen zueinander ist eine andere, viel offenere. Es ist merkwürdig: Man wird sofort angerührt von der stillen Innigkeit, vom Ernst der Liebe, den die beiden ausstrahlen und zugleich bleibt immer ein Rest Unerklärliches, Uneindeutiges. Der Empfindungsgehalt des Bildes ist dicht – es stellen sich Worte ein wie Nähe, Geborgenheit, Umfangen, Ruhe, aber auch Bewegung, Strömen, Kreisen, – die konkret gezeigte Situation hingegen bleibt in Vielem offen.

Zum einen betrifft das den Ort, zum anderen die beiden Menschen selber: Wo befinden sie sich – innen oder außen? Wozu gehören die blumenartigen Ornamente oben – zu einem großgemusterten Vorhang, zu einem Garten? Das längliche Gesicht, auf das wir frontal schauen, mit dem gerade und locker geschlossenen Mund und den gesenkten, aber immer noch großen Augen, ist es das eines Mannes oder das einer Frau? Blicken die Augen nach unten oder sind sie geschlossen, ist der Blick nach innen gerichtet? Man sieht von diesem Menschen mit Marias androgynem »Ur-Gesicht« allein den Kopf – oder sind die weiß gezackten Wellenlinien in der Schwärze des linken unteren Bildrandes Teil des Oberkörpers? Gehören sie zu einem Tuch, das oben am Rücken des Kindes in ähnlichen weißen parallelen Wellen wieder auftaucht und beide Menschen zusammen schlingt? Trägt der Erwachsene das Kind, überragt der Kinderkopf deshalb den Älteren? Die Arme, die das Kind halten müssten, sind nicht gezeigt. Dieser einsame Kopf in seinem Ernst und seiner Trauer, er wirkt seltsam hilflos, so ohne Körper und Hände. Sein einziger Ort ist der an der Brust des Kindes. »Tröstung« hat Maria Hiszpańska-Neumann den Holzschnitt genannt, aber hier tröstet nicht der Erwachsene das Kind, sondern umgekehrt: es ist das Kind, das den Erwachsenen tröstet. Es ist das Kind, das mehr Raum einnimmt und von dem die Aktivität der liebevoll-umfangenden Gebärde ausgeht. Der Trost eines Kindes, rückhaltlos gegeben ohne die Stütze einer reichen Lebenserfahrung, berührt unmittelbar. Das Kind übernimmt Verantwortung, und es entsteht eine Beziehung zwischen Ebenbürtigen, jenseits der Rollen, die das »Kind« und der »Erwachsene« sonst einnehmen.

In stiller Hingabe neigt das Kind seinen Kopf dem Älteren zu, auch seine Augen sind gesenkt. Die Gebärde seines Armes ist liebevoll und zart, sie erdrückt den anderen nicht, die schwarze Kontur hält Abstand. Überhaupt diese breiten schwarzen Konturen! Sie grenzen die Formen voneinander ab, belassen jede in ihrem eigenen Raum und Recht. Das kindliche Profil, eins mit der breiten Konturlinie, hebt sich gegen die Helligkeit des Erwachsenengesichtes ab. So bleibt in der Nähe noch Distanz, Freilassendes. Die Kontur, die das längliche Gesicht des Älteren umgibt, bleibt intakt, der Getröstete ist »unangetastet« selbst in der Berührung. Keiner sieht den anderen an und doch scheinen beide im Bewusstsein des anderen zu leben, sind sie einander ganz »zugeneigt«. Ein großer Ernst, aber auch etwas Zartes, Vorsichtiges ist in ihnen. Vielleicht ist das ihr Geheimnis: beide bewahren in der engen Verbundenheit ihre unangetastete Würde. Ist das nicht überhaupt das Geheimnis menschlicher Begegnung? Ein »Mitte-Halten« zwischen Berührung und Freilassen, Nähe und Abstand, weder aufdringlicher Übergriff noch gleichgültige Distanz?

Der dichte Empfindungsgehalt des Bildes, aber auch das Rätselvolle wird mit bewirkt durch das gegenständlich gar nicht Fassbare des Hintergrundes und durch verschiedene Bewegungslinien. Da ist z.B. die schon erwähnte gezackte Wellenlinie, die den Unterarm des Kindes begleitet; sie führt in der Verlängerung durch die schwarze Schattenlinie unterhalb des Oberarmes bis wieder hinauf zur Wellenlinie im Rücken des Kindes. Diese Linien schließen sich zusammen zu einer Gebärde der Umarmung, in der die beiden Menschen noch inniger miteinander verschlungen sind. Der Erwachsene würde so die Umar-

140　Tröstung

mung des Kindes erwidern, aber nicht festgelegt oder zwingend, sondern nur als Möglichkeit.

Und dann sind da die strömenden weißen Linien, die von oben links her kommen, steil auf das Gesicht des Älteren zu-fallen, durch seine Stirn waagerecht weiterströmen genau durch den Mittelpunkt des Bildes, und dann in der schwarzen Kontur der Schulterlinie des Kindes aufgenommen werden und mit ihr wieder in die Senkrechte umbiegen und bis zum rechten unteren Bildrand abfallen – ein das ganze Bild und die beiden Menschen dynamisch und doch auch gesetzmäßig durchziehender Strom. Was fließt da durch die beiden? Wodurch sind sie verbunden? Woher kommt dieser Strom? Was ist das für ein Bereich dort über ihnen, was für ein »Hinter-Grund«, mit diesen un-regelmäßigen, lebendigen Blütenrädern, die an den Anblick aufgeschnittener Südfrüchte oder an kreisende Blumen-Sonnen erinnern?

Die Tochter der Künstlerin erzählt, dass sich Maria Hiszpańska-Neumann zu diesem Bild inspirieren ließ, als sie eine kleine familiäre Szene beobachtete: die kleine Tochter umarmte ihren Papa und drückte ihm einen Kuss auf den kahl werdenden Kopf. In ihrem Holzschnitt fängt Maria die Intimität dieser einen konkreten Szene ein und öffnet sie zugleich für Gedanken über das Geheimnis der menschlichen Beziehung, für Fragen nach der schicksalhaften Verbindung zwischen Menschen – war es ihr doch immer ein Wunder, was Menschen füreinander sein können.

Maria, die Mutter Jesu

In Maria, der Mutter Jesu, bündeln sich seit Jahrhunderten die Vorstellungen und Erfahrungen von »Mutterschaft«. Sie hat alles Glück und alles Leid erlebt, das einer Mutter widerfahren kann. Aber ihre Erfahrungen sind nicht nur die einer konkreten historischen Person, sondern sie weiten sich ins Allgemeinmenschliche und können zu Urbildern von Erlebnissen der menschlichen Seele werden: die Begegnung mit dem Engel und das Empfangen des Lebens-Auftrages in der Verkündigung; die Geburt des göttlichen Kindes; die Beweinung des toten Sohnes. Alle diese Motive hat Maria Hiszpańska-Neumann künstlerisch verarbeitet, in der Grafik wie in der Malerei. An dieser Stelle seien die zwei Pole herausgegriffen, die sie grafisch gestaltet hat: das Glück der Geburt und das Leid der Beweinung.

Die Weihnachtsholzschnitte

Fast alljährlich gestaltete Maria Hiszpańska-Neumann für ihre Freunde und Bekannten einen Holzschnitt als Weihnachtsgruß, auf dem das Motiv der Mutter mit dem Kind in immer wieder neuen Variationen zu finden ist. So kommt es, dass man in diesen kleinen privaten Arbeiten die Verwandlung desselben Motivs über viele Jahre hinweg – von 1965 bis 1979 – verfolgen kann. Bis 1970 bringt sie die heilige Familie, zuweilen von Engeln begleitet, ins Bild. In die Gestaltung von Maria mit dem Kind wirken noch lange Zeit ihre 1960 auf der Ägyptenreise gesammelten Eindrücke, ihre »Augen-Erlebnisse« hinein. Unter den Menschen, die ihr dort »wie in einem ewigen, überzeitlichen Wandern und Streben ohne Anfang und Ende« als »lebendig gewordene Bibelbilder« (13.10.1960) entgegentraten, war auch »eine junge Maria mit dem Kinde«. Das Motiv der Maria, die mit überkreuzten Beinen auf dem Boden sitzt und von einem weiten Manteltuch ganz umhüllt ist, fand sie auf den Straßen Ägyptens (Abb. 143) und setzt es so immer wieder in ihre Weihnachtsholzschnitte, angefangen 1965 (Abb. 141), bis zu ihrem letzten Gruß 1979 (Abb. 146) kurz

vor ihrem Tod. Die Gestalt, deren Umriss einem gleichseitigen Dreieck angenähert ist, wird die eine »Chiffre« für die Mutter Jesu. Ihre untergeschlagenen Beine sind abstrahiert in der Form einer Lemniskate und bilden die Basis des Dreiecks. Sie beugt sich über das von ihrem Mantel wie in einer Eiform eingehüllte Kind. Ähnlich wie im Holzschnitt »Mutterschaft« von 1956 konzentriert sich die Zwiesprache von Mutter und Kind in der Zu-Neigung der Köpfe, dem Spiel der Hände innerhalb dieses besonderen, ausgesparten Innenraumes. Die Geste der Mutter ist hüllende, bergende Hingabe, lagernd auf der Erde. Die behütende Gebärde wird zusätzlich von Joseph aufgegriffen, der neben Maria und dem Kind kniet und seine Hände schützend über sie hält oder wie zum Gebet erhobenen hat.

Das gleichseitige Dreieck ist im Farbholzschnitt von 1970 (Abb. 144) einmal nicht Maria allein vorbehalten, sondern liegt der Komposition insgesamt zugrunde: Die Spitze ist ein heller Stern, die Seiten und die Basis bilden Maria kniend zur linken und Joseph zur rechten Seite. Im geschützten Raum zwischen ihnen schwebt in einer Lichtkugel das Kind in einem mondsichelförmigen »Bettchen« genau in der Bildmitte. Durch die Symmetrie und die gedämpften Farben strahlt die Komposition Ruhe und Frieden aus.

Doch seit 1971 taucht ein neues, für Weihnachten eher ungewöhnliches Motiv auf: Maria oder der heiligen Familie wird ein großes, bildbeherrschendes Kreuz zugesellt. Mit dem Kreuz sind neben dem Glück der Geburt sogleich auch Leid und Tod anwesend. 1974 erscheint in der Darstellung sogar übermächtig groß der Gekreuzigte selbst und nur ganz klein am Fuß des Kreuzes die heilige Familie, doch diese Version griff die Künstlerin nicht mehr auf.

Blickt man auf den Farbholzschnitt von 1970 und den darauf folgenden von 1971 (Abb. 145), so ist es, als ob Maria und Joseph aufgestanden und neben das neu hinzugekommene Kreuz getreten wären, als nähmen sie die Karfreitags-Szene von Maria und Johannes unter dem Kreuz schon vorweg. Sie wenden sich hier jedoch nicht dem Kreuz, sondern anbetend dem Kind zu,

141   Weihnachtsholzschnitt 1965

142   Weihnachten 1978

143   Sitzende Frauen mit Kindern

das in seiner Lichtkugel an den Fuß des Kreuzes gesunken ist, während der Stern der Geburt, eingefasst in eine flammende Sonne, aufgestiegen ist in die Kreuzesmitte. In ihrem letzten Weihnachtsgruß nur wenige Wochen vor ihrem Tod nimmt am Kreuzesfuß die heilige Familie Platz, so wie sie in den ersten Holzschnitten zu sehen war, mit der »ägyptischen« Maria und dem knienden Joseph. Sie sind umgeben von einem bis zum oberen Bildrand aufsteigenden, die Mitte des Kreuzes durchziehenden Flammenstrom. Der Kreis der Motive erweitert sich und schließt sich gleichzeitig wieder.

Mit dem Kreuz fand Maria Hiszpańska-Neumann eine andere »Chiffre«, eine Fassung, in der sie am gültigsten aussprechen konnte, was sie mit der Geburt des »göttlichen Lichtes in der Erden- und Zeitenfinsternis« verband. Das soll noch deutlicher werden in der Betrachtung eines Farbholzschnittes von Weihnachten 1978 (Abb. 142), in dem groß das Kreuz auftaucht, vor dem allein Maria hoch aufgerichtet steht und ihr Kind trägt. Dieses Motiv hat die Künstlerin 1978 und 1979 mehrfach gestaltet.

Groß und mächtig ragt das dunkelfarbige Kreuz mit seinen sich zu den Enden hin verjüngenden Balken bis an den Bildrand. Die

sich weitende Kreuzesmitte öffnet sich in einer hellen Aureole und erinnert so in Form und Motiv an irische Sonnenkreuze, nur ist hier in die »Sonne« noch ein unregelmäßig gezackter Stern eingefügt. Maria steht groß davor, vom Kreuzesstamm ganz eingehüllt; mit Kopf und Schultern ragt sie in die lichte Aureole hinein. Der Stern der Geburt und die Sonne werden wie zu einer Art Aura oder Heiligenschein – eine kosmische Madonna, sonnen- und sternenbekrönt.

Das Kind sitzt frei auf Marias Unterarm. Den Oberkörper aufrecht und die Arme seitlich ausgestreckt, präsentiert es sich offen und königlich. Dieses Kind strahlt die Engelbotschaft aus, die an den Seiten aufgeschrieben steht: »Fürchtet Euch nicht!« Die große, allumfassende Geste des Kindes wird noch dadurch betont, dass sie genau von den die »Sonne« umrahmenden Kreislinien aufgenommen wird. Des Kindes Gebärde wächst über sich hinaus und wird Teil der kreisenden Aureole. Brust und Kopf des Kindes werden so in den Gestirnsbereich zu Marias lichtem Antlitz gehoben. Gleichzeitig nehmen die ausgestreckten Arme auch die Bewegung des waagerechten Kreuzbalkens auf – ein Vorblick auf die Ergebenheit, mit der dieses Kind das Schicksal des Todes am Kreuz annehmen wird.

144   Weihnachtsholzschnitt 1970

145   Weihnachtsholzschnitt 1971

146   Weihnachtsholzschnitt 1979

Das dunkle Kreuz ist ein vieldeutiges Zeichen. Es erinnert an die Passion, an das Erleiden des Todes. Als zeichenhaftes Urbild – das Weltenkreuz – umfasst es die Koordinaten der irdischen Welt, Oben und Unten, Rechts und Links verbindend. In seiner sich verjüngenden und leicht unregelmäßigen Form wiederum (die Kreuzarme sind nicht ganz symmetrisch) gewinnt es auch fast etwas Wesenhaftes – groß und ewig steht es, Maria und das Kind gleichsam schützend.

Marias klarer Umriss »wächst« schmal und schlank vor dem Kreuz auf. Keine Füße verankern sie auf dem Boden; so werden das senkrechte Heraufwachsen und das etwas Fragile ihrer Gestalt betont. Ihr Umriss gleicht einer Knospe oder einem Samenkorn; ihr Mantel einer Knospenhülle, die sich im Brustbereich öffnet, »aufbricht« und Leben daraus hervorquellen lässt: das Kind, das sie trägt.

Sie hält das Kind auf überkreuzten, übergroßen, schlanken Händen in vorsichtig schützender und doch auch gleichzeitig freilassender Art. Die eine unterstützt sanft den Oberkörper des Kindes, die andere berührt es eigentlich gar nicht, sondern weist mit unglaublich langen, leicht geöffneten Fingern nach oben. Die Geste ihrer Hände ist den ausgestreckten Armen des Kindes entgegengesetzt – im Überkreuzen liegt ein Zu-sich-Kommen, Zu-sich-Nehmen, An-sich-Halten, doch in der nach oben offenen Hand auch das Aufnehmen- und Empfangen-Können. Maria ist jemand, die sich etwas »zu Herzen nehmen« kann.

In gewisser Weise konzentriert sich hier alles auf den Mittebereich. Das Kreuz hat seine Mitte in der Sonnenaureole mit dem Stern; wie das Kreuz ragt Maria auf, in ihrer »offenen« Mitte die gekreuzten Hände mit dem Kind; auch das Kind öffnet mit den ausgestreckten Armen seine Mitte. Mit dieser Bewegung eint es Figuren und Kreuz durch ihre Verbindung mit dem Querbalken des Kreuzes und der Außenlinie der Aureole.

Das Gestaltungsprinzip ist Einfachheit und Sparsamkeit: Ein helleres und ein dunkleres Braun sind auf dem mattweißen Grund teils deckend, teils transparent aufgetragen, sinnvolle Kontraste bildend. So läuft z.B. oben um das kompakte dunkle Kreuz eine dünne weiße Linie, so dass die Ränder des Kreuzes zu leuchten beginnen. Während die Farbe im Kreuz mehr flächig aufgetragen ist, differenziert und plastiziert die Künstlerin die Figuren, besonders die Maria, durch Hell-Dunkel-Effekte mehr aus. Der hellere Mantel umschließt das geheimnisvoll dunklere Innere, das sich nach innen zu etwas aufhellt, wodurch der plastische Eindruck der aufbrechenden Knospenhülle, die ein tiefer liegendes Inneres freigibt, verstärkt wird. Es zeigt sich immer wieder ein Vereinen von Gegensätzen: Linie und Fläche, dunkel und hell, Schrift und Bild. Oder: Das Geschützte, in Stille Geborgene und doch auch Machtvolle, Offene; das lebendig Knospende und gleichzeitig Ewige, Zeitlose.

In diesem so einfach wirkenden Holzschnitt tritt man in den Bereich der Urbilder. Dabei bekommt die Gestalt der sternenbekrönten Maria unter bzw. vor dem Kreuz eine zentrale Stellung: Sie ist Mittlerin, »Ver-Mittelnde«, Ermöglichende, Hervorbringende, aber auch Tragende, Mitleidende. Sie wird zum Bild der menschlichen Seele, die das Schicksal und Wirken des Christus begleitet und dabei alle Höhen und Tiefen (oder alles Licht und alle Finsternisse) mit durchlebt.

Der Kampf des Lichtes und der Finsternis wurde von Maria Hiszpańska-Neumann ganz existentiell erlebt, äußerlich vor allem im deutschen Lager, innerlich begleitete er sie ihr Leben lang. Ihr sehnlicher Wunsch, den sie den ihr verbundenen Menschen in den Weihnachtsgrüßen mitgibt, lautet: »Es möge Dir das göttliche Licht immer in äußerer und innerer Dunkelheit strahlend leuchten« (5.12.1967). Immer wieder zieht sich dieses Thema durch die Briefe in bildhafter und kraftvoller Sprache: »Es geht schon so spürbar auf den Herbst zu, das Klima hat sich völlig verändert, die Nächte sind sehr kalt, die Tage werden kürzer und kürzer, in den Kleingärten blüht alles wahnsinnig schön. Die Herbstfarben haben eine so unendliche Kraft der Melancholie in sich, so etwas wie »und dennoch!« dem nahen Wintertode gegenüber, eine erschütternde Selbstlosigkeit des Blühens. Alles ist rot, dunkelrot, rosaviolett, lila, und purpurrot, eine vielfarbige Feuerflamme unter dem kalt werdenden, sich entfernenden, sich uns entfremdenden Frühherbsthimmel. Die steinerne Schlucht des Herbstweges tut sich auf, unabänderlich: eine kleine Probe, eine kleine, jedesjährliche Probe zu einer Hadesfahrt. Steige hinab, steige hinunter, du sonneliebende, faule, feige Menschenseele. Keine Ausreden, die felsigen Stufen führen nach unten – das ist der Herbst.« (22.8.1967) »In ein dunkles, steiles, felsiges, kaltes Tal steigt man hinab, immer steiler und tiefer hinab, hinein, es wird einem bange, es ängstigt sich in einem alles drinnen, die Sonne ist noch ab und zu zu sehen, immer knapper und knapper. Selig diejenigen, die die Sonne um Mitternacht zu schauen wissen.« (21.9.1968)

Maria Hiszpańska-Neumann entfaltet das Bild des »Herbstweges« als ein Hinunter-, ein Hineinsteigen in die Welt des Physisch-Festen, Irdenen, ein Weg, der erlebt wird als ein Weg in die »ängstigende« Enge, in eine von Schwere, Leid, Dunkelheit und Todeskräften durchsetzte Welt. »[...] denn es ist nur die Erdenschwere, welche, wenn sie das Innere ergreift und beschmutzt, macht den Menschen schwer, runzelig, plump und phantasielos« (1.2.1966). Dies auszuhalten und zu verwandeln bedarf einer gnadevollen »Lichtkraft«, die mit dem Christuswirken verbunden wird: »Das Weihnachtsfest enthält ein wunderschönes Symbolum – das geistige Licht in der physischen Finsternis der Welt. Das Dunkle, Hässliche, Grausame, Ungerechte des Alltagslebens ist doch nicht alles, woraus das Leben besteht« (18.12.1966); »Möge uns allen das Licht, welches bald wieder in der Erdenfinsternis geboren wird, die richtigen Wege weisen. Möge es erwärmen unsere Herzen, erleuchten unsere Köpfe. Möge es uns segnen und führen.« (1969)

Der herbstliche Abstieg in die zunehmende Kälte und Dunkelheit ist zu Weihnachten an seinem tiefsten Punkt. Gerade da aber, in der Mitte der tiefsten Erdenfinsternis, gilt es, der inneren, geistigen Sonne zur Geburt zu verhelfen. »Selig diejenigen, die die Sonne um Mitternacht zu schauen wissen«. In der Christgeburt als innerem und äußerem Geschehen liegt die Verheißung und Hoffnung auf Überwindung dieser Kräfte des Dunklen.

Doch Maria Hiszpańska-Neumann geht noch einen Schritt weiter, indem sie auch das Ostergeschehen mit der Christgeburt verknüpft. Weihnachten ist nicht verständlich ohne den weiteren Weg des Christus zur Erde hin, denn Christus geht ja selbst den »Herbstweg«. Seine Inkarnation ist dieser Weg in die Enge der physischen Existenz. Er macht die »Hadesfahrt« und betritt den Bereich, wo er den Tod finden und überwinden wird.

Wie eine Oktave bzw. Erfüllung des Herbst- und Weihnachtsgeschehens stehen bei Maria Hiszpańska-Neumann Kreuz und Auferstehung da. Die Sonne um Mitternacht erscheint wieder als Ostersonne in der sonnenhaften Aureole in der Mitte des Kreuzes. Da Christus den Todesbereich durchschritten hat, ist die Ostersonne mehr als Verheißung, sie bedeutet Verwandlung, Überwindung dieser Todeskräfte. Darauf zielt letztendlich auch das Weihnachtsgeschehen und so setzt es Maria Hiszpańska auch in *ein* Bild, in dem der Anfang, die Geburt unauflöslich schon mit dem Tod, aber auch mit der Auferstehung verknüpft ist. Leise wird sogar auf Pfingsten hingedeutet: In der in fünf Sprachen seitlich aufgebrachten Engelbotschaft lebt die alle Sprachen und Nationen überwindende Christuskraft. Ende der 70er Jahre entstanden bei Maria Hiszpańska-Neumann gerade tiefe Freundschaften zu Menschen hinter dem eisernen Vorhang, im »Westen«, und ihre Überzeugung von der alle nationalen und weltanschaulichen Eigenheiten überwindenden Menschlichkeit gewann noch einmal an Tiefe und Bedeutung. Das Christuswirken ist reine Menschlichkeit in ihrem höchsten Sinne – es findet sich nicht nur im Licht aus geistigen Höhen, sondern auch in konkreten Menschenbegegnungen und in Menschenliebe. Und ist das nicht die Aufgabe des Menschen? »Menschen von einer ähnlichen Lichtekraft könnten ohne Zweifel die dunkle Erde in einen Kosmos der Liebe verwandeln« (4.9.1966).

So sind diese auf den ersten Blick so kleinen, bescheidenen Farbholzschnitte doch dem innersten Wollen von Maria Hiszpańska-Neumann entsprungen.

Pietà II
1961, Holzschnitt, 40 x 53 cm

Schon die Freude der Geburt war in den Weihnachtsholzschnitten überschattet vom Kreuz; nun bringt Maria Hiszpańska-Neumann in der Pietà das Mitleiden mit dem hingerichteten Sohn mit ganzer Wucht ins Bild. Die Pietà oder das »Vesperbild« vergegenwärtigt das Abendgeschehen des Karfreitags nach der Kreuzabnahme – die Darstellung der schmerzergriffenen Maria, die den Leichnam Jesu Christi auf dem Schoß hält, wurde in Zeiten der Pestepidemien im späten Mittelalter zu einem Motiv besonderer Andacht. Vorbereitet durch die religiöse Dichtung (Marienklagen) entwickelte es sich seit Anfang des 14. Jahrhunderts in der deutschen Plastik und fand vor allem im mitteleuropäischen Raum Verbreitung. An der Schwelle zur Neuzeit taucht mit der Pietà ein Motiv auf, in dem sich die Gefühlskräfte der Liebe, des Mitleids und der Trauer versammeln. Im 20. Jahrhundert, in dem so unvorstellbare Leiden zu ertragen und zu bewältigen waren, wurde das Pietà-Motiv künstlerisch wieder neu entdeckt. Den Ansturm von Leid und Tod, die Überwältigung durch den Schmerz um die Ermordung des Nächsten, all das nimmt die Maria der Pietà in sich auf. In Maria Hiszpańska-Neumanns Pietà zumindest kann man den Eindruck bekommen, als habe das im deutschen Lager Erlebte noch einmal direkt seinen Weg in die künstlerische Gestaltung gefunden. Als eigenständige Graphik hat sie die Pietà Anfang der 60er Jahre mehrfach ausgeführt; die zweite Fassung sei hier näher betrachtet[74].

74 Schon 1948 entstand eine »Pietà« als Radierung, in Stil und Aussage sehr verschieden. (Abb. 42) Die Aquatinta-Technik lässt alles weicher erscheinen, der Stil ist dekorativer, flächenhaft »picassoesk«. Ungewöhnlich ist die hell aus dem Bild herausstrahlende Schulter und Brust der Frau, so dass man mehr an die Trauer der Frau um ihren Geliebten denken mag als an die der Mutter um ihren Sohn. Die Körper der Figuren, beide unbekleidet, verschmelzen zu einer Gesamtfläche. Der Eindruck ist eher der einer stillen Versenkung, eines wiegenden Hinunter und Hinauf. Obwohl diese Radierung den Lagererlebnissen zeitlich viel näher steht, erscheint sie stiller, inhaltlich offener und geht über den christlich-ikonographischen Kontext hinaus.

Die Mutter kauert als großes, blockhaft schwarzes Dreieck auf dem Boden und hält den ausgemergelten, überstreckten Leichnam ihres Sohnes in den Armen. Sie hält ihn eng an sich gedrückt, presst das Gesicht an seine Brust, versinkt in der Klage um ihn, blind vor Schmerz – in ihrem schmalen Gesicht sind keine Augen, nur blicklose, schwarze Höhlen. Der Leichnam Jesu fährt hell durch ihre dunkle Gestalt hindurch, wie ein in gebrochenen Wellen durch sie hindurch fließender Schmerz. Ihr ganzes seelisches Leid ballt sich in dem massiven, schwarzen Block ihrer flächenhaften Gestalt, in der das Sitzmotiv gerade nur angedeutet ist; ein Schmerz, alles verschlingend wie ein schwarzes Loch. Die physische Marter, die der Sohn durchlitten hat, spricht aus seinem überlangen, verzerrten und in einzelne Striche zerfasernden Leib. Er ist im Gegensatz zu ihr fast nur Linie, helle, zersplitterte, die Fläche auflösende Linie. Verzerrt wirkt der unnatürlich wie im Krampf abgespreizte Kopf, dem schon keine deutlichen Gesichtszüge mehr abzulesen sind: dünne Linienbündel schwärzen das Gesicht. Zusammen mit dem gerade herabfallenden, dunklen Haarbüschel und dem spitz aufragenden Kinn lösen sich Form und Rundung des Kopfes auf in ein ausfransendes, längliches Etwas. Eine überlange, dünne Hand liegt am Boden, die Füße sind abgeschnitten. Beide Gestalten wirken auf gegensätzliche Weise seltsam unkörperlich, doch gleichzeitig sieht man ihnen den Schmerz bis ins Physische an, ja man meint ihn manchmal selber körperlich zu spüren.

Grausam ist dieser Schmerz, grausam aber auch die Welt, die sie umgibt. Der in ungegenständlichen schwarzen Linien und Balken gestaltete Hintergrund vermittelt Verletzung und Bedrohung, er verstärkt die Marter der Pietà-Gruppe noch. Ganz »hinten« durchziehen unruhige, diagonal geführte schwarze Wellenlinien den weißen Grund, laufen von oben rechts auf die Köpfe der beiden Figuren zu. Alles ist in vibrierende Bewegung und Erregung geraten, als ob die Luft schwingt und hallt von (stummen) Schmerzensschreien. Dieser Teil des Hintergrundes steht formal in Beziehung zum Leib des Sohnes: Beide durchzie-

147   Pietà II

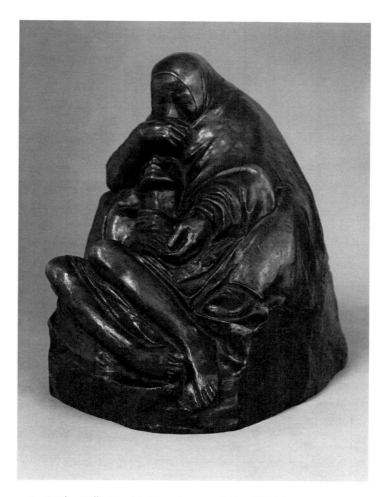

148   Käthe Kollwitz, »Mutter mit totem Sohn« (Pietà)

hen die ganze Bildfläche, beide zeigen das Zerfasernde, Helle, auch die Bewegungsrichtung ist dieselbe. Weiter vorne, unübersehbar groß und blockhaft schwarz wie die Gestalt der Mutter, führen verschieden breite schwarze Balken ein Eigenleben. Waagerechte und senkrechte Balken formen sich zu Gittern und Kreuzen; zwei solcher Kreuze lasten auf der Brust Christi, scheinen ihn sogar jetzt noch niederzuhalten. Vor allem aber gehören die diagonal geführten, sich nach innen zu verjüngenden Balken zur Mutter: sie kommen von links oben, aus der Richtung, in die auch sie gewandt ist, und stürzen mit geballter Kraft auf ihren Rücken zu, Spießen gleich, die sie peinigen und niederdrücken. Unentrinnbar ist das verzweifelte Leid, es zerreißt, es presst zusammen, es lähmt, es stößt hinab und erdrückt. Es gibt in diesem Augenblick keine Möglichkeit des Aufrichtens oder der Befreiung – Gefangene in der Ohnmacht von Schmerz und Tod sind sie beide. Selten ist eine Pietà so drastisch in ihrer Konzentration auf den Schmerz gestaltet worden wie hier, so ohne jede Hoffnung auf Erlösung. Man ist an einem Endpunkt angekommen, der nur schwer auszuhalten ist.

Die Klage wird zur Anklage. Angesichts dessen, was Menschen im 20. Jahrhundert einander angetan haben (und es weiterhin tun), kommen beim Betrachten dieses Werkes Fragen: Wer ist schuldig an diesem Leid? Wer ist verantwortlich für die grausamen Umstände? Aber auch: Wie werden wir fähig, Leid zu tragen, eines *Anderen* Leid und Tod zu ertragen? Was wiegt schwerer als das Leid, das wir selber vielleicht mitverschuldeten? Das wir nicht gelindert oder vermieden haben?

Maria Hiszpańska-Neumanns »Seelenverwandte«, Käthe Kollwitz, gehört auch zu denen, die im 20. Jahrhundert aus persönlichen Leid-Erlebnissen eine Pietà gestaltet haben. Doch wie anders ist sie in ihrer Aussage! Der kleinen, knapp 40 cm großen Bronzeplastik liegt eine nie ganz verheilte Wunde zugrunde: der Tod ihres jüngeren Sohnes Peter, der sich, gerade 18jährig, im August 1914 freiwillig zum Kriegsdienst meldete und nur zwei Monate später fiel. Dieser Tod war ein einschneidendes Erlebnis, das sie über lange Jahre menschlich und künstlerisch zu verarbeiten suchte. »Man sagt, das Gebet soll ein Ruhen in Gott sein, ein Einfühlen mit dem heiligen Willen. Wenn es so ist, dann bin ich – mitunter – im Gedenken an Peter im Gebet. Das Be-

dürfnis, hinzuknien und ihn durch mich durchströmen zu lassen. Mich ganz eins mit ihm zu fühlen. Es ist das eine andere Liebe, als die, die weint und sich sehnt und grämt. Wenn ich ihn so liebe, bete ich nicht. Wenn ich ihn aber so fühle, wie ich es in meiner Arbeit sichtbar nach außen bringen will, dann bete ich«, schreibt sie in einer Tagebucheintragung vom Juli 1915[75]. Diese »Arbeit« war das große Mahnmal »Eltern« für einen Soldatenfriedhof nahe der belgischen Grenze, die 1932 aufgestellt wurde. Fünf Jahre später gestaltete sie die kleine Bronzeplastik: »Es ist nun so etwas wie eine Pietà geworden. Die Mutter sitzt und hat den toten Sohn zwischen ihren Knien im Schoß liegen. Es ist nicht mehr Schmerz, sondern Nachsinnen.«[76]

Nachsinnen, Sinn-Gebung, Aufrichten, Verwandlung schließlich – davon ist in der Pietà Maria Hiszpańska-Neumanns nichts zu spüren. Hier muss das Leid noch ganz ausgehalten werden, ohne jeden Ausweg. Die es erlitten haben, müssen es bis an ihr Lebensende tragen. Und die Klage um tödliches Unrecht bleibt.

75   Käthe Kollwitz, Ich sah die Welt mit liebevollen Blicken. Ein Leben in Selbstzeugnissen, hrsg. Von Hans Kollwitz, Hannover 1996³, S. 239 f.
76   ebenda, S. 311. Tagebucheintrag vom 22. Oktober 1937

Unklassische Mythen

Ein Zyklus von fünf Holzschnitten, 1959
verschiedene Formate und Größen
von ca. 25 x 45 cm

Maria Hiszpańska-Neumann hat sich in ihren Briefen an Elmar Jansen zweimal ausführlich über die Entstehung und den Hintergrund der »unklassischen Mythen« geäußert, und so soll diesmal nur sie selber zu Wort kommen:

»Der Zyklus ist nach einer, einen Jahr dauernden, Pause – die doch keine Ruhepause war – in meinem graphischen Schaffen entstanden. Während dieser Pause, die ein Jahr tiefster seelischen Niederlage war, arbeitete ich nur als Handwerker-Graphiker, einige Buchillustrationen ausführend, was für das »tägliche Brot« doch unentbehrlich war, konnte aber nichts »für mich« aus mir herausholen. So viele menschlich-philosophischen Fragen quälten mich und bedrückten, und ich suchte vergebens nach irgendeiner Ausdrucksmöglichkeit für all diese schmerzvollen Probleme. Im Mai fiel mir endlich etwas ein, damit in vier Wochen die fünf Holzschnitte, die ich dann »Unklassische Mythen« genannt habe, und die mein achtjähriger Sohn Michael »Menschentierebäume« nennt, entstanden sind.« (25.9.1959)

»Die Grundidee dieses Zyklus waren manche traurigen Gedanken über die Doppelheit menschlicher Natur. In vielen Monaten tiefster Melancholie und Seelenqual gestalteten sie sich langsam heraus, um endlich in der Form welcher unklassischen, ungriechischen Kentauren zu erscheinen. Der Gegensatz zwischen der menschlichen, edlen, emporstrebenden, nach allem Schönen, Erhabenen, Liebevollen sich sehnenden geistig-seelischen Natur – und dem, was im Menschen seine primitive, tierische Unternatur ist. Diese Unternatur, die in meisten Fällen über der höheren Oberhand nimmt, und von derer der Mensch möchte doch lieber nichts wissen. Er kennt sie manchmal auch nicht, bildet sich darüber keine Gedanken; er glaubt, er sei schön und erhaben, schaut zu den Gestirnen empor, liebt seine Mitmenschen, (mag es ein Weib, ein Kind sein) mit zarter Liebe – und nichts davon weiss, dass er gleichzeitig alles Abscheulichste in seinem Unterbewusstsein birgt, dass er, von tierischen Begierden und Leidenschaften durchaus erfüllt und überwältigt, an die verödete Erde gefesselt ist. ... usw. Den Materialisten (die allen Dingen in der Welt fertige Etiketten mit darauf gedruckten Titel ankleben wollen) gefällt dieser Zyklus nicht, sie wissen aber auch nicht, was für eine Etikette sollten sie daraufkleben: Symbolismus? dekadenter Expressionismus? metaphysische Abirrungen? oder was noch anderes. Ich kümmere mich sehr wenig darum, ich weiss nur, ganz einfach, dass ich es machen musste.« (6.1.1960)

Die »Unklassischen Mythen« gehören wie andere hier betrachtete Holzschnitte zu den Arbeiten »für mich«, die ohne Auftrag entstanden, die »aus einer inneren Notwendigkeit, aus einem Imperativ« heraus sich formten. »So habe ich »für mich« ebenso die Kinder mit den Sternen [...] wie auch die »Mythen«, den »Sklaven« und die »Pietà« im Holze geschnitten – alles nur aus dem Inneren heraus.« (13.10.1960)

149   Unklassische Mythen I

150   Unklassische Mythen III

151   Unklassische Mythen V

Tristan und Isolde
Ein Zyklus von 20 Holzschnitten von
je ca. 30 x 15 cm, 1961 und 1964/65

In ihrer Tätigkeit als Buchillustratorin gestaltete Maria Hiszpańska-Neumann mittelalterliche Themen besonders gerne; die 20 Holzschnitte zu Gottfried von Straßburgs »Tristan und Isolde« gehören zu den Höhepunkten innerhalb dieses Schaffens[77]. Zum Mittelalter fühlte die Künstlerin sich ihr Leben lang hingezogen. »Sonst bin ich sehr stark innerlich mit dem Mittelalter (XII-XIII Jhdt.) verbunden« (19.9.1977). Die mittelalterliche Kunst und Literatur war ihr nicht nur eine geistige Heimat, sondern auch Fluchtort oder »Versteck« – ein schützender Umhang, eine »Verkleidung« für die Aussage des verletzlichen Inneren, des Ich. Einmal gefragt, für einen Dresdner Verlag etwas Polnisches zu illustrieren, antwortete sie, dass sie lieber »irgendwelche alte Legende als etwas Zeitgenössisches illustrieren« wolle. »Das Mittelalterliche ist mir sympathisch – das auch, aber so ganz einseitig brauche ich ja nicht immer zu sein, – sondern kann in gewissen Fällen als ein »Versteck« dienen. In mittelalterlicher Verkleidung wirkt vielleicht die alte Maus besser, als in der Mäusenacktheit einer unmittelbar-persönlichen grafischen Aussage.« (19.10.1962 an Elmar Jansen) Schon in der schlimmen, noch vom KZ-Aufenthalt überschatteten Zeit nach 1945, war das Mittelalter ihr ein Zufluchtsort: Jan Białostocki begegnete Maria 1946 in den Magazinen des Warschauer Nationalmuseums, wie sie Heft für Heft mit Zeichnungen der während des Krieges dort ausgelagerten mittelalterlichen Bildwerke füllte; auch das Kunstgeschichtsstudium in dieser Zeit nährte die Liebe zum Mittelalter und war ein »Ausgleich für die Erinnerungen aus der Hölle« (6.1.1960). Die Holzschnitte zum »Tristan« wiederum waren am Anfang gar kein Auftragswerk, sondern ein Werk »für mich«, eine Flucht, »als es mir in dem XX. Jahrh. schon ganz unerträglich geworden ist.« (12.10.1961). Sie erwähnt es nicht explizit, doch ein Ereignis, das ihr den Spätsommer und den Herbst 1961 so »unerträglich« machte, war sicherlich der am 13. August begonnene Mauerbau in Berlin. Kurz danach, im September, stürzte sie sich in den »Tristan«. »Jetzt habe ich eine Zuflucht aus der düsteren Alltagsatmosphäre in das Mittelalterliche genommen, indem ich, ohne irgendwelchen Auftrag, eine wohlbekannte alte Saga im Holze zu illustrieren begann.« (19.9.1961) Mitte Oktober stecke sie »immer noch im »Tristan und Isolde« von Gottfried v. Strassburg, hoffe aber, schon bald damit fertig zu werden.« (12.10.1961)

12 Holzschnitte entstanden in diesem ersten Zug, dann ruhte das Thema, bis im folgenden Jahr der »Verlag der Nation« (DDR) Interesse an den Holzschnitten zeigte. Aus ihren Briefen geht hervor, dass es aber erst 1964 zu konkreten Verhandlungen kam, aufgrund derer Maria Hiszpańska-Neumann schließlich noch acht weitere Holzschnitte für eine Neuausgabe von Gottfrieds »Tristan« anfertigen sollte. In den ersten Monaten des Jahres 1965 lieferte sie diese ab, 1966 erschien das Buch und bekam eine Auszeichnung als »schönstes Buch des Jahres«[78]. Freunden und Bekannten schenkte Maria Hiszpańska-Neumann die ganze Folge der 20 Holzschnitte – in wochenlanger Arbeit zog sie dafür mehr als 180 Blätter per Hand ab.

Die Geschichte von der schicksalhaften Liebe Tristan und Isoldes, die Gottfried von Straßburg in seinem mittelhochdeutschen Versroman erzählt und wohl um 1210 niederschrieb, ist

---

77 In diesem Zusammenhang sind zu nennen besonders auch der 1956 geschaffene Zyklus zu »König Artus« nach der polnischen Version des Romans von Sigrid Undset, aber auch die Illustrationen zum »Großen Testament« des François Villon von 1950, das »Rolandslied« von 1952, die »Legenda Aurea« des Jakob de Voragine von 1956, Polnische »Altgeschichten« von 1962 und die »Isländischen Sagen« von 1968, 1973 und 1974, ebenso das »Kudrun«–Lied, ein mittelhochdeutsches Heldenepos (Verlag der Nation, 1971) und die Farbholzschnitte zu den »Pannonischen Legenden«, altslawischen Lebensbeschreibungen der Slawenapostel Kyrill und Method, im Union Verlag von 1972.

78 Gottfried von Straßburg, Tristan und Isolde, aus dem Mittelhochdeutschen übertragen und erläutert von Günter Kramer, Berlin 1966. Wenn aus dieser Werkausgabe im Folgenden zitiert wird, werden nur die Seitenzahlen angegeben.

eine der Geschichten, die schon Jahrhunderte lang mündlich tradiert, mit anderen Erzählungen verbunden immer wieder Erweiterungen erfahren haben, bis sie erstmals aufgeschrieben wurden. Der Tristan-Stoff geht zurück auf eine alte britische Heldensage, in die Elemente des irischen und bretonischen Märchens und des antiken Sagenschatzes eingeflossen sind. Vor allem ab der zweiten Hälfte des 12. Jahrhunderts wurde er von verschiedenen Dichtern weiter bearbeitet und den Bedürfnissen der jeweiligen Zeit und Zuhörerschaft gemäß umgeformt. Gottfried von Straßburg stützte sich vornehmlich auf einen nur in Bruchstücken erhaltenen anglonormannischen höfischen Roman des Thomas von Britannien (entstanden zwischen 1155 und 1170) und band die verschiedenen Stränge kunstvoll in eine ritterlich-höfische Erzählung, der man das erwachende Selbstbewusstsein des Bürgertums schon anmerkt. Sein »Tristan« gehört zu den schönsten Dichtungen des 13. Jahrhunderts.

Tauchen wir nun mit Gottfrieds »Sehnsuchtslied« (»senemaere« im Mittelhochdeutschen) und drei Holzschnitten Marias in die mittelalterliche Welt, in die sehnsüchtige, leid- und freudevolle Stimmung der mittelalterlichen »Aventiure« und in die Geschichte der großen Liebe von Tristan und Isolde: »denn wo immer von ihrer Treue,/ der Stärke ihrer Treue,/ von ihrem Glück und ihrem Leid/ vorgelesen wird,/ dort ist aller edlen Herzen Brot./ [...] Wer nun ihr Leben und Sterben,/ ihre Freude und ihre Not/ kennenlernen will,/ der höre gesammelten Herzens,/ sein Verlangen wird hier erfüllt.«[79]

Tristan, so sagt schon sein Name, ist ein in Trauer (»triste«) Geborener: die tragische Geschichte der Liebe seiner Eltern wirft einen Schatten auch auf sein Geschick. Der Vater, Riwalin von Parmenien, ist mit Blanchefleur, der Schwester König Markes von Cornwall, in heimlicher Liebe verbunden. Ihr Glück verweht rasch – Riwalin fällt im Kampf, und Blanchefleur stirbt nach der schweren Geburt ihres Sohnes vor Kummer und Gram. Die Waise wird von Rual, dem treuen Marschall Riwalins, und dessen Frau aufgezogen und erfährt als Knabe alle nur denkbare höfische Bildung: er erlernt mehrere Sprachen, das Harfespiel und das Singen aber auch die Jagd – kurz, er setzt alle Welt nicht nur mit seinem schönen Aussehen, sondern auch mit seinem vortrefflichen Betragen in Erstaunen.

Schon als jugendlicher Knabe hat Tristan erste Abenteuer zu bestehen: Er wird entführt, bei Seenot ausgesetzt und landet schließlich am Hof König Markes von Cornwall, wo er mit seinem Liebreiz, seinem Wissen und Können die Herzen aller gewinnt. Rual, der Tristan gesucht und gefunden hat, eröffnet dem erstaunten Tristan und der Hofgesellschaft seine wahre Herkunft und wird von seinem Onkel, dem König Marke, herzlich aufgenommen. Bevor Tristan heimfährt und sein Erbe ordnet, wird er an Markes Hof noch zum Ritter ausgebildet. Von nun an ist er ein tapferer und geschickter Kämpfer, aber auch ein listiger Spielmann, ein Meister der Waffe und der Harfe. Als er nach längerer Zeit an den Hof Markes zurückkommt, kann er seinem Onkel in großer Bedrängnis helfen: Tristan tötet Morold, den Gesandten Irlands, im ehrenhaften Zweikampf, um den schmählichen Tributforderungen Irlands ein Ende zu machen. Doch hat er im Kampf eine unheilbare Wunde durch das vergiftet Schwert Morolds empfangen; eine Wunde, die allein Morolds Schwester, die Königin Isolde von Irland, heilen kann. Also macht sich der schwer Verwundete auf über das Meer, um sein Heil zu suchen. Kurz vor der Küste Irlands setzen ihn seine Leute in ärmlichen Kleidern und nur mit seiner Harfe und ein wenig Nahrung ausgestattet, in einen kleinen Nachen, nehmen klagend Abschied und lassen ihn dem Land und der Stadt Dublin zutreiben. Süß erklingt seine Harfe, als der Leidgeprüfte über das Meer fährt, doch »sein Herz war nicht dabei«. Boten entdecken ihn: »Wie sie ihn da erblickten/ und ihn so elend sahen,/ so jammervoll entstellt,/ da waren sie betroffen,/ dass er so wunderbar/ singen und spielen konnte.« (S. 189)

---

79 Prolog, S.10f. Aus der Fülle der 20 Holzschnitte – alle auf ihre Weise ausdrucksvoll und einer Beschreibung wert – seien hier aus Platzgründen nur drei exemplarisch betrachtet, von denen der zweite und dritte allerdings die beiden »Wendepunkte« der Geschichte markieren. Vgl. Helmut de Boor, Geschichte der deutschen Literatur, Band 2: Die höfische Literatur, Vorbereitung, Blüte, Ausklang. 1170–1250, S. 130.

152   Tristan und Isolde V

Holzschnitt V, 1961

Auf Maria Hiszpańska-Neumanns Holzschnitt schaukelt Tristan – noch von niemandem entdeckt – traumverloren der Stadt zu. Halb aufgerichtet liegt er in des Bootes Schräge wie in einer geöffneten Muschel, er schmiegt sich in seinen Nachen wie eine (Meeres)Frucht in harter Schale. Den Kopf geneigt, den linken Fuß locker unter das rechte Knie gezogen, ist er ganz in sich und in sein Spiel versunken. Die großen schwarzen Augen sind offen, aber blicklos; die Harfe (bzw. hier mehr eine Laute) liegt auf seiner Brust; extrem lange, biegsame Finger entfalten mit übersteigerten Gebärden ein sehnsuchtsvolles Spiel. Tristan ist in dieser unwirklichen Schräge »in der Schwebe«, in einem labilen, »übergänglichen« Zustand. Die Innigkeit seines selbstvergessenen Spiels ist von melancholischer Schwerelosigkeit, aber auch von einer kraftlosen Hingabe. Er ist ja nicht der starke Held, sondern der Verwundete, der ausfährt, um Heilung zu suchen. Ist der verwundete Spielmann nicht auch ein Bild des Menschen? Ist der Quell der Poesie und des Gesangs nicht auch die Wehmut, die Sehnsucht nach Heilung und Er-Gänzung?

Tristans Leib durchziehen vom Kopf aus zwei Bewegungen. Die eine gleicht einer sanft auslaufenden Welle: vom Kopf hinab durch den Hals und den rechten Arm, der Kontur des Bootes folgend in das rechte Bein bis zum Fuß hinunter ins Meer. Die andere wiederholt die Form des Bootes als einem Gefäß, einer offene Schale: vom Kopf hinab in den Arm, aber dann wieder hinauf in das aufgerichtete Bein bis zum linken Knie oberhalb des Bootsrandes. Aus dieser »Resonanzschale« wächst das Spiel von Händen, Armen und der Laute empor. Die gerade Linie, die vom rechten Unterarm in die Saiten der Laute führt, wird rechts und links umspielt von den Händen in einer rhythmischen Ausweitung und Engführung der Formen, bis hinauf in die Stadt, zu seinem Ziel.

Die helle Stadt über oder hinter ihm füllt die obere Bildhälfte in spielerischer Aufrechte und Festigkeit – Kräfte, die ihm fehlen. Tristan ist der Stadt zwar abgewandt, er sieht sie nicht mit Augen. Aber mit seinem Kopf, mit der Hand, die den Hals des Instrumentes umfasst, ragt er doch in sie hinein und wird dadurch oben angebunden. Die zwei langen, ausgestreckten Finger weisen auf ihn zurück, doch gleichzeitig geben sie so etwas wie einen Auftakt zu den »Stufen«, die den Turm darüber in ver-

schiedene Stockwerke gliedern, wie Sprossen einer Leiter, die nach oben führt; ebenso ist der rechtwinklig abgeknickte Hals des Instrumentes sozusagen in dem großen weißen Turm wie »verankert«.

Einem Traumbild gleich ragt die Stadt unvermittelt über ihm auf; einen Übergang, eine Uferzone gibt es nicht. Häuser und Türme drängen sich aneinander wie die Bauklötze, die ein Kind im Spiel dort zusammen geschoben hat. Die lebendige, unregelmäßige Gliederung der Baukörper ordnet sich keiner einheitlichen Perspektive unter, das Ensemble hat den Charme eines nur »gefühlt perspektivisch« gesehenen Städtchens wie auf den Bildern von Giotto oder anderen Meistern im Anbruch der italienischen Frührenaissance. Die dunkle Wasserwelt mit den Fischen, das Schwebend-Offene unten ist so anders als die Helligkeit des stabil-lebendigen Gefüges der Stadt oben. Doch nirgends bewegt man sich in der irdisch-realen Welt. Der Nachen, der verwundete Spielmann, die Stadt: Traum-Bilder sind es alle.

Tristan, der mit List seine Identität verbirgt, indem er sich als Spielmann (und Kaufmann) »Tantris« ausgibt, wird freundlich aufgenommen und von der Königin geheilt. Zum Dank unterrichtet er die Königstochter, auch Isolde geheißen. Doch noch erkennt er Isolde nicht, »das schöne und herrliche Mädchen« (S.193), »die Sonne, die von Irland aufgeht« (S.254). Schließlich kehrt er zurück zu Marke, voll des Lobes über die Schönheit Isoldes. Marke, für den es an der Zeit ist, sich zu verheiraten, schickt Tristan wieder nach Irland, diesmal in der schwierigen diplomatischen Mission als Brautwerber – schließlich sind Marke als König von Cornwall und Tristan schuld am Tod des Bruders der irischen Königin! Doch Tristan meistert auch dies mit List und mit Tapferkeit: Der König von Irland hatte seine Tochter nämlich dem zur Frau versprochen, der den schrecklichen Drachen töten würde, der das Land verwüstet und bedroht. In heißem Kampf besiegt Tristan den Drachen, entlarvt einen betrügerischen Rivalen und gewinnt Isolde für Marke. Als Tristan im Bade ist, entdeckt Isolde jedoch seine Identität als Tantris/Tristan und als den, der ihren Onkel erschlug. Schon hat sie im Zorn das Schwert gegen den Wehrlosen erhoben, doch sie kann ihn nicht töten. Am Hof verständigt man sich schließlich, Tristans Leben zu schonen und die grollende Isolde besteigt als Braut Markes das Schiff, das sie und Tristan mit beider Gefolge nach Cornwall bringen soll. Auf der Fahrt nun waltet das tragische Schicksal: Die Königin hatte einen Liebestrank bereitet, den Brangäne, Nichte der Königin und Gefährtin Isoldes, König Marke und Isolde in der Hochzeitsnacht reichen sollte, auf dass die Eheleute in ewiger Liebe zueinander verbunden seien. Doch eine unwissende Dienerin gibt den Trunk versehentlich Tristan und Isolde. Was nun geschieht, soll Gottfried von Straßburg selber erzählen:

»Indessen war auch Brangäne gekommen/ und erkannte das Glas./ Sofort begriff sie, was geschehen./ Sie erschrak so sehr und entsetzte sich,/ dass sie die Kräfte verließen/ und sie zu Tode erbleichte./ Erstarrten Herzens ging sie hin,/ergriff das verhängnisvolle Gefäß,/ trug es fort und schleuderte es/ in die wilde tobende See./ »O weh mir Armen«, rief sie, »weh,/ dass ich je geboren wurde./ Ich Arme, nun habe ich/ meine Ehre und Treue verloren!/ Gott möge sich dessen erbarmen, dass ich die Reise je begonnen/ [...] O weh, Tristan und Isolde, dieser Trank ist euer Tod!« (S. 291 f.)

Ungewöhnlich differenziert schildert Gottfried nun die Abfolge der Gefühle, denen die unfreiwillig sich Liebenden ausgesetzt sind: Auflehnung, innere Not und schließlich Hingabe an die aufkeimende Liebe.

»Nachdem das Mädchen und der Mann,/ Isolde und Tristan,/ den Trank getrunken hatten,/ da kam die Unrast dieser Welt,/ die Liebe, schon herbei,/ die allen Herzen nachstellt,/ und schlich sich in ihr Herz./ [...] eins und einig wurden sie,/ die zuvor zwei und zweierlei waren./ [...] beide waren eines Sinnes/ in ihrer Liebe, ihrem Leid/ und verbargen es doch voreinander/ aus Zweifel und aus Scham. (S. 292 f.) [...] Als Tristan die Liebe verspürte,/ dachte er sofort/ an seine Treue und Ehre/ und versuchte sich zu wehren./ Nein, dachte er bei sich,/ lass ab, Tristan, besinne dich,/ nimm es nicht wahr. Doch er konnte nicht/ sein Herz davon abwenden,/ er wollte wider Willen,/ er wünschte wider seinen Wunsch,/ er wollte und er wollte nicht. (S. 293) [...] Das gleiche widerfuhr Isolde./ [...] Als sie die Lockung der Liebe ver-

spürte/ und erkannte, dass ihre Gefühle/ wie festgeleimt daran hafteten,/ versuchte sie zu entrinnen./ Doch konnte sie sich nicht lösen,/ es zog sie immer wieder zurück./ Die Schöne widerstrebte/ mit ganzer Macht und blieb doch/ mit jedem Tritt gefesselt. (S. 294) [...] Was wurde daraus? Scham und Mädchen sind,/ wie alle Welt behauptet,/ zwar unergründliche Dinge,/ doch nur von kurzer Dauer,/ sie widerstehen nicht lange./ Isolde gab den Kampf auf/ und handelte, wie ihr zumute war:/ sieglos übergab sie bald/ ihr Leben und ihr Sinnen/ dem Manne und der Liebe. [...] Auch er gab langsam dem nach,/ wozu ihn die Liebe zwang./ Nun schauten Mann und Mädchen/ zu jeder Zeit und Stunde,/ wenn sie's mit Anstand konnten,/ sich zur Freude an. (S. 295) [...] Und bald begannen sie/ ihre Liebe deutlicher zu zeigen,/ Zeit und Gelegenheit/ für ein geheimes Flüsterwort/ und vertraulichen Umgang zu suchen. (S. 298) [...] Er fragte süß und leise:/ »O Liebe, Schöne, sagt mir, was verwirrt Euch und was klagt ihr?«/ Isolde, der Liebe verfallen, seufzte: »Lameir ist meine Not,/ lameir beschwert mir das Gemüt, lameir fügt mir das Leid zu.«/ Wie sie lameir so oft sprach,/ beschaute und bedachte er/ sorgfältig und genau/ die Bedeutung dieses Wortes./ Dabei erkannte er,/ l'ameir heißt »lieben«,/ l'ameir »bitter«, la meir »Meer«, das schien ihm sehr vieldeutig. [...] Als er das Wort begriffen,/ vernahm er darin Liebe,/ ganz leise flüsterte er ihr zu:/ »Genauso, Schöne, geht es mir, lameir und Ihr heißt meine Not/, Herzensherrin, liebe Isolde,/ durch Euch allein und Eure Liebe/ sind mir meine Sinne/ benommen und verkehrt,/ ich bin so sehr/ aus meiner Bahn geraten,/ dass ich nicht mehr zurück kann./ [...] In all der Welt erfreut mein Herz/ nichts außer Euch allein.«/ Isolde sprach: »Das gleiche/ empfinde ich durch Euch.«/ Als die Liebenden bei sich/ den gleichen Sinn entdeckten,/ ein Herz und einen Willen,/ löste sich allmählich ihr Leid. (S. 300) [...] Es war ein seliger Beginn,/ die Liebesnot zu stillen./ Jeder schenkte und trank/ die Süße, die von Herzen kam./ Wo immer sich Gelegenheit bot,/ kamen sie zusammen,/ leise und heimlich her und hin,/ damit kein anderer ahnte,/ was sie bewegte, außer der,/ die doch davon wusste./ Brangäne, die kluge, blickte oft/ verstohlen und heimlich zu ihnen hin,/ bemerkte ihr Vertrautsein/ und musste immer wieder denken:/ O weh, nun sehe ich,/ sie beginnen sich zu lieben.« (S. 301)

Holzschnitt VIII, 1961

In ihrem Holzschnitt erzählt Maria Hiszpańska-Neumann von der schicksalhaften Macht dieser Liebe, mit der Tristan und Isolde nun füreinander bestimmt und unauflöslich aneinander gebunden sind. All die Gefühlsnuancen, die Gottfried in der (oben stark gekürzt wiedergegebenen) Erzählung ausbreitet, legt sie in die innige Umarmung der beiden Liebenden: Zartheit und Verstrickung, Seligkeit und Melancholie, Erfüllung und Verhängnis. Die Liebe ist Quell ihrer Not und schenkt ihnen doch alle Süße.

Isoldes Haar, Schleier und Umhang wallen herab und umgeben beide wie eine schützende Hülle lebendigen, wellenden Wassers. In ihrer engen Umschlingung werden sie wie zu *einer* Gestalt: Im Dunkel leuchten einzelne Glieder hell auf – feingliedrige Hände, Hälse, Brust, Ärmel, Falten, Knie – und dabei ist es einerlei, was zu wem gehört, oder ob Proportion und Maß überschritten werden. Ihr Hals und ihr Leib sind so lang, seine Hände so groß. Oben sind Körper und Glieder noch unterscheidbar, doch unten hört Plausibilität und Unterscheidbarkeit auf: Sitzt sie auf seinem Schoß? Sein Körper verschwindet hinter ihrem »beinlosen« Leib. Es gibt nur ein Knie (das seine?) und einen Leib (den ihren), die ineinander übergehen. »Eins und einig wurden sie, die zuvor zwei und zweierlei waren.«

Mit unendlicher Zartheit berühren die Hände mit den schmalen, überlangen Fingern den anderen. Diese Finger sind nicht nur Gliedmaßen, sondern biegsame, sensible, seismographisch gesteigerte Tastorgane, die empfindend wahrnehmen und auf der Klaviatur des Seelischen spielen. Die Münder schweigen, dafür sprechen die Finger die Sprache der Sehnsucht und ertasten, erkunden Körper und Seele, sie »erkennen« einander. Den Eindruck des Vorsichtigen, Zarten vermitteln wie schon in früheren Holzschnitten auch die breiten schwarzen Konturen und Zwischenräume, die die einzelnen Formen und Gliedmaßen voneinander absetzen. So bleibt der Andere »unangetastet« selbst in der engen Verschlingung.

Die beiden Liebenden strahlen in ihrem »Zugeneigt-Sein« eine tiefe Ruhe und Innerlichkeit aus. Auf ihren Gesichtern mit den locker geschlossenen Mündern und gesenkten Augenlidern

liegt ein großer Ernst, etwas wie eine stille Trauer und Ergebung. Isolde hat den Kopf tief zur Seite geneigt, bis hinab auf sein Haar. Schützend zieht sie mit ihrem linken Arm und ihrer Hand einen Kreis um seinen Kopf dicht an ihrer entblößten Brust. Ihre langen Finger weisen hinauf in die Linie des Schleiersaumes über ihrer Stirn und schließen so einen inneren Kreis. Ohne jede Lüsternheit bietet sich ihm darin die kleine, feste Brust wie eine köstliche Frucht. »Jeder schenkte und trank/ die Süße, die von Herzen kam.« Im Holzschnitt geschieht das eher keusch und rein, denn trotz der erotischen Nähe von Kopf und Brust bleibt die Brust intakt in ihrer Kontur, »unberührt« durch Blick oder Hand.

Die Liebenden sind ineinander verwoben in einem wechselseitigen Ab und Auf, Hin und Her der umfangenden Gesten: Zuinnerst führt Isoldes linker Arm nach links, dann leitet ihre rechte, zart Tristans Oberarm ertastende Hand die Gegenbewegung nach rechts ein indem sie hinüberführt in seinen rechten Arm, mit dem er Isolde umfängt; und schließlich führt unten seine linke Hand, die ihren Leib hält und stützt, wieder nach links in die zum Knie aufsteigenden Falten. In den Gebärden und Bewegungen liegt ein Hineinsinken, Auftauchen, ein Um- und ineinander Kreisen, ein Hinübergehen von dem einen zur anderen; ein Zustand der »Liebestrunkenheit«. Man mag sich erinnert fühlen an das alte Lied »Mit Lieb bin ich umfangen, Herzallerliebste mein«; wenn da nicht auch der Ernst und die Trauer, das Ausweglose dieser Liebe wäre. Mehr noch, sie sind so eng verschlungen, verwoben, verstrickt – »festgeleimt« sagt Gottfried – dass sie nicht nur umfangen, sondern regelrecht gefangen scheinen. Ihr gegenseitiges Umfangen wird zu einem vorsichtigen, aber dennoch unerbittlichen Schließen der Glieder einer Kette, die sie bindet.

Es bindet sie ihr Schicksal, das über ihnen waltet, in Gestalt einer schwarzen, spitz gezackten Sonne und der Frau mit dem Trank. Ihre Liebe steht unter einem dunklen Stern; die spitzen Zacken scheinen Isolde in ihrer Zuneigung sogar festzuhalten und niederzudrücken. Wie eine dunkel mahnende Schicksals-

153   Tristan und Isolde VIII

göttin hält die Frau – es ist wohl Brangäne – mit frontalem, ernstem Blick, in dem auch eine Spur Erschrecken und Entsetzen liegt, das Fläschchen mit dem ominösen Trank in den aufgebogenen Fingern. Die übersteigerte greifend-zeigende Gebärde ihrer Hand wird wiederholt in der weißen Gewandfalte von Isoldes Schleier genau darunter. Brangäne ist unwillentlich Werkzeug der Schicksalsmacht geworden und als Mitwissende und später auch den Liebenden Helfende ebenso in Schuld verstrickt. Tristan und Isolde sind in sich und ineinander versunken, ohne Blick für das außer ihnen Liegende; es ist Brangäne, die geöffneten Auges die Zusammenhänge überblickt und das unheilvolle Schicksal prophetisch erkennt: »O weh, Tristan und Isolde, dieser Trank ist euer Tod!« (S.292)

Auf der einen Seite bringt Maria Hiszpańska-Neumann das Zwingende der »bannhaften Minne«, verkörpert durch den Liebestrank, ins Bild, doch auf der anderen Seite kommt auch das Einswerden, das Verschmelzen der Beiden zur Einheit zum Ausdruck, was auch Gottfried immer wieder betont und was ihre Liebe auf eine höhere Stufe hebt. Der Minnebegriff bei Gottfried ist erfüllt von den Kräften religiöser Mystik, der »unio mystica«, die die Liebenden aus der Welt herauslöst und ihnen dort Leid bringt[80].

Denn von nun an sind die kurzen Momente der Liebesseligkeit erkauft durch Umgetriebensein, Verstellung und schließlich Trennung und Tod. Die Zeit an Markes Hof ist für die Liebenden Glück und Qual zugleich, denn sie sind zusammen und sind es doch nicht, sie sehen sich und müssen ihre Liebe doch verheimlichen. Glück ist, wenn sie mit Brangänes Hilfe zusammenkommen können, Qual, wenn Markes und des Hofes Argwohn dies nicht zulässt. Marke wird von seinen Zweifeln hin und her gerissen und schwankt zwischen Misstrauen und Zuneigung; er will es wissen und möchte es doch nicht glauben. Der Erzähler widmet sich nun über viele Seiten der Liebesklugheit des heimlichen Paares. Der Betrug beginnt damit, das Brangäne, die Jungfrau, in der Hochzeitsnacht anstelle von Isolde das Bett mit Marke teilt. Aus der Kette von Anschuldigungen, verfänglichen Situationen und Fallen können sich die Liebenden mit List und

Geschick immer wieder befreien – sogar ein »Gottesurteil« wird über Isolde verhängt, das sie jedoch besteht. Vorübergehend werden sie vom Hof verbannt und verleben eine Zeit in paradiesischer Wildnis, in einer »Liebesgrotte«, in deren Mitte ein Bett »wunderbar,/ aus Kristall geschnitten« (S. 419) steht. Es ist eine Zeit seliger Entrückung und wundersamer Erhaltung, denn sie bedürfen keiner irdischen Nahrung, sondern werden durch die Kraft ihrer Liebe ernährt. Nicht lange, nachdem Marke die Liebenden an den Hof zurückgeholt hat, ertappt er die beiden zuletzt doch eng umschlungen im Schlaf. Bevor Tristan auf ein Schiff flieht, das ihn von Cornwall wegführt, nehmen die Liebenden Abschied voneinander. Der schmerzhafte Moment der Trennung wird überstrahlt von der hohen Stimmung des Eins-Seins: »Behaltet mich in Eurem Herzen;« bittet Tristan, »denn was mit mir geschieht,/ ich werde Euch nie vergessen:/ Isolde wird immer/ in Tristans Herzen bleiben. [...]« Und Isolde antwortet: »Herr, unser Herz und unser Sinnen/ waren zu lang und zu eng/ miteinander verbunden,/ wir werden nie erfahren,/ was ›einander vergessen‹ sei./ Seid Ihr mir ferne oder nah,/ in meinem Herzen soll dennoch/ nichts anderes und kein anderer/ als Tristan, mein Leib und Leben wohnen./ Herr, ich habe mich schon lange/ Euch mit Leib und Leben ergeben,/ nun seht, dass keine andere Frau/ mich jemals von Euch scheide. [...] Doch gewährt mir die Bitte,/ wohin Ihr auch fahren mögt,/ seht, dass Ihr am Leben bleibt,/ denn Ihr seid mein Leben./ Verliere ich Euch, bin auch ich,/ Euer Leben, dahin. Ebenso will ich,/ die ich Euer Leben bin,/ um Euretwillen, nicht meinetwegen/ mein Leben lieben und erhalten, denn Euer Leib und Leben, das weiß ich,/ sind von dem meinen abhängig./ Ein Leib, ein Leben sind wir zwei.« (S. 458 f.)

---

80 Vgl. de Boor, S. 132

Holzschnitt XVI, 1961

Die Hauptpersonen unserer Geschichte, Marke, Isolde und Tristan, sind in einer vielschichtigen Dreierkonstellation ins Bild gesetzt: Isolde zusammengesunken unten links, über ihr das Schiff mit dem geblähten Segel stellvertretend für den hinwegeilenden Tristan und rechts, die ganze Bildhöhe einnehmend, Marke. Groß und dunkel hat er in seiner imposanten Aufrechte fast etwas Finsteres, Bedrohliches – ein verdüstert Gerechter, der endlich Sicherheit hat, dass er betrogen ist. Der Schmerz wie auch das »Recht« sind auf seiner Seite. Links, das Schiff und Isolde, sind nur Schwanken, Welle, Beugung, und auch Wölbung, Schale. Ihnen fehlt der sichere Boden, sie sind eins mit dem beweglichen, grundlosen Meer und seinen Wogen und Wallungen.

Isoldes ganze Gestalt ist eine einzige Gebogene – hinab von ihrem Kopf durch Schleier, Arm und Hand ganz hinunter, wieder hinauf zum Knie und im rhythmischen (Gewand)Fall wieder hinunter in die Flut, den Strömungsformen und dem Wellen-Saum ihres Gewandes folgend. Hinauf und hinab führt in harmonischer Gegenläufigkeit ihr linker Arm, der aus dem Dunkel des weiten Ärmels auftaucht, nach links hinaufführt, wo die Bewegung oben an der Hand wie eine Welle bricht und durch die Finger hinunter läuft und einmündet in den großen Strom des anderen Armes zurück nach unten. Bewegungslinien von Gewand und Gliedmaßen sind in einem fort am Strömen und Kreisen (um das Gesicht und zwischen den Armen und Händen), Gewandsäume mäandern hin und her – nicht nur am unteren Abschluss, sondern auch am Saum ihres Tunika-ähnlichen Obergewandes.

Ihr Gesicht zeigt Schmerz, der Blick geht nach unten und innen; das Gesicht ist eingehüllt durch den Schleier und hat in der Umhüllung ein dunkles Gegenüber, eine Dunkel- und Schattenzone wie als Echo. Ihre helle obere Hand bildet ein Dach über einer weiteren Dunkelzone genau in ihrem Brustbereich, als ob ihre Mitte, ihr Herz verdunkelt wäre. Isoldes Leib windet sich in derselben Krümmung wie das pralle, vom Wind gebauschte Segel des Schiffes, das Tristan von ihr fortträgt; sie neigt den Oberkörper in dieselbe Richtung wie der Schiffsmast. Ihre Seele, die

gebeugte, eilt Tristan hinterher, eilt auf den Wogen des Wassers mit ihm mit, entschwindet, verliert mit Tristan ihren Sinn, ihr Leben – und der Leib sinkt ohne Halt wie eine leere Schale zusammen. »Verliere ich Euch, bin auch ich,/ Euer Leben, dahin.« Auch das Schiff, geworfen auf die tanzenden, mäandernd-geometrischen Wellenbänder, gleicht mehr einem Spielball der Elemente als dass es ruhig und sicher dahinführe. Sein Rumpf wirft sich auf und spiegelt an der Wellenkante die Form von Isoldes leicht geblähtem Schleier. Beide, Tristan und Isolde, haben ihren Halt verloren; denn Leib, Leben und Seele finden und verlieren sie im anderen.

Halt und Stütze könnte ihnen Marke bieten, der wie eine mahnende Hüterfigur die rechte Bildseite bewacht. Seine strenge Aufrechte erfasst ihn von oben bis unten, von der Krone über den Nasenrücken, den Bart und den Schmuck in die senkrechte Gewandfalte, die bis auf Isoldes Wellensaum fällt. Genau genommen fehlt selbst ihm, dem Aufrechten, der feste Boden. Der zeigt sich in einer Andeutung links unten in kleinen Lichtstreifen, die zusammen mit der hellen Senkrechten seiner Mantelfalte ein stützendes Grundgerüst für den ganzen Holzschnitt bilden.

Marke als Widerpart der beiden Liebenden ist doch zugleich mit ihnen verbunden. Marke steht Isolde wortwörtlich »nahe«, auch wenn sie seelisch entfernt und als Gegensätze gezeigt sind: Streng aufrecht – umspielt gebogen; dunkel mahnend – hell fühlend; stehend – sitzend. Sie biegt sich von ihm weg, ihre linke und seine rechte Hand weisen in entgegengesetzte Richtungen, und doch leitet seine Hand rückläufig eine unaufdringliche Bewegung hinüber zu Isolde ein: Die Diagonale seiner Hand wird aufgegriffen von den schrägen Falten seines Mantels, die auf Isoldes Kopf zulaufen und von der Richtung her in den sie außen umhüllenden Schleier weiterführen. Das Schiff wiederum ist auch mit Marke verbunden: der Segelquermast und das Heck berühren Markes Gestalt. So wie Markes Krone fünffach nach oben strahlt, strömen vom Kreuzungspunkt des Schiffsmastes die Linien der Seile ausstrahlend schräg nach unten, aufgefangen durch die Schale des Bootsrumpfes. Marke

154   Tristan und Isolde XVI

und die Liebenden sind durch das Schicksal einander entgegengesetzt und gerade darin doch miteinander verbunden.

Auch wenn die Betrachtung der Holzschnitte hier beendet ist, soll dem Leser der Schluss der Geschichte von Tristan und Isolde nicht vorenthalten werden: Tristan irrt ruhelos durch Europa, bis er am bretonischen Hof einer anderen Isolde, »Isolde Weißhand«, begegnet. Er liebt seine, die »blonde«, Isolde in Isolde Weißhand, heiratet letztere und liebt sie doch nicht[81]. Einmal kehrt er heimlich nach Cornwall zu Isolde zurück, versetzt den Hof als rächender Narr in Schrecken und muss wieder fliehen. Als er seinem Schwager Kaedin bei einem Liebesabenteuer hilft, empfängt Tristan durch ein vergiftetes Schwert eine todbringende Wunde. Wieder kann nur Isoldes Heilkunst ihn retten, und er sendet ein Schiff aus in der Hoffnung auf ihr Kommen. Wenn das Schiff Isolde mitbringt, soll es ein weißes Segel setzen, wenn es ohne sie heimkehrt, ein schwarzes. Isolde folgt sogleich seinem Ruf, besteigt das Schiff und fährt zu ihm. Die eifersüchtige Isolde Weißhand jedoch belügt den todkranken Tristan, indem sie sagt, das Schiff habe ein schwarzes Segel gesetzt, worauf Tristan vor Kummer stirbt. Die wahre Isolde kommt zu spät; tot bricht sie über Tristans Sarg zusammen. Als Marke vom Tod der Beiden und nun erst von dem verhängnisvollen Liebestrank erfährt, verzeiht er ihnen und lässt ein gemeinsames Grab errichten, auf dem er für Isolde eine Rebe und für Tristan eine Rose pflanzt. Rebe und Rose verflechten ihre Wurzeln und ihre Zweige ineinander und künden von der ewigen Liebe, die über den Tod hinaus währt.

Anfang des 13. Jahrhunderts, als Gottfried seine ritterlich-höfische Geschichte niederschrieb, begann sich in der Kunst die Gotik zu entfalten. In die Höhe strebende Bauglieder, gelängte Gesichter und Gliedmaßen der Portalplastiken, expressiv sich bauschende Gewänder verraten überall eine Unruhe und Sehnsucht zu Gott. Darin mag ein Stück der inneren Verwandtschaft liegen, die Maria gerade mit diesem Teil des Mittelalters fühlte. Wenn in ihren Holzschnitten die Gestalten und Gestaltungen von einem expressiven Längen, Dehnen und Sich-Biegen erfasst werden, wenn Linienschwünge wölbend Innenraum schaffen, so spricht daraus auch die Sprache der Sehnsucht und Seelenhaftigkeit. Dazu kommt, dass die Holzschnitte wie vom Element des Wassers durchzogen sind – als Meer und Welle oder auch nur in Form von gewelltem Haar oder Kleidersaum. Das bewegliche Wasser als lebendiger Spiegel des Seelischen umfasst von ruhiger Tiefe bis zu stürmischem Aufruhr den ganzen Pendelschlag des Seelischen. Nicht nur Tristans führerloser Nachen auf dem Meer, besonders auch das Schiff mit dem geblähten Segel wird zum Bild: für den fliehenden, bald haltlos durch die Welt irrenden Tristan, ja für die von den Elementargewalten getriebene Seele, für die lebendig-bewegliche, schwankende Seele mit ihren (Un)Tiefen überhaupt. Diese Seele sucht ihr Geliebtes, ihr Gegenstück, ihr Höheres, mit dem allein sie ganz und heil ist.

Die Holzschnitte scheinen aus dem gleichen Geist geboren wie der Text; sie »illustrieren« tatsächlich: sie erhellen und »erklären«, indem sie die Fülle der Erzählung in Bildern klärend zusammenfassen. Text und Bild beleuchten sich gegenseitig.

---

81 Gottfrieds Erzählung bricht nach der Hochzeit mit Isolde Weißhand ab und wird von Ulrich von Türheim zu Ende geführt.

Die Geschichten Jaakobs
1967, 9 Holzschnitte von ca. 45 x 30 cm

Die Welt des Alten Testaments ist eine noch fernere, ganz anders geartete als die des Mittelalters. Nicht das Seelenhafte, Sehnsuchtsvolle spricht aus der Gestaltung der Holzschnitte, sondern das Archaische, Herbe, das in seiner Vergangenheit Ferne und Fremde.

Anlass für diesen Zyklus von neun Holzschnitten war ein Illustrationswettbewerb zu Thomas Manns »Die Geschichten Jaakobs«, einem Teil aus seinem »mythischen Romanwerk« »Joseph und seine Brüder«, das im Zeitraum von 1926 bis 1943 entstand. Seit Herbst 1966 arbeitete Maria Hiszpańska-Neumann am »Jaakob«, und in ihren Briefen spricht sie von den Mühen, eine neue, dem Sujet angemessene Formensprache zu finden. Ende November hat sie drei angefangene Holzstöcke »zum Henker«, d.h. zum Zimmermann, gebracht, um sie wieder glatt hobeln zu lassen, damit sie neu anfangen könne. »Jetzt wird es gezeichnet, nachgedacht und weiter gezeichnet. Wenn nur gute Geister helfen wollen ...« (25.11.1966) Im Dezember sind schon fünf Holzschnitte Opfer des Hobels geworden. »So lange dauerte es, bis ich aus meiner alten grafischen Manier mich endlich herausgearbeitet habe. [...] Eins ist aber sicher: es sollen 7 Holzschnitte werden, die an meine alte Grafik nicht erinnern. Die ganze Voraussetzung ist anders.« (15.12.1966)[82] Die Voraussetzungen sind Gehalt und Stimmung der Vorlage: zum einen das Alte Testament, genauer das erste Buch Mose, und vor allem aber der Roman des von ihr sehr geschätzten Thomas Mann, welcher auf dem Alten Testament fußt. Schon 1928 erklärte der Dichter: »Gegenstand des Buches ist die Fleischwerdung eines Mythos; sein Held: Joseph, Jaakobs Elfter; seine Welt: der babylonisch-ägyptische Orient um 1400 vor Christo; seine Aufgabe: zu beweisen, dass man auf humoristische Weise mythisch sein kann. Sie fragen nach einem ›Wesenszug‹ des Helden? Aber es steht von ihm geschrieben, dass ›er gesegnet sei mit Segen oben vom Himmel herab und mit Segen von der Tiefe, die unten liegt‹.«[83] Im Verlauf der Betrachtung der Holzschnitte wird deutlich, wie Maria Hiszpańska-Neumann Bild und Text verbindet, den Bil-

dern aber dabei ein ganz eigenes Gepräge gibt. Von ihrer künstlerischen Qualität her können die neun Blätter mühelos als einzigartige Kunstwerke auch allein bestehen, doch gewinnen sie im Zusammenhang mit dem Text noch an Vielschichtigkeit. Nie sind die Holzschnitte wortwörtliche Illustrationen bestimmter Textstellen, aber in der *Art* der Gestaltung und in der Verwendung bestimmter Stilmittel kommt sie dem Geist der Texte sehr nahe:

Aus der Schwärze tiefem Grund erscheinen die Gestalten des Alten Testamentes, umrissen in schwingenden und teils der Maserung des Holzstocks folgenden Linien. Diese deckende Schwärze ist neu im Werk Maria Hiszpańska-Neumanns; gerade auf das Deckende des Schwarz legte sie großen Wert: »die großen schwarzen Flächen sollen ja wirklich schwarz sein, [...] gleichmäßig tiefschwarz« (5.4.1978).

»Tief ist der Brunnen der Vergangenheit. Sollte man ihn nicht unergründlich nennen?« So beginnt Thomas Mann sein Epos im »Vorspiel: Höllenfahrt«. »Da denn nun gerade geschieht es, dass, je tiefer man schürft, je weiter hinab in die Unterwelt des Vergangenen man dringt und tastet, die Anfangsgründe des Menschlichen, seiner Geschichte, seiner Gesittung, sich als gänzlich unerlotbar erweisen und vor unserem Senkblei, zu welcher abenteuerlichen Zeitenlänge wir seine Schnur auch abspulen, immer wieder und weiter ins Bodenlose zurückweichen.« (S.7.) Diese unergründliche Tiefe des Urbeginns, der »Anfangs-

82 Im Herbst 1966 fand ihre Warschauer Ausstellung statt, die nach Marias Schilderung von offizieller Seite mit Nichtachtung gestraft wurde. Maria hatte sogar den Eindruck, als nutzten die Funktionäre des Künstler-Verbandes seitdem »jede Gelegenheit aus, um mir zu schaden«, was auch das Schicksal des Jakobs-Zyklus betraf: er gewann keinen Preis, »wurde inzwischen ganz abgelehnt und zur allgemeinen Illustrationsausstellung, welche im Mai stattfinden soll, überhaupt nicht zugelassen.« (20.4.67 an Elmar Jansen)

83 Thomas Mann, Joseph und seine Brüder, Frankfurt 1964, vordere Klappe des Bucheinbandes. Wenn im Folgenden aus diesem Werk zitiert wird, so werden die Seitenzahlen direkt im Text in Klammern angegeben.

gründe des Menschlichen«, erscheint in den Holzschnitten als der kompakte schwarze Bild-Grund. Das Schwarz ist geschlossen, undurchdringlich wie »vor jedem Anfang«, vor dem Raum, vor der Zeit, »ein stilleres, stummeres, gleicheres Zeitgebreite« (S.12) Das Schwarz zieht den Blick in seine Tiefe und stößt ihn gleichzeitig zurück; es ist abweisend und bodenlos zugleich. Das Undurchdringliche, Unbegreifliche der »Nicht-Farbe« bewahrt etwas von dem Schrecken vor einer Gottheit, die hervorbringen und vernichten kann. In dem Kapitel »Wie Abraham Gott entdeckte« heißt es an einer Stelle über den Einen Gott Abrahams: »Er war nicht das Gute, sondern das Ganze. Und er war heilig! Heilig nicht vor Güte, sondern vor Lebendigkeit und Überlebendigkeit, heilig vor Majestät und Schrecklichkeit, unheimlich, gefährlich und tödlich« (S.318). Da, wo der schwarze Bild-Grund aufreißt, entlässt er seine Gestalten, doch bleibt er ihnen zuweilen so nahe, als könnte er sie auch wieder verschlingen. Leben und Seele der Menschen können nur im Weiß sein, dort ist »Raum«, Richtung und Bewegung möglich. Das Schwarz hingegen verweigert jede Verortung, jeden Versuch der Raumgewinnung. Die Figuren haben keinen gemeinsamen Boden, sie erscheinen wie schwebend im Schwarz, mehr »oben« und »unten« als »davor« oder »dahinter«, manchmal in ganz voneinander getrennten Inseln von Weiß. Die Holzschnitte verbleiben noch in der Welt der Fläche, noch vor der Zeit, in der die Menschheit mit der Entdeckung der Perspektive irdischen Raum betrat. »Orte« bezeichnen noch keinen Raum, sondern Qualitäten: »Oben« ist eben etwas anderes als »Unten«.

Doch auch die Figuren treten nicht in gewohnter Art in die Sichtbarkeit. Mehrfach gezogene schwarze Linien heben sie in ein Sein, das noch nicht eindeutig festgelegt, noch im Entstehen begriffen ist. Es ist noch etwas im Werden. Die Körper sind nur gezeichnet, umrissen; ja sie besitzen noch nicht einmal geschlossene Flächen und deckende Dichte, denn die meist leicht gebrochenen, stockenden und so »verlangsamten« Linien fahren über einander hinweg, gleichgültig, ob sie ein »davor« oder »dahinter« bezeichnen. Die Gestalten bleiben so ineinander, durcheinander sichtbar und grenzen sich nicht individuell voneinander ab. Diese bildliche individuelle Durchlässigkeit hat ihre Entsprechung im Roman in den Erörterungen über das Ineinan-

derfließen der Generationen, über eine »Lebensauffassung [...], die die Aufgabe des individuellen Daseins darin erblickt, gegebene Formen, ein mythisches Schema, das von den Vätern gegründet wurde, mit Gegenwart auszufüllen und wieder Fleisch werden zu lassen«, weil man »zwischen Ich und Nicht-Ich weniger scharf unterschied, als wir es [...] zu tun gewohnt sind«, weil »das Leben des Einzelwesens sich oberflächlicher von dem des Geschlechtes sonderte, Geburt und Tod ein weniger tiefreichendes Schwanken des Seins bedeutete« (S.94). »[...] so ist doch Bedeutung, Schwergewicht und Erfülltheit der Erdenzeit nicht immer und überall ein und dieselbe; die Zeit hat ungleiches Maß« (S.12).

Dazu kommt, dass Maria Hiszpańska-Neumann auch das Material, die Linien der Holzmaserung ihrer Druckstöcke, mitsprechen lässt. Diese Linien fließen oft durch die Menschen hindurch, einen sich stellenweise mit ihrem Umriss oder ihren Gliedern und verleihen ihnen ebenso Durchlässigkeit wie sie sie an ein Übergeordnetes binden. »Die Durchsichtigkeit des Seins, sein Charakter als Wiederholung und Rückkehr des Urgeprägten« (S. 430) kann sich so offenbaren und wird, zusammen mit den anderen Stilmitteln, zum Ausdruck einer modernen Archaik, einer gesteigerten, vorzeitlichen, unräumlichen Präsenz.

In eben diesen Zusammenhang gehören auch die eigenartigen, riesigen Augen, wie die altsumerischer Figuretten; Augen, die meist frontal und unverkürzt gezeigt werden, so wie es der Kunstkanon des pharaonischen Ägypten vorschreibt – eine Anleihe am Stil früher Hochkulturen, die derselben Zeit angehören wie die »Geschichten Jaakobs« und seiner Söhne (Joseph der Ägypter!), ein Tribut an ein dem unseren fernes Bewusstsein, der Teil dieser archaischen Wirkung ist.

Doch die Urbilder menschlichen Erlebens, die man in manchen Holzschnitten erkennt, gehören einer fernen Vergangenheit ebenso an wie der Zukunft, sie entstammen einer zeitlosen Gegenwart. »Was uns beschäftigt, ist nicht die bezifferbare Zeit. Es ist vielmehr ihre Aufhebung im Geheimnis der Vertauschung von Überlieferung und Prophezeiung, welche dem Worte ›Einst‹ seinen Doppelsinn von Vergangenheit und Zukunft und damit seine Ladung potentieller Gegenwart verleiht.« (S.23f.)

Die Holzschnitte erscheinen gegenüber der Vorlage, einem

viele hundert Seiten starken Roman, gereinigt von jeder Ausschmückung der Umstände, von jedem »farbigen« Detail. Sie konzentrieren sich auf die Darstellung der Menschen und ihrer Verhältnisse zueinander; der schwarze Grund lässt keinen irgendwie gearteten erzählerischen Hintergrund zu. Die Betrachtung der Holzschnitte in Verbindung mit dem Roman zeigt eine zuweilen aufregend enge, dabei aber gleichzeitig völlig unabhängige Beziehung von Text und Bild. Die erwähnten Stilmittel – das Schwarz, die Maserung, die durchlässigen Linien – schaffen eine der kraftvollen, archaischen Sprache Thomas Manns kongeniale Bildwelt. Auch lassen sie eine große Bandbreite von Empfindungen und Nuancen des Ausdrucks zu, wie im Folgenden noch genauer untersucht werden soll.

I Isaaks Segen

Der Segen, der ein erschlichener Segen war, eröffnet die Reihe der Holzschnitte. Von diesem Segen nehmen die »Geschichten« Jakobs ihren Ausgang. Die Bibel erzählt: Isaak, Sohn Abrahams, und Rebekka hatten zwei Söhne, die Zwillinge Esau und Jakob. Als Isaak alt und sein Augenlicht schwach geworden war, trug er Esau, dem Erstgeborenen, auf, ihm ein Essen zu bereiten, wie er es gerne hatte, auf dass er ihn segnete. Doch Rebekka hatte den Zweitgeborenen, Jakob, lieber und wollte den Segen für diesen. Auf ihr Geheiß ging Jakob zu Isaak, angetan mit Kleidern und Fellen wie Esau, mit der Speise, die Rebekka ihm sogleich zubereitet hatte, um den Segen zu empfangen; und Isaak merkte es nicht. So raubte Jakob dem Esau den Erstgeburtssegen.

Maria Hiszpańska-Neumann konzentriert sich in ihrem Holzschnitt ganz auf die zwei Menschen in der wirkkräftigen, lebensentscheidenden und ganz aus dem Alltag herausgehobenen Handlung des Segnens. Erhöht, heraufgehoben in der Bildfläche sind die ineinander gefügten Gestalten von Vater und Sohn, dem Blinden und dem Listigen. Der alte Mann mit dem lang herabwallenden Bart thront streng im Profil in der ausgewogenen Ruhe eines gleichschenkligen rechtwinkligen Dreiecks; er scheint oben im Bild zu schweben. Das kahle Haupt hat er ganz nach oben gereckt, der nur für das Äußere blinde Blick

dringt in den über seinem Kopf geweiteten Lichtraum; seine rechte Hand ruht auf Jakobs Schulter. Erhebung, Erhabenheit zeichnet sein Wesen. Er wird durchflossen von den feinen, um die Senkrechte schwingenden Linien der Holzmaserung, die wie die Segenskraft anmuten, die Isaak durch sich auf Jakob weiterströmen lässt. Entrücktheit, Durchlässigkeit bei geistiger Strenge und Gebundenheit – das ist die Gebärde des Segnenden.

Jakob dagegen kniet unter ihm, so dass Isaaks Gestalt die seine in der Leibesmitte durchschneidet: Brust, Schultern und Kopf sind so »oberhalb«, im Lichtraum Isaaks; Hände, Unterleib und Beine aber »unterhalb«. Auch Jakobs Gestalt hat als Bildeprinzip das Dreieck, aber ein viel lockerer und offener gefügtes. Arme, Beine und der Schurz wiederholen die Form eines abfallenden Dreiecks. Die Hände und die Knie geöffnet, den Oberkörper aufgerichtet und den Kopf und den spitzen Bart erwartungsvoll nach vorne gestreckt, strahlt seine ganze Haltung eine freie, aktive Bereitschaft aus. Sein Körper ist, anders als in den Texten, bis auf den Schurz entblößt. Man sieht ihn nicht wie den Alten in hieratischer Strenge nur von einer Seite, in »Ein-Sicht« sozusagen, sondern uneinheitlicher, bewegter, mehr schräg von hinten. Nackt und offen fordert er den Segen ein, auf dass er dringe bis in die Finger und in die Füße, bis in die »Lebens-Tat-Sachen«.

Die beiden Gestalten sind ineinander verschränkt und in ein ausgewogenes Ganzes gefügt – es ergeben z. B. die drei großen Hände (Isaaks Segenshand und die Hände Jakobs) ein Dreieck ungefähr in der Mitte der Gesamtfigur. Ein anderes »Mittelstück« ist ein Quadrat, das vom Lichtraum und den Körpern gebildet wird: die linke und die untere Seite sieht man in Isaaks rechtwinkligem Leib, die rechte in der Lichtlinie hinter Jakobs Kopf und Schulter, und die obere Linie läuft von Isaaks Schulter zu Jakobs Kopf. Beide Figuren gehören in ihrer Verschiedenheit zusammen, so wie nun einmal zum Segen Zwei gehören – der Segnende und der Gesegnete. Jakob als der, der gesegnet *wird*, wirkt hier allerdings aktiver als der, der segnet. Der Betrug erfordert Aktivität. Jakob hat sich den Segen mit List (und durch die Hilfe der Mutter) erkämpft, jedoch: die List ist nötig, damit sich das Schicksal erfüllt. So schildert es auch Thomas Mann. Isaak

155   Isaaks Segen

flieht in das wohltuende Dunkel der Blindheit, »weil nur in ihr geschehen konnte, was zu geschehen hatte« (S.148); Jakob ist, obwohl der Zweite, der Richtige, der Zukunftsträger und eigentliche Träger der Verheißung: Noch in der Schwangerschaft erfuhr Rebekka von Gott, dass der Ältere dem Jüngeren dienen werde. Vielleicht spiegelt sich dieser auf den ersten Blick widersprüchliche Umstand des »durch Betrug erreichten Rechten« – das in den »Geschichten« Jakobs ein immer wiederkehrendes Motiv ist – auch im Bild: in der zwie-spältigen, d.h. zwei-geteilten Gestalt Jakobs, der aber so in die Gesamtfigur integriert ist, dass aufs Ganze gesehen alles in sich stimmig wirkt.

Der Segen selber ist bei Thomas Mann viel »irdischer« als im Holzschnitt: Isaak legte »dem zitternd Kauernden die Hände auf, ihn zu segnen aus allen Kräften, und da seine Seele so sehr gestärkt war von der Mahlzeit, so waren seine Worte voll aller Macht und Reichlichkeit der Erde. [...] Er legte auf ihn den Bund, gab ihm zu tragen die Verheißung und fortzuerben das Gegründete in die Zeitläufte.« (S.156) Jakobs weiteres Leben steht unter dem Stern dieses Segens und dieser Verheißung; im Holzschnitt nimmt er sie auf, bereitwillig und frei, ohne Zittern und Kauern.

II Das lange Warten

Jakob flieht vor dem Zorn seines Bruders Esau nach Mesopotamien zu Laban, dem Bruder seiner Mutter. Zweimal sieben Jahre muss Jakob dem Laban dienen um dessen Tochter Rahel; sieben Jahre und eine kleine Zeit müssen Rahel und Jakob warten, bevor er sie zur Frau nehmen darf.

Wie vergeht den Wartenden die Zeit? Sie müssen verharren in Geduld, während die Runen der Holzmaserung wie die Zeitläufe über sie hinweggehen. In ihrem Warten werden beide eins – sein Bart geht über in ihr Haar, ihre Arme und Hände verschlingen sich zu einem schalenartigen, offenen Halbkreis. Ihre Umrisse wachsen zusammen zur Form eines für die Dauer aufgerichteten Menhirs. Eng aneinandergeschmiegt behaupten sie ihre Existenz wie eine Steinsetzung gegen das schwarze Einerlei der zu überstehenden Jahre. Ihre liebende Geduld schlägt eine Bresche in die verschlingende Zeit, die links von ihnen als große

schwarze Fläche das Bild beherrscht. Denn Jakob und Rahel wissen, wofür und worauf sie warten: wie in einer hellen Traumblase schwimmt links über ihnen die leere Mondenschale im weiten Schwarz; noch ist die Zeit nicht erfüllt, noch müssen Monde vergehen, bis die Erfüllung kommt – aber die offene Schale ist eine Verheißung, »eine Geburts-Wiege kommender Gewissheit«[84]

»[...] so sah er Rahel, die ebenfalls wartete in der Zeit, und sie gingen beiseite Hand in Hand, wo niemand sie sah, und besprachen sich innig über ihr Los, wie sie so lange aufeinander zu warten hätten und noch immer nicht Kinder miteinander zeugen dürften, wobei bald dieser von jenem sich trösten ließ, bald jener von diesem.« (S. 203f.) »Du und ich, wir warten nicht ins Leere und Ungewisse, sondern wir kennen unsere Stunde, und unsere Stunde kennt uns, und sie kommt auf uns zu.« (S. 205)

Überall zeigt sich die Zweiheit in der Einheit: Die Linien der Holzmaserung fließen von oben auf Jakob und Rahel herab in einem Strom, der sich teilt: Ein »Arm« fließt mehr senkrecht in Jakob weiter und wird Teil seines Körpers, seiner Beine unter dem Gewand, und ein anderer, mehr in der Diagonalen verlaufender Strom fließt durch Rahel als würde er zu Falten ihres Kleides. In rhythmischem Aufstieg finden sich paarweise ihre Hände, die beiden Kreise ihrer Brüste, ihre aneinander geschmiegten Gesichter. In Jakobs Gesicht, ganz im Profil, konzentriert sich alles auf sein rechtes, frontal und übergroß gegebenes Auge. Ein »Einäugiger«, der alles ins Auge zu fassen vermag, ein mit Wachheit Gewappneter – »und seine Seele konnte die Wartezeit ruhiger ins Auge fassen«, (S.199) sagt Thomas Mann. Auch die lange Wartezeit kann wie zweierlei erscheinen: nicht nur als schwarzer, schwerer, einheitlicher Zeitblock, sondern in der weißen Lichthülle mit den Linien der Maserung auch als Lebenszeit, als die die Wartenden durchfließende, lebendige Zeit – »ein Wartenmüssen, das in das Leben von sieben Jahren eingehüllt ist.« (S.199) »Sieben Jahre vergingen« – und doch sollte keinem der Zauberspruch des Erzählers »anders als schwer von Sinn und zögernd vor Lebensehrfurcht von den Lippen gehen, so dass er

84 Dorothea Rapp, Mitteleuropa – in gesteigerten Gestalten. Die Künstlerin Maria Hiszpańska-Neumann. In: Die Drei, Februar 1978, S. 33

156   Das lange Warten

auch dem Lauschenden schwer und sinnig wird und er sich wundert, wie sie doch vergehen mochten, die unabsehbaren oder doch nur mit dem Verstande, nicht aber mit der Seele absehbaren sieben Jahre« (S.197f.), denn schon »ein Jahr, das sei ein gewaltiges Filigran von Leben, an Vorkommnissen überreich, ein Meer zu trinken.« (S.198)

Nicht mit Worten, sondern mit bildnerischen Mitteln erzählt Maria Hiszpańska-Neumann von der Schwere und von der Flut der Zeit, die die Wartenden in Geduld und Liebe bestehen müssen.

III Lea und Rahel

Als Jakob Rahel, seine Braut, verlangt, um die er sieben Jahre gedient, wurde die Hochzeit ausgerichtet. Am Abend aber nahm Laban Lea, seine Älteste, und brachte sie Jakob, da es nicht Sitte war, die jüngere vor der älteren zu verheiraten. Jakob aber ward betrogen, denn er merkte es nicht bis zum Morgen. Doch darf er auch Rahel zur Frau nehmen, sofern er abermals sieben Jahre dient. Die ungeliebte Lea nun schenkte dem Jakob einen Sohn nach dem anderen; Rahel, die Rechte und Geliebte aber ward unfruchtbar. Soweit das Alte Testament.

Beide Frauen zeigt Maria Hiszpańska-Neumann: In geräumiger Weißhülle oben die Lea, wuchtig im »Bewusstsein ihrer vorwaltenden Würde« (S.237) und »breit im Gehabe ihrer Fruchtbarkeit«[85], und unter ihr, am rechten unteren Bildrand, die zusammengekauerte, ihr Gesicht verbergende Rahel. In ihrem engen Raum ist sie regelrecht zusammengefaltet und hat im Moment kaum Möglichkeiten, sich wieder zu »ent-falten«; so wie ihr Kummer presst das Schwarz sie zusammen. Denn sie »ging leer aus« (S.233), und Gottes Segen erfüllte sich an Lea: Während diese Ruben, den ältesten, an der Hand hält und auf den Schultern den Simeon trägt, trägt sie in ihrem schwellenden Leib schon den Lewi. »Die Stellung der mütterlichen Lea überwog diejenige der unergiebigen Mitfrau« (S.237) – das ist hier ganz bildräumlich-reell aufgefasst: Oben die Stolze: breit, stark, entfaltet, und unten die Gedemütigte, Verzweifelte: klein, eng, zusammengesunken.

Jedoch, auch Rahel ist nicht unberührt vom Segensfluss der Maserungslinien, die Leas Leib von oben bis unten durchströmen und sie einhüllen wie in ein Gewand. Bei Rahel zeigen sie sich zarter, durchbrochener, vorsichtig; aber sie sind da und durchziehen sie in der Mitte – auch sie wird noch schwanger werden und Jakob den elften und zwölften Sohn gebären.

85 D. Rapp, S. 33

157   Lea und Rahel

IV Wanderung

Mit dem nächsten Bild, der »Wanderung«, durchbricht Maria Hiszpańska-Neumann die Chronologie, derzufolge nun von der Geburt Josephs erzählt werden müsste, und schiebt ein Motiv ein, das vorgreift aber auch gleichzeitig übergeordnet ist, denn gewandert ist Jakob immer wieder. Die Wanderung oder der Aufbruch gehört zum Wesen des Volkes Israel und ist bei Thomas Mann ein Leitmotiv des ganzen Romans. Seine Beschreibungen geben einen schönen »Hintergrund«, vor dem der Holzschnitt angeschaut werden kann.

Der Grund der Abneigung Jakobs »gegen ein gegründet sesshaftes Dasein, wie es seiner Würde doch unbedingt wohl angestanden hätte«, die Ursache »seiner immer nur vorläufigen, beweglich-stegreifmäßigen und halb unbehausten Lebenshaltung« (S.37) liegt in seinem und in seines Gottes Wesen. »Es musste so sein, weil man einem Gotte diente, dessen Wesen nicht Ruhe und wohnendes Behagen war, einem Gotte der Zukunftspläne, in dessen Willen undeutliche und große, weitreichende Dinge im Werden waren, der eigentlich selbst [...] erst im Werden und darum ein Gott der Beunruhigung war, ein Sorgengott, der gesucht sein wollte und für den man sich auf alle Fälle frei, beweglich und in Bereitschaft halten musste.« (S.38) »Eine Überlieferung geistiger Beunruhigung war es, die er im Blute hütete« (S.36) und die auch schon seinen »Großvater« Abraham aus Ur, den »Ur-Wanderer« getrieben hatte. »Unkenntnis der Ruhe, Fragen, Horchen und Suchen, ein Werben um Gott, ein bitter zweifelsvolles Sichmühen um das Wahre und Rechte, das Woher und Wohin, den eigenen Namen, das eigene Wesen, die eigentliche Meinung des Höchsten, – wie drückte das alles sich, vom Ur-Wanderer her durch die Geschlechter vermacht, in Jaakobs hochgestirnter Greisenmiene [...] aus«. (S. 37)

Diese Stimmung ist so etwas wie ein Grundbass der »Geschichten Jaakobs«, in denen er immer wieder von seinem Gott oder vom schicksalhaften Wirken anderer Menschen zu Aufbruch, Wanderung oder Flucht genötigt wird – ob das seine Flucht zu Laban in Mesopotamien nach dem Segensraub ist, oder sein heimlicher Aufbruch von Labans Stätte mitsamt seiner vielköpfigen Familie, seinen Knechten und Mägden und dem in all den Jahren klug angesammelten Reichtum an Vieh und Gütern, um zurück in das Land seines Vaters, nach Kanaan, zu ziehen. Auch diese Wanderung geschieht nicht eigenmächtig, sondern auf Weisung seines Gottes, die er im Traum empfing. Von dieser Wanderung erzählt auch der Holzschnitt Maria Hiszpańska-Neumanns.

Groß und beherrschend schreitet Jakob daher; er füllt fast die ganze Länge der rechten Bildseite mit all der »Würde, Gehaltenheit, Feierlichkeit« (S. 37), die ihm zugeschrieben werden. Aufrecht und würdig hält er den langen Stab vor sich, als ob der ihn führte. Hinter ihm – bildräumlich gesprochen oberhalb seines Knies – entspringt der Zug der Menschen und Tiere. Da ist »er mit seinem langsam im Staube sich vorwärtsschiebenden Heerwurm von Kleinvieh, Packtieren und Ochsenkarren« (S. 269), bei Maria Hiszpańska-Neumann der mit den überzeitlich Schreitenden, denen sie auf ihrer Ägyptenreise damals begegnete: Männer mit Eseln und Frauen, die anmutig große Gefäße auf dem Kopf balancieren. In Ägypten fand sie nicht nur »das ganze Alte Testament auf den Strassen und Feldern« (14.6.1960), sondern in den Menschen und ihrem Tun geradezu eine Verkörperung der Szene dieses Holzschnittes: »Sie traten mir entgegen und gingen vorbei, als wie in einem ewigen, überzeitlichen Wandern und Streben ohne Anfang und Ende.« (13.10.1960) Auch die Gestalt Jakobs, streng im Profil und wieder mit dem ganzen Auge und dem Kopftuch, scheint ägyptischer Inspiration entsprungen.

Wie ein waagerechtes Band durchschneiden die Ziehenden die Schwärze bis zum vorderen Rand; ein Zug in die Weite, aus der Schwärze hinaus, und Jakob hinter ihnen ist in seiner Erhabenheit und Würde doch der, der sie führt, aus dem sie überhaupt erst entspringen. Das Bild atmet Größe und Strenge in seiner Bindung an klare Richtungen: Jakob durchmisst nicht nur die Höhe und die Tiefe, indem er beiderseits über den Zug hinausreicht, sondern mit den Schreitenden zusammen umfasst er

158   IV Wanderung

auch die Breite. Aus der Höhe erfolgt die Weisung – das Schwarz zieht sich über dem Kopf Jakobs zurück und gibt ihm Raum nach oben und nach vorn; und die lebendigen Linien der Maserung durchziehen Jakobs ganze Gestalt, breiter von oben her, sich sammelnd nach unten zu. Die Weisung oben fließt sozusagen ohne Umweg in seine Glieder, sie *bildet* überhaupt erst seine schreitenden Beine – so dicht liegen Weisung und Ausführung noch beisammen.

Die höhere Weisung und die Gewissheit des Segens lassen Jakob so aufrecht schreiten und das vor ihm Liegende ins Auge fassen. Er schreitet auf eine Zukunft hin, der er entgegenblickt, die ihm entgegenblickt, der weiteren Wegweisung immer gewärtig. Eine solche Wanderung umspannt die Höhe und die Tiefe und dehnt sich durch die Breite der durchwanderten Welt, von der Vergangenheit in die Zukunft getragen. Jakob und die Seinen vollziehen die Pläne des Himmels und der Erde.

Ein Element aber versetzt die Sehgewohnheiten in eine leichte Unruhe: Nach abendländischer Lesrichtung sind die Ziehenden dem Woher, der Vergangenheit, zugewandt, nach hebräischer allerdings dem Wohin, der Zukunft. Vielleicht aber musste Jakob genau dort und genau so schreiten, weil das Material, das Maria Hiszpańska-Neumann so gerne mitsprechen ließ, weil die Maserung es so gebot.

V Josephs Geburt

Wieder zwei Lichtblasen öffnen das Schwarz: unten die größere, die das Elternpaar beherbergt, und eine obere, kleine, in der das Neugeborene aufgenommen ist. Rahel lagert, nein sie schwebt, ausgestreckt durch die Breite des Bildes. Waagerechte Linien, die in ihrem etwas unregelmäßigem Verlauf an die Holzmaserung erinnern, durchziehen ihr schulterfreies Gewand und betonen die Ausdehnung der Ruhe. Rahel ruht wie in den »Wassern des Lebens«[86], auch ihr Haar fließt schwer an Schulter und Arm hinunter. Während sie ihren großen einäugigen Blick ebenso wie ihr Profil nach oben, dem Kind zuwendet, fassen ihre

Hände liebevoll Kopf und Arm des unter ihr kauernden Jakob. Dieser krümmt den Rücken und beugt die Knie und das Haupt in Demut, Dankbarkeit und Verehrung. Er hat ihren herabhängenden Arm umfasst, beider Hände schlingen sich wie die Enden einer Schleife umeinander. Ihr Kopf liegt frei im Weiß, ihre Haltung ist ausgestreckte Offenheit; sein Haupt ist umfangen von drei Händen, seine Haltung voller Innerlichkeit und »kniefälligen Hochgefühls« (S.247).

Die liegende Mutter ist erhöht über ihm, dessen Rückenlinie ihre Kontur zwar durchbricht, aber nicht verdeckt; sie bleibt durch ihn sichtbar. Das Prinzip perspektivischer Verortung gilt hier nicht, ein Davor-Dahinter wird zu einem Ineinander von Oben und Unten in schwebender Schwerelosigkeit. Die beiden ruhen in der leichten Schwere ihres Glückes. Denn die leere Mondenschale hat ihre »Er-Füllung« gefunden. Im Wiegen-Halbkreis schwebt das in Windeln gewickelte Kind, schlafend in enthobener Ruhe. Es schwebt da über ihnen, als sei es noch gar nicht richtig geboren; es ist noch auf keiner Erde angekommen, so wie es auch für die Eltern eine Erde jetzt nicht gibt. Ihre gewaltige Einäugigkeit gibt ihnen die Qualität des Schauens, die zur bodenlosen Traumhaftigkeit des ganzen Geschehens passt. Ist es wirklich geschehen? Ist die Schmach so lange erlittener Kinderlosigkeit endlich vorüber und Joseph, der Liebling des Vaters, endlich geboren?

Groß ist das alles: das Wunder der Geburt, das Empfangen des Kindes, die Ruhe nach der Anstrengung, die Tiefe des Glücks, die Innigkeit ihrer Liebe, die mit der Anwesenheit des Kindes eine neue Dimension erfährt. Groß und still und leicht.

Hören wir nun etwas aus den Schilderungen Thomas Manns von der Geburt Josephs, die so anders gestimmt ist in manchem, und die in wieder anderem so erstaunlich wörtlich auch im Holzschnitt wiederzufinden ist:

Rahel geht in der quälend langen Geburt durch schwerste Nöte und als es endlich geschehen, schleppte Jakob sich »am ganzen Leibe zitternd zur Wöchnerin, fiel bei ihr hin und weinte. Schweißbedeckt und wie vom Tode verklärt, sang sie ein kurzatmig Lied der Erschöpfung. [...] Sie hatte nicht die Kraft, den Kopf nach ihm zu wenden, noch auch zu lächeln, aber sie streichelte seinen Scheitel, indes er bei ihr kniete, und ließ dann

86   D. Rapp, S.34

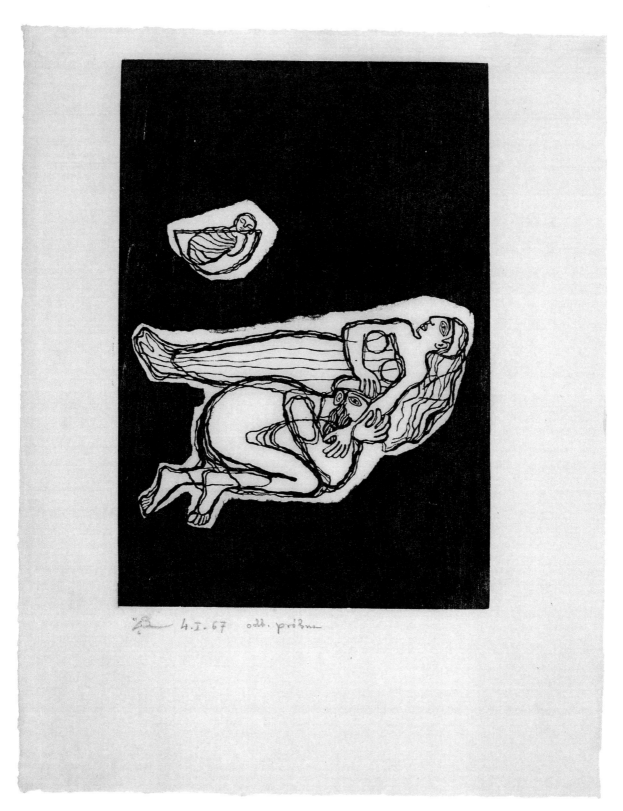

159   V Josephs Geburt

die Augen seitwärts gehen nach der Hängewiege, zum Zeichen, er solle nach dem Leben des Kindes sehen und die Hand legen auf den Sohn. Das Gebadete hatte schon aufgehört zu greinen. Es schlief, in Windeln gewickelt. [...] Es war um dies Neugeborene, unnennbar, gleichwie ein Scheinen von Klarheit, Lieblichkeit, Ebenmaß, Sympathie und Gottesannehmlichkeit, das Jaakob, wenn nicht zu erfassen, so doch zu erkennen meinte nach seiner Bewandtnis.« (S. 257)

VI Der Kampf am Flusse Jabbok

Blickt man, noch erfüllt von der traumgleichen Ruhe der Geburtsszene zum nächsten Bild, ist es wie ein befremdendes Anstoßen, eine Konfrontation mit der spannungsvollen, unbequemen Wirklichkeit des Kampfes am Fluss Jabbok, landläufig als »Jakobs Kampf mit dem Engel« bekannt. Doch von einem »Engel« ist hier nichts zu sehen, ist auch in der Bibel und bei Thomas Mann nicht die Rede.

Die Geschichte trug sich so zu: Als Jakob noch auf der Wanderung nach dem Land Kanaan war, holte ihn Laban ein, um ihn zur Rede zu stellen, und bald darauf meldeten Boten, Esau, der »Wüstenbruder« käme ihm mit 400 Mann entgegen. Jakob, »noch zitternd von der mit Gottes Hilfe leidlich verlaufenen Auseinandersetzung mit Rahels überlistetem Vater und schon wieder gequält von schwerer Besorgnis vor dem Anrücken eines anderen Betrogenen und Verkürzten« (S. 69 f.), Jakob also rüstet sich für die ungewisse Begegnung und verbringt die Nacht allein am Ufer des Jabbok. »Da rang ein Mann mit ihm, bis die Morgenröte anbrach.« Im Verlauf des Ringens verrenkt der »Mann« Jakob die Hüfte, so dass er fortan hinkt. Doch keiner übermochte den anderen und Jakob sprach zu dem fort Wollenden: »Ich lasse dich nicht, du segnest mich denn.« Da gibt der »Mann« ihm einen neuen Namen: »Israel«, »denn du hast mit Gott und mit Menschen gekämpft und hast gewonnen« (1. Mose 32,25–30, nach der Übersetzung Martin Luthers). Seinen eigenen Namen, nach dem Jakob ihn fragt, gibt der Unbekannte jedoch nicht preis.

Ein rätselhaftes Ringen, einen ungleichen Kampf bringt Maria ins Bild. Der eine: groß, von unausweichlicher Frontalität, breitbeinig, breiträumig die Arme abgespreizt, standfest, in seiner Haltung fast steif, unbeweglich – er könnte wohl eine lange Weile so verharren. Von seinem Kopf bis in sein rechtes Bein verläuft eine wenn auch schräge, so doch stabile Linie, eine einheitliche Körperachse; allein sein linkes Bein und linker Fuß sind herausgedreht, um die Neigung nach rechts abzufangen. Ein Riese mit starrem, nicht-menschlichem Blick in weite Fernen – er wirkt wie unbeteiligt, als sei er in diesen Kampf gar nicht persönlich involviert. Trotz seiner körperlichen Präsenz ist er nicht von hier. Thomas Mann nennt ihn den »Besonderen«, den »Fremden«, den »eigentümlichen Mann«, den »Weitäugigen«.

Der andere: kleiner, beweglich, in einer äußerst unschicklichen, instabilen Lage mit dem hochgerissenen Bein, das der Riese umklammert hat. Nur noch auf dem anderen, angewinkelten Bein muss er Balance halten und sich mit der Rechten abstützen am Handgelenk des Riesen. Während er mit dem Mann ringt, ringt er um sein Gleichgewicht; er ringt mit ihm und stützt sich gleichzeitig auf ihn ab. Die schöne, würdevolle Gerichtetheit des Jakob in der »Wanderung« ist dahin, hier zwingt ihn einer zu verzweifelt verbissenem Tanz. Jakobs ganze Gestalt ist verrenkt, nicht nur die Hüfte. Er hat seinen Kopf erhoben zu des Mannes starrer Miene, als ob er eine Begegnung, die Nennung des Namens, erzwingen will. Doch der Mann bleibt über ihm, sein Blick trifft nicht – die Gesichter und Bärte bleiben rechtwinklig gegenübergestellt und berühren sich nicht. So nah sich die Körper sind, so halten die Köpfe die Ferne.

Schwarz ist die Nacht, als der Kampf begann; das Schwarz rückt dicht an sie heran, schlüpft selbst in die Lücken, die sich z. B. an Händen und Armen auftun. Der schmale weiße Streifen, der ihnen bleibt, weitet sich allein um das Haupt des Mannes wie zu einer langgestreckten Tarnkappe. Sonst sind sie einander und der Schwärze ausgeliefert: hüllenlos, nackt, allein auf sich gestellt. Sogar die lebendigen Linien der Holzmaserung fehlen – nichts strömt durch sie hindurch, nichts bindet sie an ein Höheres. Es bleibt die nackte Wahrheit, das existenzielle Bestehen-Müssen in diesem körperlich-geistigen Ringen. Jakob ringt um seinen Namen, um sein Zukunftsbild; er ist noch nicht der, der er werden soll.

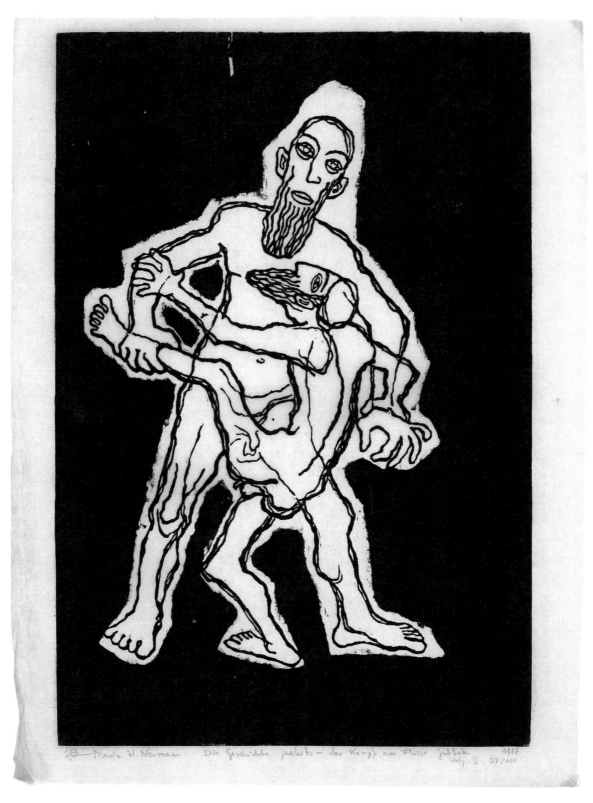

160   VI Der Kampf am Flusse Jabbok

Das Ringen eint die beiden gegensätzlichen Gestalten, den »eigentümlichen Mann« und den »Mann von hier, aus der Menschen Samen« (S. 70). Beide sind nackt, und beide sind durchsichtig. Ausnahmslos alle Umrisslinien sind hier sichtbar, die dahinter liegenden zwar zarter als die vorderen, aber dennoch: Jakob ist durchsichtig für den Engelmann, dieser ist durch ihn, in ihm sichtbar. Sie ringen sozusagen ohne Deckung, ineinander.

Diese durchsichtige Nacktheit irritiert in mehrerer Hinsicht. Zum einen bekommt die menschlich-göttliche Begegnung eine eigentümliche körperliche Dichte und Sinnlichkeit. Unzweifelhaft ringen zwei *Männer* miteinander – beider Geschlecht ist Teil der sich nahen, ineinander verschränkten Körperglieder. Zum anderen gewinnt ihre Körperlichkeit trotz der Nacktheit gerade keine Plastizität und »Körperhaftigkeit«, sondern bleibt zeichenhaft, umrissen, eigentlich »unanfassbar«. Die ganze Atmosphäre ist merkwürdig körperlich-unkörperlich, archaisch-elementar. Das Geschehen ist elementar »wirklich«, wirksam, und doch auch unfassbar.

In ihrer Durchsichtigkeit vereinen sie sich zu einer Gestalt, zu einem stabilen »Dreifuß«, über dem sich die Umrisse rhythmisch zusammenziehen, weit ausdehnen und nach oben zu wieder zusammenziehen. Jakob ist von diesem Gesamtumriss fast ganz umschlossen; der andere Mann birgt ihn in sich. Er muss sich seine Eigenständigkeit erst noch erkämpfen. Doch so instabil Jakob alleine erscheint, bildet er doch im Zusammenhang die Mitte, verläuft die Mittelachse durch seine Gestalt: Sein Bein steht in der Mitte, seine Ferse, seine Brustlinie und seine Nase berühren die senkrechte Bildmitte. In Jakob ist gleichsam die Mitte verborgen, aus der heraus er sich nur halten kann, so dass der andere ihn nicht übermochte bis zum Morgenrot. Stärker in den Vordergrund treten dagegen verschiedene sich kreuzende Schrägen, die die Gesamtgestalt in ein Geflecht von Achsen binden: Da ist die nach rechts oben gekippte Hauptachse vom rechten Bein bis zum Kopf des Mannes; eine der Bildsenkrechten nahe Linie, die lotrecht durch sein linkes Auge in seine linke Ferse führt wie zu seinem »Schwerpunkt«; und da ist ein Bündel eher waagerechter Linien, die oberhalb der linken Bildmitte entspringen und nach rechts sich öffnen: eine gebogene Linie vom hoch erhobenen Fuß Jakobs bis hinunter in das lin-

ke »Standbein« des Riesen, oder eine Linie durch die Arme Jakobs. All das ergibt ein Gerüst von schrägen, aber in sich stabilen Kraftlinien – eine labile, austarierte Stabilität. (Das leichte Kippen der Figurengruppe nach rechts wird z.B. auch dadurch aufgefangen, dass sie nicht genau bildmittig angeordnet ist; der stärkere schwarze Rand rechts stützt sie mit ab.)

Viele Male ist in der Kunstgeschichte Jakobs Kampf mit dem Engel dargestellt worden, selten aber so befremdlich in seiner archaisch herben Kraft. Inspiration hierzu lieferte wieder die Vorlage von Thomas Mann. Liest man sie, gewinnen verschiedene Beobachtungen gerade zur Erscheinung des merkwürdigen Mannes und der Körperlichkeit des Kampfes noch an Dichte:

Jakob erinnert sich. Es sind »traumschwere, hohe und ängstliche Erinnerungen aus alten Tagen, da er in großer Körperfurcht, der Wiederbegegnung mit dem geprellten und zweifellos rachbegierigen Wüstenbruder gewärtig, so inbrunstvoll nach geistiger Macht getrachtet und mit dem besonderen Manne, der ihn überfallen, um den Namen gerungen hatte. Ein schwerer, schrecklicher und hochwollüstiger Traum von verzweifelter Süße, aber kein luftiger und vergehender, von dem nichts erübrigte, sondern ein Traum, so körperheiß und wirklichkeitsdicht, dass doppelte Lebenshinterlassenschaft von ihm liegengeblieben war, wie Meeresfrucht am Land bei der Ebbe: das Gebrechen von Jaakobs Hüfte, des Pfannengelenks, daraus er hinkte, seit der Besondere es im Ringen verrenkt hatte, und zweitens der Name, – aber nicht des eigentümlichen Mannes Name: der war aufs äußerste verweigert worden, bis in die Morgenröte, bis in die Gefahr der peinlichsten Verspätung, wie keuchend heiß und unablässig gewalttätig Jaakob ihn auch von ihm gefordert hatte; nein, sondern sein eigener anderer und zweiter Name, der Beiname, den der Fremde ihm im Kampfe vermacht [...]: Jisrael, ›Gott führt Krieg‹ ...« (S. 69). »Und auch den Mann, mit dem er, Gott wusste, wie, unversehens in ein Ringen auf Leben und Tod geraten war, sah er in dem plötzlich grell aus Wolken tretenden Monde von damals wieder so nahe, wie Brust an Brust: seine weit auseinanderstehenden Rindsaugen, die nicht nickten, sein Gesicht, das, wie auch die Schultern, poliertem Steine glich; [...] Wie stark er gewesen war! Verzweifelt traumstark und ausdauernd aus unvermuteten Kraftvorräten der Seele. [...] Keiner hatte den anderen übermocht, aber hieß das nicht obgesiegt haben für Jaakob, der kein eigentümlicher Mann war, sondern ein Mann von hier, aus der Menschen Samen? Ihm war, als habe der Weitäugige seine Zweifel daran gehabt. Der schmerzhafte Schlag und Griff nach der Hüfte hatte wie eine Untersuchung ausgesehen. Vielleicht hatte er der Feststellung dienen sollen, ob das da eine Gelenkkugel sei, beweglich und nicht etwa unbeweglich, wie bei seinesgleichen, der nicht zum Sitzen eingerichtet war ... Und dann hatte der Mann die Sache so zu wenden gewusst, dass er sich zwar nicht seines Namens entäußert, aber dafür dem Jaakob einen verliehen hatte.« (S.70)

VII Joseph und Jakob

Die Zeit hat einen Sprung gemacht; Jakob ist an Jahren, Gütern und Ansehen reich geworden im Lande Kanaan, sein Sohn Joseph zu einem Jüngling herangewachsen. Die Bibel erzählt, dass Israel den Joseph lieber hatte als alle seine Söhne. Von dem Alten und dem Jungen »handelt« der nächste Holzschnitt, in dem die Spannung des Kampfes wieder einer offenen Ruhe gewichen ist.

Die beiden Gestalten sind nicht in verknäuelter Dichte, sondern in wohlgesetztem Abstand und dabei rätselhafter Art ins Bild gebracht. Auf der oberen linken Bildseite erscheint Jakob in langem Gewand, den barhäuptigen Kopf mit dem lang herabfallenden Bart geneigt, die Arme einladend geöffnet. In der rechten, hoch erhobenen Hand hält er seinen langen Stab, der über ihn und über den Bildrand oben hinausreicht – eine eindrucksvolle, würdevolle aber dennoch milde Altersgestalt.

Unter ihm erhebt sich, von den Proportionen ungleich größer, Joseph, in einer physisch kaum nachvollziehbaren Haltung: Sein halb aufgerichteter Oberkörper bleibt in der Diagonalen hängen, als ob die Gesetze der Schwerkraft in diesem Moment keine Gewalt über ihn hätten. Blickt man allerdings auf das Schwarz, so formt es sich unter seinem Gesäß wie zu einer Sitzfläche, die verhindert, dass er vollends kippt. Bis auf einen Schurz ist er nackt. Sein rundes Gesicht, bartlos mit längerem Haar, und auch die Unterarme hat er wie anbetend erhoben; auf

seinem Antlitz liegt ein undefinierbarer Ausdruck: mit dem breiten Mund und den weit stehenden, pupillenlosen Augen scheint er wie entrückt in seiner ihn mit einiger Weite umspielenden Lichthülle.

In fast allem sind die Beiden Gegensätze: alt – jung, aufrecht – diagonal, bekleidet – unbekleidet, nur in der offenen Haltung ihrer Arme haben sie etwas Gemeinsames, als teilten sie eine visionäre Veranlagung – auch in Jakobs Gesicht sind die Augen nicht sehend geöffnet. Gleichwohl mutet das Schauen Josephs exstatischer, ungehaltener an als der nach innen genommene Blick des Alten. Bedeutsame, gottdurchwirkte Träume haben sie beide: Jakob empfing im Traum immer wieder göttliche Weisungen, gleichwohl ringt er mit dem göttlichen Mann bis zur Morgenröte, bis an die Schwelle zum Tag, zur Wachheit. Aber erst Joseph wird der eigentliche »Träumer« in der biblischen Geschichte, der auch die Gabe der Traumdeutung hat. Vielleicht erscheint dem Joseph das Wesen des Vaters, die »vorteilhaft-königliche Stellung des Alten am langen Stabe« (S.51) überhaupt nur als inneres Bild; vielleicht aber erscheint auch die aufrechte Gestalt des Vaters dort oben wie ein schützender, mahnender Geist, der insgeheim über den »in Schieflage« Geratenen wacht.

Beide haben ihre eigene Größe, Gestalt und ihren eigenen Bildraum, doch läuft beider Lichtumriss ineinander über, auch darin sind sie verbunden. Joseph bietet dem Vater seinen waagerechten Oberschenkel gleichsam als »Standfläche«, obgleich dieser einer solchen gar nicht bedarf: Das kleine schwarze Dreieck zwischen Josephs Oberschenkel und Jakobs Füßen nimmt letzterem die Schwere – er wirkt vielmehr wie von oben gehalten mit dem nach oben hinausführenden Stab. Und es ist die aufrechte Gestalt Jakobs, die das Gegengewicht zur kippenden Schräge Josephs bildet.

Der Umriss beider ergibt eine Art unregelmäßiges, nach oben offenes Gefäß, das vielerlei Richtungswerte vereint: Die Senkrechte des Vaters, die Waagerechte des Oberschenkels, die Diagonale des Sohnes. Die Form atmet, sie hat Raum und in ihrem Unregelmaß etwas gehalten-Spannungsvolles, in dem sich das Labile und das Stabile gerade eben die Waage halten. Was die beiden auch verbindet, sind die das Leben in Bewegung und Spannung haltenden Fingerzeige Gottes – so wie der große schwarze »Finger«, der in den geöffneten Raum zwischen ihnen hineinragt.

Wenn nicht im Alten Testament, so wird man wieder bei Thomas Mann fündig auf der Suche nach einer Vorlage für diese rätselhafte Darstellung. Die Begebenheit, an die man sich beim Betrachten des Holzschnitts erinnert fühlt, eröffnet überhaupt den ganzen Roman. Von dort aus werden die »Geschichten« Jakobs und Josephs nach rückwärts und nach vorwärts in der Zeit aufgerollt:

In einer mondhellen Nacht findet man einen sternkundigen Jüngling an heiligem Ort. Auf einem Hügel mit einem heiligen Baum, der sich vorzüglich für im Traum empfangene Unterweisungen eignete, war ein Brunnen, auf dessen Stufen der junge Joseph saß. Sein Oberkleid und die Sandalen hatte er abgetan. »Jetzt schien er Andacht zu verrichten, denn, das Gesicht emporgewandt, zum Monde, der es voll beschien, hielt er die beiden Oberarme an den Flanken, die unteren aber aufgerichtet, mit offen nach außen und oben gekehrten Handflächen, und während er sich im Sitzen leicht hin und her schaukelte, gab er halbe, singende Stimme zu Worten oder Lauten, die er mit den Lippen bildete« (S. 45). Darüber gerät er in bedenkliches Außer-sich-Sein, als sein Name gerufen wird. »Es war seines Vaters milde und wie immer gefühlsbewegte, leicht klagende Stimme, die rief.« (S. 49) Näher kommt die eindrucksvolle Gestalt mit den langen Kleidern und der »Neigung zum Erhabenen in Wort und Haltung« (S. 51). Er »stützte sich auf einen langen Stab, den er sehr hoch umfasst hielt« (S. 49) und fragt: »Es sitzt das Kind an der Tiefe?« (S. 51) Jakob sorgt sich um den Liebling, wohl wegen der Gefahren, die nachts drohen von wilden Tieren an abgelegenem Ort, aber auch wegen der Gefahr, in die Tiefe des Brunnens oder in die Tiefen einer mondsüchtigen Träumerei zu stürzen, denn er missbilligt die »kultische Entblößung« des »Mondschwärmers« (S. 47). Daraufhin entspinnt sich ein von Erinnerungen durchwobenes Gespräch, in dem die beiden Charaktere noch deutlicher zutage treten.

Diese nur in kurzen Auszügen wiedergegebene Episode kann man im Holzschnitt wieder finden. Es ergeben sich viele Parallelen, doch nie wird das Bild zur reinen Illustration, einige Details sind sogar recht verschieden. Konzentriert nur auf die menschlichen Gestalten und ihr Verhältnis zueinander das Bild, sich ergehend in reichsten Details, Umständen und Stimmungslagen der Text. Die Holzschnitte sind parallele Neuschöpfungen, die die Dichte und Archaik der Erzählung in urbildhafte Offenheit umformen.

161   VII Joseph und Jakob

VIII Jakobs Verzweiflung

Nach der offenen Ruhe des letzten Bildes schlägt das Pendel wieder zur anderen Seite aus – Jakob bietet hier ein erbarmungswürdiges Bild gellender Verzweiflung. Mehr kann der Greis seine gefasste Würde nicht verlieren als in diesem zeichenhaften Urbild wilden Leidens.

Wir erblicken die Klagegestalt von hinten, mit in die Höhe gerissenen, fragend-klagenden Armen, zurückgeworfenem Kopf, aufgerissenem Auge und weit offenen Mund, als hörten wir ihn »mit schrecklicher, von der Verzweiflung ins Gellende erhöhter Stimme« (S.468) seine Klage herausschreien. Die aufgerissene Kontur flammt in Händen und Bart wild empor; verzehrend wie ein Feuer ergreift der Schmerz den ausgemergelten Leib und lässt die Schwärze mit dünnen Fingern in seinen Umriss hineindringen. In rückwärtigem Fall stürzt der Verzweifelte in bodenlose, schwarze Tiefe. Es gibt keinen Halt, kein Halten. Der Schmerz reißt ihn empor und stößt ihn hinunter; es reißt seine Gestalt fast auseinander: oberer und unterer Leib hängen nur am dünnen Scharnier der schmalen Taille zusammen.

Der Leib wirkt verdreht und verzerrt besonders am Gesäß, wo die Konturen wieder durchsichtig sind und wo es einerlei ist, was hinten und was vorn; wo die Beine, seitlich verkrampfte Anhängsel ohne Kraft zu tragen, nicht wissen, wo sie sind. Eckig, gebrochen ist der Linienzug und wirr sind auch die Linien, die die Gestalt umreißen, als wenn sie wie von Sinnen, ohne Ziel und Zweck, in Armen, Brust und Rücken umherfahren würden und Spuren wie Striemen hinterließen.

In der ganzen Gestalt liegt eine haltlose, willenlose Hingabe an den unauslotbaren Schmerz, unausweichbar, der einen zwingt, ihn ganz zu kosten. Es ist kein stummes, stumpfes Leid, sondern wild herausgeschleuderte Klage und Aufbegehren – ein flackernder Kelch schwarzer Verzweiflung.

In unserer Geschichte trug Jakob solches Leid, als er seinen Sohn Joseph tot glauben musste. Die Brüder hatten Joseph, den Bevorzugten, in eine Grube gestoßen und dann nach Ägypten verkauft; seinen bunten Rock, den ihm der Vater einst geschenkt, zogen sie ihm aus, tauchten ihn in das Blut eines geschlachteten Ziegenbocks und brachten ihn dem Vater zum Zeichen, auf dass er glaube, ein wildes Tier habe Joseph zerrissen. »Und Jakob zerriss seine Kleider und legte ein härenes Tuch um die Lende und trug Leid um seinen Sohn lange Zeit. [...] er wollte sich nicht trösten lassen und sprach: Ich werde mit Leid hinunterfahren zu den Toten, zu meinem Sohn.« (1.Mose 37, 34f.)

Ein abgrundtiefes, fast extatisch zelebriertes Leid schildert Thomas Mann über viele Seiten. Im Roman (wie auch im Holzschnitt) belässt es Jakob nicht dabei, seine Kleider zu zerreißen und ein härenes Gewand anzulegen, sondern die Umstehenden mussten entsetzt zusehen, wie Jakob nicht »beim Oberkleid stehenblieb, sondern, offenbar in Verfolgung eines wilden Vorsatzes, tatsächlich alles zerriss, was er anhatte, die Fetzen einen nach dem anderen von sich warf und sich völlig entblößte. Als Handlungsweise des schamhaften Mannes, dessen Abneigung gegen jede Nacktheit des Fleisches alle Welt zu respektieren gewohnt war, wirkte das in so hohem Grade unnatürlich und erniedrigend, dass es nicht anzusehen war«. Mit diesem Akt, »die Kleider ganz und gar abzutun, Hülle und Schmuck als Abzeichen einer Menschenwürde, die durch äußersten Jammer vernichtet und gleichsam vor die Hunde gekommen ist, zu verschmähen und sich zur bloßen Kreatur zu erniedrigen« erweckte er »jenes Grauen, das entsteht, wenn das Urtümliche die Schichten der Gesittung durchbricht« (S.469). Dies tat Jakob, und noch viele weitere Äußerungen des Jammers, der Wehklage und der Erniedrigung, aber auch des Rechtens mit Gott. Doch alle diese Verrichtungen spielen für das Bild nur eine indirekte Rolle; sie sind im haltlosen Aufbegehren und im Exaltierten mit anwesend. Auch hier gilt wie schon mehrfach festgestellt: Was die Erzählung detailreich in der Zeit ausbreiten kann, fasst das Bild in die zeitlose Gebärde eines Seelenzustandes. Das Erschreckende, »Urtümliche« und Archaische spricht aus der gesamten Gestaltung des Holzschnittes.

162   VIII Jakobs Verzweiflung

IX Das Gebet

Der Kelch der Verzweiflung ist getrunken, die Versöhnung geschehen, der Höhepunkt der erfüllten Ruhe erreicht. Jakob steht wie verklärt und aufgehoben im lebendigen Strömen und Weben der Gottheit.

Wie eine ruhig-bewegte Flamme steigt sein Gebet empor und öffnet das Schwarz. Die schwingenden Lebensrunen des Holzes umhüllen die kleine Gestalt ganz unten am Bildrand, wachsen spielend leicht immer weiter auf bis über den oberen Bildrand hinaus. Das, was allen Bildern mal mehr, mal weniger »zu Grunde« lag, kann sich nun ungehindert offenbaren. Alles hat eine Leichte, die den Boden nur berührt; die betende Gestalt wächst aus der Spitze seiner »Füße« ebenso nach oben auf wie die Flamme des Gebetes. Ein ganzes Universum entfaltet sich von dieser Nadelspitze aus, die wohl so eine ist, auf der bekanntlich alle Engel Platz haben.

Die kleine Gestalt ist wie die Maserung aus frei fließenden Linien gebildet und grenzt sich nicht eindeutig vom Grund ab – der Betende geht ganz im Fluss der Runen, seinem Gebet, auf. Aus dem Einzelnen, dem Jakob, wird ein »Jeder« – statt des äußeren Antlitzes zeigt sich sein »inneres Gesicht«; so bleibt auch in der Schwebe, ob es Haar oder Bart ist, was vom Haupt herabfließt. Die Gestalt ist weder rückwärts noch vorwärts, sie ist inwendig; eine Chiffre des Betenden. Es ist nicht mehr der würdige Greis mit dem Stab; den braucht er nicht mehr. Die Kraft der Aufrechte kommt aus ihm selber. Der geneigte Kopf und die nun zum echten Halbrund eines Kelches erhobenen Arme preisen, schenken, empfangen, lauschen.

Das göttliche Leben ist nicht stumm, es schwingt und tönt – das Schwarz öffnet sich für einen zitternd-schwingenden Klang-Grund. Die Lebenslinien der Maserungen künden von dem Leben, das alles durchdringt, wie die Spuren der Gezeiten, des Windes, des Wassers auf dem Antlitz der Erde. Dieses Leben durchdringt auch die Gestalt des Betenden, vor allem in seinem oberen Bereich. Sein Haupt ist von einem Rund wie von einem Heiligenschein umgeben, dem weiter oben ein schwarzes Rund, das Auge eines Astloches, antwortet. Das richtungslose Schwarz »individualisiert« sich und wird zum »Loch«, zur Öff-nung und damit durch-schaubar. Das göttliche Leben wacht in dem Auge gleichsam auf zu einem Gegenüber für den Menschen[87]. In den Linien der Maserung vereinigen sich die Höhe und die Tiefe, Aufsteigendes und Absteigendes, Dichtes und Weites; sie werden zum Bild des Lebens der Seele und des Geistes in der lebendig geordneten Fülle des Gebetes.

»Das Geheimnis der Vereinigung« könnte ebenso der Titel dieses Holzschnittes sein. Um Vereinigung war es Jakob, dem »Würdig-Sinnenden« zu tun, ihm, »der immer wusste, was ihm geschah, der in allem irdischen Wandel zu den Sternen blickte und immer sein Leben ans Göttliche knüpfte.« (S. 430)

Es ist ein versöhnender, öffnender Schluss, der die »Geschichten Jaakobs« aus den archaischen Tiefen der Vergangenheit in die Aktualität der Gegenwart trägt. Und so schließen wir mit den Worten, die geschrieben stehen im »mythischen Roman« und die zeitlos sind wie der letzte Holzschnitt:

»Aber auch der Geist sei mit dir und gehe ein in dich, damit du gesegnet seiest mit Segen oben vom Himmel herab und mit Segen von der Tiefe, die unten liegt!« (S. 40)

---

87 Fünf Jahre später wird Maria noch einen Selbstvergessenen im Gespräch mit seinem Gott malen, den Psalmensänger David. Das Astloch als Gegenüber wird hier erscheinen als Kugel verdichteter Farbe. Siehe S. 184 ff.

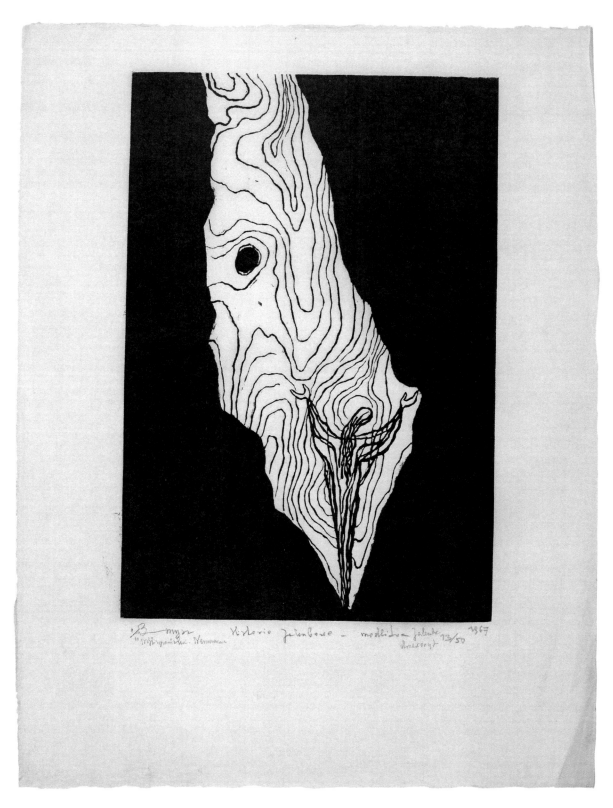

163   IX Das Gebet

David
1972, Acryl auf Holz, 123 x 80 cm

Der Psalmensänger David, der seinem Gott Lob singt, ihm seine Verzweiflung entgegen wirft, ihn preist und ehrt, zu ihm fleht, ihn ruft, der jubelt, klagt, bittet und seufzt, er kniet unten links im Bild vor seinem Psalter und greift in die Saiten zum Spiel, den Kopf zurück gebogen, die Augen verschattet, fast wie ein Blinder – und singt. Er singt in den Farben, die ihn umgeben und von denen das ganze Bild lebt – tiefe, sehnsuchtsvolle Töne voller Kraft und Melancholie. Als Betrachtende sind wir sofort gebannt, hineingesogen in den Raum dieses Gesanges, ein mächtiger, intensiver, glühender Raum in Rot-Violett, der nach keiner Seite hin ein Ende hat und sich weiter und weiter dehnen möchte.

Es ist kein monotoner Gesang; der starke Hauptklang ertönt in vielerlei Nuancen. Die geliebten Herbstfarben, »so eine glühende Phantasie in Dunkel- und Feuerrot und in unzähligen Violetten«, die sie »ganz aufsaugen, aufatmen«, mit denen sie sich »vollfüllen, in ihnen aufgehen« wollte, um »mit ihnen leuchtende Bilder« (15. 8. 1968) zu malen, hier sind sie. Da ist ein tiefstes, fast im Schwarz oder dunkelstem Blau verdämmerndes Violett (besonders unten rechts und links von David), ein dichtes Blauviolett, ein wärmeres Rotviolett, und vor allem tiefe, glühende Rottöne, die sich zur Mitte des rechten oberen Bildfeldes in Ringen zu einem ovalen Kern aktiven feurigen Rots hin ballen und verdichten. Sind diese Rots und Violetts gewaltig und kräftig, so sind die Violett-Töne im Gewand Davids viel lichter und zarter, von weißlichem Violett bis Veilchenlila, manchmal belebt von sparsam gesetzten Tupfen in oligivem Ocker; am Ärmel und an der Kopfbedeckung mischen sich auch Rosatöne hinein. Warm und braun ist der Psalter, aber auch das Inkarnat Davids. In den rötlichen Brauntönen leuchten gold-ocker-orange Lichtpunkte auf. In Davids Gesicht sind es Stirn und Nasenlinie, die dadurch heller hervortreten und die Augen in verschatteten Höhlen lassen. Blicklos sind so die Augen, nicht dem Äußeren zugewandt, sondern ganz nach innen gerichtet. David ist in seinem lichten Lila eine Figur der Sehnsucht, auch der Hingabe, der Zartheit

und Reinheit, ein wenig so, wie Maria Hiszpańska-Neumann von Chagall sagt: »Ein tapferer, kämpferischer Dawid ist er aber nicht, vielleicht vielmehr ein jüdischer Orpheus.« (16.2.1972) Überhaupt scheint Chagall für dieses Bild eine inspirierende Instanz gewesen zu sein: Im Februar 1972, im Entstehungsjahr des »David«, waren seine Bilder in Warschau ausgestellt und hinterließen bei Maria einen tiefen Eindruck: »Unter seinen Fingern wird alles [...] zu einem Wunder, zu einem leuchtenden Farbenwunder, welches singt.« (16.2.1972; s. Brief im Anhang S. 272 f.)

Im »David«, dem singenden, leuchtenden Farbenwunder Maria Hiszpańska-Neumanns, geht eine große Aktivität von zwei Stellen aus, die dadurch miteinander in Beziehung treten: Einmal der »rote Komet«, der wie ein pulsierendes Herz die ovalen Ringe um sich zieht, und ihm gegenüber das zwar viel kleinere, aber dafür von umso tiefer leuchtenden, strahlenden Rottönen umgebene Gesicht Davids mit den warmen goldbraunen Lichtpunkten. Da oben in dem roten Oval verdichtet sich ein Gegenüber, das sich in oder durch seinen Gesang ankündigt: zu diesem singt er, an das wendet er sich. Gegenständlich bleibt es aber unfassbar, unbenennbar.

Die Wirkung des Bildes kommt jedoch nicht allein durch die Macht der Farbe zustande, sondern auch durch die Art, *wie* die Farbe im Bild erscheint: pulsierend, auf- und abglimmend und gebunden an eine unregelmäßige, erdhaft gebuckelte Farbmaterie. Maria hat der Farbe wie so oft in ihren Bildern der 70er Jahre Sand und Kleber beigemischt. So ist der Malgrund nicht glatt, die Farbe nicht lasierend, immateriell schwebend aufgetragen, sondern gesättigt mit Materialität, und leuchtet doch.

Bei dem Versuch, die Oberflächenstruktur zu beschreiben, fallen verschiedene Vergleiche ein: Wie ein schwerer Gobelin, dicht, wattig und wellig; aber mehr noch wie ein Stück Erdoberfläche, aus weiter Ferne gesehen, mit Mulden, Buckeln, Erhebungen und flachen Tälern. Oder wie Sand am Meeresstrand, den das abfließende Wasser bei Ebbe zu unregelmäßigen kleinen Dämmen und Mulden geformt hat; oder wie die Oberflä-

164   David

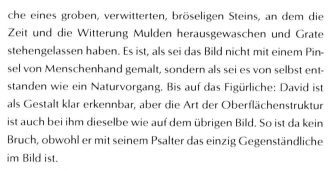

165   Federzeichnung des Psalmisten

166   Federzeichnung des Psalmisten

che eines groben, verwitterten, bröseligen Steins, an dem die Zeit und die Witterung Mulden herausgewaschen und Grate stehengelassen haben. Es ist, als sei das Bild nicht mit einem Pinsel von Menschenhand gemalt, sondern als sei es von selbst entstanden wie ein Naturvorgang. Bis auf das Figürliche: David ist als Gestalt klar erkennbar, aber die Art der Oberflächenstruktur ist auch bei ihm dieselbe wie auf dem übrigen Bild. So ist da kein Bruch, obwohl er mit seinem Psalter das einzig Gegenständliche im Bild ist.

Die Farbe selber ist nicht »erdig«, und doch richtet sie sich nach der »Geologie« der Oberfläche: In den tiefer liegenden Mulden haben sich eher die dunkleren, stumpferen Töne gesammelt, und die Erhebungen leuchten in helleren, stärkeren Tönen. Wandert der Blick über das Bild, so wechselt er von dunklem Schatten zu leuchtender Glut, von Tal zu Erhebung. Das Licht kann spielen in den tiefer und höher liegenden, in den stumpferen und glatteren Stellen der Farbmaterie. Das Feurige und das träumend Tiefe liegen dicht beieinander, Flecken von aktivem, lava-glühendem Rot wechseln mit dunkleren, sanfteren Schattierungen. Der Rotraum bekommt dadurch auch eine vibrierende Spannung, als könnte eine jederzeit aus den Tiefen

hervorbrechende Feuerkraft nur mühsam gehalten werden. Diese dunkel glühende Intensität gleicht mehr der Nacht als dem Tag. Es ist ein dunkles Bild, das leuchtet. Es leuchtet, als hätte sich alles Licht aufbrauchen, hineinsaugen lassen in die Farbenglut.

Die Glut ist eine innere; ein inneres Licht, das immer wie von Dunkelheit umschlossen ist. Die Finsternis in den Mulden ist ebenso überall anwesend wie das Leuchtende, so wie auch in der Seele und in der Stimmung der Psalmen Licht und Finsternis, Jubel und Klage oft dicht beieinander liegen. Das Licht ist nicht hell und klar, es ist mehr ein irdisch gesättigtes Licht, das Licht einer glühenden Seele, ein intensives, forderndes Sehnsuchtslicht. Dieser Farbraum gehört dem Psalmisten David. Der Seelenraum seines Gesanges ist erfüllt von den Worten, die auch Maria aus dem Herzen sprachen:

Aus der Tiefe rufe ich, Herr, zu dir.
Herr, höre meine Stimme, lass deine Ohren merken auf die
Stimme meines Flehens!
So du willst, Herr, Sünden zurechnen, Herr, wer wird
bestehen?

167   Federzeichnung des Psalmisten

Denn bei dir ist die Vergebung, dass man dich fürchte.
Ich harre des Herrn; meine Seele harret, und ich hoffe auf
sein Wort.
Meine Seele wartet auf den Herren von einer
Morgenwache bis zur anderen.« (Aus Psalm 130)

Sein Gesang ist reine Intensität, schmerzhaft schön.

Aus den Psalmen

Ach Herr, strafe mich nicht in deinem Zorn und züchtige mich
nicht in deinem Grimm!
Herr, sei mir gnädig, denn ich bin schwach; heile mich Herr,
denn meine Gebeine sind erschrocken,
und meine Seele ist sehr erschrocken. Ach du, Herr, wie lange!
Wende dich Herr, und errette mich, hilf mir um deiner Güte
willen!
Ich bin so müde vom Seufzen; ich schwemme mein Bett die
ganze Nacht und netze mit meinen Tränen mein Lager.
(Kap. 6, Verse 2–5, 7)

Herr, wie lange willst du mich so ganz vergessen? Wie lange
verbirgst du dein Antlitz vor mir?
Wie lange soll ich sorgen in meiner Seele und mich ängsten in
meinem Herzen täglich? Wie lange soll sich mein Feind über
mich erheben?
Schaue doch und erhöre mich, Herr, mein Gott! Erleuchte
meine Augen, dass ich nicht im Tode entschlafe,
dass nicht mein Feind sich rühme, er sei meiner mächtig
geworden, und meine Widersacher sich freuen,
dass ich wanke.
Ich aber traue darauf, dass du so gnädig bist; mein Herz freut
sich, dass du so gerne hilfst. Ich will dem Herrn singen, dass er
so wohl an mir tut. (Kap. 13)

Herr, höre die gerechte Sache, merk auf mein Schreien,
vernimm mein Gebet von Lippen, die nicht trügen.
Sprich du in meiner Sache; deine Augen sehen, was recht ist.
Du prüfst mein Herz und suchst es heim bei Nacht; du läuterst
mich und findest nichts.
Im Treiben der Menschen bewahre ich mich vor gewaltsamen
Wegen durch das Wort deiner Lippen.
Erhalte meinen Gang auf deinen Wegen, dass meine Tritte
nicht gleiten.
Ich rufe zu dir, denn du Gott, wirst mich erhören; neige deine
Ohren zu mir, höre meine Rede!

Beweise deine wunderbare Güte, du Heiland derer, die dir vertrauen gegenüber denen, die sich gegen deine rechte Hand erheben.

Behüte mich wie einen Augapfel im Auge, beschirme mich unter dem Schatten deiner Flügel (Kap. 17, Verse 1–8).

Die Himmel erzählen die Ehre Gottes, und die Feste verkündigt seiner Hände Werk.

Ein Tag sagt's dem anderen, und eine Nacht tut's kund der anderen,

ohne Sprache und ohne Worte; unhörbar ist ihre Stimme.

Ihr Schall geht aus in alle Lande und ihr Reden bis an die Enden der Welt.

Er hat der Sonne ein Zelt am Himmel gemacht;

Sie geht heraus wie ein Bräutigam aus seiner Kammer und freut sich wie ein Held, zu laufen ihre Bahn.

Sie geht auf an einem Ende des Himmels und läuft um bis wieder an sein Ende,

und nichts bleibt vor ihrer Glut verborgen.

Das Gesetz des Herrn ist vollkommen und erquickt die Seele.

Das Zeugnis des Herrn ist vollkommen und macht die Unverständigen weise.

Die Gebote des Herrn sind lauter und erleuchten die Augen.

Die Furcht des Herrn ist rein und bleibt ewiglich. Die Rechte des Herrn sind Wahrheit, allesamt gerecht.

Sie sind köstlicher als Gold und viel feines Gold, sie sind süßer als Honig und Honigseim.

Lass dir wohlgefallen die Rede meines Mundes und das Gespräch meines Herzens vor dir,

Herr, mein Fels und mein Erlöser. (Kap. 19, Verse 2–11, 15)

Gott, du bist mein Gott, den ich suche. Es dürstet meine Seele nach dir, mein ganzer Mensch verlangt nach dir aus trockenem, dürren Land, wo kein Wasser ist.

So schaue ich aus nach dir in deinem Heiligtum, wollte gerne sehen deine Macht und Herrlichkeit.

Denn deine Güte ist besser als Leben; meine Lippen preisen dich.

So will ich dich loben mein Leben lang und meine Hände in deinem Namen aufheben. (Kap. 63, Verse 2–5)

Lobe den Herrn, meine Seele!

Herr, mein Gott, du bist sehr herrlich; du bist schön und prächtig geschmückt.

Licht ist dein Kleid, das du anhast. Du breitest den Himmel aus wie einen Teppich;

du bauest deine Gemächer über den Wassern. Du fährst auf den Wolken wie auf einem Wagen und kommst daher auf den Fittichen des Windes,

der du machst Winde zu deinen Boten und Feuerflammen zu deinen Dienern;

der du das Erdreich gegründet hast auf festen Boden, dass es bleibt immer und ewiglich.

Herr, wie sind deine Werke so groß und viel! Du hast sie alle weise geordnet, und die Erde ist voll deiner Güter.

Es warten alle auf dich, dass du ihnen Speise gebest zur rechten Zeit.

Wenn du ihnen gibst, so sammeln sie; wenn du deine Hand auftust, so werden sie mit Gutem gesättigt.

Ich will dem Herrn singen mein Leben lang und meinen Gott loben, solange ich bin. (Kap. 104, Verse 1–5, 24, 27–28, 33)

Sitzende
1977, Acryl, Sand auf Leinwand, 70 x 62 cm

Neben all den biblischen Themen entstehen in den 70er Jahren auch ganz »einfache«, schlichte Bilder, wie die »Sitzende«. Maria zeichnet sie mit wenigen dunklen Strichen auf einen braun-irdenen Bildgrund, als ob sie das seit Ägypten gesuchte Mauerartige noch einmal rein zu verwirklichen suchte. Das fast quadratische Bild zeigt lebendigstes Erdfarben-Spiel, die mit Sand gemischten, warmen Brauntöne des Bildgrundes wirken wie eine alte, sonnengesättigte Mauer, vollgesogen mit den Spuren der Jahre, der Witterung, der Zeit. Auf die Leinwand ist in mehreren Schichten Sand, Farbe, wieder Sand, wieder Farbe aufgebracht, eine materiegesättigte Farbgeologie mit »Ge-Schichte«. Dieses Geschichte und Gemenge ist mal von grobkörnigem Braun, mal von pudrigem Ocker, mal gibt es dichte, verklebte Placken, mal auch größere durchscheinende Farbflächen. In der obersten Schicht liegen gelbliche bis weißliche Ockertöne wie Puder auf den erhabensten Stellen des »Grundes« und darunter scheinen in großem Braun-Reichtum dunklere Nuancen auf: schwärzliches Dunkelbraun, warme Rostfarben, olivige Brauns bis zu roten und lachsfarbenen Nuancen mit vielen wärmeren oder kühleren Zwischentönen. Doch der warme Gesamteindruck bleibt. Das Körnige der Oberfläche vermittelt den Eindruck bröseliger Trockenheit; die Farbe ist nie so flüssig aufgetragen, dass sie Rinn- oder Tropfspuren hinterlässt. Von einem »Gemälde«, einem Gemaltem, kann man hier eigentlich nicht sprechen – bis auf die kauernde Frauengestalt.

Sie schält sich unten aus diesem trockenen, irdenen Braun heraus durch wenige, aber sicher gesetzte Linien von verschiedener Dicke und Länge. Die Beine im Schneidersitz überkreuzt und die Ellenbogen auf die Oberschenkel gelegt, hat sie mit der linken Hand ihren rechten Ellenbogen umfasst und ihren leicht vorgeschobenen Kopf in die rechte Hand gestützt. Doch die Linien sind nicht so, dass ihre Gestalt in aller Deutlichkeit hervortritt. Noch bevor die letzte Mal- und Sandschicht aufgebracht wurde, ist ihr Umriss im Groben festgehalten. Dann überpudert eine weitere Sand-Farbschicht die schwarzbraunen Linien und nimmt ihnen die Härte und bindet sie in das Braun-Geschehen des Bildes ein. Doch nicht nur die Linien lassen die Figur in Erscheinung treten, auch die Brauntöne fügen sich der Plastizität ihres Körpers, geben mit helleren Tönen vorstehende Flächen an wie ihre Knie oder den Unterarm, und lassen mit dunkleren Brauntönen Anderes in tiefem Schatten zurücktreten. Trotzdem wird die Gestalt nie vollplastisch, löst sich nie ganz heraus – sie ist beim Anschauen immer im Übergang von Erscheinen, Heraustreten aus dem Braun, und wieder Verschwinden, Eingehen in den braunen Grund. Auch ihr Umhang ver- und enthüllt sie: er umrahmt wie so oft bei Maria auch den Kopf der Frau und verdeckt einen Teil ihrer linken Gesichteshälfte und ihren linken Arm, während er an der anderen Seite des Körpers locker sich bauschend herabfällt. Es ist auch nicht ganz ersichtlich, wo genau sie sitzt: auf dem Boden, etwas erhöht? Sie sitzt einfach im Braun.

Ihre Haltung hat etwas Zusammengesunkenes, Schweres, Brütendes. Stück für Stück stützt eines das andere in einer langsamen Aufwärtsbewegung vom Fuß herauf über Knie, linke Hand, Ellenbogen, rechte Hand bis zum Kopf. Doch in all ihrem Lastenden, Zusammengesunkenen hat sie auch Anmut und etwas Ungebundenes: Der Kopf ragt als höchster Punkt heraus und hat sein Pendant im Fuß, der nach unten herausragt und die lastende Schwere des Sitzmotivs hebt.

In den geschwungenen Linien ihres Umhanges sitzt sie behütet und abgeschlossen wie in einer Ei-Form und »brütet«, sinnt. Ihre Augen blicken nicht, sondern schauen mehr nach innen. Der kleine Finger bedeckt ihren Mund – diese Sitzende kann schweigen, und warten. Ihr langes Sitzen und der Anschein des »Ungemalten«, des wie in langem geologischem Prozess Entstandenen rückt sie in einen Bereich der Dauer, als käme sie aus dem alten Ägypten. Sie sitzt da wie eine Ur-Ewige, versteinert, versunken, herausgelöst aus aller Zeit, so irdischewig wie eine uralte Mauer oder eine Hieroglyphe an der Wand eines altägyptischen Tempels.

Halb verborgen, halb enthüllt, halb in den Bildgrund gebannt, halb heraustretend, Gestalt annehmend – so wie ihre Gestalt scheint auch ihr Sinnen: halb bewusst, halb klar, auch träumend; wie wenn man einen Gedanken noch nicht ganz fassen kann, er sich ankündigt aber vor dem bewussten Zugriff sich wieder entzieht; oder wie ein Nach-Sinnen, Nachklingen-lassen von etwas Erlebtem. In diesem »Ei« kann etwas keimen und wachsen und reifen. In aller Ruhe, Gelassenheit und Geduld hat sie dafür alle Zeit der Welt.

Die Heilung des Blinden
1976, Acryl auf Leinwand, 140 x 80 cm

»Nun kommen sie nach Bethsaida. Da bringen sie ihm einen Blinden und flehen ihn an, er möge ihn berühren. Er nahm den Blinden bei der Hand und führte ihn zum Dorf hinaus. Dann benetzte er ihm die Augen mit Speichel, legte ihm die Hände auf und fragte ihn: Siehst du etwas? Jener blickte auf und sagte: Ich nehme die Menschen wahr, wie Bäume sehe ich sie umherwandeln. Da legte er noch einmal die Hände auf seine Augen; nun sah er ganz deutlich und war wiederhergestellt und erblickte auch in der Ferne alles genau. Und er schickte ihn nach Hause und sagte: Gehe nicht in das Dorf hinein und sprich mit niemandem darüber.« (Markus 8,22–26)

»Als er Jericho mit seinen Jüngern und einer großen Volksmenge wieder verließ, saß da ein blinder Bettler am Wege, der Sohn des Timäus, Bartimäus. Sobald er hörte, es sei Jesus der Nazarener, begann er laut zu rufen: Sohn Davids, Jesus, erbarme dich meiner! Viele drohten ihm, er solle still sein. Aber er rief noch viel lauter: Du Sohn Davids, erbarme dich meiner! Da blieb Jesus stehen und sprach: Ruft ihn! Da rufen sie den Blinden und sagen zu ihm: Nur Mut! Steh auf! Er ruft dich. Da warf er seinen Mantel ab, sprang auf die Füße und ging zu Jesus. Und Jesus empfing ihn mit den Worten: Was willst du, dass ich für dich tue? Der Blinde antwortete ihm: Herr, dass ich wieder sehen kann. Und Jesus sagte ihm: Gehe hin! Dein Glaube hat dich geheilt. Und sogleich konnte er wieder sehen und folgte ihm nach auf seinem Wege.« (Markus 10,46–52)

Die Evangelien erzählen an mehreren Stellen von Blindenheilungen. Maria war davon immer wieder berührt und suchte das Thema künstlerisch zu verarbeiten; vor allem aus den 70er Jahren sind auch einige großformatige Zeichnungen erhalten. Dabei führte sie die für sie wesentlichen Elemente der biblischen Überlieferung in ein Bild zusammen – die Handauflegung, das Flehen. (Abb. 169)

Das Gemälde, in das ihre Vorüberlegungen münden, ist 1976 entstanden in der von ihr zu dieser Zeit bevorzugten Form der besandeten Leinwand. Sand, Kleber und Farbe mischen sich zu verschiedenen Strukturen, machen aus der Bildoberfläche eine Art »Landschaft«, riffelig, grobkörnig, mit Graten und Erhebungen. Schaut man auf das Bild von Ferne, zeigt sich ein Farbklang aus Blau, Gelborange, Weißgrau und Braun. Nicht die Figuren, sondern der blau-bewegte Hintergrund und der lodernde, sonnenhafte Flammenschein um Christi Kopf bilden den stärkeren Klang in der Farbmelodie. Ganz aus der Nähe gesehen ist die reiche Variation der Farbnuancen ein Fest für die Augen: im Feuer um Christi Kopf spielen in mehreren Schichten sich überlagernde, kleinteilige Flecken in orange, gelb, lachsrosa und rot mit darüber liegenden Sprengseln von hellgelb und weiß; das Grau des Gewandes Christi hat eine Bandbreite von dunklen Grau- und Brauntönen, rostfarbenen Flecken bis zu sich aufhellenden Grautönen, die ins Bläuliche oder warme Grünliche spielen und in der oberen Malschicht helles Weiß-Grau. Die unregelmäßige Oberfläche und der Reichtum an Farbnuancen lassen eine große Lebendigkeit entstehen.

Die Farben stehen jedoch nicht für sich selbst, sie dienen dem Inhalt: dem intimen und zugleich intensiven Geschehen zwischen zwei Menschen: ein Blinder – oder eine Blinde? – wird geheilt.

In die untere Hälfte des linken Bildrandes hat sich seitlich eine Gestalt ins Bild geschoben, nur so weit, dass ein Stück ihres Oberkörpers und ihr emporgehobenes Gesicht zu sehen sind – ein Mensch mit androgynen Gesichtszügen, in denen man unschwer Maria selber erkennen kann: der Blinde der Bibel ist sie selber, ist in jedem Menschen. Ob er kniet, wie in einer Zeichnung, wird nicht gezeigt; die Aufmerksamkeit liegt allein auf seinem Gesicht, das er Christus entgegenreckt. Dieser hat seine

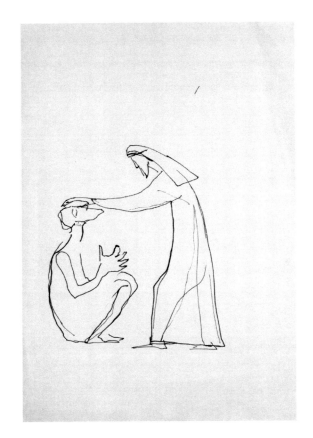

169   Die Heilung des Blinden

Hand auf des Blinden Gesicht gelegt, die langen Finger ertasten Nase und Augen in einer behutsamen, zärtlichen und zugleich bestimmten Gebärde. Ziemlich genau in der Mitte des Bildes führt die waagerechte Brücke des ausgestreckten Unterarmes Christi von einem zum anderen. Hoch steht er am rechten Bildrand aufgerichtet, er durchmisst die ganze Höhe des Bildes und löst sich nur oben aus der aufstrebenden Senkrechte heraus, indem er seinen Kopf dem Blinden entgegenneigt. Christus ist in all der Ruhe und Sammlung, die auch von seinem Gesicht ausgeht, ein machtvoll – aus Vollmacht – Handelnder. Er strahlt in seiner bildeinnehmenden Größe Autorität aus und zugleich lebt in seinen Gesten Zartheit, Hingabe und Zu-Wendung. Seine Gestalt bildet eine große abschließende Klammer über die gesamte rechte Seite des Bildes, einen gespannten Bogen von sei-

170   Die Heilung des Blinden

nem Haupt bis hinunter in seine linke Hand. Diese ist dem Blinden offen zugekehrt, berührt ihn – fast – als wäre sie bereit aufzufangen, zu stützen, was aus dieser Begegnung folgen mag. Aus dieser Hand spricht Zukunft, eine leise Aufforderung: Erhebe dich, steh auf! Dieser Aufforderung zum »Aufbruch« ist der Blinde bereit nachzukommen. Eine große Intensität geht von ihm aus, eine höchst aktive Passivität. Der empor gereckte Kopf ist Flehen, Aufrichten und Ergebung gleichzeitig, der Oberkörper ist ohne Arme und Hände »handlungslos« und lebt im Geschehen-Lassen, im Loslassen. Mit voller innerer Aufmerksamkeit und in großem Vertrauen erwartet er die Heilung.

Die »Heilung«, von dem dieses Bild spricht, ist ein machtvoll-intimes Geschehen, das sich in einer Begegnung *zwischen* zwei Menschen ereignet: Sowohl Christus als auch der Blinde sind ins Profil gewendet und erscheinen zu beiden Seiten, von den Bildrändern überschnitten – zwei ruhige »Randfiguren«, die die Mitte des Bildfeldes freigeben für den blau bewegten Himmel, für das, was zwischen ihnen geschieht: In diesem Zwischenraum lebt das Geheimnis einer schicksalhaften Begegnung, so zart wie die Berührung des Blinden durch die Hand Christi, so heilig, intim, dass man als Betrachtende gleichsam den Atem anhält, um nicht zu stören, und doch auch so machtvoll und intensiv, dass davon ein Leben geändert, ein Schicksal gewendet werden kann. Es ist, als ob eine innerlichste Begegnung stattfände, eine Berührung von Mensch und Mensch, Gott und Mensch.

Und dieser Zwischenraum wird getragen, erfüllt von dem bildbestimmenden Klang der Farbe: dem tiefen, bewegten Blau und dem flammenden Goldorange, das Christi Kopf umgibt. Nicht eine gewöhnliche Chiffre für den »Heiligenschein«, sondern wirksame, flammende Sonnenmacht, Sonnenkraft ist um ihn und flammt noch leise weiter in einzelnen Züngeln und Wellen im Blau. Das Blau wogt wie Wasser, wie eine lebendige, vom Wind bewegte Oberfläche. Heilung ist Bewegung, Veränderung, Aufbruch[88]. Zu diesem Zeitpunkt ist die Begegnung (noch) nicht auf einer Augenhöhe. Das sagt zum einen die Größe der Figuren, aber auch die Farbe: Das Blau verdichtet und verdunkelt sich zum Blinden zu, der durch irdene, braune, dunkle und schwere Töne gezeichnet ist im Gegensatz zur hellen

weiß-grauen und gold-orangenen Gestalt Christi, bei dem nur das Gesicht in warmen Brauntönen aufscheint.

Bei diesem Blinden hat die Heilung schon begonnen: er weiß um seine Blindheit und ist bereit, sich berühren zu lassen. Man muss sich aufmachen, »seinen Mantel abwerfen und auf die Füße springen« – man muss sich heilen lassen *wollen*. »Was willst du, dass ich für dich tue?« fragt Jesus. »Herr, dass ich wieder sehen kann«. Und »sehen« ist hier viel umfassender gemeint als nur das physische Sehen, auch im Sinne von St. Exupéry: »Man sieht nur mit dem Herzen gut. Das Wesentliche ist für die Augen unsichtbar«. Wie oft sind wir mit Blindheit geschlagen – blind für das Wesentliche, aber auch für das Offen-Sichtliche, für die geistige Welt wie für das uns Umgebende, für die anderen Menschen aber auch für unsere eigene Aufgabe. Der Blinde folgt, geheilt, Jesus auf seinem Wege nach; er hat seine Aufgabe gefunden. Blindheit steht auch als eine Metapher für die stumpfe Ich-Bezogenheit, die nichts außer sich selber wahrnehmen kann. Das Thema der Heilung als Verwandlung aus dieser blinden Ich-Bezogenheit wird Maria zwei Jahre später in den Wandmalereien in Hübingen gestalten – als Kern lebt es schon hier.

---

88 In Marias Worten: »Sonst sind die beiden Menschenfiguren äusserst ruhig, und statisch, indem sich eine komplizierte Dynamik im »Himmel« abspielt.« (14.4.1976)

Anna selbdritt
1979, Acryl auf Pressspanplatte, 100 x 28 cm

Eine ungewöhnlich hohe und schmale Holztafel bietet sich dem Anblick des Betrachters dar. Besonders in den späten 70er Jahren reizte Maria Hiszpańska-Neumann dieses steile Hochformat für die Gestaltung von Mehrfigurenbildern. Die Tendenz zur Längung ergreift nun nicht mehr nur die Gesichter, sondern das ganze Format. Der Bildausschnitt zieht sich zusammen und konzentriert sich auf die senkrechte Mitte, in der vor allem Gesichter und Hände, wie zu einem Turm gestaffelt, über- bzw. untereinander Platz finden.

Drei Menschen verschiedener Alterstufen repräsentieren die Spannweite menschlichen Lebens und umfassen die Lebensalter vom Kleinkind bis zur Greisin. Maria wählt ein altes Motiv aus der christlichen Ikonographie, eine »Anna selbdritt«, das sie mit biographischem Gehalt füllt: Dargestellt ist die Greisin Anna mit ihrer Tochter Maria und dem Jesusknaben, doch gleichzeitig verbergen sich in den biblischen Gestalten Maria Hiszpańska-Neumann selber mit ihrer Tochter Bogna und der kleinen Anka (Kosename für Anna), dem Kind der Tochter. Für ihre Enkelin hat Maria Hiszpańska-Neumann das Bild im Sommer ihres letzten Lebensjahres gemalt; Datum und Widmung sind unten neben der Signatur extra vermerkt. Portraitähnlichkeit klingt allerdings nur von Ferne an; Gewänder und Gesichter sind in Marias Art biblisch-zeitlos.

Anna als greise, weise Ahnin überragt die beiden anderen, mit ihrem Schleier umfängt sie Mutter und Kind. Behütend, fast mit einer segnenden Geste, berühren ihre Hände den Kopf des Kindes und den Marias. Ihr leicht geneigtes, von Falten durchzogenes Gesicht ist voll milder Trauer und Ergebenheit. Der sinnend-verhangene Blick ist zugleich nach innen und in unbestimmte Fernen gerichtet, als glitte er über die weite Landschaft eines langen Lebens, in dem Erinnerungen sich abgelagert und Erlebnisse ihre Spuren eingegraben haben. Doch der Blick weiß nicht nur um die Vergangenheit, es ist, als ob er auch um die Zukunft wüsste, vielleicht liegt auch eine Spur Müdigkeit darin. Anna weiß um die Tragik des Lebens. Sie

kann vor-sehen, sie kann behüten; verhindern kann (und will?) sie nicht.

Im Gegensatz dazu präsentiert sich das kleine Kind ganz unten mit weit geöffneten Augen, Armen und Händen. Nicht lang und schmal sind sie, sondern fast kreisrund. Offen, aufnehmend, wehrlos ist das Kind der Außenwelt zugewandt. Der schräg nach unten gerichtete Blick aus den großen, dunklen Augen jedoch verrät keine unbefangene, kindliche Fröhlichkeit, sondern eine ernste, fast schon etwas erschreckte Aufmerksamkeit. Das Kind lässt noch alles in sich hinein und braucht den Schutz der Erwachsenen, die es tragen und hüten: Leib und Kopf des Kindes sind unten, in der Mitte und oben gehalten von den Händen der Mutter und Großmutter. Im Öffnen und Schließen der Hände liegen auch Anfang und Ende eines Lebens: Von der Großmutter aus gesehen steigt das Leben ab, ihre Hände führen nach innen und unten; sie »beschließt« den Turm mit ihrer abschließenden, nach unten weisenden Geste. Vom Kind aus gesehen steigt das Leben auf und wird in aller Weite offen empfangen – die Hände führen nach oben und außen.

Maria in der Mitte hat eine »innere«, vermittelnde Funktion. Ihr Gesicht mit der langen, scharf hervortretenden Nase ähnelt dem der Anna, doch sind ihre Züge jünger und straffer, auch heller. Der Blick ist wie der der anderen nach unten gerichtet, doch geht er nicht nach außen; Marias Sinn ist ganz auf ihr Kind gerichtet; sie nimmt es zu sich hin, trägt und stützt seine Offenheit, dabei liebevoll geleitet von den wissenden Händen ihrer Mutter. Während Blick und Kopf nach unten geneigt sind, führt die Hand, mit der sie den Oberkörper des Kindes hält, mit einer deutlichen Bewegung nach oben.

Eine kühle, schlichte Klarheit zeichnet diesen »Turm der Generationen« aus; die Formen sind konturiert und voneinander abgesetzt, die Farbigkeit entfaltet sich in zwei »Haupttonarten«: in kühleren blau-weiß-grau- und in wärmeren braun-violett- Tönen, dazu kommen in einer Mittellage die bräunlichen Inkarnatfarben. Der Turm spannt sich von einem Sockel aus bräunlichem

Rotviolett – dem Gewand Marias – bis ins intensive Blau-Türkis des Hintergrundes. Dabei bleibt die faserig-sternförmige, unregelmäßige Struktur des Grundes, eine einfache Pressspanplatte, unter der Malerei sichtbar.

Das lange, schmale Format gibt den Körpern keinen Raum in der Breite, sondern beschneidet sie rechts und links, so dass der Blick ganz auf das Staccato der hin und her führenden Linien von Händen und Köpfen innerhalb dieser engen Bahn konzentriert wird. Folgt man den umspringenden Linien, so ergibt sich eine an gotische Figuren anmutende, gebrochene S-Kurve, die das ganze Bild durchzieht und dabei dem einengenden Format doch auch Breite und seitliche Ausdehnung erschließt. In der Form als ganzer liegt auch die Andeutung einer Pyramide: von der breitesten Ausdehnung in den Händen des Kindes bis zum Scheitelpunkt oben am Haupte Annas. So entfaltet sich trotz der seitlichen Einengung eine erstaunliche Lebendigkeit, die gleichzeitig gehalten und fest gefügt erscheint.

Allein der »ungegenständliche« Blick auf die Bewegungen des Liniengefüges verrät viel über das Thema des Bildes: Es zeigt sich ein treppenartiges Auf- und Absteigen, ein voneinander weg und aufeinander zu Laufen, ein Durchmessen von Richtun-

171   Anna selbtritt

gen in kürzesten Abständen, als ob sich eine Fülle von Lebenszeit hier zusammendrängte. Die Linien der Nasen, Finger oder Brauen treten als unterschiedlich ausgerichtete Diagonalen hervor, wodurch die Formen und Figuren miteinander verzahnt werden. Dabei spielt die Nasenlinie Marias in der Mitte eine wichtige Rolle, sie schafft Verbindungen zu den Formen seitlich, ober- und unterhalb: Mit der Linie von Annas Nase und von Marias rechter Hand verbindet sie sich zur »S-Kurve«; Nase und gegenläufige Diagonale dieses Armes und der Finger bilden in ihrer Verlängerung einen stumpfen Winkel, ein Dreieck, der Raum für den Kopf des Kindes gibt; Marias Nase und Brauen wiederum nehmen Bezug auf die Linien der Hände Annas: Die Finger von Annas rechter Hand, die auf dem Kopf des Kindes ruhen, gehen in die Augenlinie Marias über und bilden mit der Nase eine Art Kreuz; Annas linke Hand schließt diese »Kreuzung« nach oben hin ab und nimmt in leiser Abwandlung noch einmal die Diagonale von Marias Nasenlinie auf. Um das Kind herum erscheinen andere Liniengefüge: hier sind es mehr kreisende, ovale Formen. Marias linke, gerundete Hand, die das Gesäß des Kindes hält, zusammen mit der Hand Annas auf dem Kinderkopf deuten ein weites Oval an, das das Kind umfängt; Annas Hand, die Händchen und Unterarme des Kindes und Marias Finger der rechten Hand wiederum beschreiben einen engeren Kreis. Das Wesen des Kindes drückt sich hier im Rundlichen, im Kreis aus, das der Erwachsenen in der Längung, Streckung und Kreuzung.

Aus allen Formen spricht ein Miteinander-verbunden-Sein, ein Füreinander-da-Sein, ein (Weiter-)Geben und Nehmen durch die Generationen, ein gegenseitiges Sich-Berühren, Tragen, Halten und Stützen. Diese drei Menschen sind innig miteinander verflochten und haben doch alle ihre besondere Stellung und Aufgabe: oben die überblickend Behütende, in der Mitte die innerlich Tragende, unten das Anfängliche, Offene. In ihrer »Anna selbdritt« webt Maria Hiszpańska-Neumann verschiedene Ebenen ineinander: Sie greift das Thema »Mutterschaft« in einer neuen Variation wieder auf, und sie erweitert das Motiv aus der christlichen Ikonographie um den persönlich-biographischen Gehalt. Dadurch repräsentieren die Greisin, die reife Frau und das Mädchen zugleich die weibliche Fassung eines weiteren alten Motivs aus der Kunstgeschichte: dem der drei Lebensalter. Aus diesem wiederum spricht Allgemein-Menschliches: Kindheit, Mitte des Lebens und Alter – sie haben ihren fest gefügten Platz auf der für alle Menschen wiederkehrenden Lebensleiter.

III WERKE IN KIRCHEN

Wege des Menschen – Leid und Heilung

Leid und Heilung – wie ein Grundakkord durchtönt dieses Motiv das Leben und die künstlerische Arbeit Maria Hiszpańska-Neumanns. »Sie suchte in ihren Werken den Sinn des Leidens« beobachtete schon Wanda Kiedrzyńska, Lagerkameradin in Ravensbrück, an ihren dort entstandenen Zeichnungen. Diese Suche beginnt bereits vor Ravensbrück, zieht sich durch ihr Werk von den frühen melancholischen Holzschnitten bis zu ihren »Kreuzwegen« und findet die gewaltigste Steigerung im »Zug der Häftlinge« in der Auschwitzkapelle in Tarnów. Wie bringt man den Leidensweg des Menschen, der Menschheit, in ein Bild? Das Urbild hierfür fand sie im traditionellen Kreuzweg, in der Passion Christi. Dahinein verschlungen ist das andere Bild: das der Heilung und Verwandlung des Leidens durch die Kraft der Liebe. »Sie suchte in ihren Werken den Weg der Heilung«, möchte man hinzufügen. In die »Heilung des Menschen«, ihrer letzten Wandmalerei, mündet dann auch abschließend diese Werkbetrachtung.

Der Kreuzweg

Fast jede katholische Kirche hat ihren Kreuzweg, und so erstaunt es nicht, dass gerade der Kreuzweg zu den Arbeiten gehört, die Maria Hiszpańska-Neumann am häufigsten für verschiedene Kirchen ausführte, nämlich fünfmal; zweimal ist es nur zu Entwürfen gekommen. Der Kreuzweg beschreibt üblicherweise 14 Stationen des Leidensweges Christi am Karfreitag, angefangen von der Verurteilung durch Pilatus bis zur Grablegung. Diese Stationen sind als Bilder oder Reliefs an den Seitenwänden der Kirchen angebracht, so dass die Gläubigen daran entlang gehen und bei jeder »Station« Halt machen können, um sich im inneren Nachvollzug und im meditierenden Erleben dem Leidensweg Christi zu nähern. Seinen Ursprung hat der Kreuzweg in Jerusalem, wo schon im Altertum die dort lebenden Christen und später auch Pilger aus dem Abendland die realen Orte der Passion aufsuchten und den Weg Jesu bis auf den Hügel von Golgatha nachgingen. Aber erst aus der Volksfrömmigkeit des 15./16. Jahrhunderts heraus verbreitete sich die Gepflogenheit, sozusagen stellvertretend solche Stationen in den Kirchen Europas anzubringen. Die Anzahl der Stationen variierte und wuchs mit der Zeit, bis sich im Barock die heute üblichen 14 Stationen herauskristallisierten[89].

Ihren ersten Kreuzweg schuf Maria Hiszpańska-Neumann 1967 für eine Franziskanerkapelle in Warschau; in den Jahren 1969, 1974 und 1975 entstanden weitere Kreuzwege in verschiedenen Kirchen in Lublin, Zbylitowska Góra (Südpolen) und in Warschau. Von der Technik her wählte Maria anfangs lieber Mosaik und Vinavil, später eine mehr monochrome al secco – Malerei direkt auf dem Verputz. Meist blieb die Künstlerin nicht bei Tod und Grablegung stehen: mindestens deutet ein heller Lichtschein in der letzten Station auf die Auferstehung, oder es erscheint der Auferstandene als gesondertes Werk über dem Altar, oder sie fügte die Auferstehung als fünfzehnte Station hinzu.

Im Mittelpunkt der folgenden Betrachtungen sollen die Entwürfe für den letzten Kreuzweg-Auftrag stehen, in denen nur neun Stationen verbildlicht sind. Diese letzten Entwürfe sind ungewöhnlich und kühn. Um das zu verdeutlichen, seien zum Vergleich die 14 Stationen ihres Kreuzweges von 1969/70 in der Kapelle der Katholischen Universität in Lublin gezeigt. Diese Arbeit beruht auf der Fassung in der Warschauer Franziskaner-Kapelle; in beiden kommt ihr Konzept des Kreuzweges zum Ausdruck:

Bis auf wenige Ausnahmen verzichtet Maria ganz auf Assistenzfiguren und erzählerische Mittel. In der 1. Station, der Verurteilung, erscheint bei Maria nur eine einzige Gestalt – der wie eine »Einleitungsfigur« auf das Kommende blickende, gefasste Jesus in der Seitenansicht. Es folgt die 2. Station, die Aufnahme des Kreuzes; die 3. Station – der erste Sturz Jesu. In der 4. Stati-

---

89 Vor allem durch den Franziskanermönch, Prediger und Missionar Leonhard v. Porto Maurizio (1676–1751) soll diese Form des Kreuzweges weit verbreitet worden sein. Quellen: www.members.surfeu.at/veitschegger/texte/kreuzweg, u.a.

1   2   3   4

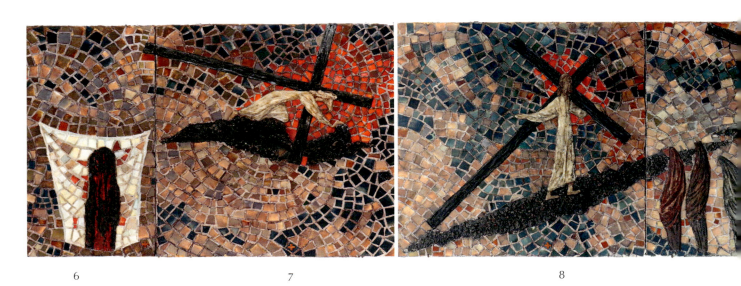

6   7   8

5

172 Kreuzweg in der Kapelle des Konvikts
in der Katholischen Universität Lublin

1 Verurteilung

2 Aufnahme des Kreuzes

3 Erster Sturz

4 Begegnung mit der Mutter

5 Simon von Kyrene hilft, das Kreuz zu tragen

6 Das Schweißtuch der Veronika

7 Zweiter Sturz

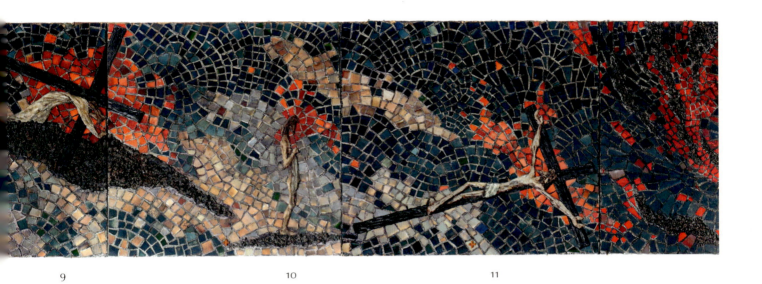

9   10   11

on begegnet Jesus seiner Mutter, in der 5. hilft ihm Simon von Kyrene, das Kreuz zu tragen, in der 6. Station reicht ihm Veronika das Schweißtuch – Maria Hiszpańska-Neumann allerdings zeigt allein das Schweißtuch. In der 7. Station stürzt Jesus zum zweiten Mal, in der achten begegnet er den weinenden Frauen von Jerusalem, in der neunten stürzt er zum dritten Mal. Die 10. Station, in der Jesus seiner Kleider beraubt wird, gestaltet Maria wieder ähnlich wie die 1. Station: als Seitenfigur des diesmal aber entkleideten und noch stärker niedergebeugten Christus. Die 11. Station, in der Jesus ans Kreuz genagelt wird, ist bei Maria nur die Kreuzaufrichtung, die 12. Station bezeichnet den Tod am Kreuz. Die 13. (die Kreuzabnahme bzw. Beweinung) gestaltet Maria als Pietà und in der 14. Station (der Grablegung) schließlich zeigt sie den in Leinenbinden gewickelten Leichnam wie ein Samenkorn im Erdengrab ruhend, während sich dahinter schon als Verheißung des Ostermorgens ein gold-gelber Schein ausbreitet.

Der Lubliner Kreuzweg ist wie der in der Franziskaner-Kapelle in Mosaik und »Vinavil« ausgeführt. Wie ein Fries ziehen sich zusammenhängende Platten von ca. 1 Meter Höhe über mehr als 14 Meter Länge. Dadurch werden nicht die einzelnen Stationen hervorgehoben, sondern der Weg erscheint als Ganzes. Die Figuren sind reliefartig, »halbplastisch« in Vinavil aufgebracht vor einem beige/braun-blau-roten Mosaikhintergrund, der sich in schwingenden Linien über die einzelnen Tafeln hinzieht und das Auf und Ab des Kreuzes und des Weges, sein Stocken oder Strömen mitvollzieht und die Tafeln dadurch zusammenschließt. Auch die Farben verdeutlichen den Fortlauf und die Dramatik des Geschehens: Zur Kreuzigung hin verdunkeln sie sich immer mehr, das anfangs die Christusgestalt nur am Rande begleitende Rot nimmt mehr Raum ein und flammt schließlich wie eine schmerzende Sonne um das aufgerichtete Kreuz vor düsterem Hintergrund.

Im Sommer 1974 gestaltete sie die 14 Stationen des Kreuzweges in den Bogenfeldern der Seitenwände der Klosterkirche in Zbylitowska Góra, aber sie war nicht recht damit zufrieden. »Meine neulich fertiggemachte Arbeit lässt mir eine innere Unzufriedenheit, eine moralische Unruhe zurück. Es ist vielleicht ein Stück anständiger Arbeit, die »Stationen« haben eine gewisse Ausdruckskraft, die ganze Wandgrafik hängt mit der Architektonik des Kircheninneren zusammen, trotzdem aber bleibt in mir ein Gefühl zurück, als ob ich das Wahrste, das Wirkliche, das Wesentlichste aus einer inneren Faulheit, oder Feigheit, nicht ausgesprochen hätte. Es tönt in mir: du hättest es anders machen sollen! Du hättest es viel gewaltiger machen sollen!« (10.8.1974) Sie hatte im Folgenden noch zweimal Gelegenheit, ihre Aufforderung an sich selber zu verwirklichen und das »Wahrste und Wesentlichste« gestalterisch auszusprechen. 1979, in ihrem letzten Lebensjahr, arbeitete Maria Hiszpańska-Neumann das letzte Mal an einem Kreuzweg. Der Auftrag für eine Marienkirche im Warschauer Stadtteil Saska Kępa (Pfarrkirche der »Gottesmutter der immerwährenden Hilfe«) war erteilt, Entwürfe lagen vor, und Maria wartete nur noch auf Pressspanplatten, auf die sie mit Acrylfarben in hauptsächlich Weiß-Grau-Schwarztönen hätte malen wollen. Am Nachmittag vor ihrem unerwarteten Tod kam telefonisch die Nachricht, dass passende Platten hätten besorgt werden können, doch zur Ausführung kam es nun nicht mehr. Auch war die Entwurfsarbeit noch nicht vollendet – in der Mappe mit den Entwürfen lagen nur neun A 3 – Blätter statt der zu erwartenden 14 bzw. 15.

Die Blätter sind mit Bleistift, schwarzem Filzstift und schwarzer Tusche ausgeführt. Jede Zeichnung hat noch einen mit Bleistift und meist mit Filzstift nachgezogenen Binnenrahmen, so dass die eigentlichen Zeichnungen nur zwischen 13 x 27 bzw. 17 x 32 cm groß sind.

Gegenüber den früheren Darstellungen des Kreuzweges sind diese letzten Entwürfe von großer Spröde und Herbheit, aber auch voller Dynamik und Dramatik. Vor allem in der Wahl des Ausschnitts sind sie teils von atemberaubender Kühnheit. Der Ausschnitt ist oft so ungewöhnlich, so ganz ohne Beispiel in der Ikonographie, oder so nah und dicht an die Gestalten herangerückt, dass die Darstellung dadurch bis an die Grenze der »Wiedererkennbarkeit« geht. Die Zeichnungen gewinnen eine unmittelbare Drastik, eine bestürzende Nähe, und damit etwas Unverbrauchtes, Aufrüttelndes, aber durch das verfremdende Element auch etwas Verunsicherndes. Auf der einen Seite sind wir als Betrachter ganz dicht an das Geschehen heran-, fast »herein«gelassen in dieser Nähe, und auf der anderen Seite bleiben wir in schwebender Unklarheit und werden wieder auf uns zurückgewiesen im Rätseln über das Verfremdete. Auch ist so gut wie nie ein fester Boden gezeigt, der die Figuren eindeutig trägt und verortet, und selten sind die Figuren vollständig zu sehen – alles ist Ausschnitt, Teil, Fragment. Das Kreuz Christi ist nie als Ganzes zu sehen, sondern immer nur *ein* Balken, von dem mitunter noch nicht einmal gesagt werden kann, ob es sich um den Quer- oder den Längsbalken handelt; Kreuzbalken und Kreuztragender sind auf unauflösbare und zugleich spannungsvolle Weise miteinander verbunden.

In so gut wie jedem Blatt beherrscht die Diagonale mit ihrer Dynamik den Bildaufbau und trägt zur dramatischen Atmosphäre bei. Dazu kommt, dass der Prozess des Entwerfens – das Herausschälen von einem Motiv, das Korrigieren, Herausheben oder Ändern von Linien – in der Zeichnung sichtbar bleibt. Die Blätter sind keine fertig ausgearbeiteten Endprodukte, sondern Stufen des Entwurfsprozesses. Zuerst entstand meist die Bleistiftzeichnung, danach folgten Filzstift und Tuschezeichnung.

Der dünne, manchmal auch breite, weiche Bleistiftstrich ist fahrig, zerrissen, andeutend in seinem unablässigen, mehrmaligen Nachfahren einer gesuchten Linie, manchmal aber auch gezielt und knapp. Der Filzstift geht darüber, verwirft, ändert, korrigiert, oder klärt, verstärkt und hält in sicherem Schwung die Linie fest. Das Blatt mit dem unbekleideten Christus ist als einziges nur in Bleistift gefasst, aber auch da verraten schwächere und stärkere, verdeutlichte und »alleingelassene« Linien das Herausschälen der Figur während des Zeichnens. Der Wegcharakter ist fast mehr im nachvollziehbaren Arbeitsprozess sichtbar als im Inhalt selber – vom Kreuz-*Weg* sind nur punktuelle Nahaufnahmen herausgeschnitten, die die Betrachtenden sich selber innerlich zum Ganzen zusammenfügen müssen.

»Du hättest es viel gewaltiger machen sollen!« – Was ihre innere Stimme ihr 1974 sagte, das tönt weiter bis in diese Blätter hinein, in denen sie ihrem Anspruch an sich selber ein großes Stück näher gekommen ist.

1. Blatt: 1. Station

»Da übergab Pilatus Jesus zur Geißelung. Und die Soldaten flochten eine Krone aus Dornen und setzten sie ihm auf das Haupt, sie legten ihm einen Purpurmantel um, traten vor ihn hin mit dem Gruß: Heil dir, König der Juden! Und schlugen ihm ins Gesicht. Und wieder trat Pilatus heraus und spricht zu ihnen: Seht, ich bringe ihn zu euch heraus, damit ihr begreift, dass ich keine Schuld an ihm finde. So kam Jesus heraus und trug die Dornenkrone und den Purpurmantel. Pilatus spricht zu ihnen: Siehe, das ist der Mensch! Als ihn die Hohenpriester und ihre Diener sahen, schrien sie laut: Kreuzige, kreuzige ihn!« (Joh. 19, 3–6)
»Um das Volk zufriedenzustellen, gab Pilatus ihnen den Barrabas frei; doch Jesus ließ er geißeln und wegführen zur Kreuzigung« (Markus, 15, 15) (Das Neue Testament, in der Übersetzung von Heinrich Ogilvie, Stuttgart, 2. durchgesehene Auflage 2001)*

Wir beginnen gleich mit einem Blatt, bei dem unsicher ist, ob es überhaupt an den Anfang gehört. Je nachdem, unter welchen Gesichtspunkten man es betrachtet, kann es die Verurteilung, also die erste Station, oder aber auch das Schweißtuch der Veronika, die sechste Station, sein. Das Blatt mit dem dornengekrönten Kopf Christi, der die ganze Bildfläche mächtig ausfüllt, bildet eine gewisse Ausnahme in der ganzen Reihe. Als einziges geht von ihm eine große Ruhe aus, es fehlen die dynamisierenden Diagonalen und in der Konzentration nur auf den Kopf das (wenn auch sonst nur angedeutete) Geschehen. Im Hinblick auf das Ganze gehört er künstlerisch gesehen an den Anfang. In seiner Aufrechte und kontemplativen Kraft hat er das Ruhige und Gefasste, das auch die Gestalt Jesu am Anfang der anderen Kreuzwege Marias ausstrahlt. Die Beschränkung auf den Kopf, die bei Maria sonst nur im Schweißtuch der Veronika erscheint, hätte hier die Funktion einer »Ecce homo«-Darstellung[90]. Im überlieferten Kreuzweg ist die erste Station die Verurteilung und Geißelung Jesu, zu der die Ecce homo-Szene gehört.

»Siehe, der Mensch« ruft Pilatus aus, als er den dornengekrönten Christus im königlichen Purpurmantel vorführt. Das, was als Verspottung gemeint ist, schlägt um in ein hoheitsvolles Urbild, ein Wahrbild des Menschseins, für alle Menschen sichtbar: in jedem Menschen ist auch in der Verhöhnung, in Schmerz und Leid ein Königliches verborgen, das offenbar werden soll. Seinem innersten Wesen nach ist jeder Mensch – auch in der Erniedrigung – ein König.

In seiner mächtigen, hieratischen Frontalität ist dieser Kopf trotz starker Verschattungen an den Wangen und blicklos dunklen Augen doch voller Größe, Ernst und Hoheit. Die Gestik des Zeichenstiftes trägt schon die Signatur der »Verletzung«: Der Strich von Tusche und Filzstift ist ruckartig, abrupt, abgebrochen. Einzelne kurze wirre Linien deuten sowohl Haar als auch Dornen oder Wunden und Striemen an. In diesem ruhig-ernsten Antlitz drängen sich erlittene Verletzung, Ertragen-Müssen, Ausgeliefert-Sein zusammen mit der Macht der Liebe und Hingabe, der Hoheit des Aufrechten. In diesem Gesicht vereinen sich passives Erdulden und Hinnehmen mit höchster geistiger Autorität und führen zum Erlebnis der »aktiven Hingabe«. Wie sieht einer aus, der bewusst die Schuld der anderen auf sich nimmt? Wie sieht das Antlitz des Gott-Menschen aus, der sich »in seiner tiefsten Gestalt« (Christian Morgenstern) vor den anderen offenbart? »Siehe, das ist der Mensch!«

90 Im Hinblick auf ihre anderen Kreuzwege, bei denen der Kopf Christi *immer* nur in Verbindung mit dem Schweißtuch der Veronika die 6. Station bezeichnet, wird auch dieser Kopf in diesem Sinne gemeint sein, auch wenn hier keinerlei Andeutung des Tuches zu erkennen ist wie sonst. Trotzdem möchte ich ihn als erste Station an den Anfang stellen.

173   Dornengekrönter

2. Blatt: 2. Station

»So übernahmen sie denn Jesus, und er trug selbst sein Kreuz und schritt hinaus zur sogenannten Schädelstätte, die auf Hebräisch Golgotha heißt.« (Joh. 19, 17)

Das Blatt mit der zweiten Station, der Aufnahme des Kreuzes, ist ohne Wissen um den Kontext kaum als solche zu erkennen. Das Kreuz ist so stark angeschnitten, dass nur ein Teil eines langen, schwarzen Balkens sichtbar ist. Bestimmend ragt der Balken in starker Diagonale nach rechts oben ins Bild. Der Kreuztragende ist in die gegenläufige Diagonale gezwängt und ganz ungewöhnlich in leicht seitlich gestellter Rückenansicht wiedergegeben – von seinem Kopf sieht man nur ein Stück des schwarzen Haarschopfes, kein Gesicht, keine Dornenkrone, keinen Heiligenschein, nichts, was sonst auf Christus deuten könnte. Ein Lastenträger, der sich mit aller Kraft gegen die schwer auf seinen Schultern liegende und ihn niederdrückende Last stemmt; ein gespannter Körper, der aus den engen Bildgrenzen hinausdrängt – sein Kopf scheint gegen den Binnenrahmen zu stoßen, seine Füße ragen beide aus ihm heraus, als ob er erst in den Bildraum hineintreten müsste und ihn doch gleichzeitig schon wieder sprengen wollte. Die Ungeheuerlichkeit des Geschehens liegt in dieser das Vorstellungsbild sprengenden Kraft.

Der schwarze Balken scheint mit einem Strick, der über die Brust des Tragenden läuft, an diesem befestigt. Der rechte Arm (den linken sieht man nicht) ist stark überstreckt, seine in die Luft gespreizten Finger greifen den Balken nicht, als ob er schon jetzt die Armstellung einnähme, mit der er später ans Kreuz genagelt wird. Insofern würde der schwarze Balken, der die Arme des Tragenden halb verdeckt, die »Kreuzarme«, also den Querbalken, bezeichnen, und der Körper des Tragenden den Längsbalken ersetzen; in der Schulterlinie liegt der »Kreuzungspunkt« von Balken und Körper, die zusammen das Kreuz bilden. Jesus nimmt nicht nur das Kreuz auf sich, sondern wird selber Teil des Kreuzes.

Etwas Sperriges geht von dieser Zeichnung aus, etwas wie Auflehnung. Die Kraft, die es kostet, diesen Balken auf sich zu nehmen, sich dem entgegenzustemmen, was die Arme schon jetzt auseinander reißt, das wird so nur in diesem ersten Stadium des Weges gezeigt. Als (fast) ganze Figur, als Gehender und Tragender, ist er fortan nicht mehr zu sehen. Die Kraftanstrengung an dieser Stelle reicht über die folgenden Stationen hinüber bis zur Kreuzigung.

Das »Sperrige« wird auch durch die noch sichtbaren Korrekturen und durch den zerfasernden, abgebrochenen (Tusche)-Strich erreicht. Wieder verworfene Teile wie eine links aus dem Bild hinausragende Hand, ein sehr niedrig angesetzter Kreuzbalken sind als wegradierte Bleistiftspuren noch deutlich zu erkennen. Die hauptsächlich mit Tusche nachgezogenen breiten und faserigen Linien setzen den Kopf niedriger, verringern die Faltenlinien des sich spannenden Gewandes und die Andeutungen des Körpers darunter. Sie konzentrieren die Szene auf die spannungsvoll aufeinander treffenden, sich kreuzenden zwei Diagonalen: das schmale, aber massive Schwarz des Balkens in der oberen Bildhälfte und der breite, gebogene Umriss des Körpers in der unteren Hälfte. Der Schnittpunkt dieser Diagonalen liegt gegen die Mitte des linken Bildrandes zu. Die beiden Kraftrichtungen begegnen sich dort wie in der Spitze eines nach links weisenden Pfeils. Auch das spitze linke Knie zeigt in diese Richtung, die doch auch wieder ganz ungewöhnlich ist: Schaut man auf die gesamte Bildfolge, so bricht Jesus in die Gegenrichtung auf, gegen die Lesrichtung und den weiteren Lauf der Dinge. Auch das trägt zum Eindruck des Sperrigen dieses Blattes bei, aber auch zu dem des Kraftaufwandes – alle Anstrengung konzentriert sich zunächst auf die Kreuz-Aufnahme; der weitere Weg ist noch etwas ganz anderes.

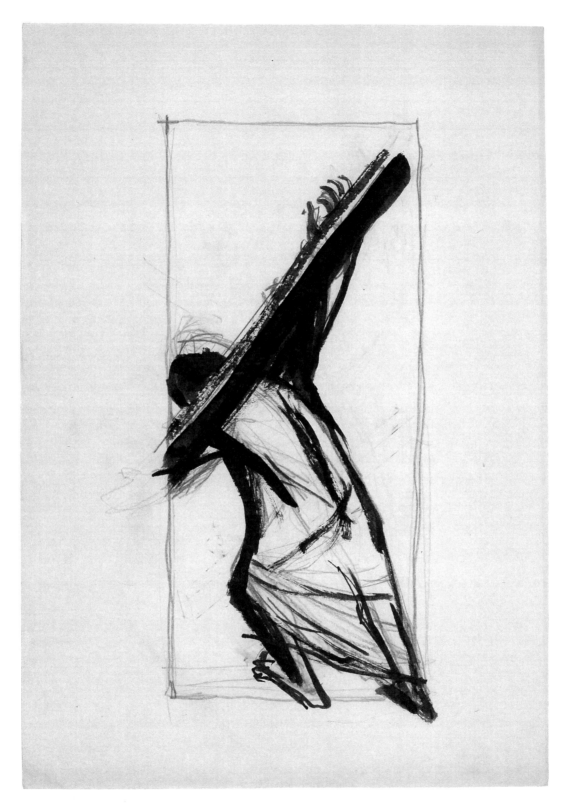

174   Kreuzaufnahme

3. Blatt, 4. Station

Die Begegnung mit der Mutter kommt in den biblischen Erzählungen des Karfreitags nicht vor und ist eine Zutat der Volksfrömmigkeit, die von der Prophezeiung des alten Simeon am Anfang des Lukasevangeliums inspiriert sein kann: »Siehe, er ist dazu bestimmt, dass viele in Israel fallen und aufstehen, und zu einem Zeichen, dem widersprochen wird; auch dir selbst wird eine Schwert durch die Seele dringen.« (Luk. 2, 34–35)

Eine eigentümliche Begegnung ist das, nicht auf Augenhöhe, sondern schon wie vom Kreuz herab, und doch auch wieder »unortbar«, zeitlos. Der stark verkleinerte Ausschnitt gibt rechts unten Maria, die Mutter Jesu, halbfigurig wieder. Im verlorenen Profil wendet sie uns ihre linke Seite und ihren Rücken zu. Ihr Umhang bedeckt den Hinterkopf; vom Gesicht ist nur ein schmaler Streifen zu sehen, den der kräftige, stark übermalende Filzstift in verhaltener aber zugleich deutlicher Linie zu einem verlorenen Profil modelliert: Stirnpartie und Wange wölben sich leicht vor, aber sonst sind keine Gesichtszüge angegeben – kein Mund oder gar Augen, die denen ihres Sohnes begegnen könnten. Welcher Kraft bedürfte es, diesen intensiven, obgleich doch blicklosen Augen zu begegnen, dieser Zuwendung standzuhalten? Doch von wo aus wendet er sich zu? Wie aus einer Höhle ragt sein Kopf hervor aus dem Bogen seines unglaublich stark angeschnittenen Körpers. Wie ist dieser zu denken, würde man ihn vervollständigen? Seine »Verortung« ist beinahe unmöglich. Im Bildfeld nimmt die Gestalt Jesu die Form eines fast gleichseitigen Dreiecks in der oberen linken Bildseite ein. Der Oberkörper weist schräg aus dem Bild heraus, die Brust ist sozusagen diagonal vom Bildrand durchtrennt. Von dieser Schräge, in der sich der Oberkörper befindet, ist kaum ein Steh-Motiv der ganzen Gestalt ableitbar. Schwebt Jesus? Fällt er nach vorn? Oder ist der Moment der Kreuzaufrichtung schon vorweggenommen?

Der aufrechte Kopf stürzt nicht. Wie ein Ruhepol ist er eingespannt von den Seiten des gleichseitigen Dreiecks: Sein linker Arm mitsamt Schulterpartie streckt sich durch das Bild in einer leicht nach rechts oben strebenden Diagonale, während das Stück Kreuzbalken aus der linken oberen Bildecke kommend diagonal auf den Arm zufällt und ihn am rechten Bildrand trifft; zusammen entsteht gleichsam eine Pfeilspitze. Der Kopf ist aus den unruhigen Schrägen, die ihn umspannen, herausgehoben, abgehoben und verharrt in zeitloser Aufrechte. Eine schwarze Filzstiftlinie, die den Bogen der Arme und der Halsgrube markiert, trennt den Kopf vom Körper und bildet eine Mulde, aus der er herauswächst vor dem dunklen, mehrfach auch mit Tusche schwarz übermalten Balken. Auch im Antlitz, das im Ausdruck an das der ersten Station erinnert, betonen einzelne breite Tuschestriche die Dunkelheit. Gequält, befleckt, zerrissen, verschattet und doch hoheitsvoll behauptet es sich gegen den Sog der Diagonalen. »Gezeichnet« wie dieser Kopf auch ist, er ist dort oben in dem fliegenden Dreieck auch frei, heraus-gewandt, fähig der Zuneigung und voller Liebe: ein Blick zurück auf die Mutter, auf das gemeinsam Erlebte, auf das »Zwischen« ihnen – »was waltet zwischen mir und dir, o Frau« (Wörtlich: Was mir auch dir, o Frau. Joh. 2,4). Weißt du, was gerade geschieht? Bist du dir seiner Bedeutung bewusst? Es ist so. Es muss so sein. Die Wucht eines Abschieds, eines Allein-Lassens. Diesen Gang muss er allein gehen; sein Raum ist jenseits der irdischen Schwerkraft, seine »Koordinaten« sind andere als ihre. Er ist woanders und doch auch bei ihr, wendet sich ihr voll und ganz zu. Mit dem pfeilgleichen Dreieck geht die Bewegung auf die Mutter zu im Moment des Abschieds und Sich-Entfernens – man befindet sich in einem »Magnetfeld« zwischen Anziehen und Loslassen.

Und sie? Dabei, daneben stehend, ohne Ausdruck, verloren, eingehüllt, nicht handelnd, was kann sie für ihn tun? Wie kann sie verstehen? Wie sich wappnen? Wie dieser Größe gerecht werden? Wie erträgt man, nur zuschauen zu müssen, wenn einem nahen Menschen solches Leid widerfährt? Sie hält sich noch aufrecht, doch die Krümmung, das Gebogene des Rückens verrät die Anstrengung, die das kostet. Alle Binnenlinien ihrer Gestalt laufen auf ihre Brust zu, als ob sich alle Empfindung dort zusammenballt, die Brust zusammenschnürt. Herausgeschnitten aus Zeit und Raum sind sie beide in der bestürzenden Dichte ihrer Begegnung.

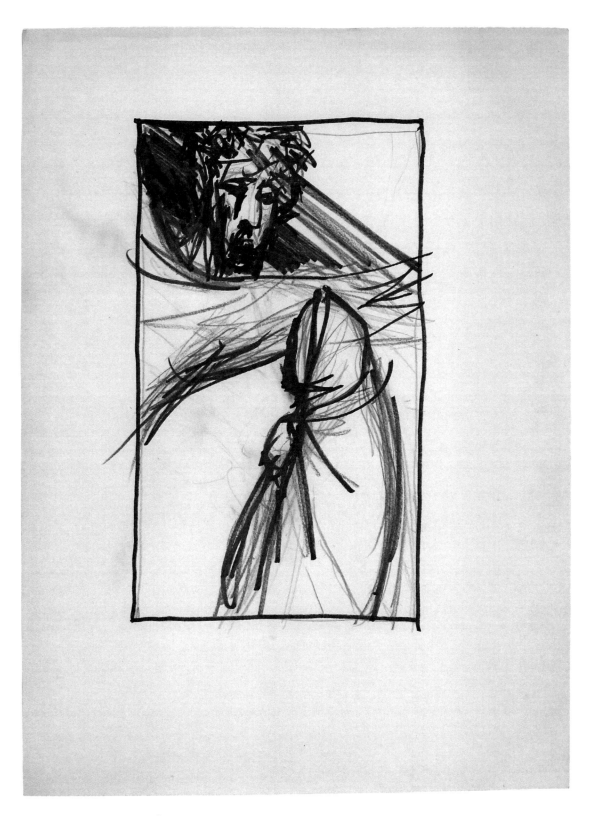

175   Die Begegnung mit der Mutter

4. Blatt, 5. Station

Als sie ihn wegführten, ergriffen sie Simon, einen Mann aus Kyrene, der vom Felde kam, und legten ihm das Kreuz auf, um es Jesus nachzutragen. (Luk. 23, 26)

Schwarz und wuchtig lastet der lange Kreuzbalken auf Arm und Schulter von Simon. Gesenkten Kopfes schultert er den Balken, der noch weit über ihn hinausragt und auch am oberen Bildrand noch kein Ende hat – eine leicht vornüber gebeugte weiße Gestalt zusammengewachsen mit dem Schwarz des Balkens zu einer einzigen, mächtigen, bestimmenden Diagonalen, die das ganze Bildfeld von der unteren linken Ecke bis zur oberen Bildmitte durchmisst. In die Diagonale ist nicht nur der Umriss der ganzen Gestalt gebannt, auch die Binnenzeichnung der Gewandfalten unten und seines linken Oberarmes unterstützt diesen Zug in die Schräge. Simon kann nur diesem diagonalen Sog folgen und weiter nach vorne gehen – der schwarze Balken schließt die Gestalt Simons nach hinten ab und lässt ein großes weißes Feld, ein unangetastetes rechtwinkliges Dreieck oben links frei.

Eine kräftige Muskulatur hat Simon, und riesig große, breite Hände, die den Balken halten, ihn ausbalancieren. Man kann sich gar nicht vorstellen, dass andere als solche mächtigen Hände das Gewicht dieses riesigen, nie enden wollenden Balkens tragen könnten. Simon muss alle Kraft anspannen, um dieser Last gewachsen zu sein. Seine rechte Hand, die den Balken unten packt, beult die linke Bildseite unter der Anstrengung aus.

Ist diese Anstrengung unfreiwillig? Sie nötigten, zwangen ihn, sagt die Bibel (Matt. 27, 32; Mark. 15, 21). Kann man sich die Last, die zu tragen einem unverhofft auferlegt wird, je »freiwillig« aussuchen? Kommt sie nicht meist wie eine Weisung von außen? Und ist bei näherem Hinsehen *doch* meine, so unpassend sie auch scheint? Schwarz und Weiß – diese schwarze Last ist nicht die des hellen Simon, und ist doch seine – beide gehören zusammen und sind gefügt zu *einer* Gestalt.

Einer trage des Anderen Last. Die schwarze Last des Balkens gehört zur dunklen Gestalt Jesu. Kann man für einen Anderen eine solche Last tragen? Simon macht die fremde Last zu der seinen, voller Konzentration und Kraft. Eine Kraft, die die schmale, hagere, vom unteren rechten Bildrand auf Brusthöhe abgeschnittene Figur Jesu nicht mehr zu haben scheint. Aufrecht ist er immer noch, aber er wirkt wie amputiert ohne Arme, die halten und handeln könnten. Das dem Betrachter en face zugewandte Gesicht ist noch stärker verschattet, die Augen sind noch blickloser als in den vorigen Stationen. Unter dem Gewirr der dornenbekrönten Haare löst sich das Gesicht bald in einzelne fahrige Striche auf – ein Gegenbild zu der kompakten, geschlossenen Körperlichkeit Simons. Und doch – Jesus' hilflose Aufrechte stützt die kippende Diagonale von Simon mit dem Kreuz. Der helle Simon ist eingespannt und gehalten zwischen der Schwärze des Balkens und des Kopfes Christi. Für die Stabilität des Bildes ist die abgeschnittene Gestalt Christi ganz wichtig. In aller Verletzlichkeit und Ohnmacht ist Christus doch noch »mächtig« und dem Simon eine Hilfe im Tragen der Last.

176 Simon von Kyrene

5. Blatt, 8. Station

Ihm folgte aber eine große Volksmenge, auch Frauen, die um ihn klagten und ihn beweinten. Zu ihnen wandte Jesus sich um und sagte: Ihr Töchter Jerusalems, weint nicht über mich. Doch weinet über euch selbst und über eure Kinder. (Luk. 23, 27–28)

Einer, Menschensohn und Gottessohn, geht das schwerste Stück Weg seines irdischen Lebens – wem begegnet er auf diesem Weg, von wem wird er begleitet? Muss man gezwungen werden, um mittragen zu können? Kann man nur daneben stehen und klagen, Mitleid ausdrücken?

Vier Frauen stehen am Weg und klagen noch immer, selbst als der Verurteilte schon längst an ihnen vorübergegangen ist. Schritt für Schritt hat er seine Spuren hinterlassen, schwere, große, schwarze Fußabdrücke eingegraben in den Grund. Die Schwere des Ganges wird fühlbar durch die Größe dieser Abdrücke. Sie markieren in einer zielgerichteten, exakten Diagonale den Weg von links oben nach rechts unten. Der Weg stürzt unten auf den Betrachter zu – Christus verließ das Bild auf uns zu.

Ging dort ein Mensch? Ein Riese müsste es sein, vergleicht man die Größe der Fußabdrücke mit den Gestalten der Frauen. Winzig klein erscheinen sie an ihrem Platz neben dem Weg im oberen rechten Bildfeld. Die vier Frauen sind in ihrer Klage und in ihrem Mitleid zusammengewachsen zu *einem* Block. Und doch sind die Klagegesten einer jeden Einzelnen voneinander verschieden, wie eine einzige, in einzelne Stufen auseinander gelegte Gebärde der Klage: Ganz rechts die Frau ist noch »gefasst« – sie umfasst ihr Gesicht mit ihren Händen, als müsse sie sich selber stützen, als könne sie sich nur so aufrecht halten. Die nächste Frau wirft ihre Klage hinaus mit den erhobenen, nach oben geöffneten Händen und dem nach hinten geworfenen Kopf. Die dritte und die vierte Frau nehmen das Leid wieder ganz in sich hinein, bis es sie niederbeugt, tiefer und tiefer, bis auf die Knie. Sie alle zusammen sind eine Melodie der Klage: auf und nieder, laut und leise geht sie dahin, endlos, und verschlingt Jesu Leid und ihr Leid in das Menschenleid überhaupt.

177   Die klagenden Frauen

6. Blatt, 9. Station

Sie aber freuen sich, wenn ich stürze, und rotten sich
zusammen; sie rotten sich heimlich zum Schlag wider mich,
sie lästern und hören nicht auf (Psalm 35, 15).

Drei Mal stürzt Jesus innerhalb der 14 Stationen. Diese Stürze
sind wie die Begegnung mit der Mutter nicht im Neuen Testament überliefert, sondern frei hinzugefügt. Maria Hiszpańska-
Neumann zieht in ihrem letzten Entwurf (Abb. 178) alle drei
Stürze in einen. Und dieser ist total. Kaum ist denkbar, wie man
mehr stürzen, aufprallen kann. Es ist eine vollständige Umkehrung der Aufrichtekraft. Von rechts oben stürzt der Körper in
gebogenem Flug nach unten; ein Körper, der nur in drei kursorischen parallelen Linien angedeutet ist und dabei doch die Bildränder sprengt und durchschneidet. Der Kopf ist in die Waagerechte und ins Profil gezerrt und erleidet die Wucht des Auf-
pralls in die Schwärze des Bodens, die wie eine Lache den
Endpunkt des Sturzes markiert. Dazu kommt, dass der Kopf
niedergehalten und vom Körper abgetrennt wird durch den aus
der anderen Richtung niedergehenden Balken. Zwei sich kreuzende stürzende Diagonalen bestimmen das Blatt: Die eine im
Bogen gespannt, hell, die andere gerade, schwarz, hart, weniger
steil, aber wuchtiger. Diese beiden Diagonalkräfte machen die
Hilflosigkeit dieses ganz in die Waagerechte gezerrten Kopfes
fühlbar. Es gibt auch keine Arme oder Hände, die die Gewalt
des Sturzes abfedern könnten – ein Stück der rechten Schulter
und des Oberarmes sind entlang des Balkens sichtbar, wieder
als ob die Arme schon ans Kreuz geheftet wären und sich nicht
von ihm lösen könnten.

Die niedersausenden Diagonalen über dem Kopf zeigen
eine Drastik des Sturzes, der gegenständlich jedoch kaum nach-
vollziehbar ist. Wie soll ein Körper so stürzen, so steil und
überdehnt ins Bild fliegen? Gegenständlich plausibel wird es
erst, wenn man das Bild aus dem Hochformat ins Querformat
dreht – ein Format, das aber bei keinem anderen der Blätter auftaucht und im Ganzen der Abfolge gesehen wiederum heraus-
fallen würde.

Dreht man das Blatt um 90 Grad, so ändert sich die Wirkung sehr. Man sähe nicht mehr den Sturz als gegenwärtiges
Geschehen, nicht mehr den Stürzenden, sondern den Gestürzten, den an den Boden Gehefteten. Der Schwung, die Dynamik
des Sturzes erschiene noch als Rest in dem links oben aus dem

Bild ragenden Oberkörper, es bliebe auch das abgetrennte, nun
in die Senkrechte gezerrte Profil des Kopfes vor der jetzt allerdings etwas unmotiviert oben schwebenden Schwärze erhalten.
Alle Möglichkeiten des Aufstehens wären genommen, die ganze Hilflosigkeit und Ausweglosigkeit des Gestürzten, »am Boden
Zerstörten« und Niedergehaltenen wären fühlbar. Und doch.
Anschaulich überzeugender ist nicht nur das Format, sondern
gerade auch die Drastik, das »Auf-die-Spitze-Getriebene«, gegenständlich Sperrige des Hochformates.

178 Der Sturz

7. Blatt, 10. Station

So sollte sich das Schriftwort erfüllen: »Sie haben meine Kleider unter sich verteilt und über mein Gewand das Los geworfen.« (Joh. 19, 24)

Auch dieses Blatt »fällt aus der Reihe«. Es ist als einziges nur in Bleistift ausgeführt, keine Linie mit Filzstift oder Tusche nachgezeichnet. Außerdem sind der Inhalt und damit die Stellung innerhalb der Reihe nicht eindeutig, zumal auch noch Korrekturen der unteren Partie von Rücken und Armen verschiedene »Lesarten« zulassen.

Zu sehen ist der Rückenakt eines Mannes, nicht schmächtig, angenehm muskulös, doch auch nicht kräftig. Der Rücken ist gekrümmt, der Kopf gesenkt und ins Profil gedreht, so dass die langen wirren Haare herabfallen und das Gesicht verdecken. Es gibt keine Dornenkrone, keine expliziten Geißelungsspuren auf dem Rücken, wenn man die unterbrochenen, unregelmäßig langen Striche, die den Rücken hinunterlaufen, als Rückgrat und Schulterblätter ansieht. Auf den ersten Blick scheinen die Unterarme hinten auf dem Rücken zusammenzukommen, als ob sie wie zur Geißelung gefesselt wären. In diesem Fall müsste das Blatt ganz an den Anfang, als erste Station, der Verurteilung. Doch wäre es das erste Mal, dass Maria als Einleitungsgestalt den unbekleideten Jesus der Geißelung wählt und nicht den bekleideten, demütig annehmenden. Seine Haltung hier ist schon eine Spur zu müde, zu gebeugt. Schaut man länger auf das Blatt, kann man erkennen, dass die linke Rückenlinie und die Stellung der Unterarme korrigiert, verändert wurden, so dass der Eindruck der Fesselung nicht zwingend ist: Beide Unterarme wurden stärker nach vorne angewinkelt – links verraten nur noch wegradierte Bleistiftspuren die frühere Position, rechts stehen beide Stellungen nebeneinander: neben dem nach hinten gestreckten Arm gibt es auch noch einen seitlich locker am Körper herabhängenden[91].

Auch mit allen verbleibenden Unklarheiten und Unvollendetem ist es ein ausdrucksstarkes Blatt, und die Haltung des Mannes eine vielschichtige: demütig geneigt, ergeben, durch die Nacktheit kommt dazu das Verletzliche, Wehrlose, schutzlos sich Hingebende. In der Neigung des abgewandten Kopfes liegt auch Müdes, Gedemütigtes, als ob er sich hinter seinen Haaren verhüllte.

Wie ist es, in aller Öffentlichkeit der Kleider, der Hüllen beraubt zu werden? Schritt für Schritt wird ihm mehr genommen, selbst die aufrechte Hoheit, die Kraft der unmittelbaren Begegnung und Konfrontation, die in der hieratischen Frontalität lag, und die im ersten Blatt trotz aller Verletzungen unübersehbar waren und den ganzen Ausdruck prägten. Am Ende des Weges warten Demütigung, Müdigkeit, Ergebung.

91 Im Vergleich mit dem Kreuzweg in der Kirche von Zbylitowska Góra lässt sich dieses Blatt recht eindeutig als 10. Station bestimmen – auch dort erscheinen bei der Entkleidung der tief gebeugte Rücken und die verhüllenden Haare.

179   Rückenakt

8. Blatt, 12. Station

Als die sechste Stunde kam, fiel eine Finsternis über das ganze Land bis zur neunten Stunde. Und in der neunten Stunde rief Jesus mit lauter Stimme: Eloi, Eloi, lama sabachthani! – das heißt übersetzt: Mein Gott, mein Gott, warum hast Du mich verlassen? Einige von denen, die dabeistanden und es hörten, sprachen: Hört, er ruft Elia. Und einer lief, füllte einen Schwamm mit Essig, steckte den auf einen Rohrstab und gab ihm zu trinken und sprach dabei: Lasst uns sehen, ob Elia kommt und ihn herunterholt. Jesus aber hauchte mit einem mächtigen Rufe den Atem aus. Da riss der Vorhang im Tempel von oben bis unten entzwei. Als der Hauptmann, der sich ihm gegenüber aufgestellt hatte, sah, dass er so den Atem aushauchte, sagte er: In Wahrheit, dieser Mensch war Gottes Sohn. Da waren auch Frauen, die von ferne zusahen, unter ihnen Maria von Magdala und Maria, des jüngeren Jakobus und des Joses Mutter, und Salome, die ihn begleitet und ihm gedient hatten, als er in Galiläa war, und viele andere, die mit ihm nach Jerusalem hinaufgezogen waren. (Markus 15, 33–41)

Während die Soldaten das taten, standen neben dem Kreuz Jesu seine Mutter und die Schwester seiner Mutter, die Maria des Kleophas, und Maria von Magdala. Jesus blickte auf seine Mutter und auf den Jünger, den er liebte, an ihrer Seite und spricht zu der Mutter: Frau, siehe, dein Sohn. Sodann spricht er zu dem Jünger: Siehe, deine Mutter. Und von dieser Stunde an nahm der Jünger sie zu sich. Danach, im Bewusstsein, dass nunmehr alles vollbracht sei, damit die Schrift sich erfülle, spricht Jesus: Mich dürstet. Es stand ein Krug mit Essig dort. Sie steckten einen mit Essig getränkten Schwamm auf einen Ysopstengel und hielten ihn an seinen Mund. Als nun Jesus den Essig genommen hatte, sprach er: Es ist vollendet. Und neigte sein Haupt und gab den Geist hin. (Joh. 19, 25–30)

Die Kreuzigung und der Moment des Todes am Kreuz sind in den vier Evangelien in immer wieder anderen Nuancen beschrieben. Es ist ein Motiv, dem sich die Herzen und die Vorstellungskraft der christlichen Menschheit über Jahrhunderte zugewandt haben – ein unzählige Male in der Kunstgeschichte festgehaltenes, in vielerlei Variationen erzähltes und ausgeschmücktes Bild. Aber hier? Radikal, ungewöhnlich, abgekürzt in dem gewählten Ausschnitt. Der ganz nah an das Geschehen herangerückte Fokus ist am Kreuz herabgewandert, bis er vom Gekreuzigten gerade noch die Füße und einen Teil der Waden umfasst und unten nur den Oberkörper einer Frau. Ihr Oben ist unten, sein Unten oben. Beide sind in ihren eigenen Bildhälften, getrennt, und doch verbunden in einer dicht-entfernten, nicht loslassenden Beziehung.

Eine gramerfüllte Frau – Maria, die Mutter Jesu? Maria Magdalena? – steht dicht beim Kreuz, so dicht, dass ihr Kopf jedoch gerade nicht die am Balken angenagelten Füße berührt. Ihr Profil hebt sich markant vom stark mit Tusche verdichteten Schwarz des Balkens ab. Nur ihr Gesicht ragt in das Schwarz, der Rest des Körpers bleibt davor. Der Umhang, der Oberkörper strebt von der linken unteren Bildecke schräg ins Bild hinein, bleibt aber vor dem Balken und überschneidet ihn nicht.

Bis auf das Gesicht und die Füße, die sich in der Mitte in magnetischer Spannung annähern, ist nichts vollständig gezeigt, geht alles über die Bildgrenzen hinaus: Christus, die Frau und vor allem das Kreuz. Es ist in keinem der Blätter je als Ganzes, mit Querbalken auch als solches gezeigt, noch nicht einmal in dieser zentralen Szene, der Kreuzigung. Alle Teile muss man sich innerlich ergänzen zum Ganzen – die Teile bilden eine stark verkürzte Chiffre für die, die es lesen können.

Das alttradierte, bedeutungsschwere Bild der Kreuzigung in dieser Weise abzuschneiden, ist ein kühner Akt; ebenso die »Umkehrung der Verhältnisse«, – die Füße, die Bodenberührenden, die Spuren-Eingrabenden, die Erdverbundenen in der Höhe, über dem Kopf, dem thronenden Haupt, dem »Gipfel« des Menschen. Durch die Verkürzung auf Gesicht und Füße

180   Kreuzigung

wird die Beziehung dieser beiden in den Mittelpunkt, auch in die tatsächliche Bildmitte gerückt. Die Bildhälften von oben und unten, rechts und links, sind sorgsam austariert: Die linke Kante des Balkens, die das Gesicht der Frau schneidet, markiert in etwa die senkrechte Bildmitte, der Scheitelpunkt ihres Kopfes die waagerechte Bildmitte.

Die ganze Gestalt der Frau, ihr Körper, ihr Gesicht, sind starr nach vorne gerichtet. Die Augenlider sind gesenkt, als ob sie das Geschehen über ihr gar nicht wahrnähme, als ob sie im Vorbeigehen an diesem Balken, vor diesem Schwarz innehielte. Die breiten Tusche-Diagonalen ihres Schleier-Umhangs bringen die Bewegung zur Bildmitte hin in Gang, eine nach vorne und oben strebende Bewegung, die durch das senkrechte, helle Profil vor der breiten schwarzen Senkrechte des Balkens jäh zum Stocken gebracht wird. Was erfasst sie von dem Geschehen oben? Der Erniedrigte ist so hoch erhoben über unsere Köpfe, er ist so fern, und doch so nah. Könnten diese Füße nicht sogar zu einem Dach, einem Schutz für den Kopf darunter werden? Die Frau, sie muss nicht mehr sehen, äußerlich wahrnehmen, was geschieht, sie hat diesen schwarzen Endpunkt, diese »Endlinie« in sich hinein genommen. Wird sie über diese schwarze Grenze hinauskommen? Sie überschreiten, überwinden können? Sie ist so dicht an seinen Füßen, so dicht an dem, was über alles Fassungsvermögen, alle Bild- und Vorstellungsgrenzen hinausgeht! Und doch ist sie auch in ihren eigenen Bereich unten gebunden, getrennt und berührt den Gekreuzigten nicht. Aber sind sie nicht doch verbunden? Durch eine dicke, mit Tusche nachgezogene diagonale Linie – die innere Kante ihrer Kopfbedeckung, die über ihren Kopf hinausragt und hineinstößt in die Filzstiftschwärze des Balkens, seinen linken Fuß berührt und in der gedachten Verlängerung weitergeht durch den Nagel in die Linie seines linken Fußes und Beines. Diese Verbindung ist keine starke, aufdringliche, aber sie ist da. Und noch mehr Bewegung ist da: Der lange schwarze Balken trägt Jesu Füße und Beine empor, und

wo die Waden sich verbreitern, verjüngt sich der Balken zur Form einer »Vase« und beschleunigt die Bewegung nach oben, während Füße und Beine Jesu in lockerem »V« ein Gefäß, eine Schale nach oben bilden. Die von oben durch die Beine herabströmende Bewegung wird in den überkreuzten Füßen mit dem großen schwarzen Nagel angehalten, gebündelt, gekreuzt, und springt hinüber zum Gesicht der Frau, um dann weiter sich verströmend herabzufließen in den Linien ihres Umhanges und Gewandes. Ein Hindurchströmen von Oben nach Unten durch eine Bündelung, Kreuzung und Lücke; ein in der Mitte angehaltener Strom von dem Einen in die andere. Ihre Bewegung von links nach rechts wird am Kreuz angehalten, damit die Bewegung von oben nach unten geschehen kann.

Äußerlich reduziert und »arm« sind auch die Malmittel: der schwarze Filzstift ist fast aufgebraucht und bringt kein deckendes Schwarz mehr hervor, und der Pinsel trägt das wärmere Tusche-Schwarz nicht nur dick und satt auf wie beim Kreuz, sondern auch verdünnt, transparent oder auch ausfasernd, ausgetrocknet, als wenn er nur noch die letzten Farbreste hergeben könnte.

Herb, streng, spröde und bar jeder Sentimentalität – das Ungewohnte, Kühne macht den Blick frei, lässt neu sehen und fragen und löst aus festgefahrenen Traditionen. Das Kreuzigungsgeschehen kann ganz nah an die eigene Seele rücken in seiner Unfassbarkeit, seiner die Dimensionen übersteigenden Größe.[92]

92 Die Frau unter dem abgekürzten Kreuz als Karfreitagsbild ist bei Maria kein neues Motiv: 1976 hat sie es in zwei Fassungen als Gemälde gestaltet; eine davon erwähnt sie in einem Brief: »Das zweite Bild habe ich am Palmsonntag angefangen, und heute als Nicht-mehr-anzurührendes unterzeichnet. Es ist ein Karfreitagsbild. Es mag heissen ›Es ist vollbracht‹. Zwei Füsse oben, ein Kopf (Mutter?) in der Mitte, und ein Kopf (Magdalene?) rechts unten. Alles beinahe Grau im Grau.« (14.4.1976)

9. Blatt, 13. Station

In der normalen Folge der Stationen folgt auf die Kreuzigung die Kreuzabnahme durch Joseph von Arimathia, von der alle Evangelien berichten. Nichts sagt die Bibel über die Beweinung des Toten vor der Grablegung, das in der Kunstgeschichte zu einem beliebten Motiv wurde und aus der auch das Motiv der Pietà, der schmerzerfüllten Mutter mit dem toten Sohn in ihrem Schoß, hervorgegangen ist. In allen ihren Kreuzwegen erscheint bei Maria Hiszpańska-Neumann an dieser Stelle die Pietà, so auch hier. Dieses Motiv hat sie ihr Leben lang, auch schon in der Druckgraphik (s. S. 143 ff.) beschäftigt und einiges ist von dort auch in diese Zeichnung eingeflossen, obgleich doch vieles ganz neu gegriffen ist. Erstmals schaut man auf die Mutter en face, von vorne, als auf einen kompakten, schwarzen Block, einen Berg aus dichten schwarzen Filzstiftschraffen, die unten zusammen mit den herunterhängenden Haaren Jesu ausfransen. Der schwarze Filzstift füllt die Fläche Linie um Linie, wie nie aufhörende Hiebe, wieder und wieder, nebeneinander. Kein Bleistift hat hier die erste Form gesucht, der Filzstift geht direkt und unvermittelt ans Werk und schält die weißen Flächen – den Leib Jesu, das Gesicht Marias – heraus. V-förmig laufen die Linien in der Mitte zusammen und lassen nur an zwei Stellen zwei dünne weiße Schlitze unbedeckt. Sie rahmen das Gesicht Mariens vollständig ein. Totenkopfähnlich liegt es weiß und kalt innerhalb der schwarzen Fläche, die Augenlider sind gesenkt, der Mund ist im Schmerz leicht geöffnet.

Ihre Gestalt wird durchteilt von einem schmalen weißen Keil – dem langgestreckten, dünnen Leib des Sohnes. Weiß sticht er gegen ihre Schwärze ab; weiß wie der Bildgrund, das bloße Papier, ein »Nichts«, eine Lücke im Schwarz. Kopfüber hängt er herunter, wieder in einer fallenden Diagonale. Ihre Gestalt vollzieht die Neigung seines Leibes von links nach rechts unten leicht mit. Auch ohne Kreuzbalken nimmt er noch die Haltung des Gekreuzigten ein mit seinen weit ausgebreiteten Armen, die in schneller Linie ein Stück die seitlichen Bildränder durchbrechen und dann »auslaufen«, abbrechen. Sein ganzer Leib ist wieder Fragment, wie amputiert, nur ein Stück Rumpf.

Doch trotz alledem macht er die Geste der allumfassenden Umarmung, die ausgebreiteten Arme umfangen die Welt auch noch im Tode. Soviel Gezerrtes in diesem Leib ist, soviel ist darin auch an Liebe – wie in dem Gedicht von Christian Morgenstern:

Ich habe den MENSCHEN gesehen in seiner tiefsten Gestalt.
Ich kenne die Welt bis auf den Grundgehalt.
Ich weiß, dass Liebe, Liebe ihr tiefster Sinn,
Und dass ich da, um immer mehr zu lieben, bin.
Ich breite die Arme aus, wie ER getan,
Ich möchte die ganze Welt, wie ER, umfahn.

Den herunterhängenden Kopf begleiten die Haare; nur der Bart ragt merkwürdig spitz in die Höhe wie schon in den Holzschnitten aus den 60er Jahren. Dieser Luftleib ist schwerelos in seinem Herabhängen; der schwarze Berg ihrer Gestalt hat trotz seines Aufragens mehr Schwere als er. Beide Figuren sind in ihrem kompakten Schwarz bzw. Weiß merkwürdig körperlos, unplastisch und fast beziehungslos: es gibt keine Arme, die ihn halten, kein Knie, das ihn stützt, keinen Schoß, in den er gebettet ist – ein »Nicht-Fassen« in geistigem wie im physischen Sinn. Und doch ist die Beziehung zwischen ihnen intensiv. Es ist wie eine Oktave, besser eine Umkehrung der Begegnung von Jesus und Maria im dritten Blatt: die fallende Diagonale ist geblieben – dort als Kreuzbalken, hier als Leib Jesu – aber nun ist der Sohn in der unteren, die Mutter mehr in der oberen Bildhälfte; der Sohn ist hell, die Mutter dunkel; er leicht, durchscheinend, sie schwer und groß. Sie ist nun nicht von schräg hinten, gesichtslos gezeigt, sondern voll en face. Soviel Hoheit und Größe sein Kopf hatte, so schmal, schmächtig, »ohn-mächtig« ist er hier. Aller seelischer Ausdruck ist nun als Schmerz in ihr konzentriert. Ein Schmerz, der nicht nur ihren Gesichtsausdruck zeichnet, sondern auch in den bedrängenden, unerbittlichen Filzstifthieben liegt, in dem unentrinnbaren Schwarz, in dem weißen Keil, der sie wie das Schwert aus der Prophezeiung Simeons durchschneidet. Es ist ein Schmerz, der sie fast tötet, der sie mitsterben lässt, blickt man in dieses weiße Gesicht im Umriss eines Totenkopfes.

Dieses ist das letzte Blatt. Maria hatte nicht geplant, den Kreuzweg hier enden zu lassen, ohne die Ruhe der Grablegung, ohne das Samenkorn in der Tiefe der Erde oder den verpuppten Schmetterling, wie im Kreuzweg in Lublin, und ohne die Auferstehung. Doch folgen keine weiteren Entwürfe mehr. Künstlerisch betrachtet wäre die Pietá durchaus ein passendes Abschlussbild. Denn auch in der Abfolge der Bilder liegt eine sinnvolle Dynamik und Bewegung.

Die Entwürfe wären letztendlich als Reihe ausgeführter Gemälde zu sehen gewesen, als hintereinander zu lesende Stationen an einer Kirchenwand. Jede Station könnte einzeln betrachtet werden, aber es wäre auch die ganze Folge als großer Eindruck anschaubar. Da die Reihe unvollständig ist und wir nicht wissen, wie die Abfolge genau gedacht war, bleibt die Betrachtung der Reihe als Ganze natürlich ein Stück Hypothese und Eigenschöpfung. Trotzdem sei solches an dieser Stelle einmal versucht.

Setzt man den großen Kopf an den Anfang, so gibt dieser einen mächtigen Anfangsakkord, ein dunkler, starker, lang anhaltender Klang, der aufrüttelt und gleichzeitig zum Anhalten, zur Konzentration bringt. Die Bewegung der hin- und herschwankenden Diagonalen im Folgenden ist schneller, dramatischer, unruhig, wie in »schrägen«, schnell wechselnden Tönen. Sie setzt gleich am Anfang mit dem Tragenden schon gegenläufig ein, ein Missklang, ein Widerstand. Weiter geht es in die andere Richtung, die Bewegung kippt mit dem schwarzen Balken nach rechts unten, dann reißt es sie wieder umso stärker nach oben im »Zweiklang« von Simons Schwarz-Weiß. Das Mittelbild schlägt einen verhaltenen Ton an: eine abfallende Stakkato-Linie in der Folge der Fußabdrücke – langsam, stockend, mit Pausen, erst leiser, nach unten zu von anschwellendem Klang, der im folgenden Blatt des Sturzes noch einmal laut und grell mit einem gegenläufigen Misston wiederholt wird. Sowohl die Bleistiftzeichnung als auch die Kreuzigung bringen von der Melodie her eine Beruhigung. In der letzteren gibt die schwarze Senkrechte einen ruhig bestimmten Klang, der begleitet wird von aufsteigenden Schrägen ohne ihn aber zu dominieren. Vor dem letzten Bild kann man eine Zäsur machen – ein umgekehrter Akkord fasst viele vorhergegangene Bewegungen wieder zusammen und dreht sie gleichzeitig um: die abfallende Melodie ist nun Weiß vor Schwarz, ein helles Abklingen vor mächtig dunklem Grundton, ein starker Zwei-Klang, der in den senkrecht übereinander gesetzten Gesichtern wie in einem Schlussakkord mündet und endet.

181   Pietà

182   Die »Auschwitz-Kapelle« im Nordosten der Kirche »Gottesmutter von Fatima« in Tarnów

Auschwitz-Kapelle

Kapelle zum Gedenken an die Opfer der Konzentrationslager

Im Renaissance-Städtchen Tarnów, im Süden von Polen, baute die Kirchengemeinde St.-Joseph ab 1957 größtenteils in mühevoller Eigenarbeit eine neue Kirche, direkt neben dem großen, alten jüdischen Friedhof gelegen. Der Pfarrer Jan Marszałek, der selber vier Jahre in den KZ von Auschwitz und Dachau gewesen war, initiierte die Ausgestaltung der im Nordosten der Kirche befindlichen Kapelle als Gedenkort für alle, die Zeiten der Lagerhaft durchgemacht haben. Im Mai 1973 wurde sie geweiht und eröffnet. Für den (innen)architektonischen Gesamtentwurf des ca. 6 x 10 Meter großen und ca. 10 Meter hohen Raumes gewann man Władysław Pieńkowski, die künstlerische Ausgestaltung von zwei Wänden legte man in die Hände von Maria Hiszpańska-Neumann. Dort war ein solcher Auftrag gut aufgehoben, war Maria doch Künstlerin und KZ-Überlebende zugleich.

Die ganzen Jahre über hatte sie sich mit diesem Thema nicht mehr befasst, doch hier bot sich ein Rahmen, der dies wieder möglich machte. Auch die Persönlichkeit von Jan Marszałek wird dabei eine Rolle gespielt haben. Ihr »Chef« beeindruckte Maria tief; er sei » ein ganz wunderbarer Mensch, ein Mensch, ein Christ, ein christlicher Priester im besten Sinne dieses Wortes [...] ein Mensch, welchem man nur die wahrste Anerkennung und eine tiefe Menschenliebe, und eine tiefe Dankbarkeit entgegenzubringen hat.« (30.7.1972)

Fast zweieinhalb Monate, von Anfang Juli bis Mitte September 1972, verbrachte Maria Hiszpańska-Neumann in Tarnów[93]. Ihr Fries, der »Zug der Häftlinge«, zieht sich über die gesamte Länge der Kapellenlängswand aus rotem Klinker und prägt die Atmosphäre des ganzen Raumes, obgleich er »dem Ganzen der inneren Gestaltung der Kapelle mehr unter- oder zugeordnet« (28.8.1972) konzipiert ist. Die in einer leicht abgeflachten S-Kurve geschwungene Frieswand stößt zur linken nicht direkt an die Altarwand, sondern endet kurz davor und lässt einen schmalen Spalt frei, hinter dem die eigentliche Ecke der Außenwand mit einem ganz schmalen, senkrechten Fensterschlitz liegt, der aus der Ferne jedoch verdeckt ist. Die Altarwand ist zweigeteilt: vor der im roten Klinker belassenen rechten, dem Fries benachbarten Seite steht der Altar, und in der links zurückspringenden Nische aus grauem Rohputz eine hölzerne Kreuzigungsgruppe: Unter dem Kreuz findet man in Abwandlung der biblischen Tradition links, etwas zurückgesetzt, Maximilian Kolbe in Häftlings-

---

93 Es ist das letzte Mal, dass ihr Mann sie begleitet; im Oktober stirbt er. Ihre Kinder besuchen sie zuweilen und arbeiten sogar etwas an der »schwarzen Straße« mit.

kleidung[94] und rechts Maria, die Mutter Jesu, die ebenfalls an einen Häftling erinnern soll in ihren schweren Holzpantinen und einem geflickten Kleid. Sie wendet sich dem Fries zu, weist mit der linken Hand auf den Zug und mit der erhobenen rechten auf Christus am Kreuz. Unter dem Kreuz steht auch eine Urne mit der Asche von Häftlingen, die in Auschwitz verbrannt wurden – ein posthumes Grabmal stellvertretend für die Millionen unbestatteter Toter, die in den Konzentrationslagern umgebracht wurden. Die rückwärtige Wand gegenüber schmückt ein von Maria in den grauen Putz eingeschnittenes Epitaph, das die Namen der größten deutschen Konzentrationslager nennt.

Der Fries fällt als erstes ins Auge, wenn man die Kapelle an der Westseite, gegenüber der Frieswand, betritt. Allein schon durch seine Größe beherrscht er den Raum: er misst in der Länge ca. 10 Meter, in der Höhe an seiner schmalsten Stelle knapp drei, und an der höchsten ca. sieben Meter. Der Raum ist hoch, aber nicht groß genug, um den Fries mit viel Abstand auf einmal erfassen zu können, der Blick muss wandern, springen. Gleichzeitig nimmt einen sofort eine beklemmende Düsternis gefangen. Nicht nur der eintönigen, schwarz-grauen »Farbigkeit« des Frieses ist dieser Eindruck geschuldet, sondern der Düsternis des Raumes insgesamt. Denn Licht erhellt die Kapelle nur indirekt: einmal durch den verdeckten schmalen Lichtschlitz zwischen Altar und Fries, und zum anderen durch ein hochrechteckiges, farbiges Glasfenster an der Südseite neben dem Epitaph, welches direkt an den Fries stößt, dort, wo der Zug der Häftlinge seinen Anfang nimmt. Vom Eingang her ist auch dieses Fenster nicht sichtbar, denn es ist ebenfalls nach hinten versetzt. Von diesem, hauptsächlich in Rot-Violetttönen gehaltenen Südfenster scheint ein rötliches Licht auf den Beginn des Frieses, als ob der Zug vom Widerschein eines Feuers überschattet wird. Manch einer assoziiert damit den Feuerdunst der KZ-Krematorien, die auf dem Höhepunkt der Vernichtungsaktionen den Himmel erglühen ließen[95]. In dem eintönigen Grau-Schwarz differenzieren sich drei voneinander verschiedene Zonen heraus: In leicht geschwungenem Auf- und Ab verläuft der mühsame Weg dichtgedrängt sich dahinschleppender Menschen, die flachreliefartig aus dem eingefärbten Zement herausplastiziert sind. Dieser Menschenzug bildet ein mittleres Band über die ge-

183   Südfenster der Auschwitz-Kapelle

samte Länge der Wand. Unter ihm erstreckt sich in unregelmäßiger Ausdehnung die »schwarze Straße«, wie Maria sie nannte, aus schwarzen und vereinzelt farbigen Glasschlacke-Stücken – glatte, scharfkantige Glasabfälle in einem Bett aus Zement. Werden sie beleuchtet, glänzen und funkeln sie. Über den Menschen dehnt sich ein Himmel von ebenso unregelmäßigem Umriss, der sich nach oben hin einschwärzt und verdüstert und den sieben große liegende oder diagonal herabstürzende Kreu-

94 Maximilian Kolbe war polnischer Franziskaner und Missionar, der 1941 inhaftiert und nach Auschwitz gebracht wurde. Als für die vermeintliche Flucht eines Häftlings 10 andere umgebracht werden sollten, ging Kolbe freiwillig an der Stelle eines Familienvaters in den Hungerbunker und wurde am 14.8.1941 mit denen, die nach ca. zwei Wochen noch nicht verhungert waren, durch eine Phenolspritze getötet. 1971 wurde er selig, 1982 heilig gesprochen.

95 Ohne elektrisches Licht sind die Einzelheiten des Frieses nicht gut zu erkennen. Im Normalfall ist zusätzlich ein Strahler auf die Altarwand gerichtet. Für diese Betrachtung wurde der Strahler auf die »schwarze Straße« gerichtet. Frühere Fotos lassen darauf schließen, dass der Fries eventuell auch nachgedunkelt ist.

184   Zug der Häftlinge

ze ausfüllen. Zur Mitte hin ist die größte Ausdehnung des Frieses, dort nimmt der Himmel den größten Raum ein, zu den Enden hin verjüngt der Fries sich wieder. Sein Umriss gleicht im Groben einer großen Welle oder einem im Schrei geöffneten Mund.

Das Stumpfe des Zementes kontrastiert mit dem Glänzenden der Glasschlacke. Mensch und Himmel erscheinen im stumpfen Zement, aber der Untergrund, die »Straße« ist die aufblitzende, scharfkantige Glasschlacke; sie schneidet in die Füße. Es ist stumpf der Mensch, es reden die Himmel nicht, es fallen die Kreuze auf die Menschen nieder, bilden Gitter, schneiden den Himmel in rechten und spitzen Winkeln.

Der Himmel ist nicht »durchsichtig«, er ist in seiner Stumpfheit irdisch-materiell. Auf weißem, immer etwas schmutzigem Grund ist Schwarz trocken aufgetragen, mischt sich teilweise zu einem ebenso schmutzigen Grau, bleibt aber meist als nicht voll deckende Farbe vor dem Weiß stehen, das überall wie durch feine Risse hindurch scheint. Dieser Himmel gleicht mehr einer brüchigen Mauer als lauer Luft und Wolken – am ehesten sind

es dunkel bedrohliche Wolken, die zum oberen Rand hin aufziehen. Aus dem verschlossenen Himmel regnen die den Fries zerschneidenden, großen Kreuze. Ein Kreuzgewitter, Kreuzhagel geht über und auf die Menschen nieder und fährt durch sie hindurch. An den Enden des Zuges noch verhaltener, steigert sich der Ansturm der Kreuze zur Mitte hin, dehnt den Fries zu seinem höchsten Punkt und fährt hinab bis in die Glasschlacke und stößt auf einen Gestürzten nieder. Die Kreuze überlappen sich nicht viel; dort, wo sie das tun, können sie aber zu Stäben eines Gefängnisses werden, wie für einen sich Aufbäumenden: die Kreuzesarme umschließen ihn von vorne, oben und unten und machen alles Aufbegehren zunichte. Drei liegende Kreuze nah über dem Zug halten die Menschen nieder, drei andere Kreuze an der linken Seite steigern sich in ihrer Dynamik von diagonal zu senkrecht nach unten. Das vorderste, diagonale Kreuz ragt bis fast an die vorderste Kante der Wand und weist in seiner Bewegung über diese hinaus. Die Kreuze vermitteln in ihrer relativen Größe die stärksten Richtungswerte und Bewegungsimpulse des Frieses – die Dynamik, das Gewitter. Doch zugleich sind

185   Zug der Häftlinge, Detail

186   Zug der Häftlinge, Detail

sie in ihrer klaren geometrischen Form und Rechtwinkligkeit auch kühle, strukturgebende Elemente – klare, ordnende Form.

Richtungslos breitet sich der bröckelige Untergrund unter den Menschen aus. Es ist kein verlässlicher, fester Boden, sondern ein abweisend-schwarzer, aufblitzend-unruhiger Grund, uneben, scharfkantig, schneidend; keine lebendige Erde, sondern totes Endprodukt, Abfall, Schlacke. Zwischen den schwarzen Klumpen leuchten die eingesprengten rötlichen und bläulichen Glasbrocken geheimnisvoll auf, als ob selbst solch ein Abfall-Boden noch Kostbares birgt. Die funkelnde Schlacke weckt die Vorstellung von etwas düster-Höllischem, erinnert aber auch an einen Verbrennungs- und Läuterungsprozess, in dem sich durch das Feuer die Schlacke vom kostbaren, zu gewinnenden Stoff trennt. In dem schwarzen Schlackegrund lebt hörbar auch Marias expressiver Text auf, den sie 1944 in Neubrandenburg schrieb: »und plötzlich beginnen dir Gänseblümchen unter den Fußsohlen zu blühen inmitten von schwarzem Schutt und Brache, worauf du schreitest.«

In der Mitte, zwischen solcherart »Himmel« und »Erde«, ziehen die Menschen dahin. In flachem Relief sind sie in den Zement eingegraben, herausgeschält, aber nur roh und grob, nicht

ausgearbeitet und geglättet. Von nahem zeigt sich eine lebhafte, wenig homogene Oberfläche, von weitem entsteht der Eindruck der Eintönigkeit. Die weiter hinten in der Bildebene laufenden Menschen sind nur noch Schemen, Umrisse, allein die vorderen heben sich deutlicher ab. Sie sind nur so weit herausplastiziert, dass ihre Menschengestalt deutlich wird, aber nicht viel mehr. Als Menschenmenge sind sie zusammengeschmolzen, als eine anonyme Masse, ohne ein »Äußeres«, das sie individuell unterscheidet und ohne ein Inneres, ohne einzelne Physiognomien, ohne Gesicht, ohne Profil. Auch hinsichtlich ihrer Kleidung herrscht Unentschiedenheit: Manche scheinen weder nackt noch bekleidet, andere erkennt man als Frauen an ihren wie von einem Gewand bedeckten Köpfen und Beinen. Noch nicht einmal als KZ-Häftlinge sind die Menschen eindeutig gezeigt – nur bei einer Knienden wirken Relief und Farbigkeit wie die grau-schwarzen Streifen der Häftlingskleidung.

Die Menschen ballen, drängen sich, sind Teil des einen, sie übergreifenden Zuges, der sie von hinten nach vorne führt mit der Unausweichlichkeit einer vorgezeichneten Bahn. Bleiern ist die Zeit, endlos der Weg, blind und willenlos der Gang. Keiner geht mehr aufrecht und erhobenen Hauptes; die Schwere er-

187   Zug der Häftlinge, Detail

188   Zug der Häftlinge, Detail

fasst sie alle, zieht ihre Köpfe hinunter, krümmt ihre Rücken und bindet sie, zwingt sie in die Erniedrigung. So tief niedergebeugt sind sie von der Last ihres Schicksals, dass sie nichts über oder neben sich sehen. Sie können nicht mehr, und sie können doch nichts anderes, als diesen Weg weiter zu gehen. Da ist sie, die »anonyme, die stets erneuerte und immer identische Masse schweigend marschierender und sich abschuftender Nichtmenschen«, wie Primo Levi es aus Auschwitz beschrieb[96].

Doch da und dort geht ein Riss durch die Menge der sich vorwärts schiebenden Menschen. Ein Riss, in dem sich fahl und grell zugleich der weiße Hintergrund auftut – kein Ausblick, nur ein Riss. Einzelne fallen heraus aus dem Zug, fallen auf die Knie, stürzen tief hinunter, bleiben ausgestreckt liegen und der Zug geht über sie hinweg. Einer nur bäumt sich auf.

Gegensätze sind in ein Bild gebracht: In der Eintönigkeit des Grau in Grau gibt es Stumpfes und Scharfes, gedrängte Fülle und Lücke; da ist die einigende Macht der Ununterscheidbarkeit, der Gebundenheit an denselben Weg – und Einzelne fallen doch heraus. Besonderes, Einzelnes entdeckt man wohl, wenn man länger hinschaut. Im Grunde ist keine Gestalt genau wie die andere; sie unterscheiden sich in der Nuance ihrer Grautö-

ne, der Höhe des Reliefs und die Vorderen auch in ihrer Haltung und in ihren Gebärden. Es ist, wie Wanda Kiedrzyńska es von Ravensbrück beschrieben hat: »Auf den ersten Blick scheinen wir eine gleichförmige graue Masse von Frauen zu sein, die ihrer individuellen Züge beraubt waren: vervielfältigt in Hunderte und Tausende von Puppen in gestreifter Häftlingskleidung. Erst tieferes Eindringen in das Lagerleben ließ im engsten Umkreis überdurchschnittliche Individuen entdecken, die sich nicht nur hinsichtlich ihres Äußeren unterschieden, sondern auch durch ihre Beziehung zur Umwelt, durch die Art ihres Daseins, durch die Werte des Geistes und des Herzens«[97]. So wie es Kraftlosigkeit, Anonymität und Gleichgültigkeit gibt, das Hinweggehen über Gestürzte, am Wege Liegengelassene, so gibt es doch auch Gesten der Hinwendung und Hilfe. Besonders Kinder erfahren dies: Man nimmt sie an die Hand, zieht sie mit, beugt sich schützend über sie. Frauen, Mütter, tragen ihre Kinder auf dem Rücken, auf dem Schoß; eine neigt sich verzweifelt über das liegengebliebene kleine Kind. Ganz an der Spitze des Zuges wird

96   Zitat Primo Levi, s. Anmerkung 30
97   Wanda Kiedrzyńska in WTK Nr. 30 – 1981

189   Das Jahr 1939

Einer, der nicht mehr kann, von einem Anderen unter Aufbietung letzter Kraft weitergeschleppt. Wie ein schweres Gewicht hängt der Kraftlose über den Schultern des Helfenden, der sich mit zurückgeworfenem Kopf gegen die zusätzliche Last stemmt.

Was heißt »Menschlichkeit« auf diesem schmerzhaften Weg? Was ist der Mensch unter dem Ansturm der fallenden Kreuze? Denn hier nimmt niemand sein Kreuz auf sich, hier fällt das Kreuz auf einen nieder, unbarmherzig und groß. Das Schicksal stürzt auf einen herab, zermalmt, bedrückt, unterjocht, kerkert ein, stößt einen ins Bodenlose. Das allen gemeinsame Schicksal verschlingt die Einzelnen im pulsierenden Auf und Ab, in einer auf- und absteigenden Welle von Schmerz und Leid, die die Linie des Friesumrisses ebenso erfasst wie selbst die Architektur der gebogenen Wand. In dem Ballen und Lösen, Drängen und Reißen ist eine Kraft, ein des Einzelnen Kraftlosigkeit mitreißendes Leben, von dem die Ziehenden nichts wissen und dessen Teil sie doch sind. Was ist das Woher und Wohin dieses Zuges?

Er hört nicht auf – von dort, wo der rötliche Feuerschein glüht, werden immer noch mehr kommen. Auch vorne ist die schwarze Straße nicht zu Ende, sondern nur abgeschnitten.

Aber der Zug hat eine Richtung – auf die Altarwand zu. Nicht umsonst ist gerade an diesem Ende der Helfende. Die Opfer, die auf der schwarzen Straße gebracht werden, sie fügen sich ein und werden aufgenommen in das große, über den Einzelmenschen hinausgehende Opfer an Altar und Kreuz. Wenn man es nur verstünde, den Sinn des Leidens! Wie Blinde ziehen die Gefangenen dahin, wohl ohne um diese Richtung zu wissen. Oder weiß es die vorne Kniende mit dem Kind auf dem Schoß? Wie der Helfende an der Spitze des Zuges hat sie den Kopf aus der Beugung, der Erd- und Schlackenzugewandtheit erhoben. Doch sie ist die Einzige, die vielleicht »darüber hinaus« sieht. Auch beim Betrachten bleiben Empfinden und Blick im Düstern, Beklemmenden, Ausweglosen und gehen wegen des geringen Abstands selten über den Fries hinaus. Dieser zeigt keine Aufhellung auf die Altarwand zu; er bleibt, wie er ist: ein »Zusammenwirken von Eintönigkeit und Bedrohung«[98], ein stumpfes Grau, ein stummes Grauen.

Maria hatte die Aufgabe, ein Werk zu schaffen, in dem auf würdige Weise der Leiden der KZ-Häftlinge gedacht werden

98   Zitat Margarete Buber-Neumann, s. Anm. 18

1939 " / Holz, 16/25 / 1950

kann; und dies an einem Ort, der nicht nur Gedenkstätte, sondern auch Gebetsraum und Grabkapelle ist. Sie suchte nach einer angemessenen Darstellung für etwas, was eigentlich nicht darstellbar ist, worüber man, in Marias Worten, besser schweigen solle, wenn man nicht Historiker oder Schriftsteller ist[99]. Doch hier redet sie, eindringlich und groß, als Eine, die selber davon weiß. Und ohne den historisch-geographischen Kontext zu relativieren – im Epitaph werden speziell die polnischen Opfer der deutschen KZ erwähnt – geht Maria darüber hinaus. Nicht nur, dass sie ihr Werk für *alle*, die irgendwo Lagerhaft und KZ durchgemacht haben, verstanden wissen wollte – sie selber schrieb, ihr Werk stelle einen »Leidensweg der Menschheit« dar (2.6.1975) – sie verzichtet sogar darauf, die Menschen auf der »schwarzen Straße« eindeutig als KZ-Häftlinge zu kennzeichnen. Wer immer als »Gefangener« auf solch »schwarzer Straße« wandern musste, kann sich in diesem Werk wieder finden. Beim Betrachten des Frieses spricht etwas mit, das ins Allgemein-Menschliche und ins Christliche geht. Dies wird besonders deutlich auch im Hinblick auf verschiedene Vorzeichnungen für die Wand, aber auch auf ihr Werk überhaupt. Denn in den Fries fließen vor allem zwei Themenkreise, die sie öfter

beschäftigt haben, mit ein: das Motiv der »Wanderung« und der »Kreuzweg«.

Wanderung und Aufbruch – gezwungenermaßen oder freiwillig, äußerlich wie innerlich – gehören zum Menschsein schon seit Urzeiten, bewegen den »Lauf« der Menschheitsgeschichte von Anfang an. Maria hat sich dieses Themas mehrfach angenommen, urbildlich schon im Jakobs-Zyklus, dessen fünftes Blatt den Titel »Wanderung« trägt. (Vgl. S. 170ff.) Jakob, nach Thomas Mann der Hüter einer »Überlieferung geistiger Beunruhigung«, ist der Diener eines »Gotte(s) der Zukunftspläne, in dessen Willen undeutliche und große, weitreichende Dinge im Werden waren«, eines Gottes, »der gesucht sein wollte und für den man sich auf alle Fälle frei, beweglich und in Bereitschaft halten musste.«[100] Jakob wandert nicht ohne Weisung von oben, nicht ohne Ziel und nicht ohne Zukunft, der er entgegenblickt, die ihm entgegenblickt.

Im 20. Jahrhundert jedoch tritt besonders stark der erzwungene Aufbruch ins Erleben: in Deportation und Flucht. Auch

99 Vgl. Brief vom 25.9.1959, S. 42.
100 Thomas Mann, Joseph und seine Brüder, Frankfurt/Main 1964, S. 36 und 38.

dies hat Maria aufgegriffen und schon 1950 graphisch verarbeitet: »Das Jahr 1939« oder »September 1939« nennt sie den 9,2 x 52 cm langen Holzschnitt, der einen Flüchtlingszug zeigt – Männer, Frauen und Kinder Warschaus verlassen die zerbombte Stadt, nachdem der zweite Weltkrieg mit dem Einmarsch der deutschen Wehrmacht in Polen begonnen hat. Die Flucht erkennt man nicht nur an den Koffern und Säcken, die die Menschen als ihre wenige Habe mitschleppen, sondern an der ganzen Bewegung ihrer Körper. Sie rennen nicht, das Gewicht wäre zu schwer; sie schreiten nicht aufrecht dahin wie zu Jakobs Zeiten; sie sind alle mit Rücken, Armen und Beinen in eine Diagonale nach vorn gestreckt und doch haften die Füße am Boden. Es ist, als ob die Füße sich nicht lösen, die Beine sie nicht so schnell tragen wollen, wohin sie ihre Gedanken schon gerichtet haben: weg, nur weg. Sie stemmen sich gegen das Gewicht der Zukunft und kommen doch nicht los von dem Boden, der sie bisher trug.

Der in eine Richtung strebende Zug der Menschen, er ist hier schon vorgebildet, doch ist es noch nicht die sich so gebeugt und mühsam dahinschleppende, anonyme Menge. Die »Wanderung« schlägt um in das andere Bild: das des Leidensweges, des Kreuzweges. Nicht nur, dass Kreuze den Zug der Häftlinge »begleiten« und überschatten, es *ist* ein Kreuzweg der Menschheit. Mit dieser Idee ging sie konkret in verschiedenen Entwurfsskizzen um, die, wie auch Briefe aus der Zeit ihres Aufenthaltes in Tarnów, ihr Ringen um Motiv und Technik zeigen[101].

Die Technik, das Arbeiten mit Glasschlacke und Zement, war »etwas Neues, Unbekanntes, Unausprobiertes.« »Diese Technik hat sich mir, während des Entwerfens, wie von selbst aufgedrungen, oder aufgezwungen, so dass ich nichts Anderes konnte, als mich in sie kopfwärts stürzen. [...] Das Ringen darum und damit war schwer und interessant.« (28.8.1972) Das Ringen um das Motiv spiegeln die Vorzeichnungen. Darin sind in Ansätzen die architektonischen Gegebenheiten, an die sie sich anzupassen wünschte, wiedergegeben, wie das Geschwungene der Wand oder die Struktur der Decke. Mal halten die Zeichnungen den Menschenzug nur im stockenden Rhythmus einer kursorischen Linie fest, mal mit mehr ausgearbeiteten, unterscheidbaren Gestalten. Mal wird der Menschenzug getroffen von den

Kreuzen in dünnen, scharfen Bewegungsspuren wie von einer Schar sirrender Pfeile, mal sind die Kreuze größer, konturierter, vereinzelter und drücken gewichtig die Menschen nieder. Auch die Richtung des Zuges war offenbar noch nicht festgelegt: auf zwei Zeichnungen ziehen die Menschen nach rechts, auf das Glasfenster zu.

Die Zeichnungen zeigen aber vor allem eine weit stärkere Bezugnahme und Ausrichtung auf Christus als Kreuzträger und –überwinder. In einer Skizze schwebt auf der angrenzenden Altarwand, die jetzt leer ist, der Auferstandene mit ausgebreiteten Armen. Der Vorderste des Zuges strebt deutend auf ihn zu, die anderen wie mit sich ziehend. Dieser Vorderste ist in anderen Zeichnungen Christus selber, einmal auch deutlich mit Nimbus gekennzeichnet: er geht, er schleppt sich als Kreuztragender voran – ein Gebeugter wie auch die Anderen, ein Gestürzter wie in Marias Kreuzwegen. Der Kreuzweg Christi wird Urbild für den Leidensweg des Menschen. Christus geht in jedem Menschen dessen Leidensweg mit; auf Ihn bezogen wird dieser Weg »er-tragbar«, vielleicht im individuellen Erleben sogar sinnhaft. Solches jedoch kann nur sagen, wer wie Maria Lagerhaft selbst erlebt und in mühevoller innerer Arbeit verarbeitet hat; dort berührt man einen ganz persönlichen, intimen Bereich des Menschen. Vielleicht scheute sie sich deshalb, dies in der endgültigen Fassung so deutlich zu formulieren; es ist freilassender so, wie sie es letztendlich gestaltet hat. Der »Zug der Häftlinge«,

---

101 Die Briefe verraten mehr über die (technischen) Schwierigkeiten innerhalb des Arbeitsprozesses. So schreibt sie am 30.7.72: »Meine Wandkomposition ist schon sehr weit vorgeschritten, was mich aber quält, ist das, dass ich sie immer nur in kleinen Fragmenten sehen kann, zwischen Balken und Brettern und deren Schatten, so dass ich mir nur mit Mühe das Ganze vorstellen kann, indem ich mir die Rüstung wegdenke. Bin auch über allen Mass gespannt, was ich eigentlich gemacht habe, wie es wirken wird? Den Fragmenten nach könnte man denken, es sei etwas ordentliches, man kann es aber noch nicht beurteilen, so lange die grobe Rüstung alles klein schneidet. Das aktuelle Stadium meiner Arbeit ist das Glasputzen, Steine putzen, denn die ins Ziment eingemauerten Klumpen Glas, aus welchen der Weg, oder die Strasse, besteht, sind mit Ziment beschmutzt, und wirken nicht dunkel, und nicht scharf, was eben ihre Aufgabe ist. Beim Putzen – so eine körperlich schwere, äusserst langweilige Arbeit – kann man entweder zu einem Benediktiner oder zu einem Dummkopf werden!«

190 bis 194   Vorzeichnungen zur Auschwitzkapelle

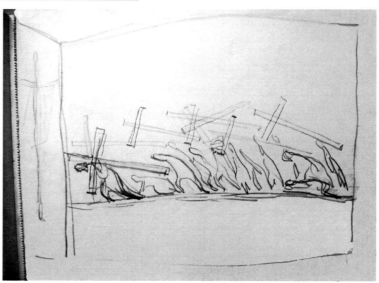

den sie in Ravensbrück kennengelernt hatte, bestand aus so vielen verschiedenen Menschen, Christen wie Nicht-Christen, sie alle können sich in diesem Fries wiederfinden. In dem Raum als Ganzem, in seiner Funktion als (Grab)Kapelle ist die Orientierung auf Christus als den, der Leid und Tod überwand, dennoch da.

Aber noch mehr ist anwesend. Der »Zug der Häftlinge« weist auf die historisch festzumachende »erzwungene Wanderung« zum Andenken an die Leidenswege konkreter, individueller Menschen und schließt Schuld und Unrecht derer, die solches erzwingen und zulassen, mit ein, auch ohne dass nur ein einziger »Täter« in dem Bild anwesend ist. Um Hass und Vergeltung, um Anklage geht es dennoch nicht, wohl aber um Mahnung und Erinnerung. Für uns Nachgeborene bleibt die Hochachtung vor der Größe solcher Menschen, die wie Maria Hiszpańska-Neumann an dem Erlebten nicht zerbrachen, sondern die die Leiden und den Hass der KZ-Zeit überwanden, sie menschlich und künstlerisch verarbeiteten und sogar verwandeln konnten. Denn letztlich geht es auch um die Frage nach Heilung und Erlösung.

Und noch eine andere Nuance kann im Erleben dieses Werkes ins Bewusstsein treten: Auf eine gewisse Weise ist in ihm auch ein Sinnbild für den Lauf der Menschheitsgeschichte im Großen enthalten – denn wohin sind wir auf *dieser* Wanderung bis heute gekommen? Der »Erdenweg« des Menschen führt in die tote Welt der Materie und in die Isolation von allem Geistig-Göttlichen – die Menschen gehen über Schlacke, die Himmel haben sich geschlossen. Dies bedeutet Leid und Verlust, auch das ist der »Kreuzweg« der Menschheit. Doch darin liegen auch Chancen und Möglichkeiten der Befreiung und Erlösung. Joseph Beuys formuliert das so: »... der Mensch muss diesen Vorgang der Kreuzigung, der vollen Inkarnation in die Stoffeswelt durch den Materialismus hindurch, selbst auch erleiden. Er muss selbst sterben, er muss völlig verlassen sein von Gott, wie Christus damals vom Vater in diesem Mysterium verlassen war. Erst wenn nichts mehr ist, entdeckt der Mensch in der Ich-Erkenntnis die christliche Substanz und nimmt sie ganz real wahr.«[102] In Marias Fries findet man die »christliche Substanz« im Akt des Helfens, der Hinwendung und Liebe – und

dieser wiegt unter den Bedingungen der Entmenschlichung auf der höllischen Straße um so schwerer. Nicht allein und nur für sich strebt der Vorderste auf den Altar zu, sondern er nimmt seinen Mithäftling mit. Deutlicher noch spricht die Geste des alle mitnehmen Wollens aus einer der Vorzeichnungen (Abb. 194, 191)[103]. Die »christliche Substanz« lebt nun im Menscheninnern, in mir selbst und im Anderen, wenn ich allen Egoismus überwinde. Auch deshalb ist es folgerichtig, den Zug der Häftlinge nicht mit Christus als Kreuzträger, sondern mit dem Helfenden und dem, dem er hilft, beginnen zu lassen.

Dennoch überwiegt beim Betrachten des Frieses das Gefühl, an einem Endpunkt, an einem Todespunkt angelangt zu sein. Eine Verheißung, eine ungeheure Aufgabe liegt im Motiv des Helfenden, die aber im Fries selber noch gar nicht voll zum Tragen kommt. Der »Kreuzweg« in die Welt des Todes darf hier nicht enden – es muss der Mensch die Auferstehungskräfte finden. Dies wird Thema ihrer letzten Wandarbeit in Hübingen sein.

102 Joseph Beuys im Gespräch mit Friedhelm Mennekes März 1984, in: Franz Joseph van der Grinten, Friedhelm Mennekes, Menschenbild – Christusbild. Auseinandersetzung mit einem Thema der Gegenwartskunst, Stuttgart 1985, S. 106
103 In abgewandelter Form mag man den »großen Hüter der Schwelle« (einer Gestalt, der man auf dem von Rudolf Steiner beschriebenen, heute zeitgemäßen Einweihungsweg begegnet) sprechen hören: Du musst die Kräfte, die du dir mit und unter deinen Mitmenschen errungen hast, auch mit ihnen teilen. Ich wehre dir daher den Einlass in die höchsten Gebiete der übersinnlichen Welt, solange du nicht *alle* deine erworbenen Kräfte zur Erlösung deiner Mitwelt verwendet hast. (Vgl. S. 212 in Rudolf Steiner, Wie erlangt man Erkenntnisse der höheren Welten? Dornach 1961)

Der Auferstandene
Apsismosaik in der (Kloster)Kirche zu Zbylitowska Góra

Unweit von Tarnów, in Zbylitowska Góra, liegt zwischen Wald-
stücken und Feldern das Kloster der Schwestern vom Orden Sacré Cœur. Die zugehörige Kirche, ein in neoromanischem Stil
errichteter Bau, dient auch als Pfarrkirche. Die Apsis dieser Kirche schmückt ein über 25 m² großes Mosaik des Auferstandenen, das Maria Hiszpańska-Neumann in der Zeit zwischen Mitte August und Oktober 1973 schuf. Ein Jahr später malte sie in
den sieben (Bogen)Feldern an den Seitenwänden der einschiffi-
gen Kirche die 14 Stationen des Kreuzweges, auf die hier aber
nicht weiter eingegangen werden soll.

Das Mosaik schmiegt sich in das Halbrund der Apsis aus rotem Backstein, ein annäherndes Oval mit unregelmäßigem, in
Wellen aus- und einbuchtendem Umriss (maximal ca. 6 m in der
Höhe, ca. 5 m in der Breite). Der Blick aus der Ferne umfasst sofort das schlichte Motiv: die helle Gestalt des Auferstandenen in
einer goldenen Mandorla auf blauem Grund; einfach und ho-
heitsvoll-eindringlich, zeitlos und bewegt-bewegend zugleich.
Während ihres Aufenthaltes bei den Ordensschwestern schrieb
Maria: »Meine Arbeit, das ist ein Bild des Auferstandenen – eine
ziemlich schmale, weisse Gestalt, aller Schwerkraft enthoben,
mit ausgebreiteten Ärmen, (»kommt zu mir alle«) mit einer goldenen Sonne auf der Brust [...] Die Figur ist 3,20 m hoch, von einer goldenen, strahlenden, in goldenen Funken nach oben hin
auslaufenden Mandorla umgeben, und das alles auf einem stark
differenzierten, in vielen Blau-Nuancen vibrierenden Hinter-
grunde.« (17.9.1973) Ein Jahr nach Fertigstellung ihres »Zuges der
Häftlinge« in der Auschwitz-Kapelle in Tarnów gestaltet sie nun
die Figur des Auferstandenen so, wie sie ihn auf einer Vorzeich-
nung als das Ziel der leidbeladenen Menschen konzipiert hat
(Abb. 191) – als ob ihr dortiges Werk, das so nach Heilung ruft,
hier eine Antwort fände.

Die Christusfigur mit den ausgebreiteten Armen, dem leicht
geneigten Kopf und den gesenkten Lidern strahlt Ruhe, Innerlichkeit und Liebe aus, eine in die Dauer gehobene Geste der
Zuwendung und Hingabe. Und doch herrscht in diesem Werk

nie Stillstand oder statische Ruhe – alles ist bewegt, lebendig
durchpulst: Kein Mosaiksteinchen ist seiner Form und Größe
nach genau wie das andere, keines liegt in gerader Linie, sondern nur in Wellen und Schwüngen. Das Gewand des Auferstandenen scheint durchweht wie von einem Windstoß, der den
Saum unten nach links aufflattern lässt, – ein Echo des oben
nach links geneigten Kopfes. Um diesen wiederum verwandelt
sich die Mandorla in eine dunkel lohende Flamme, deren Spitze
durch den blauen Grund hindurchzüngelt; eine mächtige Flamme, die alles um sich herum – ob Gold, ob Blau – in den Feuer-
Sog nach oben mitreißt in flammend-züngelnder Bewegung.
Unruhe und Bewegtheit haben auch den wogenden Umriss des
Mosaiks erfasst; die Grenze zwischen den Farbzonen Blau und
Klinker-Rot »fließt«, und bei näherem Hinschauen ist auch die
goldene Mandorla nicht scharf abgegrenzt vom blauen Grund:
Blau ragt ins Gold, einzelne goldene Funken versprühen im
Blau.

Immer wieder kehrt der Blick zurück zu der in aller Bewegtheit ruhenden Gestalt des Auferstandenen. Er schwebt, gehalten im Gold, gehalten in der Schwerelosigkeit durch die Gebärde der Arme, und auch die gestreckten Füße sind bar jeder Last.
Im Gleichgewicht gehalten wird die Figur durch die Verteilung
von Hell und Dunkel: unten und oben dunkler, in der Mitte am
hellsten. Das Gewand nimmt unten ein dunkleres, bräunliches
Grau an, und auch im Hintergrund verdunkelt sich unten das
Blau. Wie im Echo ist auch das Gesicht des Auferstandenen eigentümlich dunkel. Es ist ein Ort der Ruhe, der durch seine Dunkelheit wie nach hinten tritt. Das Haupt wird eins mit der dunklen Flamme; es ist die Wurzel, aus der die Flamme entspringt,
ein dunkel-mächtiges, ruhig-feuriges Zentrum oben, ein Leben
im ruhenden Haupte.

Der eigentliche Mittelpunkt aber ist die tatsächliche Mitte,
der Brustbereich des Christus. Dort ist nicht nur das Gewand am
hellsten, dort erglänzt genau mittig die goldene Sonne – die Liebe strahlende Mitte seines Wesens. Alle Wärme und alles Licht

195 Pfarr- und Klosterkirche des Hl. Stanisław Kostki in Zbylitowska Góra, Blick in die Apsis. Links und rechts oben an den Seitenwänden die Bogenfelder mit Darstellungen zum Kreuzweg von Maria Hiszpańska-Neumann

quellen dort hervor, in zwölf Strahlen breitet das Sonnenherz seine Macht überallhin aus. Wie bei einer Uhr oder einem Kompass weisen die Strahlen die Richtungen in der Zwölf, der Zahl der Vollständigkeit und Vollkommenheit, alles umfassend und in sich beschließend. So groß ist das Gestirn, dass es nicht nur den Brustraum durchmisst, sondern mit seinen Strahlen bis an den Hals und über die Oberarme reicht. Diese große Sonne hält die Figur des Auferstandenen in der Mitte; sie ist ihr Quellpunkt, ihr lichter »Schwer«punkt. Christus ist der sich selber Haltende, ein schwebend in der Mitte Gegründeter, aus der Mitte heraus Schenkender, der gleichzeitig das Zentrum einer von ihm bewegten, durchpulsten und durchflammten Welt ist.

Ganz innen, im Zentrum der Sonne, erscheint eine kleine rote Flamme, ein mikrokosmisches Echo der großen Flamme und der Mandorla zugleich. Die rote Flamme hat noch eine besondere Bewandtnis: von gleicher Farbe wie die Wundmale Christi an Händen und Füßen ist sie eine Anspielung an das »Herz Jesu«, das in der Klosterkirche des Ordens »Sacré Cœur« (»Heiliges Herz«) in Zbylitowska Góra verehrt wird[104]. Maria greift die Gegebenheiten des Ortes und Elemente der katholi-

schen Tradition auf, wandelt sie aber auf ihre Weise um. Im Laufe der Zeit hatte sich eine oft naturalistisch-kitschige Darstellungsweise des »Herzens Jesu« herausgebildet, der Maria etwas entgegenstellen wollte: »Der heisse Wunsch der Maus war: Bilder religiösen Inhalts in einer neuen Form auf die Menschen wirken zu lassen, Menschen von der in der Kirche üblichen XIX. Jhdt.-süsslichen, banalen, sentimentalen Kitschmalerei abzugewöhnen«, wie sie 1975 schreibt. Und so erinnert das rote Gebilde in der Mitte der Sonne nur von Ferne an ein Herz, schon gar nicht an das traditionell übliche verwundete »Herz Jesu«. Maria

104 Die Verehrung des »Herzens Jesu« geht auf die Mystik des hohen Mittelalters zurück, erfuhr im 16./17. Jh. besonders durch die Jesuiten eine weite Verbreitung und wurde im 18./19. Jahrhundert ein bedeutender Teil der Volksfrömmigkeit. Das Herz als Organ der Liebe symbolisiert die unermessliche göttliche Liebestat Christi, die sich besonders in der Passion und der Eucharistie zeigt. In der Kunst fand dies seinen Ausdruck in dem Bild des von einer Gloriole umgebenen Herzens; oft stellte man das Herz auch als verwundet oder blutend und von den Passionswerkzeugen umgeben dar und setzte es gleich mit der am Kreuz von der Lanze durchstochenen Seite Jesu (in der bildenden Kunst allerdings die rechte Seite).

meint durchaus das Herz als Wesensmitte des Menschen, aber sonnen-flammenhaft »ermächtigt«.

In dem Bild, das sie hier von dem Auferstandenen geschaffen hat, sind auf verschiedene Weise kosmische Macht und menschliche Innerlichkeit vereint. Wie die frühchristlichen Mosaikmeister verwendet sie Gold – die Farbe hoheitsvoller Göttlichkeit – und Blau, das an die Weite des Himmels gemahnt aber in seinen dunkleren Schattierungen auch eine Farbe der Verinnerlichung, des Dämmerns und »Nachdenklich-Werdens« ist. Besonders aber die Strahlkraft der Sonne ist Bild für die kosmische Größe Christi ebenso wie für das von Liebe durchglühte, menschliche Herz. Der Auferstandene zeigt sich im Licht von außen und von innen, als »innere Sonne«. Schon in ihren Weihnachtsholzschnitten steckte das Motiv der Geburt der Christus-Sonne im Menschenherzen, und den Aufgang einer »inneren Sonne« hat sie in Momenten der Verzweiflung selbst erlebt: »Wenn man schon so tief niedergeschlagen, wie von allen helfenden Mächten verlassen sich fühlt, mag unerwarteter Weise eine geistige Hilfe kommen, als ginge eine innere Sonne auf, oder ein unaussprechliches Licht, von welchem man nicht weiss, ob es von aussen oder von innen her kommt.« (10.1.1974). Doch im Anblick von Marias bewegt-flammendem Mosaik fühlt man auch stark etwas von der großen kosmischen Vision, die z.B. im Prolog des Johannesevangeliums oder in den (Paulus-) Briefen noch deutlich ausgesprochen wird: »Durch (den Sohn) hat (Gott) die Werdekreise erschaffen, durch ihn, der da ist Ausstrahlung von Gottes Licht und Abbild seiner Wesenheit; der trägt das Leben der Welt durch seinen mächtigen Wortesstrom (Hebräer 1, 2–3). Dieser Aspekt Christi ist im Laufe der Jahrhunderte eher in Vergessenheit geraten und in der Empfindung der Menschen verblasst, weil der Blick auf die menschliche Seite des Jesus von Nazareth in den Vordergrund rückte. Marias Apsismosaik zeigt wieder die Hoheit dessen, der sich im Opfer der Menschwerdung seiner göttlichen Macht entäußert hat, der durch den Tod gegangen ist und der durch Auferstehung und Himmelfahrt in gewandelter, verklärter Leiblichkeit wieder zu dieser allgewaltigen Größe angewachsen ist, ohne aber die Nähe zu den Menschen zu verlieren. »Kommt zu mir alle«, lässt Maria ihn in der Geste der ausgebreiteten Arme sagen; ebenso

könnte man hinzufügen »Ich bin bei euch alle Tage bis an das Ende der Erdenzeit« (Matthäus 28, 20). Es spricht aus diesem Werk beides: die Dimension der menschlich-persönlichen Nähe, Zuwendung und Liebe wie auch die der erhabenen Ferne und all-bewegenden Größe.

Dass Maria letzteres wieder in den Blick nimmt, hängt auch mit ihrer jahrzehntelangen Beschäftigung mit der »Geisteswissenschaft«, wie sie die Anthroposophie Rudolf Steiners nannte, zusammen. Neben den Sprüchen und Mantren lagen ihr besonders die Mitteilungen über den Christus am Herzen. In einer Vielzahl von Vorträgen betrachtet Rudolf Steiner den kosmischen Aspekt der Göttlichkeit Christi und seiner Tat auf Erden, die nicht allein für die Erlösung des Menschen, sondern für die ganze Erde und den Kosmos Bedeutung hat und schildert dabei die besondere Beziehung des Christus zur Sonne; ebenso geht er an verschiedenen Stellen auf die Zusammenhänge zwischen Sonne, Gold und Herz ein[105]. In der anfangs zitierten Briefstelle über ihr Apsismosaik fügt Maria nach der Beschreibung des Auferstandenen »mit der goldenen Sonne auf der Brust« in Klammern folgenden Einschub ein: »nur so wenige Menschen wissen, woraus, wovon ich solch eine Darstellung des »Herzens Jesu« entnommen habe, und trotzdem sind ziemlich Viele ganz davon begeistert«. Sie nennt in dem Brief die Quelle nicht, doch der Blick auf ihre Biographie und auf die Adressantin des Briefes macht deutlich, dass sie damit Steiners Geisteswissenschaft meint, ohne dass ihr Bild des Auferstandenen damit eine unkünstlerische, »ausspekulierte« Illustration von Gedanken Steiners wäre. Gerade ihre Bildfindung zeigt, wie die Beschäftigung mit den Gedanken der Geisteswissenschaft in ihre tiefe Religiosität einfloss und den Boden bereitete, auf dem ihre überpersönlich-persönliche Aussage über den Christus erwuchs. So einfach und »übersichtlich« Marias Auferstandener auf den ersten Blick auch wirkt, erschließt sich doch bei längerer Betrachtung die Tiefgründigkeit und Objektivität ihrer Darstellung. »Vor einigen Tagen habe ich, zum ersten Mal, meine im Herbst 73 ausgeführte Wandmosaik in der Nähe von Tarnów gesehen. Es war keine »meine« Arbeit mehr, es war mir ein Werk eines Menschen. Und

---

105 Siehe die Hinweise auf den folgenden Seiten.

196 Der Auferstandene

dieses Werk kam mir als etwas Ernsthaftes, wirklich Christliches vor. Gott sei Dank dafür! Alles das ist Gnade.« (10.4.1974)

Anmerkungen zum Zusammenhang von Christus, Sonne, Gold und Herz bei Rudolf Steiner

Aus diesem umfassenden Themenkomplex nur einige kursorische Hinweise: Christus ist als zweites Prinzip der Trinität »Sohn« und »Logos«, das schöpferische Weltenwort, vor aller Welt Anfang, alle Welt durchkraftend. Das bei Paulus beschriebene Opfer der Inkarnation Christi – »Er, der göttlicher Gestalt war, nahm doch das Gott-gleich-Sein nicht als Besitz und Eigentum; vielmehr entäußerte er sich selbst, indem er Knechtsgestalt annahm und den Menschen gleich wurde« (Philipper 2, 6–7) – schildert Rudolf Steiner als stufenweises Opfer seiner kosmischen Allgewalt, um schließlich in der Enge eines menschlichen Leibes wohnen zu können und fähig zu sein, wie ein Mensch zu fühlen und zu leiden. Der Weg dorthin ist ein Abstieg durch die neun Bereiche der Engelhierarchien, die ihre »Wohnplätze« und Wirkstätten z. B. im Tierkreis und in den Planetensphären haben. Der »Aufenthalt« Christi auf der Sonne und die Identifizierung mit den Sonnenwesen ist dabei von besonderer Bedeutung – Christus »ist einen Weltenaugenblick lang ein »Sonnenwesen«« (Hans-Werner Schroeder, Der kosmische Christus, Stuttgart 1995, S.20). »Christus ist aus noch weiteren Höhen zur Sonne heruntergestiegen, da hat ihn Zarathustra geschaut. Dann ist seine Kraft übergegangen in die Strahlen der Sonne, da wurde er von den ägyptischen Eingeweihten geschaut. Dann lebte seine Kraft in dem Umkreis der Erde, da haben ihn die griechischen Eingeweihten geschaut. [...] jetzt soll er so geschaut werden, dass man seine richtige Gestalt erblickt in dem Auferstandenen [...] Paulus schaute [...] den Christus, der durch das Mysterium von Golgatha heruntergestiegen ist auf die Erde, die kosmische Gottheit der Sonne vereint mit den Kräften der Erde.« (R. Steiner, GA 211, Vortrag vom 24.4.1922, Dornach 1986, S. 187, 189)

Christian Morgenstern, dessen Werk Maria zum großen Teil kannte, hat diesen Weg in dichterische Form gekleidet:

Fass es, was sich dir enthüllt!
Ahne dich hinan zur Sonne!
Ahne, welche Schöpfer-Wonne
jedes Wesen dort erfüllt!

Klimm empor dann dieser Geister
Stufen bis zur höchsten Schar!
Und dann endlich nimm Ihn wahr:
Aller dieser Geister Meister!

Und dann komm mit Ihm herab!
Unter Menschen und Dämonen
komm mit Ihm, den Leib bewohnen,
Den ein Mensch ihm fromm ergab.

Fasst ein Herz des Opfers Größe?
Misst ein Geist dies Opfer ganz?
Wie ein Gott des Himmels Glanz
Tauscht um Menschennot und -blöße!
(aus »Wir fanden einen Pfad«)

Rudolf Steiner selbst spricht z. B. in der so genannten »Ur-Weihenacht«, die Maria mit Sicherheit gekannt hat, von der »Christus-Sonne«:

In der Zeiten Wende
Trat das Welten-Geistes-Licht
In den irdischen Wesensstrom;
Nacht-Dunkel
Hatte ausgewaltet;
Taghelles Licht
Erstrahlte in Menschenseelen;
Licht,
das erwärmet
Die armen Hirtenherzen;
Licht,
Das erleuchtet
Die weisen Königshäupter –

Göttliches Licht,
Christus-Sonne,
Erwärme
Unsere Herzen;
Erleuchte
Unsere Häupter;
Dass gut werde,
Was wir
Aus Herzen gründen,
Was wir
Aus Häuptern
Zielvoll führen wollen.

Die Beziehungen zwischen Sonne, Herz und Gold, die auch schon in anderen alten Kulturen und in der Antike bekannt waren (s. z.B. Ernst Wilhelm Eschmann, Das Herz in Kult und Glauben, Biberach an der Riss 1966) und auch medizinisch genutzt wurden und werden, indem Heilmittel für das Herz Gold enthalten, wurden von Steiner als reale Vorgänge (nicht nur als Symbol) geschildert und bis ins Physiologisch-Medizinische weitergeführt. (Vgl. hierzu Peter Selg, Vom Logos menschlicher Physis, Dornach 2000, und von demselben: mysterium cordis, von der Mysterienstätte des Menschenherzens, Dornach 2003.)

Auf noch einen anderen Aspekt, der Marias Sonnen-Herz mit den 12 Strahlen betrifft, sei hier hingewiesen: Rudolf Steiner spricht wie auch östliche Weisheitslehren von den (sieben) Chakren im Menschen; das mittlere ist das in der Mitte des Brustkorbes lokalisierte Herz-Chakra. In seinem Buch über den modernen Schulungsweg (»Wie erlangt man Erkenntnisse höherer Welten?«) beschreibt er sie als übersinnliche, in den meisten Menschen noch schlafende Wahrnehmungsorgane, die durch entsprechende Übungen aktiviert und erweckt werden können. Er nennt die Chakren in Anlehnung an esoterische Gepflogenheiten »Lotosblumen«, weil sie sich dem geistig wahrnehmenden Blick als »Räder« oder »Blumen« zeigen. Diejenige in der Gegend des Herzens ist nun die zwölf-blättrige Lotosblume, der im Laufe der inneren Schulung des Menschen eine zentrale Bedeutung zukommt.

Ein weiterer wichtiger Aspekt des Christuswirkens liegt in der »ichhaften« Kraft des Mitte-Bildens, des sich Haltens in der Vermittlung von polaren, jeweils in die Vereinseitigung führenden Kräften, so wie Rudolf Steiner es auch in seiner Holzplastik des »Menschheitsrepräsentanten« zur Anschauung gebracht hat. Dem Christus Jesus ist diese Kraft der Vermittlung in der Verbindung von Geistigem und Materiellem, Göttlichem und Menschlichem eigen. Diese Seite – die Bedeutung der Mitte – ist in vielen von Marias Werken wie z.B. den Weihnachtsholzschnitten unmittelbar anschaulich.

Da Maria besonders die Sprüche Rudolf Steiners liebte, sei hier zum Schluss einer zitiert:

Sonne, du Strahlentragende
Deines Lichtes Stoffgewalt
Zaubert Leben aus der Erde
Unermesslich reichen Tiefen.

Herz, du seelentragendes
Deines Lichtes Geistgewalt
Zaubert Leben aus der Menschen
Unermesslich tiefem Innern.

Schau ich die Sonne
Spricht ihr Licht mir strahlend
Von dem Geiste, der gnadevoll
Durch Weltenwesen waltet.

Fühl ich mein Herz
Spricht der Geist sein Eigenwort
Von dem Menschen, den er liebt
Durch alle Zeit und Ewigkeit.

Sehen kann ich aufwärtsblickend
In der Sonne hellem Rund
Das gewalt'ge Weltenherz

Fühlen kann ich einwärtsschauend
In des Herzens warmen Schlag
Die beseelte Menschensonne.

(November 1924, GA 40, S. 178 f.)

197   Kapelle im Familienferiendorf Hübingen, Westerwald

Die Heilung des Menschen

In der sanften Dünung der Hügel und Höhenzüge des Westerwaldes liegt das katholische Familienferiendorf Hübingen bei Limburg an der Lahn. Im Stil der 60er Jahre gebaut, verfügt es auch über einen Kirchen- und Versammlungsraum aus rohem Beton, an dessen Nordseite sich eine kleine, nur durch eine Glaswand abgeteilte Sakristei-Kapelle von ca. 5,50 x 3,30 m Seitenlänge und 3,40 m Höhe anschließt. Durch die Vermittlung von Freunden aus Frankfurt/Main bekam Maria wohl im Spätsommer 1977 den Auftrag, eine Wandarbeit in der noch ganz kargen Kapelle zu gestalten. An einer der Längswände und an der Altarwand mit dem Tabernakel hat Maria dann im Spätsommer 1978 und 1979 ihre »schlichte(n), aber nicht banale(n) Malerei« (6.10.1979) angefertigt: eine Verwandlung des Menschen in sieben Stufen und eine Darstellung des Christus.

Die Malereien in Hübingen sind in mehrerer Hinsicht bedeutungsvoll: Es ist Marias erster und einziger Auftrag in (West)Deutschland, also im »kapitalistischen Ausland«, und es ist ihre letzte größere Wandarbeit für eine Kirche vor ihrem plötzlichen Tod im Januar 1980. Durch mehrere Briefe Marias und durch Berichte der Frankfurter Freunde kann die Entstehungsgeschichte dieser spröden und ungewöhnlichen Arbeit im Groben rekonstruiert werden:

Am 13. September 1977 schreibt Maria, dass sie »mit einer grossen Intensität über die Kapelle in Hübingen« nachdenke, im Oktober sind diese Gedanken »in einem Stadium, wo eine Diskussion darüber notwendig ist. [...] nur eine mündliche, menschliche, unmittelbare Unterhaltung kann zu etwas führen.« (6.10.1977) Schon bald bekommt sie dazu Gelegenheit, denn die Frankfurter Freunde haben eine Ausstellung von Werken Marias in einer Bremer Galerie kurz entschlossen in das katholische Gemeindezentrum in Eschborn bei Frankfurt geholt und Maria reist Ende November zu ihnen. Nach den Berichten der Freunde brachte sie Skizzen mit, die einen verklärten Christus in einer Mandorla zeigten, wohl ähnlich ihrem »Auferstandenen« aus dem Apsismosaik in Zbylitowska Góra. Nun geschieht wieder die für Maria typische Art der Bildentstehung: einerseits das »Einleuchten« der richtigen Idee auf dem Hintergrund gemeinsam geführter Gespräche und unmittelbaren Gedankenaustauschs, und andererseits das »Bild«-Werden eines Gedanklichen. Denn der Freund ist skeptisch. Ein solcher Entwurf sei vielleicht in Polen richtig, aber hier, im reichen Westen würde man solches nicht verstehen und anderes brauchen. Hier wäre die Not eine andere. Er schildert ihr die »Krankheit« des westlichen »Konsummenschen«, der im angenehmen Gefängnis des Wohlstands wie in einem goldenen Käfig sitzt und der, ausgerichtet nur auf die Befriedigung materieller Bedürfnisse, in seiner Seele krank wird und in der geistig-seelischen Dürre nicht mehr zu sich kommen kann. Gibt es für diesen Menschen einen Ausweg, eine Heilung? Wie könnte eine solche Heilung in ein Bild gebracht werden? Maria zog sich nach intensivem Gespräch in ihr Zimmer zurück und brachte am nächsten Morgen neue Entwürfe auf A4 Blättern mit, die sofort überzeugten und im Kern schon die Idee enthielten, die im Sommer darauf dann zur Ausführung kam. Trotzdem ist es noch ein langer Weg, eine lange »Schwangerschaft«, bis die Entwürfe eine sie zufrieden stellende Form angenommen haben. Im März 1978 schreibt sie: »Mit meiner psychischen Schwangerschaft ist es auch nicht so einfach, manchmal werde ich von sehr peinlichen Übelkeiten geplagt, indem der Kopf immer dicker, und dicker wird. Einige Skizzen sind schon, recht zerkleinert, in einem Papierkorb gelandet, – nun, man kann nur Geduld mit sich selber üben (eine sehr schwere Übung) und Gott um Hilfe bitten, und ... weiter warten.« (13.3.1978) Ende Juni lässt ihr das »Problem Hübingen« keine Ruhe. »Das Baby macht viel Krach in meinem Kopfe drinnen, und will einmal in der richtigen Gestalt ans Tageslicht. Der goldene Käfig muss hart-geometrisch, käfigartig werden, sonst aber – wie viel Probleme! Eine schöne, schwere Arbeit.« (29.6.1978) Ende Juli ist sie in Hübingen und bringt innerhalb der nächsten Wochen die Malerei an der Längswand der Kapelle fertig. Sie war mit ihrem Werk zufrieden. Die Bemalung der Altarwand war wohl zunächst noch offen. »Soll ich an Hübingen weiterdenken?« fragt sie im Januar 1979. Wieder im Gespräch mit den

Frankfurter Freunden reift die Idee, das Werk durch eine Christusdarstellung an der Altarwand zu ergänzen. Im Spätsommer 1979 reist sie noch einmal nach Westdeutschland und vollendet Anfang September die Figur des Christus. Sie wirkte wie von einer großen Unruhe erfasst, das Werk fertig zu bringen, als ob sie ahnte, dass dies ihr letzter Sommer sein würde.

Kommt man heute nach Hübingen und betritt den kleinen Raum der Sakristei-Kapelle, empfängt einen eine karge, kühle, nüchterne Atmosphäre, die von den in rohem Beton belassenen Wänden und von der Kantigkeit des Raumes ausgeht. Grau ist die beherrschende Farbe – kühl und fleckig der Beton, warm-grau der Natursteinaltar – unterbrochen durch das warme Braun des Sisalbodens und das starke Hellrot der Holzstühle (Abb. 198). Decke und Wände bewahren die Abdrücke der Bretterverschalung für den Betonguss und die davon herrührenden Luftlöcher. Hält man sich aber eine Weile in diesem Raum auf, verwandelt sich die Atmosphäre und es umfängt einen eine »heilige Nüchternheit« und Klarheit, die von den Malereien ausgeht.

Das Rohe, fast Schäbige, Unbehandelte, in dem die Struktur des Werkstoffs bewahrt bleibt, kommt Marias Vorliebe für die rauen, mauerartigen Malgründe entgegen. Sie arbeitet mit und in dieser Kargheit, indem sie nur drei Farben verwendet, die sie direkt auf den ungrundierten Beton aufbringt: Schwarz, Weiß und Gold. Innerhalb der beschränkten Farbpalette entfaltet sich ein erstaunlicher Reichtum an zart changierenden Mischtönen von dunkelstem Grau bis zu zartestem Grauweiß mit verschiedenen bräunlich-olivigen, aber zunehmend auch violetten Schattierungen, die sich je nach Lichtverhältnissen auch ändern. Das Gold vermittelt den Eindruck des Kostbaren, Edlen. Maria Hiszpańska-Neumann verleugnet nicht die kalte Nüchternheit des Betongrundes, sondern hebt ihn, adelt ihn durch die reichen und zarten Abstufungen ihrer Malerei. In einer linearen, flächigen, »zeichenhaften« Malweise entfaltet sie ihre »Sinn – Bilder«: sieben Gestalten, sieben Entwicklungsstufen des Menschen und die große Figur des Christus an der Altarseite. Die Frage, die Maria in einem ihrer Briefe gestellt hat und die als Motto der Einleitung überschrieben ist – »wie soll man es machen, ein Mensch zu werden?« – hat in gewisser Weise hier Gestalt angenommen:

es ist eine Menschwerdung im höheren Sinne; Maria nannte diese Arbeit »die Heilung des Menschen«.

Auf verschiedenen Ebenen – künstlerisch in der Farbe, im Helligkeitswert, in der Anordnung an der Wand und inhaltlich im Werden eines Antlitzes, in der Haltung der Hände – zeigt sich ein stufenweiser Aufstieg, eine Höher-Entwicklung des Menschen. Was auf den ersten Blick etwas didaktisch und schnell begreiflich anmuten mag, gewinnt bei längerer Betrachtung an Vielschichtigkeit und Tiefe.

Die Halbfigur eines gedrungenen, kompakten, bulligen Menschen zeigt sich in der ersten Stufe; eine dumpfe, gesichtslose, anonyme Masse Mensch, fest umrissen von einem starken, breiten schwarzbraunem Kontur. Dunkel und dumpf erscheint er hinter einem strahlend leuchtenden, goldenen Gitter, an dem er sich mit beiden Händen festklammert, als wäre er dort angewachsen. Er wirkt in jeder Hinsicht gebunden, wie eingepanzert hinter dem Gitter und in seiner festen, blockhaften Kontur. Doch weiß er überhaupt, dass er ein Gefangener ist? Er hat kein Gesicht, das irgendwelche seelischen Regungen zu spiegeln vermag. Die ganze Gestalt mutet an wie eine Verkörperung der Eigenschaften, von denen Maria schon 1959 schrieb, dass sie sie verabscheut: »Denklosigkeit«, Stumpfheit, Rohheit, blinder Gehorsam, Selbstzufriedenheit. Nur zeigt sich in den um das Gitter verkrampften Händen noch eine andere Nuance: eine leise Note der Angst. Es funkelt verführerisch, das kostbare Gitter. Es gibt Halt. Er klammert sich mit Macht an das, was ihn gefangen hält. Wie geht ein Leben ohne den goldenen Käfig?

Doch das Wagnis gelingt, mit jedem neuen Schritt etwas mehr, und eine tiefgehende Wandlung setzt ein: In der zweiten Stufe erscheint von oben eine kleine goldene Flamme, ein Tropfen, ein Keim nur, noch hoch über ihm. Doch mit jedem weiteren Schritt steigt die Flamme tiefer hernieder, wird größer, vervielfältigt sich schließlich und umfängt erst seinen Kopf, ergreift dann auch seine Wesensmitte, bildet im fünften Schritt einen spitzbogigen, schalenförmigen »Innenraum«, in dem ein neues »Herz« wachsen kann, das genau in der Mitte der Brust wie eine Sonne aufleuchtet. Im letzten Schritt wurzeln die großen Flammen-Samen gleichsam in diesem Sonnenherz. Je mehr das Gold nach oben in die Umrisse der Flammen und in die »innere Son-

198   Sakristeikapelle in Hübingen

ne« übergeht, desto mehr bricht das goldene Gitter auf, verkleinert sich und löst sich schließlich ganz auf. Es erscheint nicht mehr als hart-geometrische Linie außerhalb des Menschen, sondern in wogendem, lebendigem Strich, sammelt sich schließlich innerhalb des Menschen in einem neuen Zentrum, bis es zuletzt sogar golden von seinen Händen fließt.

Je mehr sich der Mensch von der Flamme des Geistes – im Hinblick auf die andere Wand: von der Christus-Kraft – ergreifen lässt, desto höher steigt er auch im wörtlichen Sinn an der Wand empor. Es ist ein beidseitiges Aufeinanderzukommen und sich Durchdringen: die Flamme, der Tropfen steigt anwachsend hernieder, und der Mensch steigt auf, arbeitet sich der Flamme entgegen. Dabei öffnet er sich immer mehr dem Raum und wird immer heller und lichter.

Farbe und Kontur hellen sich zunehmend auf, werden feiner und durchlässiger. Das Grau verliert seine dunkle Dichte und die erdig-oliven Nuancen, wird heller, lebendiger und spielt mehr ins Violett; zu den Rändern hin wird das Grau immer lockerer, als ob eine Durchlichtung von außen her geschähe. Immer mehr Weiß mischt sich hinein, in der letzten Stufe verliert sich auch das Violett und macht nur noch Weiß-Ocker-Grau-Gold Platz. Nun lösen sich die Farben nach unten hin übergangslos in das Grau der Wand. Ab der fünften Stufe heben sich helle, zarte Linien hervor, die wie Falten eines transparenten Gewandes den Körper umspielen, als ob der Mensch mehr und mehr mit einem zarten »Lichtgewand«, (einem »hochzeitlichen Gewand« aus dem Neuen Testament im Gleichnis der königlichen Hochzeit?) bekleidet würde.

Nicht zuletzt aber verwandeln sich Gesicht und Hände – diese werden frei, und jenes wird überhaupt erst zu einem Antlitz mit Sinnesorganen. »Den Mann ohne Antlitz« könnte man die erste Stufe nennen. Mit seinem fast runden, unten breiter werdenden, lastenden Kopf ist der Mensch ohne jede Möglichkeit, wahrnehmend mit der Welt in Beziehung zu treten, er ist in einer extremen Ich-Bezogenheit völlig in sich gefangen. Im zweiten Schritt bildet sich der Ort des Auges, die erste Anlage zum Sehen ist geschaffen, der Kopf hat sich schon etwas ins Oval gestreckt. Ohren und Nase erscheinen, im fünften Schritt kommt der Mund, die Möglichkeit des Sprechens, des Ausdrucks, hin-

zu. Erst im sechsten Schritt können die Augen blicken, erst jetzt haben sie nicht nur eine Iris, sondern auch Pupillen. Noch ist der Kopf aufrecht, wie träumend in sich beschlossen, doch im siebenten Schritt löst er sich aus starrer Frontalität und neigt sich; neigt sich leise nach unten und dem Christus zu. Auch die Augen blicken nach unten, wenden sich dem unter ihm Seienden zu und folgen der schenkenden Geste der linken Hand, von der das Gold herabfließt. Man kann sich an das Gedicht »Die Fußwaschung« von Christian Morgenstern erinnern fühlen, das die Künstlerin wahrscheinlich gut gekannt hat, mit der Grundgeste des Dankes an die Reiche »unter« dem Menschen:

Ich danke dir, du stummer Stein,
und neige mich zu dir hernieder:
Ich schulde dir mein Pflanzensein.

Ich danke euch, ihr Grund und Flor,
und bücke mich zu euch hernieder:
Ihr halft zum Tiere mir empor

Ich danke euch, Stein, Kraut und Tier,
und beuge mich zu euch hernieder:
Ihr halft mir alle drei zu Mir.

Wir Danken dir, du Menschenkind,
und lassen fromm uns vor dir nieder:
weil dadurch, dass du bist, wir sind.

Es dankt aus aller Gottheit Ein-
und aller Gottheit Vielfalt wieder.
In Dank verschlingt sich alles Sein.

Die Entwicklung der Hände folgt einer ähnlichen Grundgebärde. Erst umklammern sie die Stäbe des Käfigs, so fest und verkrampft, als ob sie sich nie werden davon lösen können. Was für einen großen, befreienden Schritt zeigt das nächste Bild: die Hände haben sich geöffnet, haben erstmals gewagt, loszulassen, als ob sie diesen neuen Zustand erst einmal vorsichtig prüfen würden. Noch sind die Hände abgetrennt vom Körper, handeln noch nicht, aber sie werden im Ansatz frei vom Gitter, das auch schon beginnt schmiegsamer zu werden. Die Hände werden nun freier und freier und erproben das Sich-Wenden in ver-

199   Sakristeikapelle, Seitenwand

200   Sakristeikapelle, Altarwand

schiedene Richtungen. Erst sind sie mit den Handflächen nach außen gekehrt, wie das Äußere ertastend und das Innere noch schützend, dann drehen sie sich nach innen, nehmen das Äußere zu sich hin. Beide Male sind die Hände offen vor der Brust nach oben gerichtet, auf die sich nieder senkende Flamme zu. Schließlich erkunden sie wieder eine andere »Koordinate«: die Horizontale, ergreifen die Räume rechts und links. Die Hände werden immer schmiegsamer, gelöster: im sechsten Schritt sind sie empfangend dem sich erweiternden Flammenumkreis entgegengestreckt, und im letzten Schritt schaffen sie ein Gleichgewicht zwischen empfangen und schenken. Das, was der Mensch von oben empfängt, behält er nicht für sich, sondern lässt es weiterströmen, schenkt es in tätiger Liebe weiter und verbindet selber oben und unten, rechts und links, innen und außen.

Die Verwandlung erfasst alle drei Bereiche des Menschen – den Kopf mit den Sinnesorganen, die Gliedmaßen in den Händen und die Mitte, das »Herz«. Die Wandlung in einen geisterfüllten Menschen ist nicht die in einen weltabgekehrten »Mönch«, so durchscheinend und »himmlisch« der Mensch der siebenten Stufe auch gezeichnet wird, sondern umgekehrt – mit zunehmender Geisterfülltheit wacht der Mensch erst auf für die Welt und für sich, er bekommt ein »Gesicht«. Mit den Sinnen kann er Äußeres »wahr-nehmen« und bleibt nicht in der dumpfen Selbstbezogenheit des Anfangs. Gleichzeitig werden die Hände frei zur Selbst- und Welterfahrung und zum Handeln. Und die goldene Sonne in der Mitte des Menschen wird zum zentralen Organ, in dem sich die flammenden Geistesgaben konzentrieren, verinnerlichen, wurzeln. Auch das Gold hat sich verwandelt: Es war Sinnbild für den verführerischen Glanz des Materialismus, der irdischen Güter, und nun entfaltet es seine geistige Seite als göttliches Licht und »Sonnensubstanz«. Die Verwandlung des Menschen ist ein zweifaches, gleichzeitiges Geschehen von oben und von unten her: Göttliches senkt sich herab, Menschliches emporziehend; Menschliches arbeitet sich herauf und macht sich fähig, Göttliches aufzunehmen. Der Mensch wird Christus-ähnlich. Im Hinblick auf die Altarwand mit dem Christus kann man sagen: Es ist die Macht der Christussonne, die den Geistes-Keim zu Leben und Wachstum erweckt.

»Denn alle Summe der Wahrheit ist in jeder einzelnen Seele als Keim vorhanden und kann erblühen, wenn sich die Seele diesem Keim hingibt.«[106]

Ohne den Mensch gewordenen Gott, der die Grundlage für diese Verwandlung geschaffen hat, wäre das Werk nicht vollständig. Der auferstandene, kosmisch-große Christus erscheint wie eine mächtige achte Stufe, eine Oktave des sich verwandelnden Menschen, ein göttlicher »Menschheitsrepräsentant«. Dunkle, irdische Farbigkeit ist ganz den hellen, ins gelbliche Ocker spielenden Grau-Weißtönen, vor allem aber dem Gold, gewichen. Das Gold durchzieht die gesamte Gestalt – deckend, pur, strahlend, aber auch verdünnt, transparent und sich mischend mit den anderen Farben. Christi Gestalt erscheint in wirbelnder, goldlohender Flammenkraft. Sein ganzes Wesen ist Geistes-Flamme, Flammenwind, der ihn von oben umströmt – er steht in einem pfingstlichen Feuerwindbrausen, das die Konturen seiner Gestalt auflöst. Nur Hände und Arme, Kopf und Hals treten in ihren Umrissen deutlicher hervor. Die Dreigliederigkeit von Herz, Kopf und Händen ist noch gesteigert – die wirbelnden Goldschwünge sammeln und konzentrieren sich spiralig im goldenen Sonnenherz wie im Auge eines Orkans. Um dieses Zentrum hin sind sie orientiert und umströmen dabei Hände und Gesicht. Innerhalb dieses Brausenden und Strömenden kommt der Blick gerade in den ausgesparten Bereichen zur Ruhe, besonders im stillen Raum um das Gesicht – ein Raum voll Innerlichkeit und Güte. Nicht nur sein Kopf, auch sein Oberkörper ist dem Menschen zugeneigt. Zwischen den beiden und besonders in der beidseitigen Zu-Neigung der Köpfe entsteht über die Ecke des Raumes hinweg ein erfüllter, beziehungsvoller Freiraum. Der Eine erscheint als Echo des Anderen, Christus wie eine gesteigerte Spiegelung – seine Gebärden sind noch raumgreifender, mächtiger, aber doch dem Menschen verwandt, besonders die der linken, nach unten geöffneten, schenkenden Hand. Zeichenhaft weist Christi Hand mit dem goldenen Wundmal auf den Tabernakel, der die Hostie enthält, in die er sein Wesen immer weiter verschenkt.

106 Rudolf Steiner, Exkurse in das Gebiet des Markus-Evangeliums, GA 124, 10. Vortrag, 10.6.1911, Dornach 1963, S. 210

Auf Christus zu und aus Christus heraus geschieht die Heilung; er ist Ziel und Quelle des Weges zum heilen, ganzen Menschsein. Diese Heilung ist eine Entwicklung und Verwandlung des Menschen und nicht zufällig ein Weg in sieben Schritten[107]. Einen solchen Weg versuchte Maria Hiszpańska-Neumann zu gehen, fühlte dabei immer wieder ihr Scheitern und hat in ihrem Leben doch so viel in sich verwandelt und geheilt. »Und jetzt naht das Fest der Auferstehung, der Tag, welcher uns immer von neuem, jedes Jahr wieder von neuem, auf das ungeheure kosmische Geheimnis der Christus-Tat hinweist. Hätte man nur Kraft genug, um wirklich, mit einer grossen Intensität, in diesen Gedanken zu leben, so könnte man wirklich zu einem Menschen, zu einem Christen werden, man könnte einen Abstand von sich selbst und seinen Leiden gewinnen, man könnte wirklich innerlichst die Paulus-Worte erleben: »nicht ich, sondern der Christus in mir.« Wir sind aber schwach, und da wir Gutes anstreben, werden wir immer wieder allerlei Angriffen des Widersachers ausgesetzt.« (23.3.1974)

Der Kreuzweg und die Heilung hängen miteinander zusammen. Heilung geschieht durch das Verarbeiten, durch das Verwandeln des Leides. Dies hat Maria in ihrem Werk gezeigt und in ihrem Leben vorgelebt. Seit 1967 suchte sie mit der Darstellung des Kreuzweges einen Weg, der »in die richtige christliche Denk- und Empfindungsweise führen würde«. Dass sie als letzte Wandarbeit nun die »Heilung« in ein Bild bringt, ist ihr künstlerisch-menschliches Vermächtnis.

107 Der Gedanke der *Entwicklung* des Menschen und der Menschheit spielt in der Geisteswissenschaft Rudolf Steiners eine zentrale Rolle. Dabei wird Entwicklung (auch die geistige Schulung und Höherentwicklung des Menschen) so geschildert, dass sie nicht willkürlich, sondern nach bestimmten Gesetzen und Rhythmen verläuft, die oft mit der Zahl Sieben in Verbindung stehen. Es scheint mir gut möglich, dass Maria bei der konkreten Ausgestaltung der Reihe auch mit den vielschichtigen Ideenzusammenhängen, die sie bei R. Steiner hat aufnehmen können, gelebt und da heraus eine *eigene* künstlerische Formulierung gesucht hat, die eigen, aber doch »wahr« sein sollte, ein stimmiges, objektives, »persönlich-überpersönliches« Bild, nicht »ausgeklügelt, erdacht, ausspekuliert«. Das ist jedoch eine »schöne und schwere Arbeit«. Nicht umsonst grübelte sie mehr als ein halbes Jahr intensiv über die konkrete Ausgestaltung der Längswand der Kapelle, nachdem der Entwurf doch im Großen und Ganzen schon seit dem Besuch bei den Frankfurter Freunden umrissen war. Dies genauer zu untersuchen, wäre ein eigenes Thema.

Anhang

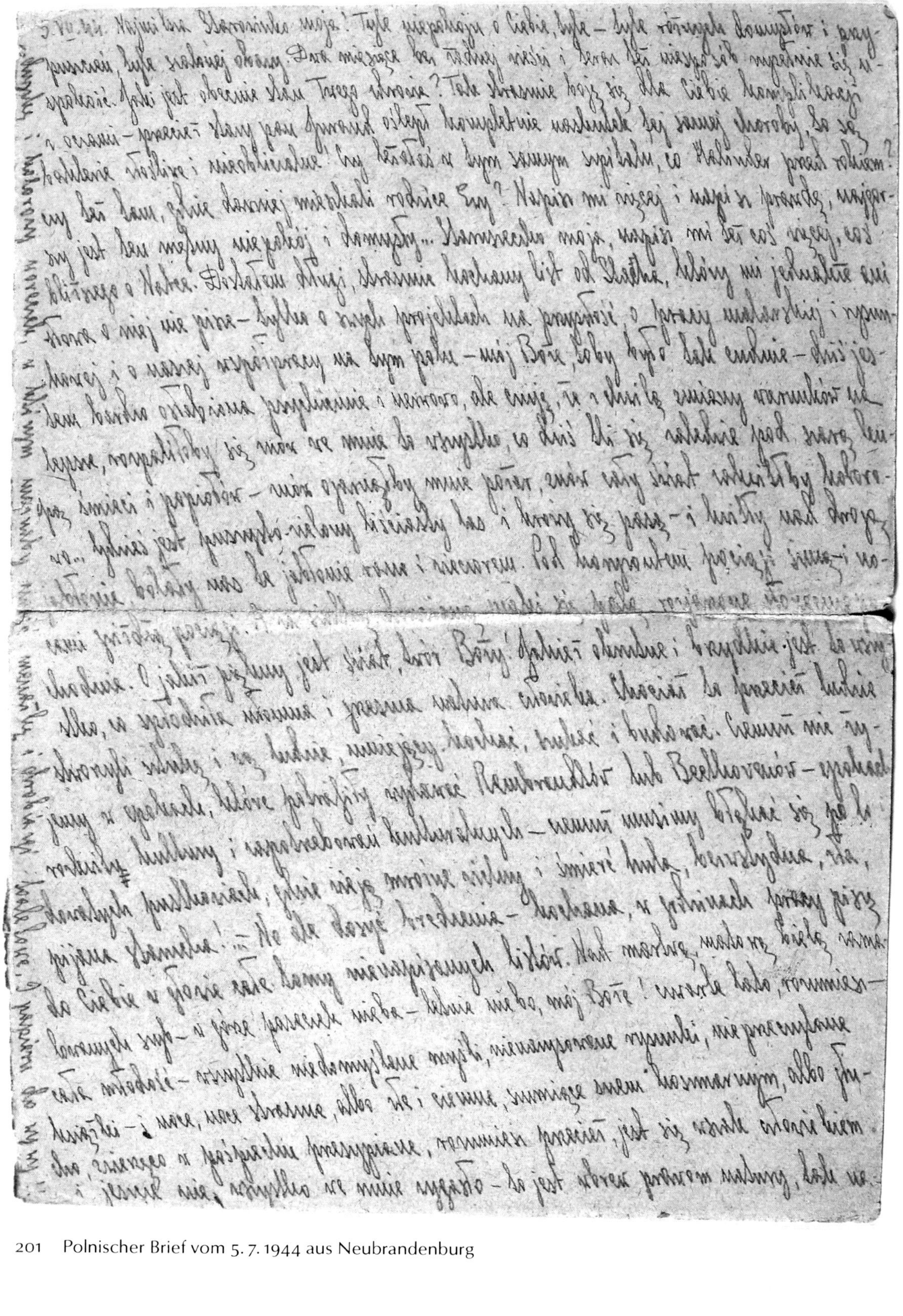

201 Polnischer Brief vom 5. 7. 1944 aus Neubrandenburg

Auszüge aus ihren Briefen

Briefe aus der Zeit im KZ (Außenlager Neubrandenburg)

5.VII.44

Mein allerliebstes altes Mütterchen!

Soviel Besorgnis um Dich, soviel verschiedene Mutmaßungen und Vermutungen, soviel wahnsinnige Befürchtungen. Zwei Monate ohne jegliche Nachricht und jetzt keine Möglichkeit vollkommen zur Ruhe zu kommen. Wie ist Dein gegenwärtiger Gesundheitszustand? Ich sorge mich so sehr um Dich wegen möglicher Komplikationen für Deine Augen – der alte Jurand ist doch infolge der selben Krankheit völlig erblindet, weil das bösartige und unberechenbare Bakterien sind *[Jurand aus Spychów, der Held des Romans »Die Kreuzritter« von Sienkiewicz, ist von den Kreuzrittern geblendet worden, und die rechte Hand und die Zunge wurden ihm abgeschnitten].* Warst Du in demselben Krankenhaus wie Halinka vor einem Jahr – oder auch dort, wo früher die Eltern von Ewa gewohnt haben? Schreibe mir mehr darüber und schreibe mir die Wahrheit, das Schlimmste ist die quälende Ungewissheit ...

Mein altes Mütterchen, schreibe mir etwas mehr, etwas Näheres über Natka *[Natalia Eichhorn-Hiszpańska, die Ehefrau von Stanisław, zu Tode gequält im KZ Auschwitz].* Habe einen langen, sehr lieben Brief von Stachu *[Stanisław]* bekommen, der mir jedoch kein Wort über sie schreibt – nur über seine Projekte für die Zukunft, über die Mal- und Zeichenarbeit und über unsere Zusammenarbeit auf dem Gebiet – mein Gott, das wäre so wunderbar – heute bin ich psychisch und nervlich sehr geschwächt, aber ich fühle, dass in dem Augenblick, wenn sich die Bedingungen zum Besseren verändern, alles in mir sich aufs Neue entflammen würde, was heute unter einer grauen Schicht von Tod und Asche kaum schwelt – dann würde in mir das Feuer wieder brennen, und die ganze Welt in vielen Farben erblühen ...

Irgendwo ist ein üppiger, grüner Blätterwald, und Kühe weiden – und über dem Weg blühen Apfelbäume – und [der Anblick dieser] Apfelbäume schmerzen uns morgens und abends. Am Horizont ziehen Züge – und in den Nächten pfeifen die Züge. Und hinter dem Gitter glüht der Mohn, leuchten die Sonnenblumen. Ach, wie schön ist die Welt, Gottes Werk! Wie schrecklich und hässlich doch alles ist, was die behinderte und sündige Natur des Menschen gezeugt hat. Obwohl doch die Menschen die Kunst geschaffen haben und Menschen sind, die lieben, suchen und bauen können.

Warum leben wir nicht in einem Zeitalter, das Rembrandts oder Beethovens hervorbrachte – in einem Zeitalter der aufblühenden Kultur und kultureller Bedürfnisse – warum müssen wir in eisigen Wüsten umherirren, wo eisige Stürme wehen und der Tod schamlos wütet, böse, wie ein betrunkenes altes Weib! ... – Jetzt aber Schluss mit dem Faseln – meine Liebe, ich schreibe Dir in den Arbeitsstunden – im Kopf ganze Bände ungeschriebener Briefe. Über dem leblosen, matten Weiß der bemalten Scheiben ein schmaler Streifen des Himmels – ein sommerlicher Himmel, mein Gott! – der vierte Sommer, verstehst Du, die ganze Jugend – alle nicht gedachten Gedanken, nicht gezeichneten Zeichnungen, nicht gelesenen Bücher – und Nächte, schreckliche Nächte, oder schlechte und dunkle, rauschende Alpträume oder taube, tierische, in Eile durchgeschlafene, Du verstehst doch, immerhin ist man ein Mensch und alles ist in mir noch nicht erloschen – das ist gegen die Naturgesetze, so geht das wirklich nicht. Aber denke nicht, dass ich vollkommen zerfließe. Mich hält der Glaube – ich versuche immer zu beten. Ich glaube, dass die kommenden Tage besser werden – dass sich doch alles ändern muss – nur möge uns der Barmherzige Gott nicht verlassen! Hauptsache er erlaubt uns wieder zusammen zu sein, bei Dir, im guten und hellen Schatten Deiner Hände ... Jetzt aber zur Sache, meine Herren, ein wenig zur Sache. Also die beiden alten Schürzen, beide Paar Schuhe usw. habe ich erhalten. Ich war verwundert über die Höflichkeit von Herrn Kurt F. Die Lebensmittelpakete erhalte ich auch wieder und leider habe ich wieder zugenommen, aber das ist nicht so wichtig gegenüber anderem, der quälenden Sorge! Weißt Du, schicke mir nicht mehr die Säure in Kristallform, sondern zerdrücke sie fein und vermische sie mit Zucker, das ist sehr lecker mit Wasser, Senf und andere saure und scharfe Sachen – so viel Du nur kannst. Weiße Brötchen schimmeln und man muss sie wegwerfen, bitte nur Zwieback, er ist sehr, sehr begehrt. Und Glaubersalz – immer in kleinen Beutelchen, das ist die einzige Rettung für meinen unartigen Darm. Schicke mir auch ein buntes Kopftuch, es kann sogar sehr bunt sein – und, wenn möglich, zwei Paar alte Strümpfe – die vom letzten Jahr sind hin, und das Klima hier ist im Allgemeinen entsetzlich kalt! Irgendwelche alte Pantinen aus Holz oder irgendwas, könnte ich auch gut gebrauchen.

Mein altes Mütterchen, ich möchte so viel, viel über Dich wissen, über die beiden Halas, den Vater *[es ist nicht bekannt, wer damit gemeint ist; dieser Name wiederholt sich in vielen Briefen, doch Maria wusste, dass ihr Vater nicht mehr lebte]*, auch über Misza und alle Freunde. Über Zofia Andrzejowa, Frau Janina, die Konrads, Tomek und Marianna ... Aber über die nächsten, meine drei Alten, nicht nur, dass sie gesund sind, und dass sie ihre Trübsal im Wodka ertränken, weil mir das nichts sagt. – Denken sie noch an mich? Ich bin häufig in Gedanken bei ihnen – fühlen sie das wenigstens manchmal? Wie sehr möchte ich wieder mit ihnen zusammen sein – mein Gott – in vielen Augenblicken und Gelegenheiten. Triffst Du Dich mit Ludka und ihrer Mutter? Ich küsse auch sie herzlich. Ob Frau Julia weiterhin ihre wunderschönen Märchen erzählt? Wie geht es Ewa? Was macht Marysia die Zahnärztin? Wenn es sie noch gibt, küsse sie von mir. Schreibt Tessa? An sie und Mela viele Herzlichkeiten von mir. Ich nehme an, dass es ihnen aus bestimmten Gründen viel besser geht als Misio *[Mysz, sie selber]*, aber das ist gut so, Du solltest Dich nicht quälen, das ist Gottesfügung. – Du solltest wissen, dass Mysz wirklich gut Russisch spricht. Wujo geht an seinem Krebs zugrunde, aber das dauert schrecklich lange, und ich weiß nicht, was die Spezialisten darüber meinen *[Wujo = Hitler und seine Regierung]*.

Möge Dich und Euch alle Gott beschützen. Ach, schicke mir so etwas wie einen Kissenbezug für das Kopfkissen und ein buntes Säckchen, in dem ich das Kochgeschirr und Toilettenkleinigkeiten tragen könnte. Und Papier zum ab... . Inbrünstig empfehle ich Dich und Euch alle Gott – so warte ich auf jede Nachricht – Deine Maryla

Brief vom Juli 1945, auf dem Weg zurück nach Warschau

20. VII. 45

Als dieser Tag endlich gekommen war, der ein Tag der größten Freude in diesem Leben sein sollte – tausendfach erträumt, erhofft, erwartet, – erbetet, gewiegt mit zärtlichster Sehnsucht – Wanderer, dessen ungeachtet bist du vorbeigegangen, er hat dich nicht überwältigt mit dem Feuer des Wahnsinns, du bist dessen ungeachtet vorbeigegangen, als ob er dich nicht beträfe, als ob er auf deinem Weg noch ein tragischer Irrtum wäre. Du strebtest zu ihm über Jahre, durch Tage und Nächte voller Schmerzen, Qualen und Dunkelheit, wie durch einen schrecklichen Sumpf – Alptraum der Gefangenschaft – jeder Tag wie ein Klumpen nassen Lehms, mit einem Gewicht, das über die Kraft des Menschen geht, klebte er an deinen Füssen – du schlepptest auf den Schultern eine mit jeder Stunde wachsende Last – misshandelt, geschmäht, beraubt der Reste, die du bis zum Ende um jeden Preis zu schützen trachtetest: die Menschlichkeit. Strebtest danach am Tage und bei Nacht, trotz übermenschlicher Mühsal, trotz Hunger und Kälte, tierisch erschöpft, ewig machtlos rebellierend, schwach und ratlos, und doch durch die Macht deines Glaubens so stark .... Inmitten der Qualen und Ohrfeigen, inmitten seelischer und körperlicher Pein reifte in dir ein zugleich süßer und herber Gedanke, würgend und erregend wie der Duft des Blutes, ein Gedanke, der seltsame und unruhige Linderung mit sich bringt: Rache! Du hast sie in dir gezüchtet, wie eine verzauberte, wunderschöne Pflanze in einem geheimnisvollen Garten, du liebtest sie und lächeltest im Geheimen, wenn man dich quälte und zu zerbrechen versuchte: wartet nur, endlich wird dieser Tag kommen! Und die Finger verkrampften sich voller Ungeduld – schwarz von der Arbeit, die leeren Hände des Sklaven zitterten – Gott, mächtiger Gott, rücke diesen Tag näher heran, lass mich nicht fallen in der Dämmerung, lass mich nicht in den schwarzen Brunnen der ewigen Vergessenheit fallen – so wie Hunderte und Hunderttausende gestürzt sind ... Irgendwann einmal, vor Jahren, war jeder Tag gefüllt mit Arbeit und Gedanken, Anstrengung und Liebe, mit siedendem Inhalt gefüllt bis zum Rand, jeder sollte diesem einzigen Ziel dienen, jeder war die Sprosse einer riesigen und steilen Leiter, über die du geklettert bist; damit dein Leben endlich Früchte hervorbrachte, zur größeren Ehre Gottes, zum Nutzen der Menschen, der Menschheit, welche du lieb gewonnen hast ... Aber nachher hast du das wahre Antlitz der Menschen gesehen und dein eigenes wahres Angesicht in den Stunden der Misshandlung und des Hungers und hast gelernt dich und andere zu verachten, und deine Liebe wurde zu Asche und du starbst an der Kälte, und von nirgendwo war Rettung zu erwarten ... Gebetsworte, irgendwann bis zur Weißglut glühend, wurden zu einem leeren Ton, der auf den Lippen geboren wurde und dort auch starb, unfähig zu den Füßen des weit entfernten Gottes zu fliegen ... Deine Liebe, dein Gedanke und deine Hände – irgendwann eine glühende Feuerstelle – Staub innerhalb des Kosmos, ein Tropfen im Ozean solcher wie du vergeudeter und ihrer Kraft beraubter Wesen – es wäre Wahnsinn anzunehmen, dass du für irgendwelche speziellen Ziele von Gott ausgewählt und beschützt worden bist ... Der Inhalt des Tages war einzig und allein das Überleben, das mühsame hinter sich Schieben der Blöcke der schrecklichen Waage – Dunkelheit, ewige Dunkelheit und statt des Ansturms des Sturms, des Wahnsinns und Orkans – das Getöse der Maschinen, denen du, deine Brüder und Schwestern gedient haben – uns gegenseitig hassend – und die Waffen schmiedend gegen all das, was noch heilig war und geliebt wurde ...

Und das sollte ein Tag der größten Freude im Leben sein – der, zu dem wir geschwommen sind durch die polare Nacht ohne Lichtstrahl – der Tag der Befreiung – des Glücks ohne Grenzen, des Glücks, das das Herz wohl nicht übersteht und platzt ... Du wusstest, dass er sich nähert und hast dich auf das große Fest vorbereitet, das Fest der Auferstehung und Wiedergeburt, im Schatten und im Verborgenen reifte in dir das Neue, das Wunderbarste, das ganz unverhofft erblühen sollte.

Und siehe, dieser Tag ist eingetroffen und du hast ihn begrüßt weder mit einem Schrei des Triumphes noch mit freudigem Wahnsinn, von den Lippen kamen einige Worte des Liedes der Freiheit – dort, am Lagerfeuer im Wald – und gleich nachher erstarb das Lied, von den Lippen verscheucht, ungläubig – du warst verwundert, verängstigt und weiterhin traurig – sag, warum? ...

Es umgaben dich Menschen, denen du die blutigste, raffinierteste Rache tausendfach geschworen hast – und nur die Hand hättest du ausstrecken können, – anzünden, ausrauben, töten – aber dir sind die Hände heruntergefallen, und statt der Feinde sahst du in ihnen nur kleine, hilflose, leidende und ohne Sinn, auf ungewissen Wegen kreisende Atome – solche wie du.

Warum berauschst du dich nicht an der Freude des Siegers, warum willst du nicht treten, traktieren – gehst vorbei, winkst nachsichtig mit der Hand – und gehst weiter – wohin?

Du lebst weiter, bestehst unter dem kalten Himmel, die erloschene Feuerstelle – und kümmerst dich um das alltägliche Brot – träumst von einem Haus, das du schon hast oder noch nicht – und das du mit eigenen Händen bauen musst – keiner wird das für dich tun.

Du lebst und bestehst weiter, und deine Tage, [sind] wie ein flaches Gewässer auf Steinen; kein brodelnder Inhalt strömt über ihre Ufer. In dir ist das Streben abgestorben, weil du weißt, dass Bemühungen, die zur Unendlichkeit führen, ihr Ziel nicht erreichen, und schon heute weißt du nicht, ob sie alleine in sich irgendeinen Wert haben.

Du lebst und bestehst weiter, schon heute nicht sehend, warum dich Gott ins Leben gerufen hat, kalt und traurig, wie der fremde Himmel über dir, voller Sehnsucht ohne Begeisterung, verloren in dem Gewirr großer und blind endender Wege ...

Aus Briefen an Elmar Jansen:

Warschau, den 14. Januar 61:

Lieber Elmar, die in Deinem Artikel berührte Frage der Pforte des Paradieses – die Frage also: der vermutlich jeder Kunst vorausgesetzter Grenze der Vollkommenheit, der von ihr erreichbaren geistigen Höhe usw. läst mich nicht in Ruhe! Ich möchte mit Dir darüber streiten. Wir müssen mal in Warschau diese Frage gründlicher besprechen. Zur Zeit des Ghiberti, Michelangelo usw. ist es gewiss so gewesen, dass die Grenze der Kunst mit der Grenze der formalen und technischen Ausführungsmöglichkeiten Eins waren. An die spätere Zeit – die der Barocke u.s.w. lohnt es sich nicht, in dem Sinne zu denken, und in unserer Zeit ist es ganz miserabel geworden, mit Ausnahme eines einzigen Rouault vielleicht. Aber denke nur mal an die frühchristliche und frühmittelälterliche Kunst! Denke an die byzantinischen Mosaiken! Da gibt es solche kosmischen Bilder von solch einer geistigen Grösse und Erhabenheit, dass es einem schwindelt! Die alten Meister haben gewiss noch manches Überirdische gesehen, sie sind noch einer Geistesschau fähig gewesen. Später ging diese Fähigkeit den Menschen verlören. Die Engel hörten auf zu schweben, sie sind fleischig und sinnlich geworden, die Engel der Renaissance sind schon ganz Fleisch geworden. Ist aber diese Grenze, diese Unmöglichkeit, an das Geistige zu gelangen, für ewig bestimmt? Und ist sie für alle? In der Musik ist es anders (denke an Bach und an Schönbergs Alterswerke) in der Dichtung auch (Novalis, Morgenstern). Mag es nicht mal in der Zukunft wieder eine Zeit kommen, wo die Menschen (also die Kunst) ins kosmisch Grenzenlose schauen werden? (nicht aber durch die Sputniks). Denke mal nach, es ist interessant. Herzlichst

Deine Maria

Am 21. 9. 1962 über die Post, die einen Monat braucht, um ein Paket von Berlin (Ost) nach Warschau zu befördern:

Bogna vermutet, das Packett hätte die Erde umkreist, und wäre entweder über Amerika, Asien und zwei Ozeane, oder über zwei Pole nach Polen angelangt. [...] So dreht sich diese schönste der Welten ...

Am 10. 1. 1964:

Ein altpolnisches Sprichwort sagt: »mit guten Absichten ist die Hölle gepflastert« – wahrscheinlich kennst Du das von uns. Ich will Dir nur sagen, dass aus meinen Gedankenbriefen, die ich manchmal bei irgendwelcher mechanischen Hausarbeit an Dich und an einige anderen guten Freunde »schreibe«, könnte ein recht grosses Pavimento für einen Marktplatz in der – nehmen wir an – Vorhölle fertiggemacht werden.

Aus Briefen an Anne Kleinfeld:

Warschau, den 13. Oktober 65
Meine liebe Annemarie,

wüsstest Du nur, was für eine GROSSE Freude Du mir – und uns allen zugleich – mit Deinem so lieben Brief, mit Deinen Bildern, und mit Deinem ganz wunderbaren Märchen gemacht hast! Ich bin damit so ergriffen, dass ich es in keinen Worten auszudrücken imstande bin. Es freut mich, es freut uns alle so sehr, dass zwischen unseren beiden Familien eine menschliche Freundschaft, eine wirkliche Wahlverwandtschaft im Entstehen ist! Deinen Bruder, den Kot-Polyglot, haben wir alle recht gerne. (Wäre nur der Kerl nicht so unverschämt begabt für alles Sprachliche! denn damit, wie schon gesagt, hat er uns alle in ein abgrundtiefes Minderwertigkeitskomplex hinabgestürzt!) Zwischen Dir und uns beiden, (d.h. meinem Mann Janusz und mir), bestehen, ausser allem Anderen, sehr wesentliche Annäherungspunkte – nein, nicht nur Punkte, es ist eben das wesentlichste Weltanschauungsgebiet. Das macht sehr viel aus. Da ich überhaupt an keine Zufälle glaube, so bin ich überzeugt, dass wir es alles der weisen Schicksalsführung zu verdanken haben. Es werden auf verschiedenste Weisen Menschen zusammengeführt, welche zusammenkommen sollen.

Jetzt musst Du, liebe Anne, überlegen, wann Du den nächsten Schritt tust, d.h., wann Du zu uns nach Warschau kommst. Wir müssen uns persönlich kennenlernen, und das so bald wie nur möglich. Bei uns hast Du doch ein Familienhaus. Es scheint sich Peter nicht allzu schlecht bei uns gefühlt zu haben. Am Anfange seines Aufenthaltes bei uns war er zwar recht zurückhaltend, vorsichtig und misstrauisch. Kein Wunder, wovon hätte der Kot-Polyglot wissen können, dass in dem fernen Osten, am Weichselufer, auch Tiere leben, welche Sinn für Humor und für das etwas Surrealistische haben, welche auch für Musik Interesse haben usw. usw. Jetzt weiss er es schon bescheid, und hoffentlich kommt er bald wieder zu uns nach Warschau, diesmal aber mit Dir zusammen. Wir laden Euch beide recht, recht herzlich ein. Wenn Ihr nur eine ofiziell aussehende Einladung braucht, sagt es uns – durchs Telefon oder brieflich. Wir werden Euch gleich eine schicken. [...]

Was Dein wunderbares Märchen anbetrifft, so muss ich nur immer staunen, dass Du es mit 23 Jahren geschrieben hast. Nicht nur Deine dichterische Phantasie muss ich bewundern, sondern auch Deine menschliche Reife, aus welcher Du etwas so Wunderschönes, so Tiefes herauserdichtet hast.

Es ist eine unsäglich grosse Gottesgnade, mit der Geisteswissenschaft in Berührung kommen zu dürfen – das empfinde ich immer und immer wieder, bei den verschiedensten Lebensangelegenheiten. Das ist ja etwas, was einem das Leben keineswegs leichter macht, ohne was jedoch könnte man überhaupt nicht leben. Empfindest Du es auch in einer ähnlichen Weise?

Mit 23 Jahren, also gerade mit demselben Alter, mit welchem Du Dein tiefsinniges, schönes Märchen erdichtet hast, wurde ich durch die Gestapo verhaftet. Es kamen darnach vier Jahre, welche mich in die tiefsten und grausamsten Abgründe des menschlichen Leidens, der Entwürdigung, Entmenschlichung, der Hässlichkeit usw. usw. usw. hineinschauen liessen. Es waren Jahre, in welchen man seine eigene Schwäche, seine tierische Natur, das Untermenschliche in sich in den unmenschlichen Umständen kennen lernte – wenn auch nicht nach Aussen ausgelebt, so doch potentiell innerlich vorhanden. Man lernte Angst, Furcht, Hass, Verachtung, Hunger, Lebensgier usw. usw. kennen, also die ganze Unternatur des Menschen, an verschiedenen Anderen wie auch in seiner eigenen Seele. Es gab Menschen, die in jenen Verhältnissen zu Heiligen wurden. Es gab Menschen, welchen ihr ehemaliger christlicher Glaube auf immer verloren gegangen ist. Es gab solche, welche – Christen oder Kommunisten – ihre menschliche Würde und ihr menschliches Gewissen, ihre Idee nicht verloren haben. Welche – möchte man sagen – sich sauber und aufrecht hinübergerettet haben. Es gab eine ganze Menge Leute, welche zu Tieren, zu Viehen, zu Unmenschen geworden sind. – Das habe ich alles zwischen meinem 23 und 27 Lebensjahr mitgesehen, mitempfunden, miterlebt. Nach einer Periode innerer Leere und Verzweiflung, Selbstmordgedanken usw. usw., bin ich endlich zu der Überzeugung gekommen, – da mir die materialistische Denkweise immer gerade unmöglich war, – dass es eine Wiederholung des Menschenlebens geben muss, damit diese ganze unglaublich grausame Welt irgendeinen Sinn überhaupt haben

könnte. Je länger ich mich mit dieser Idee innerlich beschäftigte, desto starker, unwiderruflicher, ungezweifelter wurde ich damit durchdrungen. Es war im Jahre 45. Ich habe mich damals mit dem Bruder meiner Lagerfreundin geschwisterlich-kameradschaftlich angefreundet. Ihm verdanke ich die Lehre, ohne welche man eben nicht zu leben wüsste. Der liebe, weise (weise, nicht klug!) Freund hat den Menschen in mir gerettet. Nach drei Jahren Freundschaft entstand noch etwas mehr zwischen uns beiden. Im Jahre 48 heirateten wir. Ich könnte nichts Besseres im Leben tun. Obwohl wir beide sehr unpraktisch und manchmal dumm in dem brutalen äusseren Leben sind. Es kommt aber auf das Wichtigste an: an unsere geistige Verbundenheit, an unser gegenseitiges Verständnis, an unser gemeinsames Streben.

Hier hast Du ein Stücklein meiner Biographie. Ich habe es Dir absichtlich erzählt, damit Du weißt, wie Deine alte Tante Maria, die Maus, zu der so teuren, so unentbehrlichen Weltanschauung (wenn man das Schönste mit solch einem gewöhnlichen Worte überhaupt bezeichnen darf) gekommen ist.

Liebe Annemarie, nun überlege, wann Du zu uns kommen kannst. Wir beide, Janusz und ich, möchten auch mal gerne nach der DDR fahren, wo wir mit einigen Familien recht herzlich befreundet sind. Wenn wir mal kommen, dann besuchen wir Euch natürlich! So gerne möchten wir auch Eure lieben Eltern kennenlernen! Ob es aber bald möglich sein wird, wissen wir nicht, denn unserer lieben Tante Ragna (der schon erwähnten Lagerkameradin und Freundin aus der schrecklichsten Zeit, der Schwester von Janusz) steht eine schwere, lebensgefährliche Krebsoperation bevor. Sie wartet auf eine freies Bett in dem immer überfüllten Spital für Krebskranke. Sie trägt ihr schweres Schicksal mit einem erstaunlichen Heldenmut – völlig bewusst und völlig beherrscht. Man kann nicht wissen, was nach der Operation aus ihr werden wird. So müssen wir da sein, um sie eventuell besorgen und pflegen zu können.

Aber Ihr sollt uns versprechen, dass Ihr bald kommt. Wenn der Kot-Polyglot im Momente keine Zeit hat, so komm alleine, und dann später, zum zweiten Mal, mit Peter zusammen. – So überlege mal. Und sage mir nicht mehr »Sie«. Ich bin ganz einfach Maria, die alte Maus (in zwei Wochen werde ich 48). Grüsse recht, recht herzlich Deine lieben Eltern, so von mir selbst wie auch von allen meinen Leuten. Grüsse unseren lieben Kater-Peter herzlichst von uns allen und schaue ab und zu nach, ob er saubere Ohren hat (der Kater Michael hat auch meistens schwarze Ohren, so sind schon die Jungens). Aber sage so etwas den Eltern nicht! – Und sei herzlichst, herzlichst gegrüsst und umarmt

Von Deiner Maria der Maus mit Janusz und den beiden Katzen

Warschau, den 7.10.66

Mein liebes, liebes Allerkäuzchen,

gestern kam Dein wunder-wunder-wunderschöner Michaelibrief an. Ich habe ihn in einer tiefen, demütigen Dankbarkeit auf mich wirken lassen. Und schreibe kein Wort mehr darüber, dass ich das alles nicht verdiene … Siehst Du, wie gehorsam Deine Mysz ist.

Deine Faulmaus hat kein geschriebenes Wort dem Kot-Polyglot mitgegeben, – weder an Deine Mutti noch an Dich. Es ging einfach nicht. Peter wird es Euch wahrscheinlich erzählt haben, wie es alles in der Mäusebärenkatzenhöhle vor sich gegangen war. Es ging mir einfach über die Mäuseohren, so gern ich alle unsere Freunde habe. Kein Moment Ruhe, immer hin und her, und auf und ab, und links und rechts. Mit der Berufsarbeit war es ganz rund Null. Ich weiß ja, dass die Schuld nur bei mir selber ist. Hätte ich mehr innere Kraft, Konzentrationsvermögen, hätte ich eine gute Idee für ein Bild oder einen Holzschnitt, so hätte ich auch in dem ganzen Durcheinander gearbeitet, so wie ich schon mehrmals in der Vergangenheit in viel schwereren Umständen gearbeitet hatte. Diesmal ist es aber ganz schlimm. Seit Monaten ist schon der künstlerische Teil Deiner Maus wie eine dürre unfruchtbare Erde. Was soll man mit so einem Felde tun? Mit künstlichen Düngen (merde artificielle!) geht es nicht. Gewissensbisse sind auch nicht imstande, aus dem dürren Acker etwas Lebendiges hervorzutreiben. Nur gute Geister können helfen, wenn sie wollen. O, mögen sie es wollen!

Ich kann nur meine viele Kollegen bewundern, die immer, ununterbrochen zu arbeiten, produktiv zu sein wissen. Es gibt ja unter ihnen Manche, welche immer und immer was tun, immer neue Ideen haben, immer neue Bilder malen – und immer was Interessantes malerisch zu sagen haben. Ist es ein inneres Reichtum, eine innere Dynamik, eine seelische Lebendigkeit, Regsamkeit, die ich nur ab und zu in mir habe, – und dann schon wieder nicht? Bin ich faul? Bin ich dumm, stumpf, starr, ohne Empfindungen, ohne Gedanken? Manchmal kommt es mir so vor. Ein dürres, unfruchtbares Feld. Oder – ein dürrer Baum. Wurde nicht ein dürrer Feigenbaum, welcher keine Früchte brachte, von dem Christus verdammt?

Wenn ein Feld dürr und fruchtlos ist, es kann noch sein, dass doch unter der Erdoberfläche etwas keimt, was sich nachher als neue Pflanzen nach aussen zeigen, wachsen, sogar blühen und früchten kann. Wenn ein Baum dürr ist, er ist tot. Hoffentlich, hoffentlich – mögen die lichten Schutzgeister dafür sorgen, dazu helfen – ist mein malerischer Seelenteil einem Felde, nicht einem Baum, ähnlich. Ich will es hoffen!

Anne, Käuzchen, gib mal zu, dass Deine ältere Schwester eine langweilige Klagemaus ist. Sie sollte sich lieber sagen: mach dich an die Arbeit und male, statt zu jammern. Das sagt sie sich aber, jeden Tag. Sie kann aber nicht malen, wenn sie nicht etwas ganz Bestimmtes herauszumalen hat. Was soll sie – Blümchen oder abstrakte Charlatanerie? Es geht nicht.

Muss man warten bis es keimt? Wenn man so eine Frage mit »ja« beantwortet, es kann zu einer wunderbaren, allerbequemsten Rechtfertigung eigener Faulheit vor sich selber werden. Wie kann man eine Gelassenheit, Geduld sich selber gegenüber von einer faulen Bequemlichkeit, Gedankenlosigkeit, von einem »Zu-einer-dummen-und-faulen-bloss-Hausfrau-Gewordensein« unterscheiden?

Du mein liebes Käuzchen, Du sollst mir die Ohren aus dem Mäusekopf und den Schwanz aus dem Mäusearsch herausreissen, wenn Du kommst: das wird Deine Aufgabe sein! [...]

Die Ausstellung soll am 21.10. um 7 Uhr abends eröffnet werden, und bis zum 8 November dauern. So wirst Du sie sehen! Und am Tage Deines Ankommens werden wir ja heldenhaft genug sein, um um einer rechten Zeit aufzustehen, und Dich an dem Gdański-Bahnhof in unsere liebevollen Pfoten zu fangen, – und wäre es auch früher als um 8.17! So, gute Nacht für heute, liebstes Käuzchen! Es ist halb eins nach Mitternacht, seit drei Tagen haben wir wieder Sommer, indem alle Bäume zu verschiedenstfarbigen Flammen geworden sind. Morgen schreibe ich an Eure liebe Mutti. Grüsse sie und den Vati und den Kot Polyglot. Und sei von mir mit den Mäusepfoten herzlichst umarmt! Deine Mysz (Mauszeichnung)

»Preisverleihungsbrief«

Warschau, den 5. Dez. 67
Unser liebes, geniales, heldenhaftes Käuzchen!!!
Hab ∞∞ Mal Dank für Deinen, wie immer, wunderschönen Brief, und noch mal Dank für all die Bemühungen, die Du unseretwegen unternommen hast. Bei so viel Arbeit hast Du noch Kraft und Zeit gefunden, um Herrn Brandl und Dr. Kramer die Abzüge einzuhändigen (wären sie Tiere wie wir, dann müsste ich schreiben: einzupfötigen, nicht wahr?), um Kräuter zu suchen, zu kaufen, zu senden, um dem Kocur den Artikel zu übersetzen – und was noch. Käuzchen, Käuzchen, Du bist ein Engel! [Neben einer Zeichnung:] So wahrscheinlich kann ein käuzischer Engel ungefähr aussehen!

Heute kam Deine liebe, TADELLOS im guten, reichen Polnisch geschriebene Geburtstagskarte an den Czarny Kot. Wir staunten wieder alle! Hoffentlich wird Dir der Kot eigenpfötig antworten, wenn er es nur nicht vergisst, und nicht das Gewollte für das Gemachte hält. Meistens bleibt es bei ihm (wie auch bei mir) bei allerbesten Absichten.

Schade, dass Du die Feierlichkeit der Preisverleihung nicht miterleben konntest. Es dauerte zwar etwas zu lang (über drei Stunden ohne eine Zigarette!), war aber sehr sympathisch und interessant. Es haben so verschiedene Leute, aus so verschiedenen Arbeitsgebieten, Preise bekommen, dass es wirklich interessant war, über einen jeden und dann – von ihm selbst etwas zu hören. So trat zuerst – um Dir nur einige Leute beispielsweise aufzuskizzieren – Prof. Chałasiński auf, ein großformatiger (wissenschaftlich wie auch äußerlich) Soziologe, ein ausgesprochener Choleriker, so etwa eine Kreuzung eines Panzerwagens mit einem Stier, sonst nicht unsympathisch. Er sagte u.a., dass er seinen Feinden ebensoviel zu verdanken habe, wie seinen Freunden, denn hätten ihm die Feinde aus verschiedenen representa-

tiven Stellen, die er einst bekleidete, nicht herausgebissen, so wäre er »in Representativem stecken geblieben« und hätte seine besten wissenschaftlichen Arbeiten nicht fertiggebracht. Dann kam die wunderbare Professorin, Frau Dorabialska, ein Wunderwesen, in welches wir uns gleich verliebt haben: ein kleiner, wie Bogna, nur zweimal dünner, alter Spatz mit strahlenden, klugen, guten Augen, mit einem Ausdruck der lebendigsten Intelligenz, der ausgesprochenen Strenge und alles überstrahlenden Güte, in einem Kleid, welches, aller Wahrscheinlichkeit nach, vor etwa 50 Jahren aus schwarzem Sammet war, mit einem schief angenähten Spitzekragen, ein Wunder! Sie ist ja Kernphysikerin, Verfasserin vieler bedeutender Werke, Entdeckerin neuer Gesetze, Lehrerin einiger Generationen Physiker! Was sie sagte dann, passte durchaus zu ihrer ganzen Persönlichkeit: dass die Wissenschaft, u.a. die Physik, an sich weder gut noch böse sei, dass sie aber, von geistig unentwickelten, oder böswilligen Leuten ergriffen, zu schrecklichsten Gefahren führen kann, so sei es die Aufgabe der heutigen Wissenschaftler, um ihr geistiges Niveau zu sorgen, und die grosse, mit ihrem Beruf zusammenhängende Verantwortung nie aus dem Gewissen zu lassen.

Dann kam ein dicker, langweiliger Professor, ein Polonist, welcher mit einer Gruppe jüngerer Mitarbeiter eine imposante Sammlung aller polnischen Weihnachtslieder ausgesucht und im Pax-Verlag herrlich veröffentlicht hat. Der war nett, aber langweilig, und konnte nicht Schluss machen. Das ganze Auditorium war beinahe eingeschlafen.

Und dann kam die Maus ... Eben in dem Momente, wo alle Zuhörer schon ganz gründlich genug hatten, musste die Maus ihre Mäuserede halten. Sie tat natürlich alles Mögliche, um aus einer schon so kurz gedachten eine noch zweimal kürzere zu machen. Es gelang, und die Mäuserede war die kürzeste von allen, was mit einem ganz lebendigen Beifall empfangen wurde. Die Maus hat so etwa gesagt: die Dankbarkeit wirkt auflebend und schöpferisch, und besonders gut wirkt die Dankbarkeit für ein entgegengenommenes Vertrauen. Dank dem mir durch den Pater Robertus entgegenbrachten Vertrauen konnte ich ein Stück guter Arbeit fertig machen, und zwar nach vielen Jahren Malens ins Leere. So, wenn ich heute die unerwartete Auszeichnung mit einer grössten Ergriffenheit annehme, muss ich sagen, dass den eigentlichen Verdienst dafür haben: der Pater, Wojtek – mein Entdecker – und Władek P., der Architekt, ohne dessen Hilfe wäre die Kapelle nie zu einem sakralen Raum geworden. Den Preis nehme ich dankbar an, als ein Stypendium für meine weitere Arbeit. Es soll ja keinen schockieren, wenn ein älterer Mensch von einem Stypendium redet. Es ist keine dumme Koketterie, sondern es ist im Grunde so, wie es St. Exypéry in seiner »Citadelle« sagte: es gibt ja keine göttliche Amnestie, welche dir das Werden ersparen kann. – So ungefähr war die ganze Mäuserede, vielleicht um paar Worte länger, aber nur um paar Worte. Etwa drei Minuten dauerte es, die Maus wollte davonlaufen und rauchen, sie musste aber steif und artig auf der beleuchteten Bühne weitersitzen ...

Dann kam der Schriftsteller Żukrowski (nein, noch vor ihm mein Kollege Nowosielski, ein philosophisch-theologisch gebildeter und sehr philosophierender Mensch, klug, aber so klug, dass man ihn schwer versteht und in ein abgründiges Dummseinskomplex hinunter stürzt). Es wäre zu lang und zu schwer, Dir alles, wenn auch in einer Abkürzung, wiederzugeben. Das Ganze dauerte, wie gesagt, über drei Stunden in der Filharmonie, dann gab es noch ein sehr feines Essen in dem Pax-Klub (die Maus ass Brot mit Butter, denn es war ihr alles sonstige zu gut – Fleisch usw.). Es war sehr nett. Wenn Du das nächste Mal kommst, werden wir Dir einige Fotos zeigen, denn wir waren alle mehrmals geknipst, und ich bekam einige Bilder, als Erinnerung. Du wirst den elegant gemachten Mäusekopf und die ganz schwarz und vornehm angezogene Maus bewundern können.

Und jetzt ist draussen so dunkel, so dunkel, dass man überhaupt nicht malen kann. Ich habe eine Komposition »für mich« angelegt, nach einer Woche Arbeit in der ständigen Dämmerung aber wusste ich schon, dass daraus nichts werden konnte. So wurde die ganze Platte schwarz bemalt und muss warten, bis mir etwas Besseres einleuchtet. Vor allen Dingen soll es innerlich ein– und aufleuchten, es wäre aber gut, auch von aussen »mehr Licht« zu haben. Die Tage sind ganz ungeheuer dunkel, man sieht kaum etwas, alle Tiere und Menschen sind schläfrig, etwas dürr und etwas matt, indem sie aber zu keinen Dürrenmatten werden, im Gegenteil.

Liebes, liebes Käuzchen! Dieser Brief wird schon als Weihnachtsbrief gedacht, so lege ich meinen Holzschnittgruss für Euch alle bei. Ich werde wahrscheinlich keine Zeit finden, um vor Weihnachten nochmals an Dich zu schreiben. Sei weder böse noch traurig, liebstes Käuzchen! Du kannst ja, bei Deiner grossen Überlastung, so wunderschöne Briefe an uns schreiben, bei mir ist es ja anders, ich bin keine Schreibmaus, es ist schwer. Der Anfang ist schwer, denn nachher schreibt es sich schon ganz schnell. Aber der Anfang! ...

So sei uns von uns allen HERZLICHST umarmt, geliebtes, geniales Käuzchen! Es möge Dir das göttliche Licht immer in äußerer und innerer Dunkelheit strahlend leuchten. Deinen Lieben – der Grossen Katze Käthe, dem Vati Pit, dem Kot Polyglot – unendlich Grüsse, beste Wünsche, beste Gedanken, und je eine herzliche Umarmung

Von Deiner alten Maus

Mit dem Grizzli-Janusz, dem $^3/_4$ Analphabeten, und den beiden Katzen

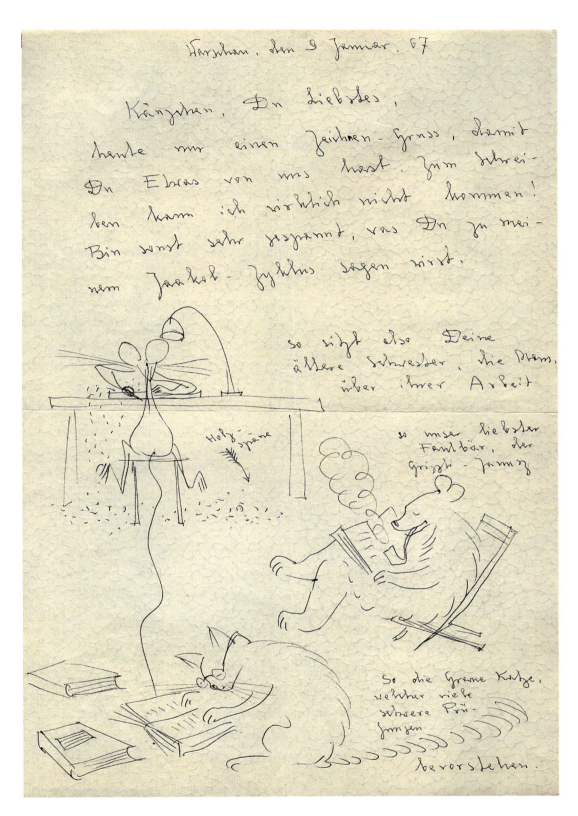

203 Brief vom 9. Januar 1967, Seite 2

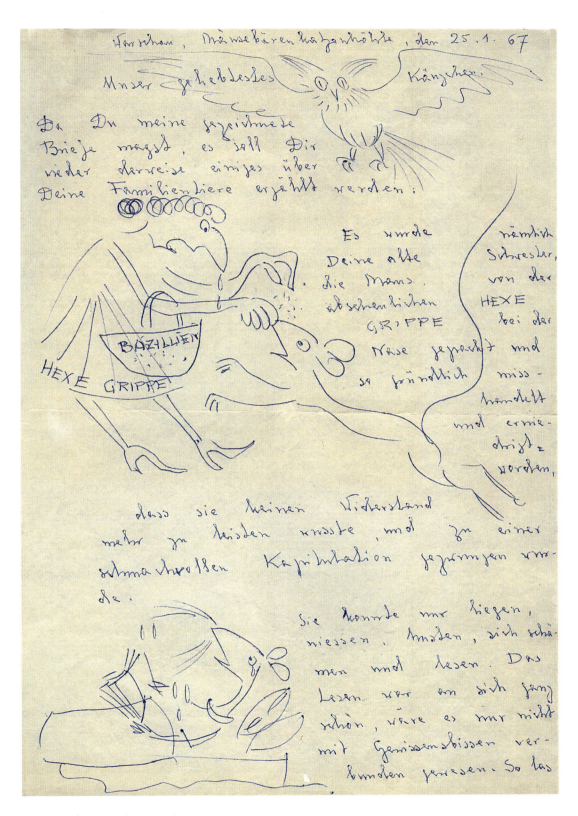

204　Brief vom 25. Januar 1967

die Maus einiges auf Englisch / „Tortilla Flat" und „Travels with Charley" von Steinbeck/, und etwas auf Polnisch – aus einem schönen Buche über Sumer, und abends, mit Grizzli zusammen, natürlich etwas Schönes und Mächtiges – auf Deutsch.

Zu Hause aber, während der fünf Tage dauernden Mäusegrippe, ist eine kleine Revolution vor sich gegangen. Die graue Katze hat die Rolle der Familienmutter über- nommen,

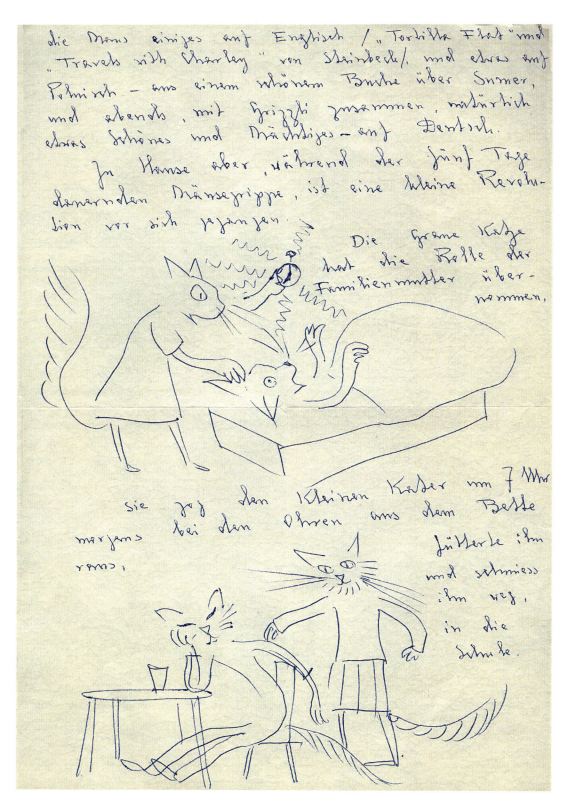

sie zog den kleinen Kater um 7 Uhr morgens bei den Ohren aus dem Bette raus, fütterte ihn und schmiss ihn weg, in die Schule.

205   Brief vom 25. Januar 1967, Seite 2

2)   (-2- 25.1.67

Und sie machte Einkäufe auf
dem Wege von der Uni nach
Hause, und versuchte auch,
den Grizzli zu füttern.

Der wollte aber
kaum etwas essen, lieber
wollte er schlafen und
lesen, wie es des Grizzli
Faulbären Natur schon
ist.

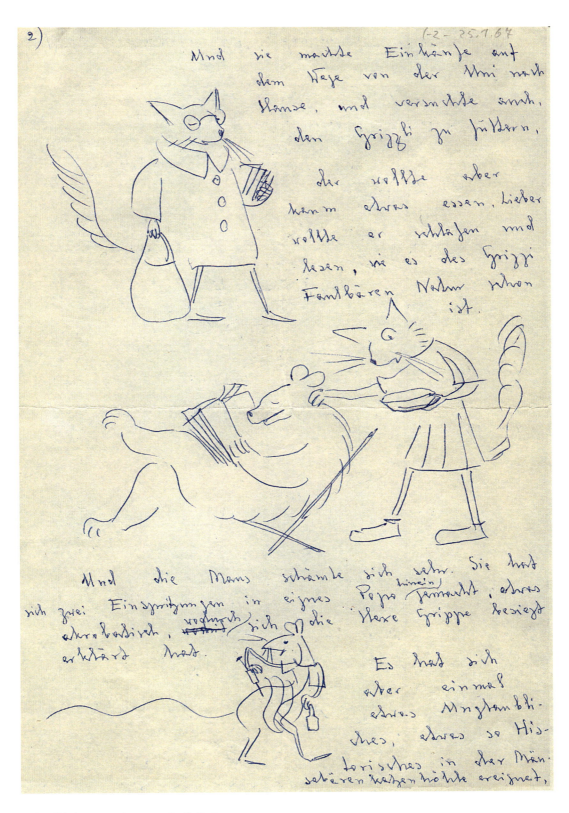

Und die Maus schämte sich sehr. Sie hat
sich zwei Einspritzungen in eines Popo hinein gemacht, etwas
akrobatisch, womit sich die Herr Grippe besiegt
erklärt hat.

Es hat sich
aber einmal
etwas Ungewöhnli-
ches, etwas so His-
torisches in der Män-
schbären Katzenhöhle ereignet,

206   Brief vom 25. Januar 1967, Seite 3

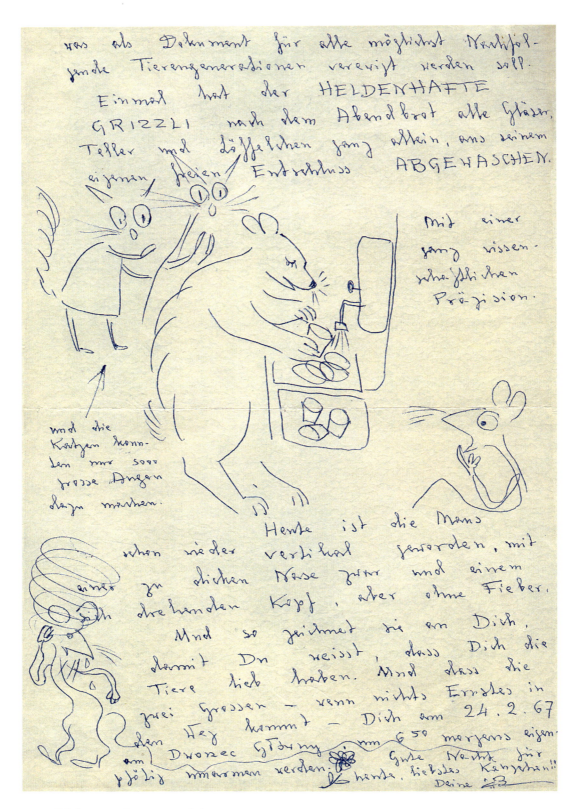

207   Brief vom 25. Januar 1967, Seite 4

Warschau, den 20. März 68

Unser liebes, liebes, heldenhaftes, unglaubliches Käuzchen,
Deine beiden Wunderbriefe, besonders der ALLER-
SCHÖNSTE Deiner »Schönen Briefe« sind glücklich und ohne
weiteres angekommen. Es ist uns ein Rätsel, wovon Du Deine
ungeheuren seelischen Kräfte schöpfst, Du Wunderkäuzchen,
Du Wundermensch. Falsch gesagt: es sei uns ein Rätsel. Es ist ja
sozusagen klar, dass Du die Kräfte aus rein geistigen Quellen
hast. Nun, können wir nur in einer tiefsten Demut den göttlichen
Geistern dafür danken, dass sie Dir solche Quellen erschlossen
haben, dass sie Dir davon zu trinken geben. Mögen sie Dir nur
immer günstig du gnädig bleiben, die hohen Geister. [...]
Alles, was Du in dem früheren Briefe über die Arbeit eines
bildenden Künstlers sagst, ist so wunderbar. Vor allen Dingen
aber – erstaunlich und ergreifend Dein »polnisches« Erlebnis.
Ich kann es ja verstehen, so unglaublich es auch scheinen mag.
Wir beide verstehen es. Wer kann die komplizierten Wege der
Schicksalsführung durchsehen? Wenn Du Dich aber innerlich
dem Polentum mitangehörig fühlst, weißt Du, was das bedeutet? Weißt Du, was es für eine unberechenbare, voller Widersprüche, unausgeglichene Seele ist, die polnische Volksseele?
Sie gebiert alles Mögliche, von einem Słowacki bis ... ich weiss
nicht, wie ich es zu nennen hätte, alles Widerspruchsvollste, die
größte Amplitude zwischen der hohen, heldenhaften Geistigkeit und einer schlauen, gewissenlosen Kleinlichkeit usw. ist hier
möglich. Es ist eine Volksseele, welche man manchmal nicht begreifen kann, auch wenn man selbst sein ganzes Leben hierzu-
lande, unter so vielen Mit-Polen verbracht hat. Einmal fliegt diese Volksseele in den Himmel empor, fast bis zur Sonne, fast bis
zum Gott; ein anderes Mal liegt sie im Schlamme, quitschvergnügt. [...] Wenn Du Deine Mitangehörigkeit zum polnischen
Volke innerlich feststellst, lädst Du Dir ein recht schweres, kom-
pliziertes Schicksal, eine schwer durchschaubare innere Verantwortung auf Dich auf. Vielleicht aber muss es gerade so sein.
Wir können uns nur freuen, dass unserer grossen und recht gemischten Familie ein Wunderkäuzchen Anne-Urszula mit leuchtender Seele und mit Zauberflügeln zugeflogen ist. Und wir
freuen uns vom Herzen!

Wir gehören ja alle gerade dem Teile der polnischen Familie an, welcher z. B. so ausgesprochen gegen allerlei Nationalismen und dgl. ist, indem es – leider! – noch so viele Leute innerlich ganz stark nationalistisch, voll allerlei Vorurteile und Aber-
glauben sind. Immer und überall müssen wir zu der Minderheit
mit angehören. Es ist nicht leicht, es lässt sich nicht ändern – wir
müssen es einfach tragen, so gut es geht. Wir haben es noch gut,
da wir von der geistigen Welt doch etwas ahnen, fühlen, überzeugt sind. Wie arm die Menschen, welche nur das Materielle
anerkennen, und für welche nicht die Liebe, sondern Hass die
höchste Kraft ist.

Am 22. 4. 1968 in Sorge über die zarte, dünne Freundin:

Ich fürchte, dass Du schwarze Tinte trinken musst damit Du
als eine dunkle Linie wirkst und Dich überhaupt merken lässt.
Pass mal auf und höre auf abzunehmen, denn sonst trittst Du in
den Gegenraum über und wirst zum Gegen-Käuzchen. Und das
wäre schade.

Am 3. 5. 1969 über den Frühling:

Bei uns ist er am vorigen Sonntag ganz plötzlich, unerwar-
tet eingebrochen. Ganz plötzlich, ohne Übergang, ist er über
die Welt hereinexplodiert, das Licht hat sich ganz verändert, und
die Natur fing an in einer Woche die sechswochige Verspätung
nachzuholen. Jetzt im Momente ist die allerschönste Zeit, wo
die Bäume ein jeder auf seine eigene Art grün werden. Gelb-
grün, leuchtend grün, rötlich-grün, und wie noch, – alles noch so
leicht durchsichtig, durchschimmernd, dass man vor Begeisterung jubeln und jauchzen möchte.

Am 2. 2. 1970 über den Winter und seine Auswirkungen:

In Warschau gehen immer wieder welche Heizungsrohren kaputt und die armseligen Leute in neuen Wohnhäusern krepieren vor Kälte. Bei uns – es mögen sich gute Schutzgeister, und gute kleine Rohrengeistchen unser erbarmen! – bis jetzt ist es ganz in Ordnung, man muss zwar in der Wohnung einen warmen Pullover anhaben, dann aber geht es. Draussen haben wir wieder – 20°, so geht es in plötzlichen Sprüngen: einige Tage Frost bis unter zwanzig, dann plötzlich taut alles auf, die Berge Schnee verwandeln sich in eine abscheuliche schwarze Brei, nach zwei – drei Tagen solch eines Grippenwetters kommt wieder plötzlich Frost. [...] der schwarze Kater steckt zu Hause, etwas niedergeschlagen, da er, dank einer scheuslichen Erkältung, welche ihm den Katzenkopf mit schmutziger Watte vollgestopft hatte und ein Colloquium verderben liess, ein 3 in der Mathematik hat. Es schien doch so sicher zu sein, dass er ein 4 (gut also) kriegen würde, – dann kam die idiotische Grippe mit ihrer verdummenden Wirkung.

Zwei Monate später, am 5. 4. 1970:

Wir haben überhaupt keinen Frühling. Es hat nur zwei oder drei – weit auseinanderliegende – Vorfrühlingstage gegeben, mit etwas Sonne und etwas Wärme. [...] jetzt aber seit zwei Tagen haben wir wieder alles mit einer 30–40 cm dicken Schicht Schnee bedeckt, ein Nordwestwind tobt und wütet, als wollte er die gemarterten Bäume ganz zerschmettern, oder als wollte er das ganze Leben ersticken auf unserem armen polnischen Stück Erde. Es ist immer und immer dunkelgrau, nur das unheimliche, fahle Abglanzlicht von dem herumliegenden, herumfallenden Schnee. [...] alle Freunde (mit Ausnahme der Bergsteiger) fühlen sich wie zerkaut und ausgespuckt.

»Lichtwunderbrief«

Mäusebärenkatzenhöhle, den 18 Okt. 69

Mein liebes, liebes Käuzchen, Du Arme, welche Du eine so böse grosse Schwester hast,

in der Tat, weiss ich gar nicht, wie, mit welchen Worten ich mich vor Dir zu rechtfertigen habe, mit welchen Worten ich Dich um Entschuldigung zu bitten habe. Anne, Käuzchen, mein liebes armes Schwesterlein, das Einzige, was ich Dir sagen kann, ist eine recht, recht herzliche Bitte: vergebe, entschuldige, denke nicht, dass es sich nur irgend etwas in unseren Gefühlen, welche wir für Dich haben, verändert hätte. Immer denken wir mit derselben Liebe und Verbundenheit an Dich, immer sind wir – ebenso der alte Bär, welcher in Arco steckengeblieben ist, wie ich – in Gedanken und mit Liebe in Deiner Nähe. Seit mehreren Wochen aber konnte ich zu keinem Schreiben kommen. Es war einfach unmöglich. Es ging nicht. Vielleicht, mit Deiner so empfindlichen Seele, wirst Du es, trotzt aller Schwierigkeiten, doch begreifen können. Es ging nicht. Wieviel Mal habe ich mir vorgenommen – und jedes Mal schien es ein fester Entschluss gewesen zu sein – endlich an Dich zu schreiben, mich endlich zu rechtfertigen, Dir endlich die Gründe meines so langen Schweigens zu erklären, Dir für Deinen langen, Dir von Arco nach Hause zurückversandten Brief und für die Kräuter zu danken. Bis heute bin ich dazu nicht gekommen. Käuzchen-Anne, meine arme kleine Schwester, verzeihe, wenn Du kannst. Es tut mir <u>wirklich</u> tief und herzlich leid, dass ich so furchtbar lange zu keinem Worte an Dich gekommen bin.

Zuerst war es eine ganze Geschichte mit unserem Fahren – Nichtfahren – Fahren – Nichtfahren – usw. Es ist uns genau so gegangen, wie der Schnecke von Morgenstern: einen Schritt raus – lieber nit raus – rauserauserauseause. Im August noch gab es verwickelte und nervlich erschöpfende Geschichten mit meinem Lubliner Kreuzweg (er ist doch weit nicht so gut wie derjenige in unserer Kapelle, er wurde von den Malern mit Kalk und Wandfarbe beschmiert, er ist flach, sehr schlecht beleuchtet, und wirkt überhaupt nicht), mit Michaels Arbeit, usw. usw. Am 2-ten September sollten wir endlich nach Arco fahren. Wir hatten Fahrkarten, Platzkarten und alles fertig für den zweiten.

Dann hat sich Janusz erkältet. Nach einigen Tagen ging es ihm besser, ich habe mit vieler Mühe, Zeit- und Nervenverlust ein neues Abfahrtdatum und neue Platzkarten angeschafft. Dann brach es mit seiner Leber los, er ist, statt nach Arco, nach Riga gefahren – usw. usw. Wir haben also nach Arco telegrafiert, dass wir nicht kommen könnten. Es vergingen weitere Tage. Wir haben inzwischen erfahren, dass unser guter Freund und Schutzengel, der Doktor, im Begriffe stand, mit seiner Familie auszuwandern. Das war wie ein Stein auf den Kopf. Eine ganze Menge Gefühle und Gedanken, die mit dieser Nachricht erweckt wurden, konnten einen nicht nur niederschlagen, sondern beinahe seelisch zerschmettern. Das Menschlich-Persönliche und das Allgemein-Menschliche, beide Aspekte dieser Sache wirkten so auf uns, dass wir innerlich wie gelähmt, wie auf harte, leblose Felsen niedergeschmettert wurden. Innerlich lag ich mit dem Gesicht nach unten und heulte mir die Seele aus dem Leibe heraus. Äusserlich verrichtete ich das, was äusserlich zu verrichten war, ohne arbeiten oder schreiben zu können. – Nach einigen weiteren Tagen hat sich Janusz besser gefühlt. Es kostete unbeschreiblich viel Mühe und Nerven, Anstehen, Herumlaufen, Anstehen usw. usw. usw., zum dritten Mal das Reisedatum festgestellt zu kriegen, diesmal schon ohne Platzkarte. Nur dank unserer lieben Irena der Dicken und Romek, ihrem Mann, haben wir endlich Plätze erobert – und so sind wir am Abend, dem 8-ten September, nach Wien abgefahren. Ich war ganz fertig, das kannst Du Dir wahrscheinlich vorstellen. – In Wien haben wir fast drei Tage verbracht, oder besser: verlaufen, denn wir sind stundenlang und kilometerweit gewandert, gewandert und wieder gewandert. Ich bewunderte meinen alten Grizzli, welcher ganz plötzlich aus einem schwachen, zerbrechlichen, unbewegbaren Wesen zu einem phantastischen Kumpel und Wanderer sich verwandelt hat. Übernachten konnten wir bei den Freunden, wo ein freies Gastzimmer mit einem Bad uns zur Verfügung gestellt wurde. Nach drei Tagen (Museum, Breughel, alte Kirchen, Strassen und Gassen, Schaufenster, verschiedenstartige Menschen, wieder Museum, wieder die Kirchen, wieder das ruhige, bunte, bewegliche Leben um uns – eine anderer Planet) sind wir nach Venedig gefahren. Und hier fing es an mit dem Lichtwunder. Wir wurden geblendet, nicht aber auf eine schar-

fe, herbe, lähmende Weise geblendet, sondern es war buchstäblich ein uns herab- und entgegenströmendes Licht- und Wärmeelement, welches uns plötzlich der ganzen polnischen Erdenschwere entrückt hat, welches uns in einen ganz unbeschreiblichen Zustand eines völlig wachen Halbträumens versetzt hat, so dass wir nur wieder wanderten und wanderten, mit physischen Füssen auf der Erde, mit physischen Sinnen dem uns zuströmenden Lichte, der uns verzaubernden Schönheit der uns umgebenden Natur und Kunst weit geöffnet, und doch wie aus unseren physischen Leibern etwas herausgehoben, herum – schweigend, schweigend, denn ein jedes Wort könnte nur das Wunder zerbrechen. Nach 2$\frac{1}{2}$ Tagen fuhren wir weiter – im Regen und mit vielen Schwierigkeiten unterwegs – nach Arco. Ich hatte Angst.

Und plötzlich hat es sich erwiesen, dass das ganze alte Haus, wo früher die künstlich mumifizierte Vergangenheit in der Luft hang und den Atem raubte, zu einem ganz anderen Hause geworden war. Die jungen Leute erwiesen sich als liebe, gute, herzliche Menschen, mit welchen ich sehr bald eine gemeinsame Sprache, ein gegenseitiges Verständnis gefunden habe. Die Kluft, die uns früher trennte, die wie Alp drückende Zugehörigkeit zu zwei verschiedenen Generationen, verschwand. So schlecht und mühsam ich nur italienisch zu sprechen imstande bin, habe ich mich lange, lange mit Renata, der Frau unseres Neffen, unterhalten. Wir haben uns gegenseitig herzlich liebgewonnen, das junge Ehepaar das alte und vice versa. Es war ein neues Wunder. Seither haben wir, zum ersten Mal, Verwandten und Freunde in Arco.

Und das Licht zauberte weiter. Es war still und warm, die Berge in silber-rosigem Lichtnebel, alles silbern-schimmernd. Alles bestand aus Licht und Stille, zeitlos, dimmensionlos, schwerelos. Dies ungläubliche Erlebnis dauerte acht Tage. Ich konnte nichts schreiben, Käuzchen. Die Umstellung war zu gross. Wir sind nur viel herum spazierengegangen. Wir sassen auf dem Grass oder auf der einen oder der anderen Bank, schauten und lauschten. Abends, zu Hause, tauchten wir in ein friedvolles, obwohl manchmal mit lautem Gebrüll und Geschrei (auf eine gutmütige, lebendige italienische Weise) vor sich gehendes Familienleben unter, wo wir uns auch über allen Mass wohl und »zu

Hause« fühlten. Ich konnte nichts schreiben. Die Änderung war zu gewaltig. Ich konnte nur – geniessen, in tiefster Dankbarkeit.

Nach acht Tagen musste ich zurück. Verona – noch zusammen mit Janusz, noch Wanderung, wo aber mein liebster Bär schon wieder sein altes Lieblingsliedchen zu intonieren begann: nicht so schnell, ich bin doch alt und müde – usw. Licht und Wärme, friedliches, reiches, selbstzufriedenes Leben um uns herum – und immer stärker das Gefühl: du gehörst hier nicht mit hinein, das ist alles nicht für dich, so dürfen leben diejenigen Menschen, welche es sich verdient haben, du hast es nicht verdient, nimm das Licht und die Wärme, die du erlebt hast, in dein Inneres hinein, verarbeite sie, verwandle sie in eine grosse, leuchtende Dankbarkeit. Hau aber ab und mache nicht, als ob du hier weiterleben wolltest, denn das darfst du nicht.

Zum Bersten vollgestopfter Zug, welcher mit einer Stunde Verspätung nach Verona angekommen war. Abfahrt. Dann Wien – zwölf Stunden, einsame Wanderung, einige Einkäufe, und wieder das Betrachten, Betrachten dieses völligen Andersseins, Anderslebens ... Und dann – nach Warschau.

Hier war es kalt und dunkel. Das Wetter wollte mich sofort, aber sofort aus der Verzauberung, aus der Halbentrücktheit herausstossen. Es ist ihm auch gelungen. Die Katzen waren so lieb, aber so elend, Bogna nach ihre Praxis, Michael nach seiner schweren Arbeit. Er hatte acht Kilo (16 Pfund) abgenommen. Zu Hause hatten wir +13°. Vernachlässigte Pflichten waren nachzuholen. Ich konnte aber lange mit keiner Arbeit beginnen, das Gehirn war zugefroren, ebenso die Pfoten.

Nach einer Woche brach es mit Besuchen los: die Professorsfamilie aus Halle, liebe Leute, aber 4 Stück, die am nächsten Tage beklaut wurden. Sonst waren wir auch ohne Wasser – eine kleine, aber recht unangenehme Katastrophe: ein der dicken Wasserleitungen in unserer Siedlung war kaputtgegangen. Wahnsinnige Rumläuferei auf die Miliz und sonst wegen des Diebstahles: unsere Freunde waren ohne alle Ausweise und Dokumente, geschweige des Geldes, wie in der Luft hängengeblieben. Nach vier Tagen fuhren sie weiter nach Posen, inzwischen erschienen bei uns nacheinander oder gleichzeitig: Darek, Teresa, und Kocurek mit Christine, liebes, liebes Volk und wahre Freunde. Ich begann meine – diesmal illustratorische – Arbeit,

mit welcher ich aber im Momente noch keineswegs zufrieden bin. – Unseren lieben Doktor und seine Familie haben wir gestern auf den Bahnhof begleitet. Stimmung eines Tages vor dem Jüngsten Gerichte. Oder vielleicht – die der traurigsten, um Hilfe flehenden Psalmen. »Aus der Tiefen rief ich zu Dir, o Herr«, so etwa. – Käuzchen, bitte vergebe mir mein Schweigen und schreibe, was Du erlebt, wie es Dir und Deinen lieben Leuten geht usw. usw. Alles das ist für uns ebenso wichtig und nahe wie immer, mein liebes Käuzchen.

Es umarmt Dich herzlichst, mit vielen Grüssen für die Eltern und für Peter

Deine alte, dumme Mysz

Über die Chagall-Ausstellung u.a.

Mäuseburg, den 16.6.72

Liebes, liebes Käuzchen,

über sechs Wochen sind vergangen ohne dass wir voneinander was wissen ... Es ist grausam von mir, dass ich so lange kein Wort an Dich geschrieben habe, es ist aber das Leben so, dass man zu keinem zu formulieren den Gedanken kommt: es geschehen Dinge in der Welt, die einen in ein Staunen – ein etwas misstrauisches Staunen – versetzen. Es geschehen Dinge in der allernächsten Umgebung, die einem Bangigkeit bringen, Leid bringen, und immer klarer einem zum Bewusstsein dasjenige bringen, dass er eben lernen soll, selbstloser und selbstloser zu werden, dass er schweigen soll, dass er eigentlich leben soll, als ob er überhaupt nichts für sich selber wolle, usw. usw. Ich muss noch eine ganze Menge Dinge lernen, nicht nur die Katzen, die sehr schwer und hart arbeiten, und die sich intellektuell sehr gewaltig entwickeln, sondern auch ich, indem aber meine notwendige Entwickelung nicht im Intellektuellen bestehen soll. Ja Anne-Käuzchen, mein Schwesterlein. Deine alte Schwester hat es manchmal nicht leicht ... Es gibt hier aber nichts zu klagen, das Leben ist einfach so. Die alten Hebräer haben das gewusst: »und der Mann wird seinen Vater und seine Mutter verlassen, und er wird sich mit seinem Weib vereinigen«, so ungefähr heisst es im Alten Testament. Alles ist klar, normal, naturgemäss.

Nur das allmähliche innere Verlassen-werden kann einem der Verlassenen zu einer Qual werden. Das ist auch naturgemäss, das soll man möglichst menschlich überstehen. Und das ist, neben der Arbeit in Tarnów, wo wir aller Wahrscheinlichkeit nach in den letzten Tagen Juni, oder in den ersten Juli hinfahren sollen, meine schwere Arbeit für die nächste Zukunft. [...]

Ich habe so fürchterlich bedauert, dass Du die wunderbare, unsäglich märchenhaft-schöne Chagall-Ausstellung, welche wir eben in dem Muzeum Narodowe gehabt haben, nicht mit uns – mit mir vor allen Dingen, – mit-sehen, mit-erleben konntest. Leider habe ich keinen Katalog, alle waren schon am ersten Tage vergriffen, wie immer sonst, die Auflage reichte gerade für die vornehmen Vernissage-Gäste. Die ganze Ausstellung wirkte unwahrscheinlich. Es kam mir vor, dass Chagall ein Begnadeter ist – was ich sonst früher auch wusste, – dass er unmittelbar aus den Gebieten der übersinnlichen Welt seine Eingebungen bekommt, in welchen allerlei die grossen Bilder der grossen Wahrheiten entstehen und leben, aus denselben Gebieten, wo die Bilder für alle grossen alten Mythologien geboren worden sind, und weiterleben, ohne dass die neuzeitlichen Menschen irgendetwas von ihnen wissen. Im Chagall lebt etwas von einem althebräischen Propheten, von einem, zu welchen der Herr sprach. Zu ihm spricht entweder der Herr, oder seine Geisterscharen in Bildern, in Farben, in farbigen Symbolen. Seine unwirklich, unwahrscheinlich leuchtende, kühne Farben haben mit der äusseren Wirklichkeit nichts zu tun, sie sind Farben, Stimmen, Leuchten aus der astralischen Welt, aus der ausgesprochen östlichen und jüdischen astralischen Welt, wo alles Mögliche lebt – Liebe, Leidenschaft, Verzauberung und Begeisterung, auch Bangigkeit und Trauer, nur die Brutalität und Grausamkeit nicht, und die Plattheit und Hässlichkeit auch nicht. Für Grausamkeit und Hässlichkeit hat er kein Sinnesorgan, er empfängt sie nicht. Angst und Bangigkeit – ja, ein gewisses Verlorensein einer fremden, mitleidlosen, unerbittlichen Welt gegenüber, das – ja, das fühlt er, und darüber singt er seine farbigen Psalmen. Ein tapferer, kämpferischer Dawid ist er aber nicht, vielleicht vielmehr ein jüdischer Orpheus, durch ein Gotteswunder in das XX Jahrhundert herein, herniedergelassen, nicht auf dass er darunter vergehe, sondern auf dass er die grausame Nüchternheit, Gefühllosig-

keit der Epoche mit seiner Kunst erlöse. Unter seinen Fingern wird alles – kleines Leben kleiner Leuten, körperliche Liebe, gewöhnliche Tiere, Alles – zu einem Wunder, zu einem leuchtenden Farbenwunder, welches singt. Na, das lässt sich nicht beschreiben, auf jeden Fall – nicht von mir.
[...]

Antwortbrief auf die Nachricht vom Tod des Vaters der Freundin:

Warschau, den 17.9.72
Ihr unsere Lieben – liebe Käthe, liebe Anne, lieber Peter, gestern kam die Nachricht. Es ist unmöglich, irgendwelche Worte zu finden, um Euch zu trösten, um Euch zu helfen. Wenn liebevolle Gedanken, wenn ein herzlichstes Mit-Fühlen, Mit-Denken etwas – sehr, sehr wenig, aber doch ein kleines Etwas – helfen können, so wisset: wir sind alle mit Euch – und bei Ihm, der Euch verlassen musste, um in die geistigen Welten zu gehen.

Wir haben Ihn so herzlich gern gehabt. Mögen seiner Seele die guten Geister gnädig sein, mögen sie ihn stützen und führen, es liegt uns alle, seine Nächsten und seine Freunde, ob, mit liebevollen Gedanken, mit ernsthaften, innigen Gebeten Ihm zu helfen, den Weg aus der Erdendunkelheit in das Licht Gottes zu finden.

Denn er, welcher in seinem irdischen Leben immer so tätig, so menschenfreundlich, so hilfsbereit war, braucht jetzt unser allen, die ihn liebten, Hilfe. Er wollte über die geistigen, unsichtbaren, übersinnlichen Realitäten nicht viel nachdenken. Und nun ist er dort, dadrüben, in einer längst vergessenen, unbekannten Realität, in der Welt, in welcher alles ganz anders, als in der physischen ist, welche aber nicht weniger wirklich, – vielmehr viel wirklicher als die diesseitige ist.

Mögest Du, meine liebe, liebe Käthe von einem solchen Standpunkte aus an Ihn denken. Sein irdisches Leben auf dem Plane der Sichtbarkeit konnte nicht länger dauern. Sein Körper ist tot, das aber, was ihn belebte, was seine Individualität, seine ganz einzige, eigenartige Individualität ausmachte, das lebt weiter. Wir können etwas für ihn tun. Beten wir für ihn, denken wir an ihn – möglichst nicht nur in Trauer, sondern vor allen

Dingen – mit Liebe, welche zu einem das Wandern erleichtenden Stab werden möge.

Es sind alles Dinge, die Du, unsere liebe, liebe Anne, besser als ich weiss.

Ihr Lieben, Lieben! Wir alle denken an Euch, wir alle, auch die Jungen.

Wir umarmen Euch in herzlichster, innigster Verbundenheit. Wir sind bei Euch mit unseren Herzen, mit unseren herzlichsten Gedanken.

Eure Maria mit Janusz, Bogna, Michał und Basia

Nach dem Tod von Janusz Neumann:

Warschau, den 2. November 72

Anne, Käuzchen, Du liebste Schwesterseele, Du wunderbarer Freund,

Dein unsäglich schöner, tiefer, ganz vergeistigter Brief hat mich so tief ergriffen, erschüttert, dass ich keine Worte finde, um Dir nur ein Etwas davon zu sagen. Du liebe, lichte Menschenseele! Wüsstest Du nur von der Finsternis, in welcher ich jetzt stecke. Aus dieser Finsternis, aus einem tiefen, dunklen, schmerzhaften Bewusstsein der eigenen Schuld, der eigenen Grobheit, Dummheit, der eigenen mörderischen Bequemlichkeit heraus, sende ich nach oben, ins grosse Geisteslicht, in welcher jetzt, seit 26 Tagen, mein Janusz, ganz verklärt, immer weiter aufwärts strebt, die wunderbaren Sprüche des Doktors ... Mögen sie mein eigenes, armes Denken ersetzen, mögen sie mit ihrer Geisteskraft das bewirken, was sie zu bewirken haben. Und so – ausser den dreien, die auch Du unseren Freunden hinübersendest:

Meine Liebe sei dir im Geistgebiet.
Lasse finden deine Seele von meiner suchenden Seele –
Lasse lindern deine Kälte,
und lindern deine Wärme
von meinem denken deines Wesens.
So seien wir verbunden
Ich mit dir
und du mit mir.

Oder das Andere:
In Geistgefilde will ich senden
Die treue Liebe, die wir fanden,
um Seele der Seele zu verbinden.
Du sollst mein Denken liebend finden,
wenn aus des Geistes lichten Landen
du suchend wirst die Seele wenden,
zu schauen, was in mir du suchest.

Oder noch das:
Meines Herzens warmes Leben,
es ströme zu deiner Seele hin,
zu wärmen deine Kälte,
zu sänftigen deine Hitze.
In den Geisteswelten
Mögen leben meine Gedanken in deinen,
und deine Gedanken in meinen.

Möge er nur empfinden, wie sehr diese Worte unseres Lehrers meine Worte sind, meine wahrsten, wirklichsten Liebesworte. Möge er wissen, wie sehr ich ihn liebe. Vielleicht geht ihn meine Liebe nicht mehr an. Während der letzten vier, oder wenigstens drei Jahren, war ich nicht mehr fähig, ihn auf dem irdischen Plane zu lieben. Ich habe ihn für eine Art Deserteur gehalten, für einen Menschen, welcher sich das irdische Leben, das ihm nicht bekam, möglichst bequem machte auf Kosten der Anderen, auf meine Kosten, usw. Ich nahm ihm es übel. [...]

WÄRE ICH IHM GEWACHSEN GEWESEN, SO HÄTTE ICH IHM DAS ERDENLEBEN ERLEICHTERN UND VERLÄNGERN KÖNNEN.

Ich habe es nicht getan. Ich habe auf den Kampf um ihn verzichtet. Ich habe völlig versagt – als Mensch, der etwas von der Geisteswissenschaft weiss, als Freund, als Lebensgefährte. So ist es.

Genau eine Woche nach unserer Heimkehr aus Tarnów ist Janusz auf eine unerklärliche Weise krank geworden. Ganz fürchterliches Erbrechen quälte ihn so, als ob er sich umstülpen sollte. Ein ämtlicher Arzt hat es für eine unwichtige Verdauungsbeschwerde gehalten. Zwei Tage nachher kam – ebenso von der Krankenkasse – eine ernsthafte, sehr sympathische Ärztin, und liess Janusz sofort nach einem Spital hin transportieren. Wir fuhren zu unserem wunderbaren Freunde, dem Leon. Die Diagnose hiess: Darmverschluss. Am 21 September hat Leon, einer der besten Menschen der Welt, den Armen operiert. Gleich nach der Operation sagte er mir, es bestünden noch Chancen, Janusz beim Leben zu erhalten. Zwei Tage nach der Operation ist das Bewusstsein fast völlig entschwunden. Das verkalkte Gehirn diente nicht mehr. Es war grausam. Janusz erkannte mich für einige Minuten wieder, gleich danach aber redete er Unverständliches, Zusammenhangloses vor sich hin, ärgerte sich, wollte nach Warschau fahren, sprang aus dem Bette hinaus, lief herum – usw. usw. usw. Zuerst schien sich sein physischer Zustand zu verbessern, mit dem psychischen aber war es ganz entsetzlich. [...] Jeden Tag war ich natürlich im Spital, manchmal zwei Mal am Tage, habe zwei Nächte – leider nur zwei Nächte – bei ihm gesessen. Es schien mir, als ob ich das alles nicht mehr halten könnte. [...]

Es kam aber inzwischen das Termin für eine Arbeit, welche ich in einer (wunderbaren) Kirche von Władek P. in Kalisz auszuführen hatte. Ich habe die Ärzte und eine erfahrene, weise, sehr menschliche Oberschwester gefragt, ob ich hinfahren dürfte. Alle sagten mir, es bestünde keine unmittelbare Lebensgefahr, ich dürfte hin, usw. So fuhr ich nach Kalisz. Am Sonnabend, den 7.10., habe ich die Arbeit fertiggemacht, und wusste, dass ich sofort nach Hause musste. Um 18.30 Uhr stand ich in einem schmutzigen Wartesaal auf dem Bahnhofe, und dachte an Janusz. Dachte ungefähr so, wie ich schon mehrmals früher gedacht hatte, nur diesmal war dieses Denken viel, viel intensiver denn je gewesen, – also ungefähr so: »o gute Gottesmächte, wenn es nicht möglich sein soll, dass er zu sich käme, dass er seinen physischen Körper als ein Werkzeug seines Geistes noch gebrauche, so lasset ihn lieber sich von diesem zerstörten Werkzeug befreien, damit er ungehindert in die geistige Welt, in die Christus-Sonne hinwandern möge.«

Um 20 Uhr hat die Oberschwester bei uns zu Hause angerufen und dem Michał gesagt, der Vater habe um 18.30 Uhr den irdischen Plan verlassen.

[...]

Warschau, den 29.10.76
Anne-Käuzchen, Du meine liebe, liebe kleine Schwester,
wie soll ich Dir für Deinen lieben, langen, traurigen – aber doch so unsäglich durch-sonnten – Brief, für Deine so rührenden Worte zu Bognas, und zu meinem, Geburtstagen, – für Deine Sorge um mich (die Kräuter!) danken? Mit welchen Worten? Worte haben eine ungeheure, magische – in einem besten Sinne – Kraft in sich, wenn ein Mensch sie auf eine geistig-richtige Weise gebrauchen kann. Sie können zu Wesen werden, und wesen-haft wirken: belebend, erwärmend, helfend, und tragend. Wie in diesem Spruche, welchen Du mir aufgeschrieben hast, Du Liebe! Es ist derselbe Spruch, welcher unsere Kinder auf ihren Lebenswegen, – so kompliziert, so widerspruchsvoll sie auch sein mögen, – immer begleitet. Wir haben ihn beide immer vor dem Schlafengehen gemeinsam vorgesagt, seit Bognas Geburt, zuerst für sie, dann für die zwei Kinder, viel später – für alle drei, denn Basia ist auch Januszs Tochter geworden. Und ich versuche immer, wie es nur geht, ihn jeden Tag für meine Kinder in Gedanken vorzusagen. Und nun kommst Du zu mir mit diesem wunderschönen Geschenk, und wir beide finden uns wieder, nochmal wieder auf demselben Gebiet, in derselben seelischen Gegend, wir atmen gemeinsam dieselbe Luft ein, schauen gemeinsam dieselbe Sonne. Ist es nicht ein Wunder? Käuzchen, Du Liebe, in diesem so traurigen Leben geschehen doch Wunder. [...]

Wunder geschehen meistens unter der Oberfläche des Sichtbaren. Es muss gewissermassen leichter gewesen sein, zu derjenigen Zeit gelebt zu haben, als sich die Christi-Wunder noch auf der physisch-sichtbaren Ebene abspielten. Haben wir damals auch gelebt? Ich weiss nicht. Es kommt mir vor, als ob ich ein Mann aus einem »barbarischen« Volke gewesen sei, so etwa im 4.–5. Jahrhundert, so ein grobgehauener, innerlich unruhiger, unausgeglichener Mann, welcher später zu einem der Schüler eines sehr frommen Mönches geworden sei, und zu einem überzeugten Christ mit einer heidnisch-barbarischen Seele geworden sei. Wer weiss? Ich weiss es nicht. Es kommt mir manchmal so etwas vor, das ist alles. Und jetzt spielt sich das Aller-Wesentlichste in den Seelen der Menschen, und nicht auf dem Plane des Sichtbar-Greifbaren, und wir fürchten immer, unsere eigenen Wünsche, Einbildungen, Autosuggestionen für wirkliche Wunder zu halten, wir werden misstrauisch uns selber gegenüber, – und so, aus so einem Überfluss an Selbstkontrolle, oder aus einem Mangel an Vertrauen lassen wir uns mit der manchmal so unerträglichen äusseren Wirklichkeit niederschlagen, beinahe zerschmettern.

[...]

Am nächsten Tage [...] bin ich – beinahe unerwarteterweise (denn noch zwei Wochen früher hatte alles so ausgesehen, als ob es unmöglich gewesen wäre) nach Schweden gefahren, wo ich in Malmö in einer kleinen Privatgalerie eine kleine Ausstellung haben sollte. Zu meinem grossen Staunen ist das alles gut gegangen, es hat zwei sehr positive Besprechungen in der Presse gegeben, einige Blätter sind verkauft worden. Ich lebte unter netten Menschen, und wunderte mich nur, dass es so ein Land geben kann, wo alles von den Menschen für die Menschen, auf eine ehrliche, anständige Weise gemacht wird, wo alles ist sauber, und wo die Menschen alle so sauber sind. Und trotzdem gibt es so viele menschliche Tragödien, zerfallende Familien, verlassene Frauen und Kinder – usw. usw. Es war auch ein Wunder, ein Himmelsgeschenk, diese Reise, wo ich, räumlich entfernt, einen inneren Abstand mir zu erarbeiten mich bemüht habe. Was jetzt noch weiter kommen kann – wer weiss, wer weiss? Nun bin ich in unserer Alltagswirklichkeit wieder darin, und bitte nur meinen Schutzengel um Kräfte, und Verstand.

Anne-Käuzchen, meine Sówka, Du Liebe! Mit Herzen und Gedanken bin ich bei Dir, bei Euch, bete für Euch wie ich nur kann. Christus segne Dich, Euch beide. Viele Grüsse an die Mutti, grüsse auch Peter. Es umarmt Dich Deine alte Schwester [Mäusezeichnung]

Brief an die Frankfurter Freunde:

Warschau, den 27.12.77
Ihr meine Lieben, Ihr unsere Lieben, liebe Marita, lieber Helmut,

es war einmal so:

da stand ein Weihnachtsbaum, ein echter, mit vierzehn echten Kerzen an den Ästen, und mit einem silbernen Stern am Gipfel, in einer Mäusebärenkatzenhöhle, welche auch zuweilen »die Mäuseburg« genannt wird, obwohl sie keine Burg ist, und keine Festung, sondern eine allen Menschen und Tieren guten Willens offene Stelle in Mittel(?) Europa(?).

Und auf dem alten, uralten Tisch (unter welchem die alte Mama-Maus sich als Kind zu verstecken, und zu spielen pflegte, und welcher viele verschiedene Katastrophen, u.A. den Krieg, überdauert hat) stand eine dickere, grössere, nach Bienenwachs duftende Kerze, welche nach Bethleem, nach Licht in der Finsternis, nach Menschenliebe, und nach Seelenfreude duftete, und die Herzen erwärmte.

Und vor dem Weihnachtsbaum stand ein Gefäss, eine Art Fass, in fröhlichen Farben. Da kamen allerlei Tierchen heran: eine alte Mamamaus, und ihre Töchter: eine Waschbärin, und eine graue Katze. Und ihr Sohn, der schwarze Kater, mit seiner Frau, welche als ein schwarzes Gebirgseichhörnchen einst erkannt worden war. Und alle Nasen beschnupperten den bunten Fass, und seinen Inhalt: all das duftete nach Freundschaft, nach Wärme, nach Güte. Und alle Tierchen haben plötzlich von diesem Überfluss an Schönem, und Gutem, etwas feuchte Augen, und feuchte Nasen. Die trockneten sie sich mit eigenen Schwänzen, und mit den Tempo-Taschentüchern aus dem fernen (nicht fernen, und doch fernen) Westen.

Und es wurden Weihnachtslieder gesungen, oder vielmehr – gesummt. Gelobt sei Gott in den Höhen, der Frieden Gottes sei immer mit den Menschen, die guten Willens sind. Mit ihnen, in ihnen. Amen.

Am nächsten Tage hat sich die ganze Gesellschaft so mit allerlei Leckerbissen aus dem Zauberfass vollgefressen, dass alle Tierchen dicke Bäuche gekriegt, und wie eine Überflussgesellschaft ausgesehen haben! (ha, ha, ha)

Ehe ich mal zu einem Brief mit Hand und Fuss an Euch Alle Lieben komme, wollte ich Euch nur dieses erzählen. Seid von uns allen herzlich, herzlich umarmt. Wir wünschen Euch Allen das Segen Gottes in Allem, in dem kommenden Jahr 1978! Eure Maria mit Kindern, und Freunden

An Dorothea Rapp

Warschau, den 20. Januar 78
Meine liebe, liebe Dorothea,

es hätten eigentlich schon wenigstens zwei, oder drei lange Briefe an Dich geschrieben werden sollen, als Fortsetzung unserer Gespräche beim Wolf in Stuttgart, und bei den Schiessers in Frankfurt, usw. usw., vor allen Dingen aber als eine Fortsetzung, oder Verlängerung, oder Erweiterung, oder Vertiefung unseres so kurzen Zusammenseins, welches etwas so Bedeutendes – wenigstens für mich – gewesen zu sein scheint.

Viele Gespräche, welche ich seit Wochen, seit dem letzten gemeinsam verbrachten Abend in Stuttgart, mit Dir in Gedanken führte, sind in die Luft, oder in den Weltenäther hineingedacht worden, ohne eine physisch-sichtbare Form angenommen zu haben. Du wirst sie aber, wenn auch auf eine undeutliche, leise spürbare Weise empfangen, und empfunden haben, das ist mir sicher, oder beinahe so. Und gestern kam das Packett mit 5 x Die Drei an. Hab tausend, abertausend, und noch mehr Mal Dank dafür, Du, lieber Freund!

Die ganze Nummer ist ganz ausserordentlich interessant! Was Du aber über mich, über meine Arbeit geschrieben hast, das ist – jetzt zum zweiten Male, in voller Ruhe gelesen – ein so grosses, so grossartiges Geschenk, dass ich überhaupt keine Worte finde, um meine Ergriffenheit, um meine so wirkliche, so echte, so tiefe Dankbarkeit auszudrücken. Zwar fürchte ich, dass Du mich überschätzt, besonders indem Du mich in einem gewissen Sinne zweien meiner Volksgenossen, zweien Menschen, welche ich bewundere, und verehre, zugesellst. Ich fühle mich wirklich nicht würdig, und das ist keine falsche Bescheidenheit, keine Koketterie, wenn ich es sage, – ich bin wirklich nicht würdig, in der Kompanie eines hervorragenden Denkers,

und Philosophen, und in der Kompanie eines genialen (ohne Übertreibung) Komponisten gestellt, oder genannt zu werden. Ja, ich habe es ja auch wohl verstanden, was Du damit gemeint hattest. Es sollte keiner mit keinem Anderen verglichen werden, Du wolltest von dem polnische Streben nach persönlich-überpersönlichen Werten etwas sagen, von individuellen Wegen verschiedener Menschen, welche, bewusst, oder unbewusst, auf Wegen, oder Irrwegen, auf einer Suche nach dem Heiligen Gral sich bewegen (be-weg-en), ein jeder auf seine Art, ein jeder nach seine individuelle Weise. Dass der Individualismus zu bekannten polnischen Charakterzügen mitgehört, das ist wahr, und das hat ebenso viele Vor- wie auch Nachteile, darüber könnte man sich stundenlang unterhalten. Ein stark entwickelter Individualismus kann auch in manchen Fällen zu einem noch stärker sich geltend machenden Egoismus führen, und das tut er in manchen Fällen. Wo ist die Grenze? Eine der Fragen, welche, bei verschiedenen Gelegenheiten, immer wieder auftauchen. Das Menschlich-Persönliche zum Allgemein-Menschlich-Überpersönlichen zu entwickeln, das wäre die Richtung. Aber: wie macht man das? das ist auch wieder eine Frage. Solange Du einen Berg besteigst, hast Du ein Stück Stein, Fels, Gras, Schnee, usw. dicht vor der Nase, und je mehr Du Dich anstrengst, und schwitzt, desto weniger siehst Du. Nur in ganz kurzen Momenten kannst Du Dich ein bisschen umdrehen, dann erblickst Du das Tal ganz tief unten, und einige Bergfragmente rechts, und links, und die steile Wand über Dich, wo Du hinauf willst. Den Gipfel siehst Du kaum, Du ahnst ihn vielmehr, und es kommt Dir unmöglich vor, ihn mal zu erreichen ... Und dann strengst Du Dich wieder an, etwas weiter bergauf zu klettern, nur mit kleinen Fragmenten Stein vor der Nase, und manchmal willst Du Dich nur ruhig hinsetzen, denn Du bist müde, und gar nicht sicher, ob Du überhaupt noch weiter kannst. Und wenn Dich noch eine Gruppe jüngerer, kräftigerer Bergsteiger überholt, Menschen, die es so wunderbar können, denen es, wenigstens scheinbar, keine Mühe macht, eine Felswand zu erklettern, ohne schwindelig zu werden, oder Angst zu haben ...

So eine kleine Nebenbemerkung, als eine unbeholfene, fragmentarische Illustration zum Hauptthema »wie soll man es machen, ein Mensch zu werden?« Und das dadurch, dass ich ein ewig in die Berge verliebter, und nie zu einem richtigen Bergsteiger gewordener Mensch bin. Feigheit? Faulheit? auf jeden Fall etwas Vernachlässigtes, Verwirktes, eine der so vielen Schwächen, welche noch da zu verarbeiten sind, wahrscheinlich erst in nächsten Inkarnationen ...

Bergwandern tue ich heute noch, mit Begeisterung, wenn es nur geht, das ist eine andere Geschichte.

Meine liebe Dorothea, ich wollte Dir einen Brief mit wenigstens etwas Kopf, und Fuss schreiben. Es ist aber ein ganz chaotisches, obwohl freundschaftliches Geschwätz daraus geworden. Nimm mir es, bitte, nicht übel! Es gibt so Manches, so Manches, über was ich mit Dir reden, von Dir hören möchte. Du bist mir zu einem so lieben Menschen geworden, nicht nur dadurch, dass Du so schön über meine Arbeit geschrieben hast, sondern rein menschlich, einfach: Du als Du. Ich möchte so viel von Dir, und Deinen Lebenskämpfen erfahren, möchte Dir auch einiges über meinen Wegen, Irrwegen, und vielerlei Steckenbleiben mal erzählen ... na, hoffen wir, dass wir uns noch in dem jetzigen Erdenleben wieder sehen! Was für ein sonderbares Mysteriendrama ein jedes Menschenleben ist. Und all diese, sich so geheimnisvoll aneinander ankettende, einander durchkreuzende, oder durchdringende Menschenschicksale ... Der lange Wolf, unsere alte, merkwürdige, gar nicht leichte Freundschaft, und diese Schicksalsbegegnung: Du und ich. Eine sonderbare Geschichte ...

Sei mit herzlichst, herzlichst umarmt, mit vielen, vielen Grüßen für die Deinen!

Deine Maria

208   Zeichnung aus einem Brief vom 20. März 1968

Lebensdaten

28.10.1917	geboren in Warschau, Vater Stanisław Hiszpański, Mutter Zofia Hiszpański, geb. Kraków. Brüder: Zdisław (geb. 1901) und Stanisław (geb. 1904)
1935	Abitur
1935–1939	Studium an der Warschauer Akademie der Schönen Künste
Sept. 1939	Einfall der deutschen Wehrmacht, Kriegsbeginn. Tod des Vaters bei einem Bombenangriff auf Warschau. Schließt sich dem Widerstand (»ZWZ«) an.
19.06.1941	Verhaftung; Gefängnisaufenthalt in Radom und Pińczów
10.04.1942	Transport nach Ravensbrück
Juli 1943	Verlegung in das Außenlager »Mechanische Werkstätten Neubrandenburg«
1945	24.4. Auflösung des Lagers, Flucht aus dem Evakuierungsmarsch
	August Ankunft in Warschau
	Unfall mit sowjetischem Lastwagen; lernt den Musikwissenschaftler und Anthroposophen Janusz Neumann (7.7.1902 – 7.10.1972), Bruder der Lagerkameradin Ragna Neumann, kennen
	Mitglied der Vereinigung polnischer Künstler; fortan an Mitgliedsausstellungen beteiligt
	Aufnahme des Kunstgeschichtsstudiums 1945/46, bis zur Verhaftung Prof. Walickis (ca. 2 Jahre Studium)
1946	Beginn der Illustrationstätigkeit, durch die Initiative Wacław Zawadzkis, Direktor des Wiedza-Verlages, vor allem für diesen, im Folgenden aber auch für andere Verlage.
	Auswahl (in deutscher Übersetzung):
	1949 – Carlo Levi, Christus kam nur bis Eboli
	1950 – Das große Testament des François Villon
	1951 – F. Garcia Lorca, Gedichte und Dramen
	1952 – Prosper Mérimée, Jaquerie
	1953 – Janina Brzostowska, Giordano Bruno
	1954 – Roman Brandstaetter, Krieg der Schüler
	1956 – J. de Voragine, Legenda Aurea
	1957 – Sigrid Undset, König Artus
	1959 – John Gay, Die Bettleroper
	1962 – J. Porazińska, Altgeschichten
	1965 – Joseph d'Arbaud, das Tier vom Vaccarès
2.12.1948	Heirat mit Janusz Neumann
1949	Oktober Geburt Bogna
1951	Dezember Geburt Michał
1951–54	Reisen nach Südpolen: Zamość, Sandomierz, Szczebrzyszyn u.a., Zeichnungen
1954/55	Reisen nach Bulgarien, Einzelausstellung in Sofia, auch in Warschau
	Vor allem in den späteren 50er und in den 60er Jahren immer wieder Besuche bei Freunden in der DDR (Halle, Berlin [Ost])
Ab 1954	Einzelausstellungen in fünf Städten in Mexiko
Ab 1957	Einzelausstellungen in Italien (Riva, Firenze, Trento, Bologna, Rom);
1959	März: Erste Einzelausstellung nach dem Krieg in Deutschland im Haus der polnischen Kultur in (Ost)Berlin. Rezension Elmar Jansens in der Zeitung »Neue Zeit« am 14.4.1959
	Teilnahme an einem graphischen Wettbewerb im Rahmen der Internationalen Buchkunstausstellung in Leipzig: Zweiter Preis für den Holzschnitt »Kinder und Sterne«
	Im Herbst 3 Monate in Arco; Einzelausstellung in Rom, Reise Arezzo – Assisi – Rom
	Unklassische Mythen
1960	April/Mai Reise nach Ägypten für ca. sechs Wochen; Einzelausstellung in Kairo, Alexandria
	Im Herbst Reise in die DDR: Halle, Naumburg, Berlin
	Einzelausstellung in der Galerie Henning in Halle durch die Vermittlung Karl-Friedrich Schobers und Joachim Kölbels

1961	Ausstellung von 40 nachägyptischen Zeichnungen und Farbstudien in der »Zachęta« in Warschau; Dezember Umzug in die größere Atelierwohnung
Ab 1962	Arbeit mit »Vinavil« (Gipsrelief) und Mosaik
1962	im Frühling Ausstellung mit Irena Bogucka in der Galerie der Deutschen Bücherstube in Berlin (Ost); Janusz verliert seine Anstellung in der Musikbibliothek
1963	20. Februar Tod der Mutter
	Ausstellung mit Maria Jarema in der Schweiz (Bern und Genf)
	Die 12 »Gralsritter« (nach Mailand verkauft, verschollen)
1964	Sommer in Arco, Ausflug nach Florenz
	Beteiligung an einer Ausstellung religiöser Kunst in Breslau
	Zyklus der »Ermordeten Stadt« (eines 1965)
Ab 1965	Beginn der Arbeiten in Kirchen: Eine Madonna und eine Abendmahlsdarstellung für die Franziskanerkapelle in Warschau
1966	12. März Tod Ragna Neumanns
	Arbeit am Abendmahl und am Hl. Joseph für die Franziskanerkapelle; Veröffentlichung von »Tristan und Isolde« im Verlag der Nation; Beginn der Illustrationstätigkeit zu den Isländischen Sagen, die in drei Bänden 1968, 1973 und 1974 erscheinen
	Tod der Schwiegermutter in Arco
	21.10. – 8.11. Ausstellung in Warschau, Galeria Sztuki: Die »Gralsritter«, »Ermordete Stadt« u.a.
1967	Arbeit an den »Geschichten Jaakobs«
	4. Mai (Himmelfahrt) Ulrich Göbel, Priester der Christengemeinschaft, hält die »Menschenweihehandlung« in der Atelierwohnung mit ca. 25 polnischen Gästen
	Besuch aus Schweden
	Arbeit am Kreuzweg für die Franziskanerkapelle; Pruszków-Triptychon; Dezember: Preisverleihung des Pax-Verlags für ihre Arbeiten in der Franziskanerkapelle

1968	Janusz im Krankenhaus
	Arbeit am Abendmahl für Góra Kalvaria; Madonna, 11 Ikonen; Beginn des Lubliner Kreuzweges
1969	Weiterarbeit am Lubliner Kreuzweg
	Arbeit an den »Pannonischen Legenden«
1970	Arbeit am »Kudrun«-Lied und an den »Pannonischen Legenden«
	August: Pilgerwanderung nach Tschenstochau
1971	Lungenentzündung; zur Erholung eine Woche Bukowina (Tatra)
	Arbeit an den Isländischen Sagen, »Kudrun«; In Piwniczna (August) Wandarbeit »Der Gute Hirte«
1972	Chagall-Ausstellung;
	Ungegenständliche Bilder; »Dawid«; Juli/August in Tarnów (Auschwitz-Kapelle)
	Veröffentlichung der »Pannonischen Legenden«; in Kalisz Arbeit an einem Kreuz
	7. Oktober Tod Januszs
1973	Arbeit an Bildern (»David und Saul«); Isländische Sagen
	Tod Leon Manteuffels, Arzt, Anthroposoph und Freund Januszs
	August/September Apsismosaik in Zbylitowska Góra
1974	August Arbeit am Kreuzweg in Zbylitowska Góra
1975	15. Februar Tod des in Warschau lebenden Bruders Stanisław
	Tatra-Urlaub, beendet Arbeit in Zbylitowska Góra
	Grafik-Ausstellung des Kunstdienstes der Evangelischen Kirche in der Südkapelle der Marienkirche in Berlin (Ost)
1976	Bilder »Heilung des Blinden«, »Es ist vollbracht«
	Wandarbeit in der Michaelskirche in Warschau (»Joseph und Jesus«)
	Bei Freunden in Königstein (Frankfurt/Main), mit W. Pieńkowski und Hanna Szczypińska Besichtigung sakraler Architektur in Aachen, Köln und anderen Orten (ca. 2 Wochen im Mai)

Juli in der Tatra

Oktober in Schweden, Ausstellung in Göteborg

1977 Ausstellung in Bremen, Galerie Findorff (4. Juni –
16. Juli) und in Eschborn bei Frankfurt/Main im Ad-
vent. Ende November in Königstein, Kurzbesuch in
Stuttgart

1978 Dorothea Rapp schickt ihr ihren Aufsatz, der in der
Februar-Ausgabe der »Drei« erscheint

(unvollendete) Arbeit an den Nibelungen; Entwürfe
für Hübingen, Madonnenbilder, Farbholzschnitt
Kreuz

Wanderung mit Eschborner Gruppe nach Tschenstochau, Krakau, Auschwitz

Mitte Juli Reise nach Italien/Arco, danach nach
Stuttgart, Eschborn und Hübingen, Wandmalerei
in Kapelle

Dezember Geburt des Enkels Matthäus, Sohn von
Michał

1979 Ab Januar übernimmt Maria tagsüber die Betreuung von Anka (Anna Magdalene), Tochter von
Bogna

Farbholzschnitte, Arbeit am »Hohen Lied«

Ende August/Anfang September in Hübingen für
die Christusfigur, Besuche in der BRD

1980 12. Januar: Maria erleidet nachmittags einen
Schlaganfall und stirbt gegen 23 Uhr im Krankenhaus.

Juni: Ausstellung ihrer Grafik in Warschau

1981 Gedenkausstellung des Kunstdienstes der Evangelischen Kirche in Berlin(Ost), Auguststr. 80. In den
folgenden Jahren als Wanderausstellung in zahlreichen Kirchengemeinden in Berlin-Brandenburg

Literaturverzeichnis

1. Ausstellungskataloge:

Maria Hiszpańska. Artista de la nueva Polonia, Ausstellung der »Frente Nacional de Artes Plásticas«, im Museo Nacional de Artes Plásticas, Mexiko City 1956

Deux artistes polonaises: Maria Jarema, Maria Hiszpańska-Neumann. Ausstellung im Musée d'art et d'histoire, Genf, vom 12. Oktober bis 3. November 1963

Maria Hiszpańska-Neumann. Malarstwo. Galeria Sztuki, Warszawa 1966 (Gemäldeausstellung im Oktober/November 1966)

Wystawy na pięknej, Maria Hiszpańska-Neumann 1917–1980. Drzeworyty, Warszawa 1980 (Ausstellung der Druckgraphik in der Galerie der Bildenden Künste des Pax-Vereins in Warschau, Juni 1980)

Maria Hiszpańska-Neumann, Warschau. Malerei und Grafik. Ausstellung in »La petite galerie« in Bremen-Findorff, Herbst 1977, und im Katholischen Gemeindezentrum Eschborn, vom 27.11.1977–8.1.1978

Droga. Wystawa prac Marii Hiszpańskiej-Neumann, Maciejówka, Wrocław 2008/9 (Der Weg. Ausstellung von Abbildungen von Werken Maria Hiszpańska-Neumanns im Akademischen Seelsorgezentrum Maciejówka in Breslau 2008/9. Mit einem Text über die Biographie Maria Hiszpańska-Neumanns von Bogna und Michał Neumann)

2. Von Maria Hiszpańska-Neumann illustrierte Bücher in deutschen Verlagen

Gottfried von Straßburg, Tristan und Isolde, aus dem Mittelhochdeutschen übertragen und erläutert von Günter Kramer, Berlin (Verlag der Nation), 1966. Mit 20 Holzschnitten

Kudrun. Ein mittelalterliches Heldenepos. Aus dem Mittelhochdeutschen übertragen von Joachim Lindner. Mit einem Nachwort von Günter Kramer, Berlin (Verlag der Nation), 1971. Mit 20 Holzschnitten

Die Pannonischen Legenden. Das Leben der Slawenapostel Kyrill und Method, herausgegeben und aus dem Altslawischen übertragen von Norbert Randow, Berlin (Union Verlag), 1972. Mit 12 Farbholzschnitten

3. Werkverzeichnis

Kasimierz Świć, Maria Hiszpańska-Neumann. Werkkatalog erstellt 1990 im Rahmen einer Magisterarbeit an der Katholischen Universität Lublin

4. Monographien

Jan Białostocki, Maria Hiszpańska-Neumann, Warschau 1963 (deutsche Arbeitsübersetzung von Anne Kleinfeld)

5. Rezensionen (in deutscher Arbeitsübersetzung), Artikel

Ewa Garztecka, Wędrówka po warszawskich galeriach sztuki (Wanderung durch die Warschauer Kunstgalerien), in: Trybuna Ludu vom 5.11.1966

Krzysztof Rogulski, Kunszt i Prostota. Po raz dwudziesty Pietrzak – 67 (Kunst und Einfachheit. Zum 20. Mal – Pietrzak-Preis – 1967, in der polnischen Wochenschrift »Kierunki«, Nr. 48, 26.11.1967

Wanda Kiedrzyńska, Wspomnienie o Marii Hiszpańskiej-Neumann (Erinnerung an Maria Hiszpańska-Neumann) in WTK Nr. 30 – 1981, S. 6

Elmar Jansen, Eine Kunststudentin in Ravensbrück. Ausstellung mit Graphiken von Maria Hiszpańska-Neumann. In: Neue Zeit, Berlin (Ost), 14. April 1959

Elmar Jansen, Mahnung und Ermutigung. Über Holzschnitte der polnischen Grafikerin Maria Hiszpańska, in: Geist und Zeit. Eine Zweimonatsschrift für Kunst, Literatur und Wissenschaft, Darmstadt, Heft 4/1960, S. 135–139. (Der Artikel ist auch abgedruckt in: Ernte und Saat 1962. Ein Kalender für die christliche Familie. Union Verlag Berlin 1961, S. 38–40. Mit vier Bildtafeln)

Dorothea Rapp, Mitteleuropa – in gesteigerten Gestalten. Die Künstlerin Maria Hiszpańska-Neumann. In: Die Drei, Februar 1978, S. 25–35

Dorothea Rapp, Maria Hiszpańska-Neumann, Artikel in den »Mitteilungen aus der anthroposophischen Arbeit in Deutschland«, Johanni 1980, S. 142–143

Dorothea Rapp, Das Lied von Liebe und Tod. Tristan und Isolde. In: Die Drei, Januar 1981, S. 39–46

6. Weitere Literatur

Stanisław Hiszpański, »Trzech Stanisławów Hiszpańskich, szewców warszawskich« (Drei Stanisław Hiszpańskis, Warschauer Schuster), abgedruckt in: Stanisław Hiszpański, malarz osobliwy (Stanisław Hiszpański, ein merkwürdiger Maler) Warschau 2000, S. 142–161, deutsche Arbeitsübersetzung von Anne Kleinfeld

Margarete Buber-Neumann, Milena, Kafkas Freundin, Frankfurt/M. 1992[3]

Wanda Kiedrzyńska, Ravensbrück. Kobiecy obóz koncentracyjny (Frauenkonzentrationslager Ravensbrück), Warschau 1961 und 1965, in der deutschen Übersetzung der Mahn- und Gedenkstätte Ravensbrück

Janina Jaworska, Nie wszystek umrę (Nicht alle starben), Warschau 1975, deutsche Arbeitsübersetzung von A. Kleinfeld

Urszula Wińska Hrsg., Zwyciężyły wartości. Wspomenia z Ravensbrück (Die Werte siegten. Erinnerungen an Ravensbrück), Danzig 1985, in der deutschen Arbeitsübersetzung der Mahn- und Gedenkstätte Ravensbrück

7. Website

www.maria-hiszpańska-neumann.pl (seit 2012)

Abbildungsverzeichnis

Wenn Maria Hiszpańska-Neumann ihre Werke nicht selber betitelt hat, sind die Bildüberschriften angelehnt an das Werkverzeichnis von Kazimierz Świć (in deutscher Arbeitsübersetzung; siehe Literaturverzeichnis) oder eigene Benennungen. Die Größe ist angegeben als Höhe x Breite.

Die Vorlagen für die hier abgebildeten Fotos, Zeichnungen, Gemälde und grafischen Blätter sind alle in Privatbesitz; gesonderte (Orts)Angaben sind vermerkt.

112 6 Vignetten zu Joseph d'Arbaud: »La bête du Vaccarès,
1965, Holzschnitte, je ca. 5 x 9 cm

113 Vignetten zu den Isländischen Sagen »Saga Rodu z
Laxdalu« von 1973, Holzschnitte je ca. 5 x 6 cm

114 Illustration zu J. Porazińska »Starodzieje« (Altgeschichten)
von 1962: »Der Drache vom Wawel verwüstet die Erde«,
Holzschnitt 20 x 15,2 cm

115 Illustration zu den »Pannonischen Legenden«: »Die
Mönche auf dem Berg Athos«, 1971, Farbholzschnitt,
32 x 11,7 cm

116 Das letzte Abendmahl, 1968, Tempera auf Holz,
240 x 462 cm, Kościół Wieczerzy Pańskiej p.w.
Opatrzności Bożej na Mariankach (Kirche zum Heiligen
Abendmahl) in Góra Kalwaria, Polen

117 Joseph und Jesus, April 1966, Mischtechnik, 45 x 31 cm

118 Die Samariterin am Brunnen, 1976, Acryl, 73 x 65 cm

119 Verkündigung, Bleistiftskizze, 20,5 x 13,5 cm

120 Salbung der Füße Jesu (Lukas 7,36-50), 1976, Tusche,
11 x 14,5 cm

121 Auf einer Wanderung in der Tatra, 1973

122 Maria Hiszpańska-Neumann mit Anka, 1979

123 Anfang der 60er Jahre

124 Marsch mit Ziegelsteinen, 1947, Radierung, 25 x 20 cm

125 Das alte Warschau – Hof an der Podwala im Jahr 1841,
1953, Holzschnitt, 10 x 7 cm

126 Das alte Warschau – Winkel, 1952, Holzschnitt, 12 x 9 cm

127 Zamość, ul. Ormiańska, 1953, Holzschnitt, 11 x 7 cm

128 Sandomierz, Synagoge, 1951, Holzschnitt, 12 x 18 cm

129 Die Synagoge von Sandomierz, Filzstift, Tusche,
29,5 x 42 cm

130 Seltsames Licht, 1948, Holzschnitt, 17,7 x 14,7 cm

131 Kinder und Sterne, 1957, Holzschnitt, 45 x 29,5 cm

132 Kinder und Stadt, 1947, Holzschnitt (Holzstich), 13 x 10 cm

133 Zwei Mamas, 1955, Radierung, 25 x 21 cm

134 Zwei Kinder, Tusche, Feder, 17,5 x 17 cm

135 Kollektiver Individualismus, 1958, Holzschnitt, 25 x 17,5 cm

136 Mutterschaft, 1948, Holzschnitt, 21 x 18 cm

137 Mutterschaft, 1948, Radierung, 19,5 x 12,5 cm

138 Mutterschaft, 1956, Holzschnitt, 25 x 20 cm

139 Im Kreis der Stille, 1957, Holzschnitt, 30 x 40 cm

140 Tröstung, 1958, Holzschnitt, 40 x 30 cm

141 Weihnachtsholzschnitt 1965, 17,7 x 12 cm

142 Weihnachten 1978, Farbholzschnitt, 25,5 x 13,3 cm

143 Sitzende Frauen mit Kindern, 1960, Tusche, 24 x 43 cm

144 Weihnachtsholzschnitt 1970, Farbholzschnitt, 9,8 x 12 cm

145 Weihnachtsholzschnitt 1971, Farbholzschnitt, 18,9 x 13,5 cm

146 Weihnachtsholzschnitt 1979, Farbholzschnitt, 20 x 13,8 cm

147 Pietà II, 1961, Holzschnitt, 40 x 53 cm

148 Käthe Kollwitz, Mutter mit totem Sohn (Pietà), 1937/38,
Bronze, Käthe-Kollwitz-Museum Berlin

149 Unklassische Mythen I, 1959, Holzschnitt, 45 x 30 cm

150 Unklassische Mythen III, 1959, Holzschnitt, 30 x 42 cm

151 Unklassische Mythen V, 1959, Holzschnitt, 45 x 30 cm

152 Tristan und Isolde, Holzschnitt V, (im Buch Nr. 6) 1961,
30 x 15 cm

153 Tristan und Isolde, Holzschnitt VIII, (im Buch Nr. 9) 1961,
30 x 15 cm

154 Tristan und Isolde, Die Trennung, Holzschnitt XVI, 1961,
30 x 15 cm

155 Die Geschichte Jaakobs I, Isaaks Segen, 1967, Holzschnitt,
45 x 30 cm

156 Die Geschichte Jaakobs II, das lange Warten, 1967,
Holzschnitt, 45 x 30 cm

157 Die Geschichte Jaakobs III, Lea und Rahel, 1967,
Holzschnitt, 45 x 30 cm

158 Die Geschichte Jaakobs IV, Wanderung, 1967,
Holzschnitt, 45 x 30 cm

159 Die Geschichte Jaakobs V, Josephs Geburt, 1967,
Holzschnitt, 45 x 30 cm

160 Die Geschichte Jaakobs VI, der Kampf am Flusse Jabbok,
1967, Holzschnitt, 45 x 30 cm

161 Die Geschichte Jaakobs VII, Vater und Sohn (Joseph und
Jakob), 1967, Holzschnitt, 45 x 30 cm

162 Die Geschichte Jaakobs VIII, Jakobs Verzweiflung, 1967,
Holzschnitt, 45 x 30 cm

163 Die Geschichte Jaakobs IX, Das Gebet, 1967, Holzschnitt,
45 x 30 cm

164 David, 1972, Acryl auf Holz, 123 x 80 cm

Bildquellen

Laurenz Theinert Abb. 1, 9, 11, 12, 13, 14, 16, 17, 19, 20, 21, 23, 24, 25, 26, 27, 28, 29, 31, 33, 35, 36, 37, 38, 39, 40, 41, 42, 43, 44, 45, 46, 47, 48, 49, 50, 51, 52, 53, 54, 55, 56, 57, 58, 59, 60, 61, 62, 63, 64, 65, 66, 67, 68, 69, 70, 71, 72, 73, 74, 75, 76, 77, 78, 79, 80, 81, 82, 83, 84, 85, 86, 87, 88, 89, 90, 91, 92, 93, 94, 95, 96, 97, 98, 99, 100, 104, 105, 112, 113, 114, 115, 116, 117, 118, 119, 120, 124, 125, 126, 127, 128, 129, 130, 131, 132, 133, 134, 135, 136, 137, 138, 139, 140, 141, 142, 143, 144, 145, 146, 147, 149, 150, 151, 152, 153, 154, 155, 156, 157, 158, 159, 160, 161, 162, 163, 164, 165, 166, 167, 168, 169, 170, 171, 173, 174, 175, 176, 177, 178, 179, 180, 181, 184, 185, 186, 187, 188, 189, 195, 196, 198, 199, 200, 201, 202, 203, 204, 205, 206, 207, 208

Jan Dajnowski Abb. 2

Janina Jaworska, Nie wszystek umrę (siehe Literaturverzeichnis) Abb. 18, 30, 32

© Stiftung Brandenburgische Gedenkstätten / Mahn- und Gedenkstätte Ravensbrück Abb. 22

Ulrich Göbel Abb. 102, 103

Andrzej Żak Abb. 107, 108, 109, 110, 111, 123

Barbara Stępniewska Abb. 121

Teresa Wojtczak Abb. 122

© VG Bild-Kunst, Bonn 2014 Abb. 148

Piotr Maciuk Abb. 172

Brigitta Waldow-Schily Abb. 182, 183, 190, 191, 192, 193, 194, 197

Die meisten Fotos zu diesem Band entstanden auf einer Reise nach Warschau und Südpolen im Juli 2010 durch den Stuttgarter Fotografen Laurenz Theinert.

In einigen Fällen konnten die Bildrechte nicht ermittelt werden; wir bitten, eventuelle Ansprüche beim Verlag geltend zu machen.

Zur Autorin

Brigitta Waldow-Schily, geboren 1962 in Berlin, Studium der Anglistik und Kunstgeschichte in Berlin, 1991–1999 freie Mitarbeiterin im Von der Heydt-Museum Wuppertal; Leiterin verschiedener Kurse. 2001–2012 Dozentin an der Artaban Schule für künstlerische Therapie in Berlin. Freie Dozententätigkeit, Durchführung von Seminaren, Vorträgen, Museumsbesuchen.